Der Himmel über Maralal

Die Autorin

Christina Hachfeld-Tapukai stammt aus Hannover und arbeitete unter anderem als Journalistin, bevor sie Mitte der Achtzigerjahre nach dem Tod ihres ersten Mannes mit ihren beiden Söhnen zum ersten Mal nach Kenia reiste. Heute lebt die Autorin abwechselnd mit ihrer kenianischen Familie bei Maralal und ihrer deutschen Familie bei Hannover.

Christina Hachfeld-Tapukai

Der Himmel über Maralal

Mein Leben als
Frau eines Samburu-Kriegers

Weltbild

Besuchen Sie uns im Internet:
www.weltbild.de

Genehmigte Lizenzausgabe für Verlagsgruppe Weltbild GmbH,
Steinerne Furt, 86167 Augsburg

Umschlaggestaltung: Zeichenpool, München
Umschlagmotiv: www.shutterstock.com, plainpicture GmbH, Hamburg
Gesamtherstellung: GGP Media GmbH, Pößneck
Printed in the EU
ISBN 978-3-86800-376-5

2013 2012 2011 2010
Die letzte Jahreszahl gibt die aktuelle Lizenzausgabe an.

Immer wieder möchte ich
den Morgenhimmel flammen sehen,
wenn der Geruch der Nacht noch schwebt,
Hyänen rufend sich entfernen,
den Zebranüstern Dampf entsteigt.
Immer wieder liebe ich,
in dieser Wildnis aufzuwachen,
vertraute Laute wahrzunehmen.
Will auch dem Zauber mystisch fremder Dinge
das Herz weit öffnen.

Mein afrikanisches Zuhause

Der Blaublumenhang, Sinnbild des Friedens, Ort der Ahnen, liegt in der warmen Sonne. Weiße und pastellfarbene zerborstene Quarze funkeln und beleben das klare Blau des Blütenteppichs. Die rote Erde leuchtet dazwischen, Zufriedenheit, Ruhe und Wärme verströmend, Heimat verheißend.

Etwas spürbar Magisches geht von diesem Ort aus.

Der Samburu-Krieger Lpetati, mein Mann, und ich lieben diesen Platz auf der Hochebene, nahe am Äquator gelegen und unterhalb des Blockhauses, wo wir daheim sind.

Wenn wir hier sitzen, nutzen wir alle Zeit zum Reden und zum Schweigen, in Gedanken versunken und in einem tiefen Wohlgefühl, hängen Träumen nach, von jedem anders erspürt, in verschiedene Richtungen ausufernd. Sie entführen Gedanken in das Reich der Fantasie, stärken Wünsche, geben der Realität Zukunft. Die Träume des Kriegers sind nicht meine Träume, sie begegnen sich wohl hier und da, gleichen sich an für Augenblicke, entfliehen in ewige Weiten, schweben ein wenig gemeinsam und rücken wieder voneinander ab, vertrauten Pfaden folgend, gewachsen in gewohnten Welten unterschiedlicher Kulturen.

Die Mußestunden hier verbringen zu können – welch ein Geschenk!

Und ohne das Besondere zu beherzigen, ist es ein Platz, von dem aus es sich vortrefflich beobachten lässt, was um uns herum in unserem Hochtal geschieht. Es wird von sanft geschwungenen Hügeln durchzogen, begrenzt von den mächtigen Karisia Hills. Rinder-, Schaf- und Ziegenherden ziehen zu den Weidegründen, begleitet von halbwüchsigen Knaben und Kriegern, in rote Tücher gehüllt. Die ovalen, fensterlosen Lehmhütten der Familie und von einigen Nachbarn sind gut zu erkennen. Palavernde, bunt gekleidete Frauen und Mädchen sitzen davor, einige beaufsichtigen Kälber und Lämmer, halbnackte Kleinkinder spielen dazwischen. Andere Frauen und Mädchen kehren mit hochaufgebürdeten Feuerholzlasten und Wasserkanistern heim. Abseits davon, im Schatten breiter Schirmakazien, hocken die älteren Männer in Gruppen, und das Lachen junger Krieger dringt zu uns. Rot- und blaugewandete Gestalten nähern und entfernen sich auf ausgetretenen Trampelpfaden. Es gibt keine Eile, jeder Tag hat zwölf Stunden, wiederkehrende, geschenkte Zeit zum Verweilen, heute und morgen und fortdauernd. Niemand besitzt eine Uhr, nicht daheim und auch keine, die er mit sich herumträgt. Woran auch sollte sie erinnern? Wozu wäre sie von Nutzen? Der Stand von Sonne und Mond gibt klare Auskunft über den Verlauf von sich wiederholenden Aktivitäten, sich gleichenden Lebensabschnitten, in denen immer einmal wieder die Akteure wechseln und die Trocken- und Regenzeiten Akzente setzen. Weites, schönes Land Kenia.

Manchmal tauchen Elefanten und Büffel auf und verbreiten Unruhe. Zebras grasen und zierliche Thomsongazellen. Am Himmel kreisen Adlerpaare, stoßen kurze Rufe aus. Geparde durchstreifen den Busch, und am Abend hören wir, dass sich Hyänen und Löwen nähern.

In dieser Wildnis bin ich glücklich, hier befindet sich mein Afrika.

Von Anfang an habe ich diesen Hang geliebt, hatte mich angezogen gefühlt, ohne diese Kraft der Anziehung erklären zu können. Aber sie stand in enger Verbindung zu Großvater, einem eindrucksvollen alten Samburu, der mir freundschaftlich begegnet ist, mein Halt und mein Berater war, als ich lernte, mit diesem mir bis dahin verschlossen gebliebenen, fremdartigen Leben zurechtzukommen.

Großvater, l'akuyiaa, Babu, hatte mir diesen Platz, einen Teil des Berghanges auf dem »Land der Väter«, ans Herz gelegt und zur Nutzung anvertraut, ganz unverhofft und lange bevor er seine letzte Ruhe, wie einst sein Vater und dessen Vater, unterhalb des blauen

Blütenmeeres gefunden hatte. So war hier mein Zuhause entstanden. Noch immer, so scheint mir, schwebt Großvaters Geist über all dem Schönen, Erhabenen, Urwüchsigen, noch immer klingen seine Worte im Säuseln des leichten Windes, der beständig über das Hochland streicht, noch immer erreichen sie mein Herz.

Vieles jedoch, was »mein Afrika« betrifft, sehe ich inzwischen mit anderen Augen, und manchmal wünsche ich mir meine Blauäugigkeit zurück, dieses Entzücken und Schaudern, in einer Wunderwelt zu leben, fernab aller Vorstellungen und allen Wissens über den Kontinent, einige seiner Länder und seiner Völker, welche heute meine Empfindungen prägen. Dennoch ist meine Liebe zu Afrika und seinen Menschen ungebrochen. Das urmächtige Afrika ist stark und einzigartig.

Mögen die noch reichlich vorhandenen, tiefgreifenden Wurzeln Afrikas ureigenen Zauber festhalten und nicht entfliehen lassen, möge der Kontinent sich selbst treu bleiben und in sich ruhen, den artfremden Trugbildern nicht nacheifern, sich auf seine eigene Kraft besinnen und so eines Tages mächtiger und überzeugender sein denn je. Urgewalt Afrika.

Auf dem Weg in Kenias Norden

Es war sehr früh am Morgen und noch dunkel in Nairobi. Gerade war ich mit dem Nachtbus aus Mombasa eingetroffen, hatte mir mit geschäftstüchtigen Taxifahrern Wortgefechte geliefert, weil sie sich unaufgefordert meiner Gepäckstücke bemächtigt hatten. Jeder hoffte auf einen kleinen Verdienst. Da es nicht regnete, hatte ich auf ein Taxi verzichtet und einem Führer der großen zwei- und vierrädrigen Holzkarren, den sogenannten *mkokoteni*, den Auftrag erteilt, Reisetaschen und Rucksack zu befördern – wenn auch nur wenige hundert Meter weit. Um zur Kleinbusstation zu gelangen, musste ich ein heruntergekommenes Stadtviertel durchqueren, doch nur so konnte ich mein Zuhause im Norden Kenias erreichen.

Mit gemischten Gefühlen folgte ich dem Karren, ging um Bodenvertiefungen herum, in denen sich Unrat angesammelt hatte, um ausgebreitete Zeitungen, Pappkartons und Jutesäcke, unter denen Menschen schliefen. In der Nähe der Halteplätze der *matatus*, Sammeltaxis, entlohnte ich den alten Mann und wechselte ein paar freundliche Worte mit ihm. Sein zerfurchtes Gesicht erhellte sich, und er zeigte bei einem flüchtigen Lachen etliche Zahnlücken. »Gott segne Sie, Ma'am«, sagte er, bedankte sich und ging.

Während ich ihm nachsah, umringten mich plötzlich mit Gejohle etliche der »Schnüffelkinder«, die sich an den Dämpfen von Klebstoff berauschen, um mit ihrem tristen Leben auf der Straße fertig zu werden. Ich wusste nicht, woher sie so schnell gekommen waren. Hilflos stand ich zwischen ihnen, bis einer der Jungen, etwa elf Jahre alt, mich anlächelte und spontan für mich nach einer imaginären Musik zu tanzen begann, biegsam und hingebungsvoll. Seine Freunde machten ihm bereitwillig Platz. Obwohl einer der jüngsten der Gruppe, schien er so etwas wie ihr Anführer zu sein. Ich verfolgte lächelnd seine Bewegungen und betrachtete sein Engelsgesicht. Mitten in seiner Darbietung wurde der kleine Tänzer von älteren, ziemlich verwegen ausschauenden Jugendlichen zunächst beklatscht, angefeuert, dann aber verhöhnt und energisch fortgejagt. Ich hätte gern irgendetwas unternommen, doch jetzt trafen mich feixende Blicke, und es war höchste Zeit, mich vor den verwahrlosten jungen Männern in Sicherheit zu bringen.

Ich kauerte mich zwischen verlassene, verdreckte und teilweise schrottreife Autos, Anspannung und Angst in mir, und wartete darauf, dass es endlich Tag wurde.

Der Junge, der für mich getanzt hatte – aus welchem Grund wohl? – beschäftigte mich. Er hatte mein Herz berührt, und ich bedauerte, nicht mehr über ihn zu wissen. Ich hätte ihn gern wiedergefunden und mit ihm geredet, ihm und seinen Freunden auch gern eine warme Mahlzeit spendiert.

Das Problem der Straßenkinder ging mir sehr nahe. Ich wusste, dass es viele Waisenkinder und Kinder aus zerrütteten oder verarmten Familien unter ihnen gab, und es berührte mich, dass man ihnen kein Zuhause und keine Perspektiven für eine lebenswerte Zukunft geben konnte. Wie würde eine Zukunft aussehen, in der vernachlässigte Kinder Erwachsene sein und vernachlässigte Pflichten sich rächen und uns den Spiegel vorhalten würden?

Die Straßenkinder und die Jugendlichen waren nicht mehr zu sehen, so verließ ich mein Versteck zwischen den alten Autos. Und nun erwachte ziemlich plötzlich das Stadtviertel zwischen Accra- und River Road. Die Morgensonne stieg rasch hinter hohen verblichenen Häuserfronten empor. Überall Lärm, Fahrzeuge, hastende Menschen. Kleine Holzkohleöfen wurden auf verschlammte Gehwege gestellt, auf denen teilweise die Gully-Deckel fehlten und irgendwelche Moniereisen aus dem Boden ragten, die zu gefährlichen Stolperfallen werden konnten.

Geräumige Karren wurden aus allen Richtungen vorübergeschoben, auf Fahrrädern atemberaubend hoch aufgetürmte Berge von frischem Weißbrot balanciert, riesige Vorhängeschlösser an Holzverschlägen und wuchtigen Türen geräuschvoll geöffnet, dann klappten auch die Fahrkartenkioske ihre Holzläden auf, durch eng stehende Gitter gesichert und mit einer winzigen Öffnung für Geldeinzahlung und Herausgabe der Tickets.

Neben dem Gestank faulender Abfälle roch es nun immer appetitlicher nach Backwaren und Kaffee und besonders intensiv nach frischen *maandazi* und *chapaiti*, Schmalzgebäck und dünnen Pfannkuchen.

Immer mehr Reisende füllten die Straßen, schleppten Taschen, Bündel, Kartons und Kisten und strebten in dem wirren Durcheinander zu den Sammeltaxis, die sie in den Norden, Westen, Osten oder Süden von Kenia bringen sollten, sofern keine Busse den Weitertransport übernahmen. Reguläre Haltestellen oder Fahrpläne für die *matatus* gab es nicht. Man wusste nur vage, dass an dieser oder jener Ecke die Fahrzeuge eine Zeitlang zum Einsteigen hielten. Hilfreich waren einige wenige Holztafeln, die manche Chauffeure auf ihre Autodächer stellten, um zumindest die Fahrtrichtung bekannt zu geben. Die Abfahrtszeit richtete sich nach der Zahl der Insassen. Ehe ein Sammeltaxi nicht voll besetzt war, lief nur der Motor, und das Radio dudelte dazu, Fahrer und Schaffner betätigten immer wieder die Hupe und suchten angestrengt nach willigen Mitreisenden. Manchmal wurden Passanten unter allerhand gutem Zureden regelrecht in die wartenden Fahrzeuge hineingeschoben. Wegen eines einzigen freien Sitzplatzes hatten wir schon bis zu einer Stunde und länger ausharren müssen. Einige Male hatte ich deshalb kurzentschlossen für den frei gebliebenen Sitz bezahlt (etwa zwei bis drei Euro!) und ihn für mein Gepäck benutzt. Daraufhin war ich belächelt worden, und ich hatte deutlich gespürt, dass nicht alle Insassen mit meiner Handlungsweise zufrieden waren. Das bezog sich hauptsächlich darauf, dass ich einen in ihren Augen teuren Sitzplatz als Gepäckträger umfunktionierte. Sie blieben gelassen, hatten warten gelernt, und es würde niemandem in den Sinn kommen, mehr zu bezahlen als unbedingt nötig, nur um vielleicht eine halbe Stunde zu gewinnen. Natürlich freuten sie sich darüber, dass die »dumme Weiße« die Schillinge so großzügig ausgab und die Fahrt daher früher losgehen konnte. In Anbetracht der allgemein herrschenden großen Armut unter der Bevölkerung, von der sich der Großteil nie ein eigenes Fahrzeug würde leisten können, sorgte meine Handlung auch für Neid. Manche Reisende bekamen nur mit Mühe das Fahrgeld zusammen, hatten oft, um Geld zu sparen, neben ihren großen Taschen noch ein oder zwei Kinder auf dem Schoß und feilschten auch gelegentlich beim Zahlen der Tickets um lächerlich kleine Restbeträge. Und nur, weil wir so sehr beengt saßen, konnten Kinder und Taschen in den Kurven und bei den Unebenheiten der Pisten den Vätern oder Müttern nicht von den Knien rutschen. Auf dem Sitz, den ich für meine Gepäckstücke benutzte, wurden oft noch mehr Taschen aufgetürmt oder gar Kinder obendrauf gesetzt. Bedauerlicherweise gab es in den Sammeltaxis keine oder nur eine arg begrenzte Vorrichtung, um Gepäck befördern zu können. So wurden Kanister, Koffer, Rucksäcke, Reisetaschen, selbst Hühner und einmal eine Ziege einfach zwischen die Reisenden gequetscht oder unter die Sitze geschoben. Wenn es ans Aussteigen ging, mussten manche Reisende fast akrobatische Anstrengungen vollführen. Ich kann mich bei den unzähligen Fahrten nach Nyahururu und weiter nach Maralal kaum an eine erinnern, die angenehm gewesen wäre.

Seit Präsident Moi durch Mwai Kibaki abgelöst worden ist, hat man die Beförderung von Personen in den Sammeltaxis besser geregelt. Pro Sitz nur eine Person! Selbst Gurte zum Anschnallen gibt es inzwischen, doch viele funktionieren nicht. Sie sind verdreht und aus den Halterungen herausgerissen, weil viele Reisenden damit nicht richtig umgehen.

Nur zu gern verließ ich die mit Müll übersäten, schadhaften Straßen und Fußwege der kenianischen Hauptstadt und ließ dabei ein Nairobi voller Gegensätze hinter mir. Schlimm war die Fahrt durch Kibera, den erbärmlichen Slum von Nairobi, mit Tausenden von Menschen, zusammengepfercht auf engstem Raum, vielleicht der größte Slum auf dem afrikanischen Kontinent.

Die verhältnismäßig junge Hauptstadt hat andererseits einiges Sehenswerte und Kulturelle zu bieten, daneben auch gepflegte, idyllisch gelegene Wohnviertel mit allem Komfort, prächtige, breite Avenuen, architektonisch interessante Hochbauten, wunderschöne Grünanlagen. Die Menschen, die in den hübscheren Vierteln zu Hause sind, gehören der Oberschicht an, sie sind Ärzte, Anwälte, Regierungsbeamte, Unternehmer, Kaufleute und Künstler oder höhere Angestellte, verbreiten Eleganz und Weltstadtflair, und ihr Hab und Gut müssen sie schützen, denn die Kriminalität in der Hauptstadt ist sehr hoch. Nairobi, eine Stadt der Gegensätze, schwer zu ertragen und zugleich schön und voller Überraschungen.

Woran Nairobi, woran Kenia krankte, war eine fehlende, verbindende und ausgleichende Mittelschicht. Diese baute sich allerdings schon geraume Zeit auf, in ihrem Schlepptau ein junges Kenia, das nach vorn drängte und danach, endlich die »alte Garde«, in deren Händen Kenias Geschicke seit der Unabhängigkeit im

Jahre 1963 lagen, ablösen zu können, der allgegenwärtigen Korruption den Kampf anzusagen und vieles ins Positive zu verändern. Doch das lässt sich nicht von heute auf morgen realisieren. Bis jetzt waren zahlreiche Bemühungen in dieser Richtung von oben im Keim erstickt worden. Aber die Reihen der unnachgiebigen Alten an der Spitze des Staates werden sich – naturbedingt – in absehbarer Zeit mehr und mehr lichten. Solange die »alten weisen Männer« – wie in jedem afrikanischen Stamm – das Sagen haben, wird für neue Ideen in Richtung Demokratie, für einen volksnahen Einsatz, notwendige Veränderungen, für aufgeklärte Intelligenz und mehr Weltoffenheit nicht bereitwillig Platz gemacht werden – und schon gar nicht aus der Überzeugung heraus, dass etwas Neues auch etwas Gutes beinhalten könnte. Ein Zepter aus der Hand zu geben, würde, so gesehen, einer unfreiwilligen Enthüllung und Bloßstellung gleichkommen.

Trotz der furchtbaren Enge im Wageninneren des kleinen Nissan nach Nyahururu und erheblicher Schmerzen durch wiederholte Wadenkrämpfe, freute ich mich über das dank vieler Regenfälle üppig grüne Umland von Nairobi, das wir durchfuhren, erhaschte einen Blick auf weiße Pyrethrum- und rosablühende Kartoffelfelder, auf grüne, hohe Maisplantagen, auf Bananenpflanzungen, kleine Gemüsegärten, wie ich sie von Deutschland her gewohnt war, auf den Naivasha- und den Nakuru-See im Morgendunst und auf die schräge Krateröffnung des Longonot. Wir befanden uns inzwischen oberhalb des geologisch und geschichtlich besonders interessanten Great Rift Valley und konnten von den hohen, steilen Hängen des ostafrikanischen Grabenbruchs in die weite, vielschichtige grüne Talsohle hinabschauen. Später führte die Straße, die bis nach Uganda reicht und streckenweise von Pavianen heimgesucht wird, durch den lichten Wald der Fieberbäume mit ihren gelbleuchtenden Stämmen und breit ausladenden Schirmdächern bei Naivasha, durch das quirlige Gilgil, vorbei an den mächtigen Höhen und Hängen der grünen Aberdares, gewährte einen kurzen

Blick auf den Mount Kenya, und dann folgte die völlig unspektakuläre Überquerung des Äquators, kurz vor Nyahururu. Nur ein kleines verrostetes Schild machte auf die geographische Besonderheit aufmerksam. Auf anderen Verkehrswegen, die sich auf dem gleichen Niveau befanden, war man diesbezüglich geschäftstüchtiger.

Lpetati und ich

Irgendwann dachte ich wieder an den Jungen, der in Nairobi für mich getanzt hatte, und an Lpetati. Viele Wochen waren Lpetati und ich diesmal voneinander getrennt gewesen, da ich, wie üblich, zu meinem jährlichen Heimaturlaub nach Deutschland geflogen und danach noch einige Zeit an der Küste des Indischen Ozeans bei Mombasa geblieben war, um dort für eine Weile in den Küstenhotels zu musizieren. Ich liebte diese Arbeit sehr, und außerdem konnte ich so nach meinem Haus am Meer in Shanzu sehen. Neben der Freude, die mir die Musik bereitete, war ich auf den Verdienst angewiesen, um im Busch mit Lpetati und seiner Familie leben zu können. Vieh- und seit einigen Jahren auch Landwirtschaft, warfen nicht genug ab, um sorgenfrei zu existieren.

Ich trug Lpetatis letzte Briefe bei mir, Briefe, die deutlich machten, dass uns auch nach den fast achtzehn Jahren, die unsere außergewöhnliche Beziehung bestand, immer noch starke Gefühle verbanden. Dass unser Miteinander immer noch gut funktionierte, schrieb ich – nach einiger Erfahrung im Umgang mit ihm – meiner Überzeugung zu, Lpetati nie etwas abzuverlangen, das er nicht verstand, nicht kannte oder nicht freiwillig zu geben bereit war. Er sollte immer er selbst sein können. Und die Dinge zwischen uns, die einer Klärung bedurften, besprach ich ruhig, geduldig und ohne Emotionen mit ihm. Ein »Was meinst du dazu?« schien mir bei meinen Wünschen, die Neuerungen betrafen, unerlässlich, um sein Ansehen und das seiner Familie nicht zu untergraben. Manchmal ging ich taktisch vor, gebrauchte auch einige Tricks, aber am besten war es natürlich, wenn Lpetati meine Vorschläge, die meist eine Verbesserung des Lebensstandards betrafen, gefielen und er sie dann als seine eigenen Ideen weitergab. Beliebt machte er sich damit bei der Familie nicht unbedingt, doch man schätzte seinen Weitblick.

Unwillkürlich drängte sich mir die Erinnerung auf an meine erste gemeinsame Fahrt in Kenias Norden mit Lpetati, der sehr in mich verliebt und damals noch »amtierender« und daher mit allen symbolischen Zeichen geschmückter Krieger war: Ein wahrhaft attraktiver Mann und so atemberaubend anders. Nie werde ich jene Fahrt vergessen, nie die Gefühle, die mich so heftig heimgesucht, glücklich gemacht und bereichert hatten, und bis heute, fast zwei Jahrzehnte später, anhalten.

Wenn ich heute an meine erste Zeit mit Lpetati zurückdenke, meine ich, dass alles in den richtigen Bahnen verlief. Ich glaube an eine Art Fügung, jedoch nicht in dem Sinn, wie es die meisten Afrikaner tun. Das Leben selbst in die Hand zu nehmen, kommt ihnen nur bedingt in den Sinn, viel lieber verlassen sie sich auf das, was »schon geschrieben steht« und lassen »es« mit sich geschehen. Ich hingegen finde ein wenig Nachhelfen im Sinne von »hilf dir selbst, dann hilft dir Gott« passender, und »wer nicht wagt, der nicht gewinnt.«

Trotz der beschwerlichen Reise in den Norden komme ich immer wieder gern und mit viel Liebe und Herzklopfen in die fremdartige, eindrucksvolle Welt des Samburu-Distriktes zurück. Sie ist mir zur zweiten Heimat geworden, in der ich mich auskenne und mich wohlfühle.

Allerdings gehören zu meinem Glück auch regelmäßige Flüge nach Deutschland, um meine Familie, vor allem meine beiden Söhne, und die Freunde wiederzusehen und mich dort mit liebgewordenen und gewohnten Dingen umgeben und beschäftigen zu können. Ich habe weder hier noch dort ein Gefühl der Fremdheit und lebe in der Gewissheit, dass ich willkommen bin und vielleicht auch sehnsüchtig erwartet werde, ohne meine Unabhängigkeit verloren zu haben. Die Flugreise unternahm ich allein, nachdem Lpetati meine Einladung nach Deutschland leichtfertig, aber auch aus Flugangst ignoriert und mich damit beschämt und tief gekränkt hatte. Ich sah von weiteren Einladungen ab, obwohl er inzwischen darauf bestand, aber ich wollte kein zweites Mal eine Enttäuschung erleben. Zudem gab mir Babas Bemerkung zu denken, das Lpetati aus Deutschland »als reicher Mann« zurückkehren würde. Was verband meine Samburu-Familie nur mit einem Flug nach Europa?

Zweckbündnisse und Zuneigung

Junge Krieger sind kontaktfreudig und erpicht darauf, Besucher, vornehmlich europäische Frauen, in ihre Region und ihre Familien zu bringen, denn das verschafft ihnen immer auch finanzielle Vorteile. Für eine gewisse Spezies gehört es fast zum guten Ton, eine weiße Freundin, sprich Sponsorin, zu haben. Nachdem ich immer wieder wenig erfreuliche Geschichten darüber gehört hatte und oft von weißen Frauen um Rat gefragt wurde, habe ich mich eingehender damit befasst. Was ich dabei entdeckte, hat mich manchmal unangenehm berührt. Es ist wie auf einem florierenden Markt. So kommen inzwischen viele Samburu eigens an die Küste, um dort lukrative Bekanntschaften mit weißen Frauen zu machen, und haben dabei oft leichtes Spiel, während ihre Bräute und Frauen brav daheim auf sie warten und nur in den seltensten Fällen Näheres über die Beziehungen ihrer Verlobten oder Ehemänner erfahren. Zum Gehorsam und zum Untertänigsein erzogen, wagen Frauen nicht, Fragen zu stellen, wenn sie ihren Versprochenen oder Angetrauten auf die Schliche gekommen sind. Der Mann ist unantastbar – einfach deshalb, weil er ein Mann ist. Zudem darf er nach Absprache mit der Familie und der Erstfrau eine weitere Frau heiraten, auch eine dritte und vierte. Solche Mehrehen scheitern allerdings meist an den Kosten, da jeder Frau die gleiche Behandlung zusteht und der zu erwartende Kindersegen ein Vielfaches an Essen und Trinken erfordert, von den späteren Investitionen für die Schule ganz abgesehen.

In der Regel fehlt den einheimischen Frauen – ich kann hier nur für die Samburu sprechen – der Durchblick. Sie haben ihre Umgebung nie verlassen und wissen nicht, welche Gelegenheiten viele der jungen Männer eifrig nutzen. Die Frauen können kein Englisch, die übliche Umgangssprache zwischen Touristen und Einheimischen, sie können kaum lesen und schreiben, sind nicht in der Lage, auf Englisch verfasste Briefe an ihre Freunde oder Ehemänner und Verabredungen, die diese mit weißen Frauen treffen, zu verstehen.

Oft ist es aber auch so, dass die einheimischen Frauen und deren Kinder und selbst die Verwandtschaft von den Beziehungen der Männer zu den ausländischen Frauen finanziell profitieren, teilweise nur zu gern. Solange das übliche Familienleben dadurch nicht beeinträchtigt, sondern durch Geldzuwendung aufgewertet wird, misst man den Liebschaften keine große emotionale, dafür aber umso mehr wirtschaftliche Bedeutung bei.

Einige afrikanische Männer lassen keine Möglichkeit ungenutzt, aus ihren ausländischen Bekanntschaften Kapital zu schlagen: Armbanduhren, Goldkettchen, Handys, Schuhe, Textilien, Geld auf einem Konto, Fahrräder, Autos und sogar Häuser. Die Gegenleistung dafür lässt sich leicht erbringen: Stets hübsch und attraktiv zu sein und den Frauen als Liebhaber und als Vorzeigeobjekt, einer Trophäe gleich, zur Verfügung zu stehen.

Und ich kenne unzählige rührselige Schilderungen von Unglücks- und Krankheitsfällen, von abgebrannten Hütten, verendetem Vieh, hungernden Familien und zu Unrecht erduldeten Inhaftierungen. Es sind teils wahre, aber auch erfundene Geschichten, um das Mitleid finanziell besser gestellter Menschen anderer Nationen zu erregen. Gern wird »den Armen, deren schweres Schicksal so zu Herzen geht« geholfen, ohne Skepsis, die angebracht wäre, ohne Rückversicherung.

Ich möchte dieses Vorgehen nicht kritisieren, ich weiß ja selbst inzwischen, wie viel Not es in meiner zweiten Heimat gibt, aber enttäuscht bin ich schon und in einigen Fällen auch verärgert, wenn der Wahrheitsgehalt des geschilderten Elends zu wünschen übrig lässt. Trotz meines Verständnisses für so manch missliche Lage ist immer ein ungutes Gefühl dabei.

Ohne den Tourismus hätte es kaum die zwei Kategorien von Kriegern (und natürlich auch von anderen Stammesangehörigen) gegeben: Zum einen die, welche sich ihrer Tradition verpflichtet fühlen und die redlich handeln, und eben auch jene, die auf dem großen Strom der Abzocker und Tagediebe dahinschwimmen. Das ist bedauerlich und passt so gar nicht zu ihrem charmanten, kindlich-fröhlichen Auftreten. Ich kenne keine Frau, die, wieder daheim in Europa, neben durchaus liebevoll und romantisch verfassten Grüßen ihres Freundes oder Liebhabers nicht auch Bettelbriefe erhält.

Dies ist die eine Seite. Es gibt aber auch echte Gefühle zwischen national verschiedenen Paaren, doch diese lassen sich zwischen den Kulturen kaum ausleben und etablieren. Meist bleiben »Liebe« und »Freundschaft« doch eher kurze Episoden, auf wenige schöne Ferientage pro Jahr beschränkt, weit entfernt vom Alltag mit seinen Anforderungen und noch weiter entfernt von der Mentalität verschiedener Welten. Lange Trennungen dienen den Beziehungen kaum. Briefe und Telefonate sind kein Ersatz für Nähe und ein gründliches Kennenlernen. Eine wirkliche Bereicherung des Lebens kann eine solche Partnerschaft nur in Ausnahmefällen sein, doch dies erfordert Wissen, Respekt, Anpassungsfähigkeit, die Anerkennung einer anderen Kultur und sehr viel Liebe.

Viele europäische Frauen und Männer reagieren auf die Konfrontation mit afrikanischen Verhältnissen vollkommen normal – aber nicht immer diplomatisch. Haben sie das Glück, in ein einheimisches Dorf eingeladen zu werden, egal, um welchen Stamm es sich handelt, sind sie meist schockiert über das spartanische und dürftige Leben ihrer neuerkorenen Lieblinge und spontan dazu bereit, einiges Geld lockerzumachen. In ihren Augen tun sie Gutes. Vor lauter Eifer und Hilfsbereitschaft vergessen sie oft, den recht einfachen Lebensumständen eines Naturvolkes mit Respekt und Achtung zu begegnen. Einheimischen, auch ohne Worte, klarzumachen, wie mittellos sie sind, verletzt deren Stolz. Bei den finanziell bessergestellten Weißen keimt oft schnell der Wunsch, »die Armen« aus ihrer beklemmenden Situation herauszuholen.

Aber selbst die notwendigste Hilfe verlangt reifliche Überlegung und Taktgefühl.

In früheren Zeiten, noch ohne den boomenden Tourismus in Kenia, gab es kaum schwarz-weiße Bekanntschaften dieser Art. Erst in den achtziger Jahren hat sich die finanzielle Lage für viele Einwohner aus entlegenen Gebieten mit fehlenden Verdienstmöglichkeiten so verbessert, dass überwiegend die jungen Männer an der weit entfernten Küste legal zu Geld kommen können, weil sie dort in den Hotels und den damit verbundenen Einrichtungen, wie Appartements, Läden, Restaurants und Reisebüros, Arbeit finden. Für die auch für viele Kenianer ungewohnt imposant und farbenfroh gewandeten Krieger, die als rückständig, gleichzeitig aber auch gefährlich gelten, besteht diese »Arbeit« aber meist darin, als malerische Zeugen ostafrikanischer Kultur einfache Dienste zu verrichten, wie etwa Gäste zu begrüßen. Immerhin ist das für viele ein Ausweg aus finanzieller Not. Da sie nur den Beruf des Viehzüchters beherrschen, nehmen zahlreiche junge Krieger, mehr Samburu als Massai, den beschwerlichen Weg an die Küste auf sich. Ihnen bietet sich die Chance, vor den Gästen aus dem fernen Europa oder Übersee ihre Stammestänze in den Hotels oder deren Anlagen vorzuführen und für ein bisschen mehr Flair und Afrikagefühl bei den Urlaubern zu sorgen. Die Tänze sind fest in das Unterhaltungsprogramm aufgenommen worden und verhelfen nachrückenden Kriegergenerationen zu ihrem ersten eigenen Gelderwerb.

Für viele in ihrer Tradition aufgewachsenen Krieger ist das eine enorme Umstellung. Sie lernen ein Leben abseits der eingefahrenen Bahnen kennen und oft genug auch schätzen. Und hier liegt die größte Gefahr für ihr junges, bisher von anderen Werten, wie kultureller Eingebundenheit, dem Familienclan, einem dichten sozialen Umfeld, und von der Natur bestimmten und konsequent traditionell geprägten Dasein.

Eine aufregende Fahrt

Während mir so vieles durch den Kopf ging, hatten wir Rumuruti erreicht. Am Ortsende, unweit der Polizeistation, machte die Asphaltdecke der Fahrbahn einer staubigen, steinigen Piste Platz. Was bedeutete es, wenn mir auf dieser Strecke etwas passierte? Kein Haus weit und breit, keine Tankstelle, kein Telefon, keine Handyverbindung, nichts, nur Büsche, Grasland, Bäume und wieder Büsche … Wir waren erst wenige Meter gefahren, als unser überfüllter Kleinbus anhielt. Einige Wagen, meist Sammeltaxis wie das unsere, standen am Rand der Piste, die ausgestiegenen Reisenden und Fahrer palaverten aufgeregt.

»Heute Morgen hat es Überfälle auf dem Weg gegeben«, sagte jemand. Voller Unruhe verfolgte ich die Gespräche, soweit sie in Suaheli und nicht in der Stammessprache Kikuyu geführt wurden, und überlegte, ob ich umkehren oder abwarten sollte. Zwischen Hoffen und Bangen wurde mir die Zeit lang; vor Erregung verspürte ich weder Hunger noch Durst, obwohl ich vor fast zwölf Stunden das letzte Mal etwas zu mir genommen hatte.

Irgendwann gegen Mittag wurde es lebhafter um uns herum. Bewaffnete Polizisten und Soldaten waren eingetroffen. Nach vielem Hin und Her und Durchsuchen der Fahrzeuge wurden wir aufgefordert, wieder in die *matatus*, inzwischen waren es sieben, einzusteigen. Jeweils zwei Polizisten oder Soldaten nahmen in jedem Fahrzeug Platz, einer neben dem Fahrer, einer auf der Rückbank, das Maschinengewehr im Anschlag. In einem langen Konvoi quälten wir uns durch die Savanne. Bis auf das Motorengeräusch war alles still, nur manchmal schlugen Steine gegen den Unterboden oder die Seitenwände des Wagens, oder es drangen Tierstimmen bis zu uns. Bei jeder uneinsehbaren Wegbiegung hielt ich die Luft an, mein Herz klopfte; wenn die Bewegung zwischen den Büschen und Bäumen »nur« von einem Impala, einem Büffel, einer Giraffe oder einem Elefanten stammte, atmete ich erleichtert auf. Unentwegt sandte ich Stoßgebete zum leicht bewölkten Himmel und registrierte dankbar jeden sicher zurückgelegten Kilometer.

Es war nicht das erste Mal, dass ich unter Polizeischutz nach Hause oder Richtung Nairobi fuhr. Räuberische Überfälle auf Passagiere und Fahrzeug sowie Unwetter konnten die Fahrt auf der Piste gefährlich machen. Auf Reisen quer durch Kenia war ich nie ganz ohne Angst.

Endlich, endlich tauchten die vertrauten Ausläufer der heimatlichen Karisia Hills auf und die Spitze meines geliebten, von Botanikern gelobten Naiparikedju. Da fühlte ich mich gleich wohler.

Am späten Nachmittag erreichte ich unbehelligt, glücklich, dankbar und ziemlich erschöpft Maralal, das noch staubiger war als die Piste und schmutzig dazu. Papier und braune Plastiktüten wirbelten herum, blieben an Zäunen oder in Bäumen hängen, allerhand Unrat türmte sich an den Wegen und auf freien Plätzen und lockte Ziegen, Hühner und jämmerlich abgemagerte Hunde und Kühe an.

Maralal, das Verwaltungszentrum des Samburu-Distriktes, war keine Wohlfühloase. Allerdings gab es hier eine Post, eine Bank, ein Agrarzentrum, weiterführende Schulen, Niederlassungen von Ministerien, eine Missionsstation, ein Krankenhaus, Ärzte, Läden, Restaurants, einige Lodges, ein paar Hilfsorganisationen, einen Markt und eine Tankstelle. Darüber hinaus fand man nur sehr wenig Sehenswertes in Maralal, außer für historisch Interessierte. Hier stand das unscheinbare Haus, in dem 1961 die Briten den ersten Präsidenten des freien Kenia Jomo Kenyatta gefangen gehalten hatten.

Die Stadt war so klein, dass man sich dort ohne genaue Angabe verabreden konnte. Man lief nicht Gefahr, sich zu verfehlen. Es genügte zu sagen, man sei an dem und dem Tag in Maralal.

Ich war immer froh, wenn ich den Ort wieder verlassen konnte und in die »wilde« Umgebung kam, die gleichzeitig wohltuende Ruhe versprach. Ich liebte dieses Land sehr und fühlte mich ihm auf vielfältigste Art verbunden.

Da ich heute müde und verschwitzt war und einiges an Gepäck bei mir hatte, ließ ich mich von dem ebenfalls müden, nach Zahlung eines angemessenen Entgelts aber erfreuten Fahrer mit dem *matatu* noch bis vor die Impala Lodge bringen.

In meinem bescheidenen Zimmer gab es ein einfaches Bett mit einem durchlöcherten Moskitonetz, sogar einen Stuhl, einen Tisch, ein großes Handtuch, ein paar Blätter abgezähltes Toilettenpapier, ein kleines Stück Gästeseife, einen Plastikpapierkorb, Gardinen zum Zuziehen, Plastikbadesandalen in unterschiedlichen Farben, damit sie nicht mitgenommen wurden, und Licht. Die Wände hätten längst einen neuen Anstrich gebraucht.

Hunger verspürte ich zunächst noch nicht, hatte aber Lust auf einen heißen süßen Milchtee.

Ich kramte ein wenig in meinem Rucksack und suchte Toilette und Dusche im hinteren Teil des Hofes auf, die eher einem Verschlag glichen.

Auf dem Weg zurück ins Zimmer und immer wieder auch während der Nacht hörte ich das Bellen von umherstreunenden Hunden und Hyänen. Aus diesem Grund bezwang ich mich, später nicht mehr über den ungesicherten langen Hof zur Toilette zu gehen und erst recht nicht auf die unbeleuchteten und unbefestigten Wege, um noch irgendwo einen Tee zu trinken. Wahrscheinlich hätte sowieso keines der kleinen Restaurants mehr geöffnet, und nur wegen einer Tasse Tee wollte ich mich keiner Gefahr aussetzen.

So ruhte ich mich eine Zeit lang auf dem ziemlich unebenen Bett aus und verkroch mich, weil ich fror, unter der bereitgelegten, gebrauchten Wolldecke. Laken und Kopfkissenbezug waren immerhin, wie der Geruch verriet, frisch gewaschen worden. Eine nackte Glühbirne baumelte von der Decke. Ameisen kamen unter der nicht dicht abschließenden Tür hindurch, bevölkerten bald den Papierkorb und meine Reisetasche, und irgendetwas summte fein und immer wieder an meinem Gesicht vorbei.

Es war kalt und ungemütlich. Manchmal hatte ich hier mit Lpetati übernachtet, und einige Male hatte er bei meiner guten Bekannten Rose, die noch bis vor Kurzem in der Lodge gearbeitet hatte, einen Brief für mich deponiert, mit der Bitte, ihn mir sofort bei Eintreffen auszuhändigen. Er wollte mich gern als Erster bei meiner Rückkehr in den Samburu-Distrikt begrüßen. Meistens aber war er, wenn er von meinem Eintreffen erfahren hatte – woher er es so schnell wusste, entzog sich meiner Kenntnis – noch vor Sonnenaufgang durch den Busch nach Maralal gewandert, um mich gleich nach dem Aufwachen zu überraschen. Fröstelnd hatte er dann vor meiner Zimmertür gekauert, die langen Beine angezogen, sorgfältig rasiert und mit geschorenem Haar, eingehüllt in das nach seiner Meinung beste Tuch, ob nun ein eigenes oder ein für den Anlass geliehenes. Oft hatte er kleine, im Vorbeigehen gepflückte Blumen dabei oder etwas, das er am Wegesrand gefunden hatte: Einen hübschen Stein, eine bunte Feder, einen Eckzahn von einem Warzenschwein oder eine Stachelschweinborste. Manchmal war es sogar ein selbstgefertigtes Armband oder ein Fußreifen. Auch einige Spazierstöcke (unterwegs noch geschnitzt und verziert) oder eine Kette mit einem besonderen Anhänger hatte ich als Willkommensgruß erhalten.

Diesmal fand ich keine Nachricht von Lpetati vor. Nun, dann würde er eben von meiner Rückkehr überrascht werden. Dass er auf mich wartete, hatte er mich in diversen Briefen wissen lassen, aber ich wusste es auch so. Wir freuten uns beide, bald wieder zusammen zu sein, so kam wieder Leben und Abwechslung ins Haus, und viele Dinge konnten wir gemeinsam einfach besser angehen. Allein die Mahlzeiten, immer besonders auf Lpetati abgestimmt und reichlich, beglückten ihn. Ich liebte es, wenn er mich auf seine Art umgarnte und dann damit herausrückte, dass er noch gern etwas mehr von »dem köstlichen Essen« haben würde. Nie fragte er direkt: »Ist noch etwas da?« Und nie bediente er sich einfach.

Abends erzählte ich dann Neuigkeiten aus Deutschland, von der Küste, aus Kenia allgemein. Viele Dinge kamen zur Sprache, wir sahen uns neue Fotos ob, beobachteten Tiere mit dem Fernglas, besuchten Familien und Freunde, spielten mit Karten oder Würfeln oder machten Musik. In den Hütten wurde zwar auch hin und wieder gesungen, meistens aber nur palavert, dicht gedrängt, um die Feuerstelle herum, und die Themen waren seit Jahren dieselben.

Ich versuchte, Hunger und Durst zu ignorieren, und fertigte vor dem Einschlafen eine lange Einkaufsliste an. Ich durfte nichts und niemanden vergessen. Für mindestens zehn Haushalte musste etwas Essbares und Brauchbares eingekauft werden. Ich wusste ja, dass meine Rückkehr sehnsüchtig erwartet wurde, denn sie brachte die Gewissheit, wieder ausreichend essen zu können, und sei es nur für wenige Tage. Auch über neue Tücher, eine Schale, Teller und Becher freuten sich alle. So viele Menschen rechneten fest mit meiner Unterstützung. Das freute mich, war aber auch eine Belastung, denn die Erwartungshaltung der Großfamilie ließ mir wenig Spielraum, nach eigenem Gutdünken zu handeln.

Ganz zu Anfang war ich sogar von einigen Familienmitgliedern mit der direkten Frage konfrontiert worden: »Wo ist mein Geschenk?« Das hatte so fordernd und selbstverständlich geklungen, dass ich mich verletzt und gemaßregelt gefühlt hatte. Eine Überraschung wäre es gewesen, wenn ich einmal wirklich mit leeren Händen bei uns im Dorf aufgetaucht wäre! Wie hätte man da wohl reagiert? »*Mkono mtupu haurambwi!* – Eine leere Hand wird nicht geliebt …«

Nun, ich kam nie mit leeren Händen, und ich machte mir schon im Vorfeld meiner Rückkehr viele Gedanken darum, was ich aus Deutschland mitbringen konnte. Medikamente, Pflaster und Mullbinden, gesammelte Brillen. Kleidung, besonders für Kinder, bunte Bälle und einfache Spiele. Schulutensilien, wie Hefte und Stifte kaufte ich meist an der Küste, hin und wieder auch Haushaltsgegenstände und Saatgut. Zudem bat ich in den Restaurants oft um das Überlassen der bunten, metallisch schimmernden Kapseln von Soda- und Bierflaschen, weil die Kinder bei uns sie als »Spielsteine« benutzten. In Maralal kümmerte ich mich dann um Nahrungsmittel, Baumaterial, Werkzeuge und Gerätschaften für die Feldbestellung wie Hacken und Spaten und vieles mehr. Die Auswahl und Qualität diverser Gegenstände und selbst von Nahrungsmitteln ließ in Maralal zwar manchmal zu wünschen übrig, aber dafür waren auch die Ansprüche nicht hoch geschraubt. Für mich selbst brauchte ich nur wenig, ich hatte gelernt, genügsam zu leben und mich den Umständen anzupassen.

Manchmal dachte ich, dass es eigentlich schade war, dass ich nicht einfach so nach Hause kommen konnte, ohne große Schlepperei, ohne großes Überlegen, wer was brauchte, ohne neugierige Blicke auf meine Taschen.

Sorge um Lpetati

Ich hatte mir sehr gewünscht, dass Lpetati nach Maralal kam, aber offenbar wusste er nichts von meiner Rückkehr.

Um meine vielen, in diversen kleinen Läden, auf dem Markt und im neuen Supermarkt getätigten Einkäufe transportieren zu können, hatte ich mir einen Pick-up gemietet und näherte mich nun unserem Dorf, hoppelnd und schaukelnd auf harter Grasnarbe.

Scharen von Kindern liefen neben dem Fahrzeug her und riefen erfreut meinen Namen. Dann wurde ich umringt von der Familie, von herbeigelaufenen Nachbarn und Freunden. Marissas und Tante Kakomais nasse Küsse landeten auf meinem Gesicht. Lekian, Bestana, Ngarachuna und Gatilia weinten an meinem

Hals, so viele Hände streckten sich mir entgegen. Da waren viel Rührung und Herzlichkeiten – und natürlich lauernde und verlangende Blicke wegen der erhofften Lebensmittel und Geschenke.

Wie schön es sich anfühlte und wie beruhigend es war, wieder daheim zu sein, welche Erleichterung nach den durchgemachten Strapazen während der Reise und der ausgestandenen Angst. Frohgestimmt und dankbar nahm ich den Blaublumenhang und das kleine Blockhaus in Augenschein und nickte freundlich hier und da einigen Familienmitgliedern zu. Aber irgendetwas schien veändert. Auffallend langsam kam Baba herbei, hinter ihm zwei meiner bildhübschen Schwäger. Ich sah die Wiedersehensfreude in seinen gütigen Augen. Überschwänglich bedankte sich mein Schwiegervater bei Gott für mein Kommen, und obwohl er mich, herzlich wie immer, an sich drückte und mir die Hand auf den Kopf legte, um mich zu segnen, und ich den typischen Geruch einer täglich getragenen *shuka*, Decke, in die Nase bekam, verstärkte sich mein Gefühl, dass irgendetwas nicht stimmte. Ich wurde zusehends unruhiger und konnte mir selbst nicht erklären, warum. Ich war enttäuscht, dass Lpetati nicht zur Stelle war.

Sicher ist er mit unseren Kühen unterwegs, beschwichtigte ich mich und sah ihn vor mir in seinem in der Taille gegürteten roten Tuch und dem darin eingebundenen *olalem*, dem Messer, mit seiner lässig über die Schulter drapierten *shuka*, dem unvermeidlichen Stock aus dem harten Nkoita-Holz. Liebevoll dachte ich an sein umsichtiges Verhalten den Tieren gegenüber, seine Zurufe, wenn eines von ihnen ausscherte, seine Zufriedenheit und sein stilles Glück beim Beobachten seiner Lieblinge. Ich lächelte in Erinnerung daran und wurde dann wieder unruhig.

»Er ist gar nicht fort«, durchfuhr es mich, und ich hatte auch gleich die Erklärung dazu: die Eingangstür unseres Hauses stand ja halb offen. Also wird er doch daheim sein. Nur, warum war mir schon einige Zeit so bang, so unwohl? Und dann fand ich, dass es auch, bis auf die Kinderstimmen, seltsam leise, irgendwie unnatürlich ruhig war. Meine Angst verstärkte sich. Ein wenig hilflos blickte ich in die Runde. Niemand sagte etwas, aber fast alle Blicke waren auf unseren Hauseingang gerichtet.

Dann sah auch ich dorthin, in den schrägen Abendsonnenstrahlen tanzten winzige Mücken. Ein friedliches Bild. Und dann fiel ein langer Schatten vor mir auf den Fußboden. Und dieser Schatten bewegte sich, wurde größer und verwandelte sich in eine magere Gestalt im Türrahmen – Lpetati!

Noch bevor ich erschreckt aufschreien konnte, hatte er seine knochigen Arme um mich gelegt. Ich hielt einen erbarmungswürdig dünnen Mann im Arm, fühlte dessen Wärme, bemerkte seine Hilflosigkeit und Schwäche und sah in dunkle Augen, die sich mit Tränen füllten. Wir hielten uns stumm, bis Lpetati von einem heftigen Hustenanfall erschüttert wurde, der seine ganze Kraft erforderte.

»*Chui, Chui yangu*, dein Simba wird sterben«, röchelte er heiser.

Ich verstand nichts, fühlte nur den rasenden Herzschlag und zog Lpetati vorsichtig in das Haus, um ihn und mich vor den vielen neugierigen Blicken zu schützen. Es wagte auch niemand, wie es sonst üblich war, näher zu kommen oder gar, uns zu folgen.

»*Simba, wewe ni mgonjwa sana!*« Du bist schwer krank. Was ist geschehen? Warum hast du mich nicht wissen lassen, dass du krank bist, ich wäre doch sofort gekommen. »*Kwa nini tu?*« Warum hat mich niemand informiert, auch wenn kaum einer schreiben kann, aber irgendwie hättet ihr es doch geschafft, dass ich Bescheid kriege. »*Tangu lini?*« Wie lange geht das denn schon so? Ich war außer mir und fühlte mich elend.

»Ich dachte, bis du kommst, bin ich wieder gesund. Aber es geht nicht, und du warst lange fort. *Chui*, dein Simba wird sterben, wenn Ngai, Gott, es so will. Aber vielleicht will er es auch nicht, weil du jetzt da bist. Er hat dich geschickt, wie so oft, das weiß ich, und dann will er wohl auch nicht, dass ich sterbe, er hat die Gebete erhört, liebe *Chui*, er hat sie bestimmt gehört! Ich kann doch noch nicht sterben, nicht jetzt und so. Tu was, *nketok*, tu irgendwas, *Fanya chini juu. Chui! Tafadhali!*«

Erschüttert sah ich auf meinen halb verhungerten Mann, dessen Atem kurz und keuchend ging, und erkannte erst jetzt, dass er nur Lumpen trug. Lpetati folgte meinem Blick. »Ich habe alle guten Sachen eingetauscht für Medizin. Auch welche von dir. Baba hat mir Medizin verabreicht, und auch der Heiler, der oft da war. Danach ging es auch besser. Vielleicht hätte er nur weiterbehandeln müssen. Aber wir konnten ihn nicht mehr bezahlen, dabei wollte er nicht viel, zuerst nur Hühner, dann aber auch eine Ziege und noch eine, die hat er auch bekommen, aber Geld war nicht da, nichts, das ich hätte hergeben können. Er hat sogar eine Schale von uns mitgenommen, den kleinen Spiegel aus der Küche und einen Hocker. Und nach einiger Zeit fing alles wieder an mit mir und ist so geblieben. Ich bekomme schlecht Luft, ich kann gar nichts mehr tun, *Chui,* ich bin wie ein ganz, ganz alter Mann geworden, älter als Babu. Hilf mir, *Chui!*«

Lpetatis Stimme war belegt, seltsam heiser. Ich war außer mir, fühlte mich gelähmt für Augenblicke, bis auf einmal Kampfgeist in mir erwachte. »Gleich morgen früh werde ich nach Maralal ins Hospital gehen, um einen Arzt zu finden, aber das hättet ihr auch machen können«, sagte ich erregt, wenngleich ich wusste, dass das aus finanziellen Gründen nicht möglich war, aber sie hätten auf mich verweisen können. Man kannte mich doch dort, weil ich schon manche Familienmitglieder ins Hospital gebracht und für deren Behandlung gesorgt hatte. Und auch der Heiler hätte sich bestimmt darauf eingelassen, mit der Bezahlung ein wenig zu warten. Meine Hände zitterten. Ich atmete tief durch und nahm mich zusammen. Schließlich kannte ich die Mentalität und den Glauben meiner Leute. Man pfuschte Ngai nicht ins Handwerk, sondern ergab sich seinem Willen. »Es steht alles schon geschrieben …«

»Vielleicht muss ich auch bis nach Nyahururu oder Nairobi, egal, wohin, wir werden finden, was dir fehlt, und wir werden Hilfe bekommen. Vertrau mir, Simba, alles, was möglich ist, werde ich unternehmen«, beruhigte ich Lpetati und mich selbst.

Lpetati hustete, röchelte, und als ich dann zu meinem Entsetzen entdeckte, dass sich sein Taschentuch, das er vor den Mund gepresst hatte, rot verfärbte, dachte ich sofort an Tuberkulose und begann, vor Angst zu frieren.

Mein Mann sackte in sich zusammen, richtete sich wieder auf, sah mich lange an, flehend und voller Verzweiflung, und dann zeigte er ein zaghaftes Lächeln. »Wie gut, dass du da bist, *Chui*«, sagte er in verändertem Tonfall, »es hat lange gedauert diesmal, aber es ist so schön, dich zu sehen. Gott sei Dank, dass du gekommen bist. *Karibu sana nyumbani*, willkommen zu Hause.«

»Ich werde alles versuchen, was möglich ist, *Simba lai*«, ermunterte ich ihn erneut, »du wirst sehen, wir schaffen es, *tumeshatanzua matatizo mingi*, wir haben doch schon so viele Probleme gelöst, auch, wenn es schwierig war. Wir werden es auch diesmal schaffen.«

»*Una moyo mwema*. Du hast ein gutes Herz. Mach mir Mut – den brauche ich.«

Lpetati hustete länger. »Sag mir, dass es gut wird. Ich vertraue dir.«

»Es wird gut!« Ich glaubte auf einmal fest daran, dabei straften mich Lpetatis schlimmer Zustand und sein heruntergekommenes Äußeres eigentlich Lügen. Seine Haut war rau und schuppig, weiße Streifen hatten sich gebildet, weil er sich gekratzt hatte. Lpetati deutete meinen Blick. »Dein *Simba* ist nicht mehr schön«, sagte er leicht zerknirscht und leise, »das ist einfach so gekommen.«

»Du wirst aber wieder schön«, beeilte ich mich zu sagen und kam mir vor, als spräche ich zu einem Kind. Mein schöner, stolzer Krieger – was war davon geblieben!

In Anbetracht des wenigen Wassers zog ich Reinigungstücher aus meinem Rucksack und rieb vorsichtig Lpetatis Hände und Arme damit ab. »Deine Sachen kannst du ausziehen, ich habe dir neue mitgebracht.«

Gehorsam wickelte er sich aus dem durchlöcherten Tuch, streifte etwas mühsam das ausgeblichene T-Shirt ab und sah neugierig auf meine Reisetasche. Dann schluchzte er plötzlich in sich hinein und ein weiterer Hustenanfall schüttelte ihn. Ein wenig hilflos stand ich vor meinem in seinem Verhalten so sehr veränderten Mann und verfolgte dann, wie er sich, fast genüsslich, das Gesicht und die Haare mit der mitgebrachten Vaseline eincremte, die Augen verdrehte und seine schlanken, wendigen Arme mit dem Fett bearbeitete, als streichele er sich dabei. Was musste ihm das Gefühl guttun, wieder sauber und gepflegt zu sein. Ich half ihm, den Rücken und die Beine einzusalben, wartete, bis die Creme eingezogen war, und reichte ihm die Unterwäsche, die keine Selbstverständlichkeit bei uns war: Socken, eine helle lange Hose und ein Hemd mit zartem Karomuster in Pink und Hellblau. Beide Farben liebte er besonders. Nachdem er sich umständlich aus- und angekleidet hatte, gab ich ihm ein Wickeltuch, ebenfalls in Pink, sowie eine dicht gewebte, warme, aber leichte *shuka*, blau-rot gewürfelt und gelbgestreift. Lpetati strich vorsichtig darüber, schloss die Augen und sagte fast ergriffen: »*Hashe, hashee oleng, Ngai, hashe, Chui! Aitoki, Simba lai, ni mimi tena!*« Danke sehr, Gott sei Dank! Da bin ich wieder, dein *Simba*!

Dann griff er nach den pastellfarbigen Taschentüchern. Er liebte Taschentücher über alles. Sie waren hier unbekannt, allenfalls benutzten sie die Krieger, um darunter ihre noch nicht fertigen Frisuren, deren kunstvolles Herrichten ja manchmal mehrere Tage in Anspruch nahm, zu verbergen. Frauen und Mädchen freuten sich über geblümte, bunte Damentaschentücher, wussten diese aber kam zu benutzen.

Es gab kein Wort in ihrer Sprache dafür.

Zwei Nichten schleppten Feuerholz in unser kleines Wohnzimmer. Einer meiner Schwäger erschien und zündete den Kamin an, und bald darauf nahm ich wieder Besitz von unserem Blockhaus, vor dessen Eingang jetzt die zahlreichen Familienmitglieder hockten. Ab und zu öffneten Kinder die Eingangstür einen Spalt breit, wagten aber nicht, die Tür offen zu lassen. Diesmal hielten sich alle seltsam zurück, denn mein Zusammentreffen mit dem schwerkranken Lpetati veränderte vieles. Ich spürte ihr Schuldbewusstsein und ihr Unbehagen. Sonst waren sie immer alle bei meiner Rückkehr auf die Veranda und ins Haus gestürmt, auch ohne Aufforderung, ganz selbstverständlich, und sie waren fröhlich, laut und neugierig gewesen, hatten ständig meinen Rucksack und meine Reisetasche im Auge gehabt und ganz besonders die verschnürten Tüten und Kartons aus den Läden in Maralal.

Ich zündete Kerzen und Petroleumlampen an – Strom gab es immer noch nicht in unserer Gegend und würde wahrscheinlich auch erst durch auf meinem Dach installierte Solarzellen zur Verfügung stehen, vorausgesetzt, ich konnte sie irgendwann bezahlen. Desgleichen würde es fließendes Wasser wohl nie bei uns geben. Aber wir besaßen zwei Wassertanks und so schöpfte ich dort, gleich neben der Küchentür, weiches, sauberes Regenwasser, wie auch jetzt, um Tee zuzubereiten. Wir kochten nach wie vor auf zwei kleinen Petroleumflammen.

Während ich dort hantierte und auch Milch abkochte – Lpetati liebte Milch, allerdings vorzugsweise rohe, stand mein Mann dicht hinter mir. Ich spürte seinen Atem im Nacken und fühlte seine kalte Hand auf meinem Arm. »Mit dir ist wieder alles da und alles gut«, sagte er zwischen Räuspern und Hüsteln. »Ich möchte ganz viel essen. Das konnte ich lange nicht, *Chui*, es gab nichts, nichts. Und als ich krank wurde, haben mich meine Schwestern und Marissa mit etwas Essen versorgt. Als es mir dann schlechter ging, haben mich alle nur zufriedengelassen. Ich habe lange nicht mehr richtig gegessen, und ganz lange nichts, was ich gern esse. Hast du Avocados bekommen in Maralal?«

Trotz der traurigen Lage musste ich lächeln. Lpetati liebte Avocados, aß sie gern mit ein wenig Salz und Limettensaft. Und natürlich hatte ich an Avocados gedacht. Es war ein rührendes Bild, wie er vor den inzwischen von mir angerichteten Avocados saß und sie sich genießerisch auf der Zunge zergehen ließ. »*Hashe, Ngai, hashe Chui*«, sagte er und weinte fast. Dann überraschte er mich mit der Frage: »Und du? Wo ist deine Avocado?« Ich ließ ihn einen Blick in die helle Packpapiertüte werfen, in der es noch fünf weitere Avocados gab.

Die Hunde Simba-ya-simba und Sungura stürmten herein, umwinselten mich vor Wiedersehensfreude und stießen mich fast um. Ich genoss ihre Anhänglichkeit und ihre Ausgelassenheit. Es war einfach wunderbar zu spüren, dass Tiere sich nicht verstellten. Sie liebten und akzeptierten mich, das spürte ich, wenn sie eng neben mir auf der Veranda lagen, wenn ich dort saß, so, als wollten sie mich nicht wieder fortlassen, wenn sie mich in jeden Winkel der Räume hinein begleiteten und mir überall hin folgten.

Selbst unsere Kühe, Schafe und Ziegen erkannten mich wieder. Mit Tieren zu leben hatte etwas Beglückendes, und ich genoss es in vollen Zügen. Auch deshalb gefiel mir das Leben bei den Samburu so gut, waren sie doch Menschen, denen Haustiere eine Gewohnheit, ein Segen, ein Lebensinhalt und eine Lebensversicherung bedeuteten – Hunde und Katzen ausgenommen, die waren eben einfach da, ebenso die Hühner.

Als mein Blick wieder auf meinen von der kleinen Mahlzeit beglückten Mann fiel, sah ich, wie er immer wieder über seine neue Garderobe strich und dabei glücklich lächelte. »*Maridadi*, wunderschön«, hörte ich ihn sagen.

Ich wusste, wie viel es ihm bedeutete, bewundert zu werden und anerkannt zu sein. Wie sehr musste er unter der körperlichen und äußerlichen Veränderung gelitten haben!

Wir tranken, vor dem Kamin sitzend, *chai* und Lpetati bekam noch abgekochte Milch. Dabei betrachtete ich sein ebenmäßiges, schmal gewordenes Gesicht, das im Kerzenlicht und im flackernden Feuerschein des Kamins von der Vaseline glänzte. Er atmete einige Male tief durch, mit einem leisen, pfeifenden Geräusch.

In der Nacht ließen mich Flöhe nicht schlafen. Wahrscheinlich waren sie bei den engen Umarmungen der Angehörigen bei der Begrüßung auf mich übergesprungen. Mein Bauch und die Taille waren übersät mit dicken, juckenden Quaddeln. Flöhe machten mir in unserem Haus immer wieder zu schaffen, und es fiel mir schwer, dabei gelassen und meinen Besuchern gegenüber freundlich zu bleiben. Außer dem quälenden Juckreiz hielten mich einige Hyänen, die um unser Haus herumstreunten, wach, und die Sorge um Lpetati beunruhigte mich ohnehin.

Am frühen Morgen zog ich auf der Rückseite des Hauses eine neue Wäscheleine, um das gesamte Bettzeug darauf zu lüften und die Flöhe zu vertreiben. Lpetati war, wie immer und wie alle in der Familie, sehr früh aufgewacht. Nun wartete er auf das Frühstück, um das er sich in den Zeiten, in denen es ihm besser gegangen war, auch selbst kümmerte. Er konnte einen wunderbaren Tee zubereiten, oft mit Ingwer und Kardamom.

Manchmal blickten wir zu so früher Stunde gern mit dem Fernglas in Richtung Mount Kenya. Das bizarre Bergmassiv, dunkel und scharf abgegrenzt gegen den flammenden Morgenhimmel betrachten zu können, verlieh etwas Erhabenes, ein ganz besonderes Afrika-Gefühl. Fröstelnd standen wir dann nebeneinander, in warme Decken gehüllt, bis die Helligkeit des neuen Tages die Konturen von Kenias höchster Erhebung im Wolkenmeer oder im Blau des weiten Himmels verwischte und nur noch ein Ahnen des vorangegangenen schönen Anblicks zurückblieb. Manchmal beteten wir danach gemeinsam.

Obwohl es noch sehr frisch, fast kalt draußen war, trug Lpetati unter Anstrengung den schmalen Tisch auf die Veranda, aber das war schon zu viel.

Danach rang er minutenlang nach Luft und ließ sich dann in einen Sessel fallen, wartete, erhob sich wieder und brachte mit langsamen Schritten und großer Mühe unsere Teetassen und danach das Besteck nach draußen.

Der Bequemlichkeit halber hätte ich die Möbel für die Veranda gern nachts draußen stehen gelassen, aber wahrscheinlich wären sie dann am Morgen nicht mehr da gewesen. Nicht, dass sie jemand hätte gebrauchen können, und es wäre ja auch sofort aufgefallen, aber sie ließen sich eintauschen gegen Geld oder andere

Dinge. Weil im weiten Umkreis den Menschen fast alles fehlte und es nichts gab, das nicht noch irgendwo zu gebrauchen war, musste ich leider alles verschließen und in Sicherheit bringen.

Umgeben von den sich schlängelnden grünen Ranken des rosablühenden Lokimekistrauches, lehnte Lpetati an der hölzernen Begrenzung der Veranda, hielt sich an einem der Pfosten fest und blickte in den klaren Morgenhimmel. Wie abgemagert und hager er doch war. Einen ganz kurzen Moment hatte ich Angst um ihn, aber dann überwog wieder der Optimismus. Ich trat zu ihm, legte den Arm auf seine Schulter, sagte: »*Tunamtumaini Ngai, auwene*! Wir vertrauen Gott, komm!« Damit zog ich ihn ganz behutsam zum Tisch. Er hustete, lächelte dann aber, blickte wieder ernst, versuchte, tiefer zu atmen und drückte meine Hand. Als sich dann die Sonne über die grünen, teils felsigen Hänge der Karisia Hills schob, wurde es binnen Minuten wärmer und angenehm. Im Laufe des Tages würde es heiß werden. Die Äquatorsonne stand ja senkrecht über uns.

Immer noch wie ausgehungert, verschlang Lpetati Cornflakes mit Milch und eine Avocado. Beim Essen behinderte ihn wieder der seltsam trockene, in kurzen Stößen folgende Husten. Mit gemischten Gefühlen saß ich ihm gegenüber, ermunterte ihn mit einem Lächeln, streichelte seine schmalen Hände und besah mir die langen, schlanken Finger. Es hätten die feingliedrigen Hände eines Musikers, eines Künstlers sein können. Von Anfang an hatte ich seine Hände geliebt.

Unterwegs nach Maralal

Lpetati, der im Halbschatten auf einer Matratze auf der Veranda lag, schlug mir vor, jemanden aus seiner Familie als Begleitung für mich mit nach Maralal zu schicken. Ich schüttelte lächelnd den Kopf. Ich hatte keine Lust, hinter jemandem herzuhasten, wollte meinen Laufrhythmus selbst bestimmen und stehen bleiben können, wenn mich eine Pflanze, die Aussicht oder ein Vogel besonders interessierten. Die Angehörigen blieben nie stehen, es sei denn, eine gefährliche Situation zeichnete sich ab, meist wegen irgendwelcher Tiere. Alle in unserer Familie liefen wie Maschinen, selbst Baba in seinem hohen Alter legte ein unglaubliches Tempo vor. Sie bewältigten oft beachtliche Strecken ohne jede Müdigkeit, aber ihre Wege dienten immer einem Zweck. Es war für alle neu gewesen, dass ich, sozusagen mit Genuss, durch die wunderschöne Landschaft spazierte. Es hatte sie sogar erheitert als ich ihnen erzählte, dass wir in Deutschland gern wanderten, auch einen oder viele Tage lang, einfach so, um die Natur zu genießen.

Hier, in einer Höhe von mehr als 2000 Metern waren alle körperlichen Betätigungen anstrengender, als ich das von Deutschland her gewohnt war. Der Atem ging schwerer bei besonderer Belastung, dazu kamen die trockene Wärme und der ständige Wind. Ich brauchte für die Wege einfach mehr Zeit als die anderen.

Noch bevor die Sonne höher stieg und es zum Gehen zu warm wurde, machte ich mich auf den Weg nach Maralal, um dort im Hospital wegen Lpetati mit einem Arzt zu sprechen. Unsere beiden Hunde sprangen eine Zeit lang ausgelassen neben mir her, sie wollten nicht nach Hause zurück. Immer wieder folgten sie mir, blieben geduckt im trockenen Gras sitzen, wenn ich mich umsah und ihnen bedeutete, umzukehren, und sobald ich weiterging, folgten sie mir erneut, ein schönes Spiel. Aber schließlich begriffen sie, dass sie mich nicht begleiten konnten. Auch mir fiel es schwer, sie zurückzulassen.

Noch an der Bachböschung, ziemlich weit von unserem Haus entfernt, hörte ich Lpetati husten. Sein Zustand war besorgniserregend, da brauchte ich mir nichts vorzumachen. Hoffentlich konnte ich hier im Norden an hilfreiche Medikamente kommen und vor allem einen kompetenten Arzt finden. Tuberkulose war in allen afrikanischen Ländern auf Grund der unzureichenden Ernährung und mangelhaften hygienischen Verhältnisse weit verbreitet und lag bei den Todesfällen etwa gleich mit Malaria und Aids.

Oft gebückt, ging ich unter den vielen Dornenakazien entlang, deren Zweige sehr weit herabhingen. Außer den tiefwurzelnden Akazien waren nur noch die hohen, wasserspeichernden Sukkulenten grün und die Feigenkakteen, unser einzig verfügbares Obst – wenn man den Elefanten und Ziegen zuvorkam. Gras und Büsche waren welk und trocken, und der ständige Wind des Hochlandes ließ sie rascheln.

Ich benutzte einen schönen, aber unebenen Trampelpfad. An manchen Stellen führte er an markanten, knorrigen Zedern vorbei, unter denen es so wundervoll würzig duftete, dass ich gern für einige Augenblicke stehen blieb und tief atmete. Fast auf dem gesamten Weg hatte ich einen freien Blick auf ferne Berge, musste aber hin und wieder über zerklüftete Gräben springen, die der letzte Tropenregen hatte entstehen lassen, oder über aufgetürmte Felsbrocken klettern und um hohe Termitenhügel herumgehen. Immer gab es Tiere zu sehen, friedlich grasende Zebras, Gazellen und Antilopen, Erdmännchen und viele seltene, tropische Vögel, besonders schön die schillernden Nektarvögel, die in blühenden Aloen saßen, außer den Singvögeln auch Trappen und wilde Perlhühner. Besonders die Dreifarben-Glanzstare fielen dabei ins Auge und begeisterten mich mit kräftigen Orange- und Blautönen. Hin und wieder hielten sich Büffel und Elefanten in der Nähe des Weges auf, seltener Löwen, die tagsüber meist träge, irgendwo geschützt, in der Sonne oder im Schatten dösten.

Ich war schon über zwei Stunden gegangen, als ich eine getötete Thomsongazelle entdeckte, die unmittelbar über mir in einer hohen Astgabel hing. Voller Unruhe hielt ich Ausschau nach dem Jäger oder der Jägerin, wofür nur ein Leopard in Betracht kam. Er musste sich in der Nähe aufhalten, denn er ließ seine Beute nicht unbeaufsichtigt. Ich wusste, dass ich mich als möglicher Störenfried in Gefahr befand. Mein Herz klopfte zum Zerspringen. Hinter jedem Busch, zwischen jedem höheren Gras vermutete ich Augen, die mich beobachteten. Viel zu aufgeregt sah ich mich um, horchte angestrengt, atmete ganz flach, fixierte das dichte Geäst über mir, gab mir einen Ruck und entfernte mich betont langsam und mit bedächtigen Schritten von dem Baum, obwohl ich am liebsten gerannt wäre. Immer weiter kam ich so vom Weg ab und ich machte unfreiwillig einen gehörigen Umweg.

Erst als weitere Gazellen und Impalas in Ruhe ästen, große Perlhühner und die schimmernden Glanzstare sich völlig normal benahmen, wähnte ich mich in Sicherheit und versuchte, wieder auf den Trampelpfad Richtung Maralal zurückzufinden. Vielleicht würde ich für den Rückmarsch besser einen anderen Weg einschlagen. Trotz der ausgestandenen Angst fühlte ich mich wohl und freute mich sogar über das besondere Erlebnis. Es beschäftigte mich noch, als schon die ersten flachen Gebäude von Maralal auftauchten und vor mir die Senke lag, die von alten filigranen Akazien beschattet wurde, wo sich seltene Liliengewächse, Amaryllen gleich, ausbreiteten. Dann lag Maralal vor mir, wenig einladend und doch mit einem kühlen, afrikanischen Flair.

Auf dem Gelände der Lungenklinik, die Maralals District Hospital angegliedert war, überholte mich ein Motorradfahrer, eine schmächtige, glatzköpfige Gestalt, stieg kurz vor mir ab, verschwand in einem Gebäude und erschien bald darauf in einem weißen Kittel: Der leitende Arzt der Lungenklinik stand vor mir. Ich fasste sogleich Vertrauen zu diesem Mann, einem Pokot, der mich an Mahatma Gandhi erinnerte.

Der Doktor war ausgesucht höflich und erschien mir sehr kompetent. Er unterbrach mich nicht bei meiner Schilderung von Lpetatis Zustand, hörte geduldig zu, nickte einige Male mit dem Kopf, unterstützte meine Vermutung, dass es sich um Tuberkulose handeln könnte, und machte mir dann Hoffnung, indem er auf äußerst wirksame Medikamente verwies, die von einer frankokanadischen Hilfsorganisation gestiftet worden seien. Anhand von Listen und Schreiben belegte der Arzt, dass viele Patienten auch im fortgeschrittenen Stadium einer Tuberkulose, selbst hier, in dieser dürftig eingerichteten Klinik, erfolgreich behandelt worden waren.

»Erfreulicherweise gibt es ein freies Bett«, sagte der Arzt, »bringen Sie Ihren Mann so schnell wie möglich zu uns, ich erwarte Sie und freue mich, wenn wir Ihnen helfen können.«

Bis zu diesem Zeitpunkt hatte ich nur daran gedacht, was ich für Lpetati tun konnte, jetzt quälten mich andere Fragen: Was würde die erneute Trennung unter diesen Umständen für uns bedeuten? Wie weit war die Krankheit Lpetatis fortgeschritten? Gab es Hoffnung auf vollständige Ausheilung der Tbc? Zuversicht und Sorge wechselten ständig in mir, während ich unter einem endlos weiten blauen Himmel den Rückweg zu unserem *boma*, unserem Dorf, das aus von Hecken umgebenen Hütten bestand, bewältigte.

In der Klinik

Zwei Tage später, es war Sonntag, ein heißer und windiger Tag, erschien der von mir bestellte Wagen, um Lpetati und mich abzuholen und in die Klinik zu bringen. Die Familie war fast vollzählig zum Verabschieden gekommen, auch Nachbarn und Freunde. Viele von ihnen wollten uns bis in die Stadt begleiten. Es gab Tränen, Gebete, gute Wünsche und eine Versöhnung – denn ich hatte einigen von ihnen lautstarke Vorwürfe gemacht, weil sie nichts weiter für Lpetati unternommen und mir nicht Bescheid gesagt hatten, besaß ich doch an der Küste eine Postbox, wie die Familie wusste, es wäre also möglich gewesen, mich zu benachrichtigten.

Jetzt, da ich helfend eingriff, wurde ich plötzlich *malaika*, Engel, genannt.

Lpetati saß neben mir und dem Fahrer, eingewickelt in seine rot-blau gewürfelte *shuka* und hustete fast ununterbrochen. Ich legte beruhigend meinen Arm um seine Schultern und spürte seinen dankbaren Gegendruck. Selten hatte er mich wohl so nötig gebraucht wie jetzt.

Nach der gründlichen Untersuchung wusste ich, dass Lpetatis Zustand sehr bedenklich war und wir nicht später hätten kommen dürfen. Voll innerer Unruhe blickte ich auf den Arzt, während dieser wartete, bis Lpetati sich hinter dem fadenscheinigen Paravent wieder angezogen hatte. »Es sieht nicht gut aus, um ehrlich zu sein«, eröffnete er uns, »aber auch nicht so schlecht, dass es keine Hoffnung gibt. Wir werden es gemeinsam angehen, mit Gottes Hilfe.« Ein aufmunterndes Lächeln folgte und ein hörbares, tiefes Luftholen. Er schob uns Informationsmaterial über den Tisch und wartete ein wenig, als wir einen Blick darauf warfen. »Mindestens acht Monate werden Sie in der Lungenklinik bleiben müssen«, sagte der Arzt zu Lpetati gewandt und nickte danach mir bedächtig zu.

Ich begriff es langsam. Acht, mindestens acht lange Monate!

Lpetati kauerte sich ungläubig zusammen. Seine Freude über die Behandlungsmöglichkeit ließen ihn ein leises *hashe, ahsante,* danke, flüstern, und er schien erleichtert. Aber er war auch enttäuscht, dass die Behandlung ihn so lange von zu Hause fernhalten sollte. Ich sah es an seinem Blick und den zusammengekniffenen Lippen.

»Wird schon«, sagte ich leise und stieß ihn leicht mit meinem Arm an. »*Huu ni wakati wako! Tunatumaini, tunawezekana*!« Das ist deine Chance, wir haben Hoffnung. Wir schaffen das.

In der Lungenklinik gab es keine Krankenzimmer, sondern einzelne kleine Betonhäuschen, auf einem weitläufigen, trostlosen Gelände verteilt und gerade groß genug für ein Bett auf einer gemauerten Steinbank. Es gab darin keine Toilette, kein Wasser und kein Licht, nicht einmal einen Stuhl. Ich erfuhr, dass die Angehörigen der jeweiligen Patienten für die Ausstattung zuständig seien, ebenso für die Verpflegung. Die Klinik half lediglich mit Medikamenten und ärztlicher Betreuung, ansonsten standen keinerlei Geldmittel zur Verfügung.

Obwohl es Sonntag war, versuchte ich, so gut es ging, in Maralal die vielen notwendigen Dinge für Lpetatis Krankenhausaufenthalt zu erstehen: eine Matratze, Decken, Kissen, Handtücher, Seife, Teller, Topf und Besteck, einen kleinen Holzkohleofen, Kerzen, Streichhölzer, Toilettenpapier und diverse Lebensmittel, darunter auch Trinkwasser und haltbare Milch. Manches hatte mich ein wenig mehr gekostet, weil einige Ladenbesitzer nicht regulär geöffnet hatten. Aber nach Schilderung unseres Dilemmas war man dann doch sehr hilfsbereit – hauptsächlich wohl deshalb, weil die benötigten Sachen für einen Samburu, also einem von ihnen, bestimmt waren.

Die Nacht verbrachten Lpetati und ich auf der harten Steinbank. Die Matratze war leider nicht so dick, wie ich es mir gewünscht hatte. Kälte drang in die glaslose, aber vergitterte Fensteröffnung, die wir mit geknülltem Einwickelpapier notdürftig verstopften. Später, bei Vollmond, hockten wir noch, in Decken eingehüllt, auf den flachen Stufen zu Lpetatis dürftiger Bleibe, wo mein Mann mit mir betete und mir versprach, alles über sich ergehen zu lassen und zu ertragen, um gesund zu werden. »Immer, wenn wieder Vollmond ist, werde ich mich an das Versprechen erinnern und dir nahe sein«, sagte er, »und wir wollen dann zu Ngai beten, du zu Hause und ich hier. Er hat dich geschickt, *Chui*, im richtigen Augenblick hat er dich geschickt. Er weiß immer, wann du hier sein musst. Ngai ist mit uns, du weißt es, ich weiß es. Ich glaube ganz fest daran.« Seine Worte, leise und eindringlich in die Nacht gesprochen, gaben ihm selbst und mir Kraft.

Zu den weiteren Untersuchungen am nächsten Tag begleitete ich Lpetati, ließ mir die Behandlung erläutern und erschrak darüber, dass in kurzer Folge vierundsechzig Injektionen notwendig seien.

Durch den Arzt erfuhr ich, dass weitere Tuberkulosefälle in unserer näheren Umgebung aufgetreten seien, und er legte mir ans Herz, doch einen Veterinär einzuschalten, um die Kühe unter die Lupe zu nehmen. Er sah nämlich einen Zusammenhang zwischen den gehäuft auftretenden Erkrankungen bei uns und dem Genuss roher Milch von vielleicht mit dem Tuberkelbazillus infizierten Kühen. »Das könnte ein Grund sein«, schloss er, »aber natürlich ist es auch die große Unwissenheit über den Weg der Ansteckung. Da werden Babys und Kleinkinder geherzt, man hustet sich gegenseitig an, und keiner findet etwas dabei.« Ich gab ihm recht und erinnerte mich nun auch, dass von einigen Kranken die Rede gewesen war, allerdings hatte sich das eher nach einer Erkältung angehört und ich hatte dem keine große Bedeutung beigemessen.

Gut, ich würde mich um einen Tierarzt bemühen, stand damit aber bereits vor einem finanziellen Problem, denn die unvorhergesehenen Extraausgaben für Lpetati hatten schon ein gehöriges Loch in mein enges Budget gerissen. Aber, was sein musste, sollte halt getan werden. Schon wusste ich, dass mir nichts anderes übrig bleiben würde, als wieder die fast tausend Kilometer an die Küste zu fahren, um dort durch Musizieren Geld zu verdienen.

Es behagte mir gar nicht, Lpetati, unser Haus, die Familie, die Pflegekinder, die ich noch gar nicht wieder zu Gesicht bekommen hatte, und die Tiere schon wieder zu verlassen. Ich hatte mich so auf das Leben im Busch gefreut, auf das selbst geschaffene, gemütliche Zuhause, auf die Tage und Nächte, die bei uns oft geruhsam, dann aber auch wieder aufregend und voller guter und böser Überraschungen sein konnten und uns ebenso viel Mut wie Kraft abverlangten, wie sie uns Freude schenkten. Und wer sollte sich um Haus und Hof kümmern und um die Tiere? Immerhin wusste ich »unsere« Kinder in der Boarding School, einem Internat ähnlich, gut aufgehoben, zumindest bis zu den nächsten Ferien. Aber wir hatten auch erwogen, Lpetatis leibliche Mutter Saito, an der mein Mann mit inniger Liebe hing, und meinen Lieblinsschwager Losieku, der sich als jüngstes Kind um die Mutter kümmerte, wie es üblich war, zu besuchen, da sie nicht in unserem Dorf lebten, und sie für einige Wochen mit zu uns zu nehmen. Das musste nun auf unbestimmte Zeit verschoben werden.

Da Lpetati sich vorläufig um nichts kümmern konnte, würde es für mich wieder allerhand zu organisieren und zu tun geben.

Hilfe fand ich bei Marissa, Schwiegervaters Zweitfrau. Sie erklärte sich spontan bereit, tagsüber bei Lpetati in der Klinik zu bleiben, ihn zu bekochen und zu versorgen, wenn ich an der Küste wäre, denn Personal gab es dafür nicht. Schlafen würde sie bei einer

Freundin in Maralal, das sei kein Problem. Baba, Schwäger und Schwägerinnen versprachen, sich um die Tiere zu kümmern und nach dem Haus zu sehen. So war ich von diesen Sorgen befreit.

Wie viele Woche ich fortbleiben musste, richtete sich nach den Musikaufträgen. Es musste sich finanziell lohnen. Auch Lpetatis Gesundheitszustand spielte eine Rolle. Mit dem Arzt und einer Krankenschwester hatte ich vereinbart, dass ich regelmäßig anrufen und mich nach dem Stand der Dinge erkundigen könnte. Dennoch peinigten mich viele Fragen. Wie würde der geschwächte Lpetati auf die Behandlung ansprechen? Konnte ich mich auf eine gute Betreuung verlassen? Was würde in der längeren Zeit meiner Abwesenheit sein? Ich war traurig und voller Unruhe, und immer wieder voller Groll darüber, dass die Familie nichts für Lpetati regeln konnte. Ihre Unfähigkeit, etwas spontan auf die Beine zu stellen, zu organisieren und koordinieren (allgemein keine afrikanischen Fähigkeiten), forderten oft meinen Unmut heraus. Allerdings konnte ich auch einiges von ihnen lernen. So verfügten sie über große Gelassenheit und Geduld und die Begabung, Dinge nicht vorschnell zu bewerten und zu überschätzen, konnte jedoch bei Kleinigkeiten rasch mir unverständlich in Harnisch geraten.

Auf dem Rückweg in unser Dorf beschäftigte ich mich mit den Vor- und Nachteilen eines einfachen Gemütes und wurde immer gnädiger in der Beurteilung anderer. Was ich wusste und wie ich empfand, konnte ich nicht als Regel für das Handeln von Menschen anderer Herkunft und Mentalität geltend machen. Ihre Einfachheit war keineswegs negativ zu bewerten, denn zu ihr gesellte sich oft Herzensbildung, ein nicht erlernbares Naturgeschenk, ein kostbares Gut.

Irgendwann überließ ich mich auf dem Nachhauseweg trotz aller Probleme der stimmungsvollen Einsamkeit des Hochlandes. Ich gewann Stärke und Fröhlichkeit, auch Dankbarkeit für dieses Leben zurück und fühlte mich, obwohl ich Stunden gelaufen war, irgendwie ausgeruht.

Nächtliche Bedrohung in herrlicher Umgebung

Lange lag ich in der Nacht wach, dachte an Lpetati in der Klinik und an meine bevorstehende anstrengende Reise. Gerade ein wenig eingeschlummert, wurde ich von an der Wand herabrieselnden Lehmbröckchen aufgeschreckt. Ich tastete nach meiner Taschenlampe, leuchtete die Decke ab – nichts. Aber es rieselte weiter auf mein Gesicht, auf meinen rechten Arm. Als ich die Wand neben mir beleuchtete, stockte mir der Atem: Eine ziemlich dünne, aber lange Schwarze Mamba schlängelte sich auf mich zu, nur noch eine Armlänge von mir entfernt. Mit einem Satz war ich aus dem Bett gesprungen, griff beherzt nach dem an einem Ende mit einer großen Eisenmutter beschwerten Schlagstock, der, wie Taschenlampe, Buschmesser, Speer und Nervengas stets griffbereit neben dem Bett lag. Ohne groß zu überlegen, zielte ich auf den Kopf der Schlange und schlug kräftig zu, bis das Reptil auf mein Bettlaken fiel, wo es sich immer noch bewegte, sich krümmend und schlängelnd. Voller Angst hieb ich noch einmal zu, hörte mich sogar »Sorry, Schlange« schreien, warf ein Kissen auf das Tier, zog das Laken blitzschnell zusammen und wartete mit Herzklopfen. Ich wusste, dass es richtig gewesen war, so zu handeln, und dennoch belastete es mich. Am liebsten hätte ich die Schlange am Leben gelassen und irgendwie aus dem Haus befördert – nur, wie ließ sich so etwas gefahrlos bewerkstelligen? »Sorry, Schlange«, sagte ich noch mal und begann zu frieren. Ich horchte und verharrte. Alles blieb still. Ich holte einen Eimer und schob das Lakenpaket hinein. Aus Angst davor, dass die Mamba wieder zu sich kommen könnte, stellte ich einen Hocker umgekehrt auf die Eimeröffnung, horchte wieder und wartete weiter ab. Das Reptil rührte sich nicht mehr. Ich fühlte mich grässlich. Ein Tier zu töten, fiel mir schwer, selbst wenn es sich um eine so gefährliche Schlange handelte. Ich mochte sie. Das war nicht von Anfang an so gewesen, aber ich hatte mich, zunächst notgedrungen, dann aber voller Interesse, eingehend mit ihnen befasst, verschiedene Schlangenfarmen besucht und dabei viel über diese Tiergattung erfahren, sie genau beobachtet und auch Hautkontakt zu ungiftigen Arten aufnehmen können. Sie fassten sich gut an, glatt und kühl und hatten wohl ebenso viel Respekt vor mir wie ich vor ihnen. Nach einem Biss der Mamba hätte ich vielleicht zwei oder drei Stunden zu leben gehabt. Sie oder ich, das hatte ich sofort begriffen und danach gehandelt.

An Schlaf war nun nicht mehr zu denken. Ich zitterte immer noch vor Aufregung und hockte, aufgewühlt von dem, was geschehen war, vor dem erloschenen Kamin und fröstelte immer mehr, je bewusster mir wurde, dass ich den neuen Tag womöglich nicht mehr erlebt hätte. Irgendwo hatte ich gelesen, dass Mambas tagaktiv sind – nun wusste ich es besser.

Ich drehte die Petroleumlampe heller, zündete mehrere Kerzen an und lauschte den Hyänen, ohne deren Rufe keine Nacht verging. Diesmal hörte ich sie sehr dicht vor der Haustür und erkannte auch, weiter entfernt, das Grollen von Elefanten. Früher hatte ich gar nicht gewusst, dass die Dickhäuter außer dem Trompeten so verschiedenartige Laute von sich geben. Tierfreunde wussten diese recht genau zu interpretieren, und auch ich hatte mich, von Lpetati dazu angeleitet, bereits darin geübt.

Als ich Feuer im Kamin machen wollte, raschelte es auffällig in dem Karton, in welchem ich vorbereitetes Anmachholz aufbewahrte. Wahrscheinlich war wieder eine der dicken braunen Mäuse durch den Kamin eingedrungen und hatte es sich, wie es bereits vorgekommen war, in dem Karton mit all den Spänen, dünnen Holzstückchen und etwas Papier gemütlich gemacht.

Trotz der Nähe der Hyänen öffnete ich vorsichtig die dreifach gesicherte Haustür und schob den Karton mit all den Spänen und dünnen Holzstückchen und der vermuteten Maus darin nach draußen auf die Veranda. Mäuse hatten ein Jahr zuvor beträchtlichen Schaden in unserem Haus angerichtet, Regale, Matratzen und Garderobe angefressen, von den Verunreinigungen, wie Kot und Urin und dem abstoßenden Geruch ganz zu schweigen.

Um gegen das weitere Eindringen von unliebsamem Getier geschützt zu sein, musste ich unbedingt eine Vorrichtung am oberen Ende des Kamins anbringen, das schien mir der Schwachpunkt zu sein. Die Außenwand des Kamins bildeten dicke, aufgeschichtete Quadern, sie waren für Mäuse leicht zu erklimmen und natürlich auch für Käfer und Reptilien aller Art – eventuell sogar für Einbrecher. Aber noch hatte ich keine genaue Vorstellung, was ich dort, ohne den abziehenden Rauch zu behindern, installieren konnte.

Nach und nach verloren sich die Stimmen der wilden Tiere in der Ferne. Dafür erwachte, erst noch zaghaft, rundherum Vogelgezwitscher, lieblich, rufend, lockend, fröhlich, melodiös. Aneinandergereihte Tonfolgen erfüllten die Luft. Ich war froh und dankbar, dass der Sonnenaufgang dieser Nacht ein jähes Ende bereitete. Schon drang erstes Morgenlicht durch kleinste Ritzen der schweren Fensterläden, die ich mit einigem Kraftaufwand öffnete. Ein orangeflammender Äquatorhimmel begrüßte mich, und ich genoss die grandiose Aussicht auf die mächtigen Karisia Hills. Im Licht der einfallenden Sonnenstrahlen veränderten sich ständig die Farben der Wälder und Felsvorsprünge. Tief atmete ich die kühle, reine Gebirgsluft ein und freute mich über den neuen Tag, den ich jedes Mal wie ein Geschenk empfand.

Tauben trippelten über das Wellblechdach und verursachten erheblichen Lärm dabei; mehrere Vögel tranken den Tau aus den Regenrinnen. Unser ruhig gelegenes Blockhaus inmitten von Büschen und Bäumen, einem Garten rundherum und Stellen, an denen sich, auch in feuchtigkeitsarmen Monaten, Tau in kleinen Mengen sammeln konnte, war ein allmorgendlicher Treffpunkt für die gefiederten Sänger und viele Insekten. Das beglückte mich immer wieder. Einige Zeit gab ich mich wohltuenden Empfindungen hin, bevor mich die Nacht und die Mamba wieder beschäftigten. Neugierig und mit zwiespältigen Gefühlen besah ich mir die Wand, an deren unregelmäßiger Struktur Schlangen leicht entlangkriechen konnten und näherte mich dem Eimer. Ich schüttelte ihn ein wenig, lauschte, und nachdem alles ruhig blieb, nahm ich den Hocker, der als Verschluss gedient hatte, ganz langsam ab. Das Reptil lag still, nur schwach eingerollt. Es schimmerte olivgrau im Morgenlicht und sah sogar sehr hübsch aus, zumindest für jemanden, der keine Schlangenphobie hatte. Ich brachte den Eimer auf die Veranda, war mir noch unschlüssig, was ich mit der Schlange machen sollte.

Während ich noch überlegte, kam Baba, um bei mir *chai* zu trinken und einige Scheiben von dem beliebten Weißbrot mit heimischem Akazien-Honig und Marmelade zu essen. Auf Honig war er, wie alle Samburu, geradezu versessen, aber Brot und Marmelade hatte er zuvor nicht gekannt. Ich fand es seltsam, dass die Samburu-Frauen kein Brot backten. Sie verstanden sich stattdessen auf die Zubereitung von leckeren Maismehl-Pfannkuchen.

Baba bemerkte den Eimer mit dem Hocker darauf. So erzählte ich ihm von dem Vorkommnis, dabei wurde mir immer bewusster, in welcher Gefahr ich geschwebt hatte, und ich war heilfroh, dass Lpetati nicht im Haus geschlafen hatte. Vielleicht hätte sich die Schlange auch ihm zugewandt und er hätte sie, so unglaublich es klingt, nicht einmal töten dürfen! Als ich davon erfahren hatte, wollte ich es einfach nicht wahrhaben, aber die Familie bestätigte mir, dass es sich so verhielt. Lpetati durfte keiner Schlange etwas antun. Der Grund dazu blieb mir auch nach einer eingehenden Erklärung unverständlich, doch ich bemühte mich, dieses Verbot zu akzeptieren. Es war so: Lpetatis Zwillingsbruder, bereits vor Jahren gestorben, konnte, davon war man überzeugt, in Gestalt einer Schlange immer einmal wieder auftauchen, wenn er im Jenseits unzufrieden war oder einfach die Nähe seines Bruders suchte. Zwillingen und damit auch Lpetati wurde eine enge Beziehung zu den Reptilien nachgesagt. Würde er eine Schlange töten, würde es womöglich seinen Zwillingsbruder treffen. Sollte also eine Giftschlange bei uns im Haus gesichtet werden, war es an mir, aktiv zu werden, um die Gefahr abzuwenden oder das Haus zu verlassen.

Lpetati war außerdem fest davon überzeugt, dass er in der Lage sei, Schlangen beeinflussen zu können, sie kommen und gehen zu lassen, wenn er sich darauf konzentrierte, und dass auch sein Bruder aus dem Jenseits Schlangen beeinflussen könne. »Wenn wir nicht wollen, dass sie angreift, wird sie auch nicht angreifen. Aber sie wird uns zu Hilfe kommen, wenn jemand uns Böses will.«

Ich hielt die Äußerung für völlig überspannt, dennoch beschäftigte und beunruhigte sie mich, und natürlich kam sie mir mysteriös vor. Ich machte mir meine eigenen Gedanken darüber. Immerhin war bis jetzt jedes Zusammentreffen mit gefährlichen Schlangen für mich glimpflich ausgegangen.

Mit auf dem Rücken verschränkten Armen und mit gesenktem Kopf blickte Baba in den Eimer und hörte meinen Ausführungen aufmerksam zu. Dann sah er mich lange an, forschend und auch wohlgefällig. Er schüttelte einige Male den Kopf, sah wieder auf mich, und seine Anerkennung für mich stieg offensichtlich. Er berührte sogar länger meine Schulter, legte die Hand darauf und auch auf meinen Kopf und nickte wieder, indem er etwas Leises, Unverständliches murmelte und etwas lauter »Ngai, Ngai« sagte. In seinen Augen hatte ich mich bewährt. Aber da schien noch etwas zu sein, das ihn beschäftigte, doch er schwieg.

Gemeinsam hingen wir das lange Reptil mittels Stock in einen Dornenstrauch. Bald würde nur noch die dünne, transparente Haut übrig bleiben. Wahrscheinlich würde ich diese dann zu meinen vielen anderen Andenken auf den Kaminsims legen, wo auf Wanderungen gefundene schwarz-weiße Stachelschweinborsten, Löwen- und Warzenschweinzähne lagen, ebenso ein kleiner Pavianschädel und viele gewundene und glatte Antilopenhörner und wunderschön gefärbte große Federn.

Lpetati war stolz auf meine zusammengetragenen Dinge, verteidigte sie und beteiligte sich sehr oft an der Suche nach etwas Dekorativem. Er besaß einen Blick für schöne Steine, Äste, Pflanzen oder deren Samenkapseln und hatte mir auch Löwenkrallen sowie Warzenschweinzähne und einen mächtigen ausgebleichten

Unterschenkel eines vor langer Zeit verendeten Elefanten mit Hilfe von Freunden zum Haus mitgebracht. Ich besaß auch ausgefallene Giftzähne von Schlangen und deren Häute. Unsere Besucher aber betrachteten unsere Sammlung mit großen Vorbehalten. Lediglich die Fotos meiner Lieben und Postkarten von wilden Tieren, sowie große Kalenderblätter, auf denen gelbe Rapsfelder meiner niedersächsischen Heimat prangten oder blühende Apfelbäume auf mit Löwenzahn übersäten Wiesen mit schwarzweißen Kühen darauf und rotgoldene Herbstwälder, fanden ihre Zustimmung. Vor allem bestaunten sie die Ablichtung eines tiefverschneiten Ortes mit unter der Schneelast herabhängenden Tannenzweigen. Sie nannten es das »*barafu-picha*«, das Eisbild.

Besonders entzückten sie alle Aufnahmen, die ich von Familienmitgliedern gemacht hatte und die ich in einigen großen Alben aufbewahrte. Wenn sie sich dann sahen und erkannten, kicherten sie verschämt. Dass sie sich selbst betrachten konnten, kam nicht oft vor. Spiegel gab es in keinem Haushalt. So war auch für Lpetati ein kleiner runder Taschenspiegel, den ich ihm geschenkt hatte, der größte Schatz. In die Spiegel bei mir schauten alle gern, und es war anders, als wenn ich mich darin ansah. Bei meinen Besuchern war immer ein Staunen dabei, ein Erforschen, ungläubiges Erkennen und es wirkte so, als begegneten sie in dem Spiegel einer fremden Person.

Als Baba gegangen war – jemand hatte ihn gerufen – nahm ich alle weiteren Wände des Hauses in Augenschein. Sie bestanden aus Stämmen, die ein Geflecht aus mit Lehm verkleideten Zweigen verband. Die griffige Oberfläche mit kleinen Rissen und Vertiefungen, innen sowohl als auch außen, bot Reptilien genügend Halt. Es würde sich wohl nicht umgehen lassen, die Wände zu zementieren, denn an glatten Flächen konnten Schlangen nicht emporkriechen. Wahrscheinlich liebten die Reptilien die sonnige Hanglage um unser Haus herum und die darauf verteilten größeren Felsstücke, Baumstümpfe und Steine, unter denen sie Unterschlupf fanden. Baba schob das vermehrte Vorkommen eher auf unseren Wasservorrat am Haus. »Sie sind auf der Suche nach

Feuchtigkeit«, hatte er erklärt. Und dann blieb ja immer noch die Möglichkeit, dass der Zwillingsbruder auftrat …

Nun, ich würde darüber nachdenken, wie und in welcher Form ich Abhilfe schaffen und in Kürze all das bewerkstelligen konnte. Außerdem wäre ein Fußboden mit einem glatten, fugenlosen Estrich wichtig, damit, wie ich es vor einigen Tagen entdeckt hatte, nicht wieder Termiten durch den bis jetzt nur gestampften Boden dringen und Schaden anrichten konnten. Am liebsten hielten sich die kleinen weißen Tierchen mit den glänzenden braunen Köpfen unter abgestellten Gegenständen auf, wie Kartons, Kisten oder Eimern – und das in unvorstellbaren Massen.

Dagegen musste unbedingt etwas unternommen werden, sonst könnte unser Haus eines Tages mit angenagten und zerfressenen Balken und Brettern zusammenbrechen. Ich hatte mir das früher nicht vorstellen können, dass so kleine Lebewesen wirklich in der Lage waren, ein Haus zum Einsturz zu bringen. Aber inzwischen hatte ich sogar ein solches Haus, eine kleine Krankenstation, gesehen. Termiten hatten sich dort eingenistet und Decken und Wände so zerfressen, dass nur noch ein Abriss des Gebäudes in Frage kam.

Ein weiterer Pluspunkt, der für einen Estrichfußboden sprach, war die bedauerliche Tatsache, dass ein gestampfter Fußboden nie wirklich sauber war. Schuhwerk, Socken und Füße waren immer bedeckt von rötlichem Staub, und wenn die Türen offen standen, flogen kleinste Staubteilchen durch die ständige Windbewegung bei uns am Hang durch die Zimmer und lagerten sich auf sämtlichen Gegenständen im Haus ab. Bei Regenwetter wurde der Fußboden oft glitschig und unangenehm kalt. Auch deshalb wollte ich ihn gern mit einem anderen Material belegen.

Bis jetzt hatte mir das Geld für einen Bodenbelag gefehlt, aber nun ließ sich diese Investition nicht mehr aufschieben. Schwierig würde es allenfalls sein, entsprechendes Material in Maralal zu bekommen. Wahrscheinlich müsste ich eigens nach Nyahururu fahren oder meine Freunde aus Nairobi bitten, mir beim nächsten Besuch in der Hauptstadt etwas Geeignetes für den Fußboden zu besorgen. Es musste etwas Helles sein, damit man eventuelles Ungeziefer oder Schlangen sofort sehen konnte und das sich problemlos reinigen, am besten ausfegen und feucht wischen ließe.

Da würde die nächste Zeit viel Arbeit auf mich zukommen. Mit Lpetatis Hilfe konnte ich vorläufig nicht rechnen, vielleicht würde ich aber tatkräftige Unterstützung durch Familienmitglieder, Freunde oder Nachbarn erhalten, ganz sicher sogar, wenn ich mich in irgendeiner Form erkenntlich zeigen würde. Selbstverständliche unentgeltliche Nachbarschaftshilfe wie in Deutschland hatte ich hier noch nicht kennen gelernt. Bei den Samburu war immer ein Tausch damit verbunden. Wenn ich dir helfe, musst du mir auch helfen. Ein nur ehrliches, erfreutes Dankeschön reichte nach meinen Erfahrungen nicht aus.

Wie immer, würden sämtliche Kosten ausnahmslos auf mir lasten. Niemand konnte mir dabei zur Seite stehen. Meine Entscheidungen musste ich ganz allein treffen. Würden die finanziellen Belastungen zu groß, musste ich den Plan verwerfen und nach Notlösungen suchen. Aber gottlob blieb zurzeit immer noch die Möglichkeit, an der Küste zu musizieren, um die Geldreserven aufzustocken.

Wie schon so oft, wenn ich besonders unruhig war, suchte ich Großvaters Grab auf, brach auf dem kurzen Weg dorthin einige Äste des rot- und auch weißblühenden Lokimeki ab oder vom rosablütigen Lokiteng, um sie auf die ziemlich versteckt liegende Grabstelle zu legen. Meist verstreute ich auch ein wenig Kautabak darauf, wie ich es von den Familienmitgliedern abgeguckt hatte und wie es üblich war, um den Verstorbenen eine Freude zu machen und den Geist der Ahnen freundlich zu stimmen. Heute überbot ich dies und stellte einen Becher Milch hin, wie es besondere Anlässe erforderten, etwa, dass man sich von dem Heimgegangenen eine Hilfeleistung vom Jenseits aus erbat oder dessen Segen. Einem Samburu, auch einem bereits verstorbenen, Milch von den eigenen Kühen anzubieten, war das größte Geschenk.

Ich hatte ein wenig Mühe, den Becher so zu platzieren, dass er nicht umkippen konnte, und überlegte, was wohl mit der Milch geschehen würde. Würde sie getrunken werden und wenn ja, von wem? Denn ich hatte noch nie gesehen, dass ein volles Glas oder ein gefüllter Becher länger stehen geblieben war. Einmal nur hatte ich einen geleerten Becher in unmittelbarer Nähe der Grabstelle wiedergefunden, alle anderen blieben verschwunden.

Lpetati und ich hatten Großvater sehr viel zu verdanken. Nach dem ersten Kennenlernen hatte er unsere Beziehung von Anfang an toleriert, und er war in all den Jahren bis zu seinem Tod für mich ein verlässlicher Freund und der beste Ratgeber gewesen. Der, auch von der Statur her große, alte, wissende Mann hatte sich meiner angenommen, so ganz anders, als ich es erwartet hatte, denn ich hatte viel Respekt vor ihm, vor allem aufgrund seiner Macht, die er über den Familienclan besaß. Mit Herzklopfen war ich ihm begegnet, auch ein wenig furchtsam. Aber gerade mit ihm war es ein leichteres Auskommen gewesen, als mit einigen anderen Familienmitgliedern. Vor ihm brauchte ich mich nicht zu verstellen, und ich hatte ihm immer vertrauen können. Großvater hatte an mich geglaubt. Viel später hatte ich auch erfahren, dass er mich stets in Schutz genommen und vor einigen Zweiflern in der Familie verteidigt hatte. Und was Babu sagte, das galt, niemand wagte es, gegen ihn aufzubegehren. Für die Familie war es dann keine Überraschung gewesen, dass mir Großvater den Hang oberhalb unserer kleinen Ansiedlung, »dem Ort der Ahnen« zum Nutzen und Wohnen anvertraut hatte, mit der Auflage, keinen der dortigen Bäume ohne Grund zu fällen und Sorge dafür zu tragen, dass das Terrain, das nach dem Verständnis meiner Familie Stammesbesitz ohne verbriefte Rechte war, respektiert wurde. Das spätere Haus war dann auch genau an der Stelle errichtet worden, die Babu dafür empfohlen hatte. Mit ihm und Lpetati hatte ich seinerzeit an diesem Hang gesessen, der mir schon damals über die Maßen gefiel mit seinem wilden Bewuchs, der leuchtend roten Erde, den glitzernden weißen Quarzen und den strahlend blauen kurzstängeligen Blütendolden, den »Pentanisia« mit botanischem Namen oder *orkelage orger*, wie man sie bei uns nannte, die medizinisch genutzt wurden und auch ein beliebtes Viehfutter waren.

Am geheimnisvollsten war der von gewaltigen Sturzwassern tief ausgewaschene Graben in unmittelbarer Nähe mit wilden Felsformationen und einer Art Tunnel und natürlicher Sitzgelegenheit auf einem Vorsprung. Nur die Schlangen hielten mich davon ab, mich öfter hier aufzuhalten und in der Sonne zu dösen, die durch graziles Akaziengrün gefiltert wurde. In der Senke wuchsen allerlei Pflanzen, die es sonst im Umkreis nirgendwo gab, und manche Bäume sprossen aus kleinen Felsspalten und hingen fast waagerecht wie ein Dach über der kleinen Schlucht. Seltsamerweise hielten sich die Dorfbewohner nur selten hier auf, und vielleicht gab es hier wirklich einen Zauber, der sich hinter der bizarren Schönheit der Felsgruppe versteckte.

Natürlich sah ich den Hang nun mit ganz anderen Augen. Dadurch, dass mir ein Stückchen Erde im Land der Samburu anvertraut worden war, wuchs mein Verantwortungsbewusstsein dafür. Es war ein wunderbares Gefühl, hier am Äquator eine Heimat zu haben. Zwar sah sie ganz anders aus, als in meinen Kindheitsträumen von Afrika, in denen ein undurchdringlicher Urwald eine Rolle gespielt hatte und ein von herabhängenden Zweigen beschatteter grüner verwunschener Flusslauf, auf dem ich mit Eingeborenen in einem kleinen Boot dahinfuhr, um Menschen in abgelegenen Siedlungen zu besuchen, die meiner Hilfe bedurften. Das Afrika der Wirklichkeit sah anders aus: Savanne, Hügel und Wälder, Gebirgszüge, Felsen und Geröllfelder – eine hochgelegene Weite, wilde Tiere, gezähmte Herden, Lehmhütten, traditionell lebende Bewohner. Und ich bewegte mich mitten unter ihnen, unbehelligt, akzeptiert.

Inzwischen hatte es viele Situationen gegeben, in denen ich mir gewünscht hatte, Babu wäre noch am Leben und könnte mich beraten und zwischen der Familie und mir vermitteln.

Nach längerer Zwiesprache mit Großvater verließ ich die Grabstelle und fühlte mich – wie damals in seiner Hütte – gestärkt für die neuen Aufgaben, die auf mich warteten. Es war, als wäre er irgendwo um mich herum, ich konnte es nicht näher erklären. Manchmal spürte ich ganz deutlich seine Hand auf meinem Kopf. Mit dieser Geste hatte er mich – kraft seiner hohen gesellschaftlichen Stellung – gesegnet. Ich fühlte mich Babu nahe, und das geschah sehr oft.

Die Verbindung zu ihm war immer etwas Besonderes gewesen, selbst anders, als die zwischen Lpetati und mir. Irgendwie barg sie etwas Geheimnisvolles und doch so Klares.

Musik – Musik

Vor meiner Abreise hatten Lpetati und ich noch einmal das Thema »Musik und Küste« länger besprochen, und natürlich gefiel es ihm nicht, dass ich, kaum angekommen, schon wieder auf Reisen ging. Vielleicht fühlte er sich auch alleingelassen, was kein gutes Licht auf ihn warf, oder seine Lage nicht genügend respektiert. Ich hörte Enttäuschung und auch Eifersucht aus seinen Äußerungen, sicher wäre er zufriedener gewesen, wenn er hätte mitreisen können.

Ohne Küste und Musik gab es kein Geld für seine Behandlung. Diese Umstände mussten wir hinnehmen und froh sein, dass es überhaupt die Möglichkeit gab, finanzielle Engpässe aufzufangen. Ich musste Lpetatis Behandlung schließlich bezahlen können.

Lpetati hatte mich mit der Gitarre kennengelernt, er und seine Familie liebten es sehr, wenn zusammen musiziert wurde, und das Instrument war mein Erkennungszeichen, eine Art Statussymbol, das von Groß und Klein sehr geschätzt wurde. Schon bei meinem ersten Aufenthalt in Kenia hatte ich das Instrument dabeigehabt, weil ich, – unverbesserlich romantisch veranlagt, die Sonnenauf- oder Sonnenuntergänge am Meer mit gefühlvollem Saitenzupfen und Gesang unterstreichen und genießen wollte. Aber mehr nicht: Die Gitarre war ein Geschenk meines ersten Mannes, der viel zu früh und plötzlich gestorben war, und ich fühlte mich, wenn ich darauf spielte, mit ihm verbunden.

Zum Musizieren vor Publikum in kenianischen Hotels war ich durch Zufall und über meine Arbeit im Touristikbüro gekommen.

Meine damalige Chefin hatte mich mit Mitgliedern einer von ihr gesponserten Band aus Zaire zusammengebracht, die auf der Suche nach einer Sängerin waren, deren Repertoire Lieder in verschiedenen europäischen Sprachen aufweisen sollte. In dem kleinen Orchester, einem Sextett, hatten sich Lehrer in vorgerücktem Alter zusammengetan, die in ihrer Heimat oft monatelang kein Gehalt ausbezahlt bekommen hatten. Frustriert darüber und um der finanziellen Not abzuhelfen, waren die musikalisch vorgebildeten Pädagogen auf die Idee gekommen, eine Band zu gründen, um ihren Lebensunterhalt auf diese Weise zu sichern.

Anfänglich waren sie an Wochenenden in Kirchen und öffentlichen Lokalitäten aufgetreten, hatten fleißig geübt mit zunächst noch geliehenen Instrumenten und sich schon sehr bald zu einem allseits beliebten Orchester gemausert, dem nun auch ein einträglicher Verdienst rosigere Zeiten versprach. So waren sie bei der Musik geblieben, hatten mehr und mehr »weltliche« Titel in ihr Repertoire aufgenommen und aufgrund von guter Mundpropaganda sogar Engagements über die Grenzen Zaires hinaus, wie in Sambia, Mosambik, Tansania und schließlich auch in Kenia erhalten. Die Heimat hatte niemand von ihnen gern verlassen, denn sie ließen ja alle ihre Familien zurück, für Familienmenschen, wie es die meisten Afrikaner waren, nur sehr schwer zu ertragen, aber nun konnten sie, vom Ausland her, ihre Lieben daheim unterstützen.

Für mich war es einem Traum gleichgekommen, Bühnenerfahrung sammeln und dabei anständige, versierte Kollegen um mich haben zu können, von denen ich, musikalisch und über die afrikanische Mentalität allerhand lernen konnte. Im Gegenzug hatten die Lehrer gern meinen Ausführungen über deutsche Gegebenheiten gelauscht. Sie waren begeistert gewesen von meiner »deutschen Disziplin«. Dass ich zu den Übungsstunden stets pünktlich erschienen war und nicht einmal den Text vergessen hatte, auch nicht von afrikanischen Liedern, hatte sie geradezu verblüfft! Für mich war präzises Arbeiten selbstverständlich, zudem wollte ich mir etwas beweisen und mich nicht blamieren.

Binki

Die Zusammenarbeit mit meinen Kollegen war eine große Freude für mich, besonders weil Binki, der »Senior« der Band, sich immer mehr auf meine Seite geschlagen und uns eine innige Freundschaft verband. Er stand mir mit Rat und Tat zur Seite. Obwohl er ein ernsthafter Mensch gewesen war, war das Lachen nicht zu kurz gekommen. Ich hatte mich gern in seiner Nähe aufgehalten, unsere Unterhaltungen unterschieden sich sehr von denen, die ich mit Lpetati führen konnte, und ich war auch in ihn verliebt gewesen. An zahlreiche Unternehmungen und viele gute Gespräche mit ihm erinnerte ich mich noch heute mit Vergnügen und ein wenig Wehmut und Traurigkeit. Binki hatte mein Wissen über Afrika bereichert und wenn er von daheim, aus der südlichen Region der Shaba-Provinz, erzählt hatte, war, abgesehen von seinen drastisch geschilderten Kriegserlebnissen, das Afrika meiner Träume ganz nah gewesen. Ich hatte mit Binkis Augen sehen gelernt, sozusagen afrikanisch sehen gelernt und dadurch vieles besser verstanden, auch im Hinblick auf das Verhalten von Lpetati.

Binki fehlte mir manchmal, und sein viel zu früher Tod durch eine heimtückische Erkrankung hatte eine große Lücke hinterlassen.

Alles, was mir selbst aus jener glücklichen Zeit geblieben war, stand auf kleinen, liebevoll geschriebenen Notizen, in wunderschönen Briefen oder befand sich auf Fotos und einigen Musikkassetten von Konzertmitschnitten, auch auf solchen mit eigenen

Kompositionen von Binki und mir, aufgenommen in renommierten Studios in Deutschland und Nairobi. Und natürlich gab es die Erinnerung an einige sehr glückliche Jahre, in denen ich mich selbst neu erfahren hatte.

Da es die Band nicht mehr gab, hatte ich längere Zeit wieder in einem kleinen Touristikbüro gearbeitet und auch in bescheidenem Rahmen musiziert, meistens privat bei besonderen Gedenktagen oder Feiern europäischer Gäste in den Hotels. Dann war ich an einem Sonntagnachmittag in der Severin Sea Lodge dem Musiker Eddie begegnet. Er und seine Frau waren gelegentlich Zuhörer bei den Konzerten gewesen, bei denen ich mit der Band aus Zaire und auch allein aufgetreten war. Eddie, der aus Mombasa stammte, spielte sowohl Klavier, Keyboard als auch Gitarre gut, verfügte über eine einschmeichelnde Stimme und hatte als Alleinunterhalter auf einem Kreuzfahrtschiff einschlägige Erfahrungen gesammelt.

Bald nach ersten Gesprächen und spontanen Auftritten begannen Eddie und ich, gemeinsam zu musizieren. Sein umfangreiches Repertoire konnte ich durch Lieder erweitern, die anders wirkten, wenn eine Frau sie vortrug. Und immer öfter traten wir als Duo auf und kamen als solches mit Rockballaden, stimmungsvollen Evergreens, Folkloretiteln und afrikanischen Liedern beim überwiegend europäischen Publikum gut an. Obwohl von Haus aus eher zurückhaltend, hatten mir Bühne und Rampenlicht doch mehr gefehlt, als mir bewusst gewesen war.

In vieler Hinsicht profitierten Eddie und ich voneinander.

Das gemeinsame Musizieren beglückte uns, die Musik war ein starkes Bindeglied, vermittelte Freude und seelische Ausgewogenheit. Doch unsere Ehepartner liefen zu keinem Zeitpunkt Gefahr, hintergangen zu werden.

Am Indischen Ozean

Als ich Lpetatis Frau geworden war, hatte ich nicht damit gerechnet, dass ich eines Tages gezwungen sein würde, ihn aus vernünftigen Erwägungen heraus für unbestimmte Zeit zu verlassen. Nach glücklichen Jahren an seiner Seite hatte ich plötzlich keinen Zugang mehr zu ihm gefunden, und er hatte Dinge getan, die ich nicht gutheißen konnte und nicht verstanden hatte. Daheim im *boma* waren sie überzeugt, Lpetati sei »verhext« worden. Trotz Großvaters Erklärungsversuchen hatte ich Angst bekommen, war einer warnenden inneren Stimme gefolgt und schließlich schweren Herzens aus dem »Zauberkreis« herausgetreten und an die Küste gegangen. Dort hatte ich mir zunächst eine einfache Bleibe gesucht und in einem Reisebüro Arbeit gefunden. So konnte ich neben anderen Verpflichtungen auch meine Söhne in Deutschland unterstützen, bis sie finanziell unabhängig waren. Von Kenias Küste konnte ich rund um die Uhr mit meinen Kindern kommunizieren. Das fehlte mir daheim im Norden sehr.

Inzwischen besaß ich in Shanzu, einem Ort unweit von Mombasa an der Nordküste, ein kleines, einfaches Haus. Ich liebte es, obwohl ich mich erst sehr daran gewöhnen musste, dass Fenster und Türen mit Eisengittern versehen waren. Nirgendwo hatte ich bis jetzt so viele vergitterte Fenster an Häusern gesehen wie in Kenia. Das hatte, wie ich inzwischen wusste, seinen berechtigten Grund.

In dem Haus gab es zwei Schlafzimmer, eine geräumige Küche, eine gekachelte Dusche und eine »richtige« Toilette, einen langen Flur und ein Wohnzimmer, Strom- und Wasseranschluss, die auch, mit wenigen Einschränkungen, funktionierten. Aus dem schmalen Garten führten sechs breite flache Stufen zum Haupteingang hinauf. Das Schönste aber war ein uralter, fast verwunschen wirkender Limonenbaum, der mit seinem Duft und seinem Schatten das kleine Anwesen verzauberte. Ein Oleander, fast so hoch wie das Dach, verbreitete mit seinen leuchtend pinkfarbenen Blüten gute Laune, ebenso eine zierliche Akazie, zwei gelbe Trompetenbäume, hohe, von mir aus Kernen gezogene Papayas, Buntnesseln, rote Hibiskus, gelbblühende Ranken einer Melonenart am Zaun und überall blauer wilder Salbei und allerhand mehr an Exotischem dazwischen. Türkis und rötlich schillernde Nektarvögel wussten das zu schätzen.

Auch nachdem ich mich mit Lpetati und seiner Familie wieder versöhnt hatte und in den Samburu Distrikt zurückgekehrt war, hatte ich das Haus in Shanzu behalten. Zum einen fühlte ich mich darin wohl und hätte es nicht übers Herz gebracht, es an Fremde abzugeben, zum anderen konnte ich immer wieder an die Küste zurückkehren, um dort zu arbeiten, wenn mich die finanzielle Lage dazu zwingen oder ich einfach das Bedürfnis nach Abstand haben würde. Zudem war es mir hier auch besser möglich, Besuch aus Deutschland zu empfangen, meine Söhne, liebe Verwandte und Freunde.

Also besaß ich in Kenia noch ein zweites Zuhause – ein reizvoller Kontrast zu dem Blockhaus im Samburu Distrikt. Schade war nur, dass so viele Kilometer dazwischen liegen, die oft mehr als zwanzig Stunden Reisezeit erforderlich machten.

In Shanzu

Die Küste mit ihrer weichen Luft und der tropischen Üppigkeit ihrer Farben nahm mich, wie immer schon erwartet, wieder ganz gefangen. Der Norden und Südosten Kenias waren so grundverschieden, als handele es sich um zwei Länder. Auf langen Spaziergängen am Strand sammelte und entspannte ich mich. So fand ich dort schnell meine Ausgeglichenheit wieder, nachdem ich mit dem Schicksal gehadert hatte, das mich dazu zwang, den kranken Lpetati zu verlassen.

Zunächst galt es, in meinem Haus in Shanzu Ordnung zu schaffen.

Ein Bedürfnis war es mir auch, den kleinen Garten zu pflegen; zum einen hatte ich Freude an der Gartenarbeit, zum andern wollte ich nicht, dass schon von Weitem der Eindruck entstand, dass hier niemand wohnte und dann eventuell »neue Bewohner« illegal oder Diebe eindringen würden. Außerdem hatte ich Strom- und Wassergeld zu entrichten, sowie die Miete für meine Postbox in Bamburi, damit sie nicht gesperrt wurde und ich sie verlor. Es war nämlich an der Küste nicht so einfach, ein freies Postfach zu finden. Die Postbox-Nummer stand in Kenia in der Regel für die Adresse und war wichtig bei der Angabe auf Formularen. Das berührte mich eigenartig, denn der wirkliche Wohnsitz konnte ganz woanders liegen, wie in meinem Fall. Oft teilten sich auch noch mehrere Familien eine Box, um Kosten zu sparen. Es war mir unverständlich, wie man jemanden anhand der Postboxnummer ausfindig machen konnte – Straßennamen gab es in den meisten kenianischen Orten nicht.

Lange Zeit hatte ich auch in Maralal ein Postfach besessen. Aber nach einigen Unstimmigkeiten über nicht erhaltene Briefe und dem Ärger darüber, dass auch andere Familienmitglieder die Post abholten, Briefe verloren oder verschlampten, und weil sie nicht lesen konnten, auch nicht korrekt aushändigten, hatte ich die Box aufgegeben. Mir reichte mein Postfach an der Küste.

Diesmal erwarteten mich böse Überraschungen: Von meinem geliebten Limonenbaum war ein recht dicker Ast abgesägt und in den Garten geworfen worden und hatte den Zaun beschädigt. Dafür kamen sicher Angestellte des Elektrizitätswerkes in Frage, die oft befürchteten, die Äste könnten der Stromleitung schaden, die gefährlich niedrig hing und ziemlich schlampig und provisorisch an den Masten befestigt worden war. Es hätte gereicht, aufwärtsstrebende junge Zweige zu entfernen. Das machte ich auch von Zeit zu Zeit, um die Ertragsfähigkeit des schönen Baumes zu fördern und zu erhalten. Aufgebracht beschloss ich, zum Powerhouse nach Mombasa zu fahren, um mich zu beschweren. Aber dann erblickte ich noch etwas, und das machte mich unruhig. Ich hatte abzuwägen: Jemand hatte sich an dem an der Außenwand des Hauses angebrachten Stromzähler zu schaffen gemacht. Das war so dilettantisch angefangen worden, dass mir gleich herunterhängende Kabel auffielen, die um die Hausecke herumführten. Bei näherem Hinsehen gewahrte ich, dass die Kabel zu einem Haus in der Nachbarschaft und von da zu zwei weiteren Häusern führten. Ich verglich den aktuellen Zählerstand mit den von mir diesbezüglich gemachten Eintragungen vor meiner Abreise. Da gab es, wie erwartet, einen gehörigen Unterschied. Das musste ich unbedingt klären. Schon einen Tag später erschien ich bei der Abrechnungsstelle des Elektrizitätswerkes in Mombasas Innenstadt und reihte mich ein in eine von mehreren langen Schlangen an diversen Schaltern, denn die Stromrechnungen wurden immer bar eingezahlt. Ebenso verhielt es sich mit den Wasser- und Telefonrechnungen.

Selbstsicher und höflich trat ich dem Angestellten gegenüber, beschwerte mich zunächst über den unnötigerweise abgesägten und nicht entsorgten Ast und brachte dann die Rede auf die Manipulation an meinem Zähler, vergaß dabei nicht zu erwähnen, dass in Deutschland die Stromzählerkästen nicht an leicht zugänglichen Außenwänden der Häuser angebracht wären, sondern innen – was besser sei und ob man das denn nicht auch in Kenia so handhaben könne?

Der junge Elektriker, der auf mein Bitten hin mit mir nach Shanzu fuhr, konnte schnell nachweisen, dass drei Haushalte an meinem Zähler angeschlossen worden waren. Umgehend kniff er die Drähte, die dort nichts zu suchen hatten, durch und verplombte die Stellen. Danach begleitete mich der junge Mann in seiner blauen Uniform zu den Mietern, die illegal Strom abgezapft hatten, sprach von Diebstahl und bestand darauf, dass sie ihren Anteil am unrechtmäßig entnommenen Strom sofort entrichteten. Ich war sehr froh, dass ich mich nicht allein mit den einheimischen Nachbarn auseinandersetzen musste, weil diese zeterten und bettelten, ihre große Armut beklagten und auch nicht vor Gefühlsausbrüchen, Tränen und dem Vorzeigen ihrer Kleinkinder zurückschreckten, um mich und den Angestellten des Powerhouses umzustimmen, damit auf eine Geldforderung verzichtet wurde. Man habe es doch leider nicht gewusst, dass das Anschließen der Stromkabel so schlimme Folgen hätte und etwas Verbotenes sei! Spätestens bei dieser Äußerung sträubte sich alles in mir, und ich war nicht gewillt, irgendwie einzulenken. Es half den Dieben wenig, und wer – vom Licht einmal abgesehen – sogar ein Radio, eine Musikanlage, einen Fernseher und einen Kühlschrank besaß, wie ich feststellte, konnte nicht zu den vielen Minderbemittelten zählen. Meine Nachbarn besaßen mehr elektrisch betriebene Geräte als ich, waren zwar nicht gerade wohlhabend, aber in der glücklichen Lage, durch einen guten Job über ein festes Einkommen verfügen zu können. Warum sie dann keine eigenen Zähler beantragt hatten, verstand ich nicht. Die Gebühren dafür waren niedrig, und auch die Stromkosten hielten sich in Grenzen, zudem konnte man ja auf den Verbrauch Einfluss nehmen.

Am späten Abend gab es dann eine weitere böse Überraschung für mich: Ich lag schon im Bett, als ich unter meinem Schlafzimmerfenster Gemurmel und Stimmen hörte, und das Irrlichtern von Taschenlampen an der Zimmerdecke wahrnahm. Vorsichtig spähte ich durch das vergitterte Fenster, verrenkte Hals und Oberkörper und entdeckte einige Frauen, die Eimer und Kanister bei sich trugen und sich an meiner Wasserleitung zu schaffen machten, die dicht an der Hauswand entlangführte. Ich hörte das Plantschen von Wasser, Gelächter, wenige Frauen gingen, andere kamen, auch mit Männern und Kindern und machten es sich auf den Stufen zum Eingang und auch im kleinen Garten bequem, obwohl dieser doch eigentlich von einem Zaun umgeben und die Gartentür verschlossen war. Wie waren sie nur hereingekommen? Ich bezwang mich, nicht sogleich loszuschimpfen, und überlegte stattdessen, was ich unternehmen konnte. Das Aufsägen von Wasserrohren, die auf den Gehwegen teilweise sogar gut sichtbar über der Erde lagen, weil Regengüsse sie freigespült hatten, war in Shanzu und anderen Orten an der Tagesordnung, um an kostenloses Trinkwasser zu gelangen. Das wusste ich und hatte es sehr oft schon beobachtet. Irgendwie hatte mich diese Dreistigkeit sogar belustigt. Andererseits gab es, das muss zur Ehrenrettung der Wasserwirtschaftsversorgung gesagt werden, in vielen Orten öffentlich angelegte Stellen, an denen ganz legal durch mit Pumpen betriebene Leitungen einwandfreies Trinkwasser zu entnehmen war. Allerdings musste man dafür manchmal weitere Wege zurücklegen. Wasserknappheit, wie bei uns im Norden, gab es an der Küste nicht. Zudem brachten auf Verlangen die zahlreichen Wasserverkäufer, die die Räder ihrer Transportkarren mit Ketten behängten, um so früh genug durch das Gerassel auf sich aufmerksam zu machen, das Trinkwasser in jede gewünschte Wohnung, in einen noch so abgelegenen Winkel, für nicht einmal zwei Cent pro Liter. Schon aus dem Grund verstand ich nicht, warum einige der Einwohner illegal bei mir eingedrungen waren, um dort Wasser zu schöpfen. Allmählich steigerte sich die Wut in mir, ich riss mich aber zusammen, öffnete mutig das Fenster und bat in freundlichem Ton um das sofortige Verlassen des Grundstücks. Erschrocken sprangen einige Frauen auf, andere blieben dickfellig hocken und hielten weiter ihr Schwätzchen, und es wurde sogar weiter Wasser geschöpft, als existiere ich gar nicht. Zähneknirschend ging ich im Schlafzimmer auf und ab und sann auf Abhilfe und auf Rache, denn ungeschoren sollte niemand davonkommen. Ich hatte nicht vor, die sicherlich hohe Wasserrechnung unter solchen Umständen zu begleichen. Nach Mitternacht wurde es ruhiger. Ich ging nach draußen und untersuchte mit einer Taschenlampe den Zaun und fand die »Schwachstelle«, ein gewaltsam aufgebogenes Stück Maschendraht, dicht an der rückwärtigen Hauswand. Noch lange beschäftigte mich die eigenartige Unbekümmertheit vieler Afrikaner, aber dann fiel ich doch in einen tiefen Schlaf.

Ich holte mir am nächsten Tag professionellen Beistand. Das war besser, als sich als Weiße, »Zugereiste«, mit den Einheimischen anzulegen, für die »meine« Dinge »ihre« Dinge waren, weil ich ja dort nicht hingehörte. »Geh doch dahin, wo du hergekommen bist, wenn es dir hier bei uns nicht gefällt. Es hat dich keiner gerufen«, hatte ich mir einmal sogar anhören müssen. Die Behörden sahen das natürlich anders und verhalfen mir schnell zu meinem Recht. Die zwei jungen Männer, die mich, nach Zahlung einiger Geldscheine, um die Angelegenheit zu beschleunigen, nach Shanzu begleitet hatten, waren ebenfalls erstaunt über die Vorgehensweise der Wasserdiebe. »Hier, Lady«, rief einer und hielt einen großen ausgegrabenen Busch in der Hand. »Mit diesem Ding haben sie die Bruchstelle in der Leitung kaschiert, damit sie nicht sofort ins Auge fällt.« Sorgfältig verschlossen die Männer daraufhin die Rohre, beschwerten sie mit in der Umgebung des Hauses gesuchten dickeren Steinen und begruben sie unter einer Menge Erde. Sie kontrollierten den »Meter« mit der Wasserstandsanzeige und flickten sogar das mutwillig in den Gartenzaun geschnittene Loch, durch das man hatte eindringen können. Ich war ihnen dankbar und sehr zufrieden.

Am Abend hörte ich wieder Stimmen und das Scheppern von Eimern, diesmal außerhalb des Zaunes. Ich wartete einen Moment und betätigte die unter Mühen neu angebrachte Außenbeleuchtung, die den Garten und den Hauseingang in helles Licht tauchte. Wie auf ein unhörbares Kommando entfernten sich die erschrockenen »Wassersucher«.

Endlich hatte ich meine Ruhe und meinen Garten wieder für mich.

»Wasser ist Leben«, der in Afrika vielzitierte Spruch, hatte seine Berechtigung. Wie sehr, wusste ich selbst aus bitterer Erfahrung. Hätte es keine öffentlichen Wasserstellen als Alternative gegeben, hätte ich sicher anders reagiert, auch wenn ich jegliche Art von dreistem Diebstahl verabscheute.

Meine nächsten Nachbarn, das muss noch erwähnt werden,

standen alle zu mir, denn sie kannten mich persönlich, und es gab da eher freundschaftliche Verhältnisse: Ein Gespräch am Gartenzaun, auch im Haus, eine Einladung zum Tee, ein Anvertrauen von Sorgen und viel Fröhlichkeit, auch Hilfe hier und da, aber dann auch immer wieder diese mir fremde Selbstverständlichkeit, einen Zugriff auf meine Dinge zu nehmen – mit wenigen Ausnahmen.

Der *Mzee*

Seit kurzem lebte ein *mzee*, ein alleinstehender Mann, dessen Alter ich nicht schätzen konnte, in unmittelbarer Nähe. Er bewohnte eine primitive Wellblechhütte, und ich konnte von meinem Schlafzimmerfenster aus zu ihm hinüberblicken.

Der Alte hatte wohl mitbekommen, dass es wegen der Entnahme von Strom und Wasser Ärger ergeben hatte. Deshalb kam er, um sich für seine Landsleute zu entschuldigen. Fortan grüßte er mich immer mit besonderer Hochachtung, und eines Tages brachte er mir seine zwei Hundewelpen zum Ansehen, damit sie sich an mich gewöhnen und mich später einmal beschützen sollten. Wieso er das tat, habe ich nur erahnen können. Ich wusste nicht, was von dem Alten zu halten war, und beobachtete ihn unauffällig. Obwohl er in so ärmlichen Verhältnissen lebte, war er immer sauber. Auch der Platz um sein dürftiges Zuhause herum war stets aufgeräumt, und jeden Tag sah ich ihn beim Fegen des Fußweges, der sich an seiner Behausung vorbeischlängelte.

Manchmal führten wir ein Gespräch an der Gartenpforte, und irgendwann stellte ich Stühle unter den Limonenbaum, trug einen Tisch hinaus und bewirtete den Alten mit Tee und *maandazi*. Daraufhin suchte er mich öfter auf, setzte immer einmal wieder die jungen Hunde auf meine schmale Terrasse und half mir bei der Gartenarbeit, soweit sein kleiner, ausgemergelter Körper das zuließ. Er brachte mir Ableger von seinen Pflanzen mit und von ihm bearbeitete Fruchtstände des Luffastrauches, die gut geeignet waren für die Körpermassage nach dem Bad, pflanzte bei mir Chili, Zitronengras und auch Papayas, von denen ich allerdings schon etliche Bäume besaß. Papayas waren im eigentlichen Sinn auch keine Bäume, denn ihr Stamm war innen weich, zudem waren sie kurzlebig. Dafür wuchsen sie schnell heran und trugen schon nach verhältnismäßig kurzer Zeit, oft nach wenigen Monaten, die ersten Früchte.

Der *mzee* kannte sich mit Blumen und Bäumen aus und wusste allerhand Interessantes darüber zu berichten. Ich hatte ihn auch schon betteln sehen, damit er herumstreunende Hunde und Katzen füttern konnte, selbst an Vögel dachte er und streute, wenn er es sich leisten konnte, zuvor irgendwo erstandene Mais- oder Reiskörner oder vom Munde abgesparte Brotstückchen vor seiner Haustür für sie aus.

Der Alte war ein liebenswerter Zeitgenosse. Weil ich ihm vertrauen konnte und er grundehrlich war, hatte ich ihm einen zweiten Gartentorschlüssel ausgehändigt. So war es ihm möglich, unbehelligt zum Haus und in den Garten zu gelangen, um sich dort, wie ich es ihm anbot, in einem bereitgestellten Sessel im Schatten des Limonenbaumes auszuruhen, vor allem aber, damit die beiden kleinen hellbraunen und schwarzen Hunde im Garten unter seiner Aufsicht spielen konnten, ohne einer Gefahr ausgesetzt zu sein. Den Sessel zum Ausruhen lehnte der *mzee* zwar ab, mit der Begründung, er sei kein »Herr«, aber für die Hunde freute er sich. Bald danach hatten wir uns darauf geeinigt, dass er in Zukunft während meiner Abwesenheit nach dem Rechten schauen würde.

Seinen Namen habe ich nie erfahren und auch nicht, woher er kam. Ich wusste nur, dass er nicht von der Küste stammte. Angehörige erwähnte er nie. Er war auf eine ergebene, kindliche Weise fromm. Es war rührend zu sehen, wie er sich sonntags »fein« machte, so, wie er es verstand und wie es ihm möglich war, wenn er sich von den Tieren und Blumen für einige Stunden verabschiedete, mir einen »gesegneten Tag« wünschte und mit einem Freund aus dem Nachbarort zu einer der christlichen Kirchen ging.

Der *mzee* führte auch Gespräche mit den Tieren, den Bäumen und den Blumen. Mehr und mehr kümmerte sich der Alte um mich, begrüßte mich am Morgen und erkundigte sich nach meinem Befinden. Es war leicht herauszuhören, dass er nicht nur aus Höflichkeit fragte. Bald gehörte der *mzee* einfach zu mir – was von manchen Nachbarn belächelt, von anderen wiederum respektiert wurde.

Als ich erfuhr, dass der *mzee* erkrankt war, kümmerte ich mich um ihn. Ich schickte einen Arzt zu ihm und sorgte für ein Bett, Kissen und ein Moskitonetz, denn ich hatte bei meinem ersten Besuch bei ihm entsetzt entdeckt, dass der Alte neben seinen kleinen Hunden auf der Erde schlief.

Als es ihm wieder besser ging, machte er zu meiner Freude endlich Gebrauch von meinem Angebot, es sich unter dem Limonenbaum in einem Sessel gemütlich zu machen. Er ließ sich sogar bekochen. »Wie ein hoher Herr, so sitze ich hier und werde beschenkt«, sagte er ungläubig. Als Dank dafür hatte er mir ein Lied gewidmet, weil er von meiner Vorliebe für Musik wusste. Ihn singen zu hören, mit bedächtiger, leicht brüchiger Stimme, berührte mich. »Gott kennt uns, er sieht uns hier, dich und mich, er sieht nicht die Kleider, er sieht das Herz. Ist alles gut, hat er seine Freude daran und schaut nicht weg. Alle sollten ihn loben. Was wären wir und was wäre die Welt ohne ihn.«

Der *mzee* war eine Bereicherung meines Lebens. Um ihm ein wenig zu helfen, erlaubte ich ihm, vorwiegend in der Zeit, in der ich nicht in Shanzu weilte, die Chili, Limonen und Papayas im Garten zu ernten und wenn er sie nicht selbst verbrauchte, zu verkaufen. Leider war der Garten zu klein, um in größerem Stil etwas anzubauen.

Ein neues Engagement

Noch bevor ich diesmal mit Eddie Kontakt aufnehmen konnte, um herauszufinden, wie es mit musikalischen Auftritten bestellt war, kam mir der Zufall zu Hilfe: An dem kleinen Kiosk, in dem ich Milch und Brot holte, entdeckte ich einen blauen handgeschriebenen Zettel: »Sind Sie ein guter Musiker? Suchen Sie einen neuen Arbeitsplatz? Schätzen Sie Countrymusic?« stand da. Und als ich weiterlas, erfuhr ich, dass für ein neu eröffnetes Restaurant ein Gitarrist gesucht wurde. Ohne lange zu überlegen, nahm ich Kontakt zu den Initiatoren auf. Obwohl man an einen jungen Mann gedacht hatte, wurde ich sofort engagiert, nachdem ich auf einer provisorischen Bühne im Garten einige Lieder aus meinem Repertoire zum Besten gegeben hatte. Ich war überglücklich, denn die neue Arbeitsstelle war von meinem Häuschen in Shanzu bequem zu Fuß zu erreichen.

Meine Aufgabe bestand darin, an einem Lagerfeuer sitzend die meist europäischen Gäste musikalisch zu unterhalten, während diese ihr Dinner an rustikalen, mit vielen Teelichten geschmückten Tischen, unter alten, grün und bläulich angestrahlten Bäumen im Garten einnahmen.

Die Abendstunden mit meiner Musik und die positive Reaktion vieler Gäste auf meine Darbietung gaben mir viel Kraft und Freude. Tagsüber genoss ich, wenn möglich, die frische Brise vom Meer her, saß in Shanzu unter dem geliebten Limonenbaum, der ständig süßherb und fruchtig duftete, plauderte mit Nachbarn, hielt das Haus in Ordnung und übte weitere Lieder ein, vor allem viele Texte. Mein Leben war ausgefüllt und glücklich, wäre da nicht die ungewollte Trennung von meinem nordkenianischen Zuhause und die Sorge um Lpetati gewesen.

Einige Wochen waren vergangen. Ich erfuhr durch Telefonate

mit der Klinik, dass Lpetati ein geduldiger Patient sei und es ihm ein wenig besser gehe.

Eddie traf ich im Blue Room, einem Selbstbedienungsrestaurant in Mombasas Innenstadt, in dem es überwiegend indische, recht scharf gewürzte Snacks gab. Eddie kam mit seinen zwei bildhübschen halbwüchsigen Töchtern und seiner Frau, einer großen, sehr schlanken und sehr aparten Erscheinung. Obwohl sie moslemisch erzogen war, verkörperte sie für mich das neue, fortschrittliche Kenia. Ob sie nun in einem eleganten Kostüm oder in traditionellem Gewand auftrat, wie sie sich gab, ihre höfliche, gewandte, verbindliche Art, zeichnete sie als gebildet und modern aus. Sie war durch und durch eine respektable »lady«. Wir Frauen mochten uns, und die Freundschaft zu Eddie hatte sich dann automatisch auf sie und auch auf die fünf Kinder übertragen. Zu meinem Entzücken war Eddie schon bald wieder beim musikalischen Pläneschmieden und organisierte ein paar gemeinsame Auftritte zur geliebten Happy Hour in zwei Hotels.

Das Leben hielt viel Freude für mich bereit.

Eine große Enttäuschung

Eines Nachts kam ein junger Kellner aus dem nahen Palmgarden-Restaurant zu mir und bat mich, mit ihm zu kommen. »Da sitzt eine *mzungu,* eine Weiße, Fremde, am Tisch, die den ganzen Abend schon heult. Sie hat kein Geld und kein Zimmer, sagt sie. Wir wollen schließen. Sprechen Sie doch mal mit ihr.« Ich folgte ihm, denn wir kannten uns noch aus der Zeit, als ich dort mit Binki freie Abende verbracht und man unsere auf einer Kassette in Deutschland aufgenommenen Eigenkompositionen über einen Lautsprecher zur Unterhaltung der Gäste abgespielt hatte.

Die dunkelblonde deutsche Frau, etwa in meinem Alter, blickte mit verweintem Gesicht zu mir auf. »Kann ich Ihnen vielleicht irgendwie helfen?«, fragte ich. »Ach, Sie sprechen Deutsch, wie gut.« Sie sah mich eine Weile an und brachte ein gequältes Lächeln zustande. »Es ist mir alles furchtbar peinlich«, begann sie stockend, »wirklich, aber ich sitze in der Klemme, wissen Sie. Mein Bekannter, na ja, mein Freund, der ist nicht gekommen. Er wollte sich nach einer neuen Bleibe für uns beide in Utange umsehen. Er hat mich um Geld gebeten, um eine Anzahlung zu leisten, und hat auch nach dem Zimmerschlüssel von unserem Appartement in Mtwapa gefragt. Nach der Arbeit wollte er sich dort umziehen, um einen guten Eindruck bei dem neuen Vermieter zu machen. Ich weiß zwar nicht, was er genau arbeitet, aber er hat mit dem Verkauf von Fisch zu tun, den sein Freund vom Viktoriasee bezieht. Ich habe ihm natürlich Geld gegeben, es ist ja für uns, und auch den Zimmerschlüssel. Um acht Uhr wollten wir uns hier treffen. Jetzt ist es eins. Was soll ich bloß machen? Da wird doch nichts passiert sein? Und hier schließen sie jetzt das Lokal, ich muss gehen, aber wohin? Ich habe keinen Schlüssel für unsere Bleibe, kein Geld, ich komm ja auch nicht an meine Bankkarte. Ich kann doch nicht auf der Straße übernachten!« Sie weinte, schluckte und äußerte voller Verzweiflung: »Wenn ich bloß wüsste, was passiert ist, warum er noch nicht da ist. Er müsste doch längst zurück sein. Utange ist doch nicht weit, gleich drüben, hinter dem Steinbruch, halb im Wald, oder?«

Ich nickte langsam, und mich beschlich eine böse Ahnung. »Hier können Sie nicht bleiben, aber ich wohne ganz in der Nähe. Sie können erst einmal mit zu mir kommen, und dann schauen wir mal, was sich machen lässt.«

Die Frau strich sich das T-Shirt und die Haare glatt. »Aber, wenn er nun doch noch kommt und mich hier nicht findet?«

Ich wurde ärgerlich, aber die alles andere als weltfremd wirkende Frau war offenbar recht gutgläubig. Als ich anklingen ließ, dass ihr Freund vielleicht nur an Schlüssel und Geld interessiert gewesen sei, aber nicht an einer neuen Wohnung, sah sie mich entgeistert an. »Er doch nicht! So einer ist das nicht. Wenn Sie ihn kennen würden, hätten Sie eine bessere Meinung von ihm. Er ist so besorgt um mich, so lieb und zuvorkommend. Gut, er ist einige Jährchen jünger als ich, aber das merkt man kaum, weil er irgendwie so reif wirkt. Nein, er ist schon ein netter Kerl!«

So ganz überzeugen konnte mich Erika nicht. Ich hatte zu viele sogenannte Liebesgeschichten zwischen Europäern und Afrikanern erlebt und hatte manche von ihnen nur schwer glauben können. Dabei war es ausschließlich um finanzielle und andere Vorteile gegangen. Es schien das Los vieler Urlaubsorte zu sein, so auch in Kenia. Vom Tourismus angelockt, kamen die weiblichen und männlichen Nutznießer der überwiegend weißen Urlaubsgesellschaft in Scharen herbei. Man bot sich selbst, Liebe und Hilfe an und erhoffte dafür ein besseres Leben, vielleicht sogar im fernen Europa, Japan oder Amerika. Diese Beziehungen konnten nicht funktionieren, weil jeder nur seinen Vorteil im Auge behielt, den sexuellen, meist den finanziellen. Waren ein wenig Verliebtheit und Spaß mit im Spiel, vereinfachte das die Sache. Gab es dann von afrikanischer Seite bei der weißen Freundin, dem weißen Freund nichts mehr zu holen, erkaltete die »Liebe« schnell und konsequent. Die Europäer litten oft entsetzlich unter solchen Reaktionen und Zerwürfnissen, denn viele hatten nicht nur Geld, sondern auch Gefühl in die neue Beziehung investiert. Ich kannte weiße Frauen und weiße Männer, die von ihren Ersparnissen Häuser für ihre afrikanischen Liebsten gebaut und oftmals in Europa alles für die neue Liebe aufgegeben hatten, um glückliche Jahre in Afrika zu verbringen. Häufig hatten sie aber nach Fertigstellung und Abzahlung des neue Domizils im fremden Land ein böses Erwachen erlebt und im »eigenen« Haus, Geschäft oder Restaurant nichts mehr zu sagen, vor allem, wenn sie so dumm gewesen waren, das Grundstück und die Immobilie nicht auf ihren Namen eintragen zu lassen. Nicht selten wurden die Weißen regelrecht von dem afrikanischen Freund oder der Freundin und deren Familien hinausgedrängt, was zu bitteren Enttäuschungen, finanziellen Verlusten, bösen Streitigkeiten, seelischem Schmerz bis hin zu Zusammenbrüchen führte.

Ich erzählte Erika, was für Geschichten ich selbst erlebt, was ich alles gehört hatte, und sie sah mich ungläubig an.

Ich machte ihr klar, dass in Urlaubshochburgen größte Wachsamkeit geboten sei, vor allem, wenn Sprachbarrieren und rechtliche Unsicherheit bestünden. Seltsam hatten mich immer auch die Warteschlangen junger Leute vor den Schaltern der Westunion Bank berührt, von denen, wie ich beobachtet hatte, jeder Geld aus dem Ausland bezog – oft sogar von unterschiedlichen Gebern, von denen der eine wohl keine Ahnung von der Existenz des anderen hatte. Und mehrere Eisen im Feuer zu haben, lohnte sich.

Allergings kannte ich auch freundschaftliche Verbindungen, die länger hielten, und aufrichtige Liebe zwischen recht unterschiedlichen Partnern. In solchen Beziehungen gab es den aufrichtigen Wunsch, einander zu helfen und gemeinsam das Leben zu meistern. Aber solche seriösen Beziehungen nahmen nur selten an Hotelstränden und schon gar nicht in irgendwelchen Bars oder Discos ihren Anfang und blieben Ausnahmen.

Mit allerhand Geschichten versuchte ich die unglückliche Erika ein wenig abzulenken und aufzuheitern, während ich sie zu meinem Haus geleitete. Etwas später, obwohl mitten in der Nacht, aßen wir zusammen, redeten viel, und dann wies ich ihr das Gästebett zu. Am Morgen frühstückten wir draußen unter dem Limonenbaum, was Erika offensichtlich genoss. Sie erzählte freimütig von ihrer neuen Beziehung und enttäuschte mich mit dem Wunsch, doch mal eben im Palmgarden nachzufragen, ob der Freund wohl inzwischen gekommen wäre und sich nach ihr erkundigt hätte. Was musste das für ein Kerl sein, der eine hilflose Urlauberin einfach sitzen ließ und sich nicht im Geringsten darum scherte, wo sie die Nacht verbringen konnte. Erika sah das wohl nicht so, und ich machte ganz vorsichtig den Versuch, sie darauf vorzubereiten, dass sie nur ausgenutzt worden war. Es dauerte lange, bis sie sich mit dieser Möglichkeit befasste, doch gleich darauf verwarf sie diese Annahme wieder. Sie weinte, bedauerte und beruhigte sich abwechselnd. »Er ist eine ehrliche Haut, er würde niemals etwas tun, das mir schadet«, sagte sie voller Überzeugung, »da muss etwas passiert sein, oder Freunde haben ihn davon abgehalten, aber er, nein … so, wie er mich ansieht, so lieb irgendwie, nein, er würde mir nichts Böses tun!«

Natürlich wünschte ich Erika, dass alles gut ausging, aber ich wurde einfach den Verdacht nicht los, dass sie hereingelegt worden war. »Wir kennen uns noch nicht so lange«, fuhr Erika langsam fort und sah angestrengt in den Limonenbaum und zu den leicht schwebenden Wolken, »aber irgendwie spürt man doch als Frau, was echt ist und was nicht. Wir passen eigentlich gut zusammen, finde ich. Ich habe mich lange nicht so gut gefühlt, wie mit ihm. Verstehen Sie das?«

Am Nachmittag fuhren wir nach Mtwapa. Dort kam dann schnell die Ernüchterung: Meine Vermutungen bestätigten sich. Die Tür war unverschlossen und das Appartement gründlich durchsucht. Erika vermisste viele Dinge, die ihr gehörten. Sogar ganz persönliche Dinge wie Unterwäsche, Deostift und Nagellack hatte man ihr gestohlen.

Sie war erschüttert und weinte heftig, wurde für kurze Zeit zornig, weinte wieder und tat mir entsetzlich leid. »Wissen Sie, wo wir Ihren Freund finden können?«, fragte ich. Sie schüttelte langsam den Kopf. Es stellte sich heraus, dass sie so gut wie nichts über ihn wusste. Sie kannte nicht einmal seinen Nachnamen (»der ist so schwer auszusprechen«) und seinen Aufenthaltsort, sie wusste nicht, wo sich seine Arbeitsstelle befand, zu welchem Stamm er gehörte und wo seine Familie lebte.

»Natürlich hätte ich mehr fragen sollen, aber er hat immer gesagt: ›Schatz, das erfährst du früh genug und das hat doch auch nichts mit unserer Liebe zu tun!‹«

Völlig gebrochen und unglücklich lehnte Erika an der Wand neben der Eingangstür und weinte vor sich hin. Den finanziellen Verlust hätte sie wohl noch ertragen, aber ihre Enttäuschung war grenzenlos. Sie hatte fest an eine gemeinsame Zukunft mit ihrem neuen Freund geglaubt, war sogar bereit gewesen, ein einfaches

Leben mit ihm in Kenia zu führen. Dass jenes fast greifbar gewordene Glück so plötzlich und dazu auf eine so schäbige Weise endete, traf sie völlig unvorbereitet.

Erika blieb noch ein paar Tage bei mir in Shanzu, an denen ich mir alle Mühe gab, sie aufzuheitern. Wenn sie auch meine Gesellschaft genoss, so grübelte sie doch immer wieder über ihre Situation nach, glaubte nicht so recht daran, ihren Freund und seine Liebe verloren zu haben, hoffte sogar auf einen Neuanfang.

»Ich möchte nach Hause fliegen«, überraschte sie mich eines Morgens. »Vielleicht komme ich noch einmal nach Kenia zurück, vielleicht auch nicht.«

Da sie momentan nahezu mittellos war, fuhr ich mit ihr zum deutschen Konsulat in Mombasa, wo man ihr nach Rücksprache mit der Botschaft in Nairobi mit den nötigen Papieren für die Ausreise aushelfen konnte. Solche Notfälle waren dort bestens bekannt. Immerhin hatte sie noch ihr Flugticket. Ich bedauerte sehr, dass Erika so böse Erfahrungen hatte machen müssen. Aber sicher würde sie mit Hilfe der räumlichen Distanz den Verlust ihrer Liebe irgendwann überwinden. Wie gern hätte ich ihr einen unbeschwerten Ferienaufenthalt im schönen Kenia gegönnt, auch mit einem Urlaubsflirt, aber ohne solche bitteren Konsequenzen. Ich begleitete sie im Taxi zum Flughafen, und wir verabschiedeten uns wie gute Bekannte. »Danke für alles. Ich glaube, ich komme irgendwann wieder«, flüsterte sie bei einer Umarmung und versuchte zu lächeln. »Sie haben es doch auch geschafft, sich hier zu behaupten und in Afrika glücklich zu sein.«

Ich brauchte ein wenig Zeit, um über die Geschichte hinwegzukommen und bis mir »mein Afrika« wieder liebenswert erschien.

Maudes Abenteuer

Eine andere Geschichte erlebte ich, als ich an meinem freien Tag meine Freundin Maude auf ihrer Farm im Nachbarort besuchte. Maudes tansanischer Freund war, wie des Öfteren schon, wenn Maudes Liebe ihn zu sehr einengte, kurzerhand nach Tansania zurückgefahren. Maude litt darunter und konnte schlecht allein sein. Und oft kam sie dann mit ihrem kleinen, verdächtig klappernden Auto vorgefahren und suchte meine Gesellschaft.

Der Freund tauchte irgendwann ebenso plötzlich wieder auf, wie er sie verlassen hatte, und genoss Maudes Zuwendung, blieb aber wieder nur so lange, wie er ihre intensive Liebe ertragen konnte. Es war eine seltsame Beziehung, in der es im ständigen Wechsel Leidenschaft und Leid gab, dennoch funktionierte sie seit vielen Jahren. Die beiden konnten einfach nicht ohneeinander sein, waren aber doch wieder so freiheitsliebend, dass sie hin und wieder den Abstand voneinander brauchten.

An jenem Abend half ich Maude, die rund dreihundert Hühner in die Ställe zu treiben. Mit der Hühnerzucht verdiente sie sich ihren Lebensunterhalt, indem sie Eier und Geflügel an die Hotels lieferte. Normalerweise hatte sie dafür zwei Angestellte, die *shamba boy*. Aber einer von ihnen war krank geworden und der andere zu einer Beerdigung gefahren.

»Wenn wir es schaffen, sollten wir versuchen, die Viecher zu zählen«, sagte Maude, »ich kann mir nicht helfen, ich finde, es werden immer weniger, ohne dass die Boys mir über verendete Tiere oder Verkäufe berichtet haben. Und eigentlich bin ich ja für den Verkauf zuständig.«

So liefen wir, mit Zetteln und Stift bewaffnet, neben den Hühnern her, trieben sie getrennt in ihre verschiedenen Unterkünfte und zählten sie, jeweils zweimal einzeln und dann noch einmal gemeinsam, was bis in die späten Abendstunden dauerte. »Achtundfünfzig Hühner fehlen«, verkündete Maude, »achtundfünfzig seit drei Wochen, ohne Grund. Das ist viel zu viel. Ich glaube, ich war blind!« Maude suchte nach dem Buch, in dem alle Veränderungen bezüglich des Hühnerbestandes eingetragen wurden, fand es aber nicht sofort.

Nach einem köstlichen Obstsalat mit Mangos und Papayas, nachdem wir beide bereits geduscht und leichte Schlafanzüge angezogen hatten, entdeckte Maude endlich das so fieberhaft gesuchte Buch.

Plötzlich griff sie sich ans Herz, lachte hysterisch, trat wütend gegen einen Eimer und schluchzte. »Ich dumme Kuh, ich dumme, dumme Kuh. Ich hab es doch gewusst! Hier, guck dir das an! Guck es dir genau an und achte auf die Daten! Merde, merde, merde!«

Ungläubig sah ich mir die Eintragungen an – vordatiert bis zum Monatsende und jeden Tag waren Hühner als verendet angegeben – im Voraus, für die nächsten zwei Wochen. Diese Hühner hatten die *shamba boys* privat verkauft; es war bald Ende des Ramadan, da ließen sich gute Geschäfte machen. »Und doof sind die *boys* auch«, kreischte Maude, »wenn Hühner verenden, müsste man ja die Kadaver finden, die wir jeweils einem Tierarzt vorlegen. Die müssen mich ja wirklich für blöd halten, sollten mich aber doch besser kennen!«

Einige Tage später besuchte sie mich in Shanzu. »Ich habe den beiden *boys* sofort gekündigt und das Geld für die Hühner zurückgefordert«, beantwortete sie mir meine Frage, »als das mit dem Geldrückfordern nicht klappte, habe ich den Lohn einbehalten.« Sie wurde leise. »Du musst dir jetzt mal mein Maisfeld ansehen – ich weiß nicht, was damit passiert ist, der Mais geht ein, die Maiskolben sind allesamt abgeknickt – ich kann sie nicht mal verfüttern, weil ich nicht weiß, ob irgendwie Gift daran ist. Ich fasse es nicht! Die zaubern mir wieder irgendwas an. Es ist ja nicht das erste Mal.«

»Afrika«, dachte ich, und seltsame Gefühle nahmen von mir Besitz.

Ich kehrte wieder mit ihr zur Farm zurück und blieb dort ein paar Tage, um sie moralisch aufzurichten. Zudem liebte ich ihr romantisches Anwesen, das so viel Ruhe ausstrahlte und besonders in den Abendstunden mit auf der Veranda und im Haus verteilten Petroleumlampen einem Idyll glich, dazu kamen das leichte Säuseln des Windes vom Meer her in den Baumwipfeln und die Stimmen der Tukane und anderer Tiere. Wenn dann noch das rhythmische Trommeln der Giriama durch den Wald tönte, weil ein Fest bevorstand oder gefeiert wurde, war die Impression »Afrikatraum« perfekt.

Maude und ich warfen in mühevoller Handarbeit und vorsichtshalber mit dicken Handschuhen den verdorbenen Mais weg und pflückten, soweit es mit einer Leiter möglich war, Cashewnüsse in den zwei riesigen ausladenden Bäumen, um sie auf den Markt zu bringen. Die Nüsse waren begehrt und brachten etliches ein. Ihre Wuchsform faszinierte mich: Sie sahen aus wie rotbackige und gelbe Pfirsiche oder Äpfel, die aber an ihrem oberen Ende einen kleinen Halbmond trugen – die wirklichen Nüsse.

Ich war froh, bei Maude geblieben zu sein, denn vielleicht wäre sie in Schwierigkeiten geraten. Eines Morgens, es dämmerte soeben und war kaum halb sechs Uhr, läutete es an der Gartenpforte. Maudes Hauspersonal schlief noch, auch Maude selbst, die sogar ein Schlafmittel genommen hatte. Da das Rufen nicht verstummte, stand ich auf, zog mir kurz etwas über und näherte mich voller Unbehagen der stark gesicherten Gartentür und der Mauer, blieb aber im Schutz von dichten Büschen.

»*Namna gani?* Was gibt es denn?«, erkundigte ich mich aus meinem Versteck heraus. Drei Gestalten in langen weißen *gandouras* und *abas*, demnach arabischstämmige Einwohner, drückten sich an die Pforte. »Ein Unfall, Lady«, rief einer, »hier in der Nähe, wir brauchen unbedingt einen Wagen, um den Verletzten zum Arzt zu fahren. Sie haben doch ein Auto? Bitte, helfen Sie uns.«

Irgendetwas machte mich misstrauisch, und ich fühlte mich in Gefahr. Da stimmte doch etwas nicht. Wieso waren die Männer ohne Fahrzeug den langen Weg bis zu uns durch den Wald gekommen? Und das zu so früher Stunde? Was wollten diese Männer von Maude? Von den hier ansässigen Giriama war es niemand, denn deren Hütten befanden sich auf der anderen Seite des Waldes, und fast alle kannten Maude mit ihrem Namen und würden sie nicht mit »Lady« ansprechen. Ich wagte kaum zu atmen. »*Ngoja kidogo*, wartet einen Moment«, hörte ich mich sagen und schlich zurück ins Haus. Dort versuchte ich, unseren nächsten Nachbarn, den einheimischen Tierarzt, telefonisch zu erreichen, aber die Leitung war tot. Noch unruhiger geworden, wagte ich es, Paolo, Maudes »Mädchen für alles«, einen liebenswürdigen älteren Herrn, zu wecken, der in einem Nebengebäude wohnte. Er würde sowieso normalerweise in Kürze aufstehen, um bei den ersten Sonnenstrahlen die gewohnte Runde um das Haus zu gehen, das Hundefutter bereitzustellen, Kaffee zu kochen und Brot zu backen. Paolo hatte vorübergehend seine zwei halbwüchsigen Neffen zu Besuch, ich wusste allerdings nicht, in welchem Raum sie übernachteten. So hämmerte ich aufgeregt und heftig an alle Türen, bis endlich einer der jungen Leute verschlafen öffnete. »Hilf deinem Onkel, bitte«, wies ich ihn an und berichtete kurz, was sich zugetragen hatte. Paolo war schnell auf den Beinen, gefolgt von seinen Neffen, ließ Maudes drei große Hunde los, die bellend und aufgebracht an die Gartenpforte stürzten, und die drei Männer rannten hinterher. Maude erschien, noch etwas wackelig auf den Beinen, stand neben mir und starrte auf das Tor. Auch ihr erklärte ich kurz, um was es ging. »*Regarde donc, la-bas*, sieh mal, dahinten«, sagte sie und deutete mit ausgestrecktem Arm auf die flüchtenden Araber. Da wir auf der Veranda standen, hatten wir einen besseren Überblick.

Paolo und die Neffen kamen zurück. »Gerannt wie die Derwische«, sagte er, »hatten wohl nicht damit gerechnet, dass so viele Leute zur Stelle sind und wir so schöne bissige Hunde haben!«, sagte er fast vergnügt und mit viel Genugtuung, wurde dann ernst. »Maude, das waren keine guten Männer, das weiß ich, die wollten dein Auto und vielleicht auch einfach in die Farm eindringen. *Lakini sisi sote ni hapa!* Aber wir sind ja da!«

Erst nach Kaffee und Tee und als es hell genug war, gingen wir alle gemeinsam zum Tor. Die Hunde hatten sich noch immer nicht beruhigt und liefen schnüffelnd am Zaun entlang. Gerade als Paolo das Türschloss in Augenschein nahm, hörten wir das Geknatter eines Motorrades. Der Tierarzt erschien. Maude öffnete.

Wir berichteten, was vorgefallen war. »Meiner Frau haben sie auch versucht, das Märchen von einem Verletzten, der schnell in ein Krankenhaus gebracht werden muss, zu verkaufen. Aber ich komme gerade aus Mtwapa, auf dem ganzen Weg ist nichts passiert, gar nichts. Sie haben Glück gehabt, Maude, und meine Frau auch. Das war eine böse Falle. Sie wären noch Ihr Auto losgeworden und hätten womöglich selbst Schaden genommen. Da ist wieder eine Diebesbande unterwegs, die das Kupfer aus den Telefonkabeln stiehlt. Ich habe etliche Rollen entdeckt. Die Diebe haben eine Möglichkeit gesucht, das Kupfer abzutransportieren. Diese blöden Kabel hängen einfach zu tief, jedes Kind kann da ran. Wie oft habe ich schon eine Eingabe an die Telefongesellschaft gemacht, aber nichts passiert. Und ärgerlich ist immer, dass die Telefone nicht gehen. Ich brauche meines beruflich, na ja, und Sie ja auch. Aber diesmal bezahlen die, da kommen sie nicht mit einer Entschuldigung oder einem Achselzucken davon.«

Der Tierarzt war ziemlich aufgebracht. »Ich komm nachher noch mal vorbei, will nur meine Frau beruhigen und ihr sagen, dass hier alles in Ordnung ist.«

Das Ereignis beschäftigte Maude und mich, während wir uns im Haus und Garten zu schaffen machten, und Paolo schmiedete ziemlich heftige Rachepläne. Die beiden Neffen wollten sich die Schäden an den Telefonkabeln ansehen und waren in Begleitung der Hunde im Wald unterwegs. Wahrscheinlich wollten sie auch die Palmen in Augenschein nehmen, an deren oberen Stämmen kleine Eimerchen hingen, die die Giriama angebracht hatten, um die Substanz für den Palmwein zu gewinnen.

Am Abend zauberten Paolo, Maude und ich ein Fünfgängemenü, zu dem auch der Tierarzt und seine Frau eingeladen waren. Wir feierten ein wenig bei Papayawein und südafrikanischem Rotwein. Irgendwie hatten wir nämlich wohl alle, besonders Maude und die Frau des Veterinärs, einen Schutzengel gehabt.

Als Maudes Freund eines frühen Morgens unerwartet aus Tansania zurückkehrte, brachte sie mich in ihrem klapprigen roten Auto nach Shanzu, wo genug Arbeit auf mich wartete. Nach Aufräumen, Säubern, Einkaufen und Posterledigen, widmete ich mich intensiv wieder der Musik. Durch die Vorkommnisse mit Erika und Maude hatte es eine längere, unbeabsichtigte Pause gegeben und so hieß es, einiges Versäumte wiedergutzumachen und fleißig zu üben. Es freute mich besonders, wenn sich Maude und ihr Freund unter den stets zahlreichen Zuhörern befanden. Dann hieß es für mich, einige *special requests* zu erfüllen, wie »Aie a Mwana« und »Malaika« zu singen, weil die beiden diese afrikanischen Lieder besonders liebten.

Eddie hatte inzwischen weitere gemeinsame Auftritte in Hotels an der Südküste und in Kikambala organisiert und auch für einige African-Safari-Club-Veranstaltungen Zusagen bekommen. Es war Saison an Kenias herrlicher Küste, die kleine Regenzeit war vorüber, und der Hochsommer mit Weihnachten nahte. Das versprach viel Arbeit auf dem Unterhaltungssektor.

Von Lpetati hatte ich einen langen Brief erhalten, in welchem viel von Hoffnung die Rede war und immer wieder von Gottvertrauen. Mein Mann war empfindlicher geworden, hatte ich den Eindruck, verletzlicher, weicher und öffnete sich mir in einer Weise, wie er es früher nur bedingt getan hatte, oft, um sich danach gleich wieder für so viel Offenheit zu entschuldigen. Ich verstand sehr gut, wie er sich fühlte. Einer Samburu-Frau gegenüber würde er sich nie, was sein Innenleben betraf, zu erkennen geben, denn das würde sie weder wollen noch verstehen und es ihm als Schwäche auslegen. Ich als Europäerin hingegen erwartete Offenheit von ihm und war darüber glücklich. Oft hatte ich auch das Gefühl, dass es Lpetati guttat, sich so zu geben, wie er war und seine ganz eigenen Gedanken und Wünsche aussprechen zu können. Guter Wille und Intuition bildeten die Pfeiler unseres gemeinsamen Lebens und halfen uns, vertrauensvoll aufeinander zuzugehen. Das war das Besondere in unserem ganz persönlichen und außergewöhnlichen Fall. Ich freute mich über die beglückende und doch auch fremd anmutende Beziehung, zumal es nie eine Garantie gegeben hatte, dass sie lange bestehen würde. Im Lauf der Zeit aber waren alle meine Bedenken widerlegt worden.

Wieder im Hochland

Als ein junger Mann aus meiner Nachbarschaft in Shanzu an Tuberkulose starb, geriet ich in Panik und wollte so schnell wie möglich zu Lpetati. Nach einem Gespräch mit meiner Veranstaltungsleitung und Eddie, der mich hin und wieder vertreten sollte, kaufte ich kurz entschlossen eine Fahrkarte für den Nachtbus nach Nairobi.

Als etwa auf halber Strecke zwischen Mombasa und dem fünfhundert Kilometer entfernten Nairobi die Lichtmaschine ausfiel und wir lange in völliger Dunkelheit und tatenlos an der Überlandstraße ausharren mussten, reagierte ich mit Hysterie und litt bis zur Weiterfahrt mit einem Ersatzbus am frühen Morgen Qualen. Durch die Verspätung bekam ich Schwierigkeiten, noch ein Fahrzeug nach Nyahururu zu finden und von dort weiter nach Maralal zu kommen. Ich fürchtete mich vor einer Pistenfahrt im Dunkeln.

Aber ich erreichte mein Ziel wohlbehalten gegen Mitternacht, ließ gegen Bezahlung mein Gepäck in eine einigermaßen akzeptable Lodge bringen und machte mich sofort auf den Weg zum Hospital. Vielleicht ein wenig leichtsinnig von mir, denn auch Maralal war kein sicherer Ort bei Nacht. Erst kürzlich war ein Onkel von Lpetati auf seinem Heimweg überfallen und übel zugerichtet und ein Geschäftsmann mit einem Stein erschlagen und beraubt worden. Die gesamte Ausbeute dieser Gewalttat hatte nicht mehr als neun Euro betragen.

Meine Sorge um Lpetati war stärker als meine Angst. Ich war auf der Hut und hatte ein großes, dunkles Tuch übergehängt, das mein helles Gesicht und Haar fast vollständig verdeckte. Seltsamerweise war der Klinik-Eingang unbewacht und verschlossen. Eine Klingel entdeckte ich nicht und auch keinen Askari. Ich wartete ein wenig, aber nichts tat sich. Dann erinnerte ich mich an eine Stelle mit einem Loch im hohen Maschendrahtzaun. Es war Neumond, und ich sah fast nichts. Aber ich fand die schadhafte Stelle nach längerem Suchen, zwängte mich hindurch und lief über den weiten Platz mit den kleinen Ein-Mann-Betonhäuschen. Ich weiß gar nicht, welche Unruhe mich trieb, ich hätte doch in der Lodge mich erst einmal ausschlafen und dann am Morgen ausgeruht herkommen können, um nach Lpetati zu schauen.

Von irgendwoher hörte ich Stimmen, scheuchte streunende Hunde auf, die mit Vorliebe – wie am Tage die Hühner – die Papierkörbe mit den gebrauchten Spritzen, blutigen Lappen, Pflastern und sonstigen ekelerregenden Utensilien umlagerten, sah hinter manchen verbarrikadierten Fensteröffnungen und Türritzen unruhiges Kerzenlicht flackern und fand endlich Lpetatis dürftige Bleibe. »*Hodi*«, rief ich leise, »*hodi, Simba lai!*« Es regte sich nichts, aber die Tür ließ sich einen Spalt breit öffnen. Doch dann gab es ein entsetzliches Scheppern, weil der kleine gusseiserne Holzkohleofen, der in Ermangelung eines Türschlosses als »Alarmmelder« fungierte, umgekippt war. Sofort stand Lpetati vor mir, den *rungu* (Schlagstock) in der erhobenen Hand. »*Ni mimi tu*«, beeilte ich mich erschreckt zu sagen, »*ni mimi, Chui yako!* – Ich bin es nur.« Geräuschvoll fiel der Schlagstock zur Erde. Längst hatte ich die Idee verdammt, noch bei Nacht Lpetati aufzusuchen. Doch als ich, nachdem eine Kerze angezündet worden war, nicht nur hören, sondern auch sehen konnte, wie sehr sich mein Mann freute, fand ich meine Entscheidung richtig. Viel reden konnten wir nicht, weil ich noch im Sitzen auf der Steinbank einschlief.

Erst am Morgen sprachen wir miteinander. Lpetati schien es viel besser zu gehen als im Moment meiner Abreise. Ich betrachtete ihn aufmerksam und bemerkte eine wesentliche Besserung, auch in seiner Haltung. Er saß nicht mehr gekrümmt, weil ihn die Brust schmerzte, sondern aufrecht, und er atmete bereits ohne rasselnde Nebengeräusche, wenn auch noch sehr schnell. Sein Gesicht war nicht mehr eingefallen. Zwar traten die hohen Wangenknochen noch hervor, aber das machte sein Gesicht nur aparter. Ich dankte im Stillen Marissa, die meinen Mann offensichtlich gut umsorgt hatte, und natürlich auch dem behandelnden Arzt.

Lpetati bemerkte meinen prüfenden Blick. »Es geht mir viel besser, *Chui,* ich habe auch etwas zugenommen. Jeden zweiten Tag werde ich gewogen. Hast du so eine Waage schon mal gesehen? So ein Ding, wo man sich einfach draufstellt, und dann kann man sehen, wie schwer man ist.« Ich nickte nur unter Lächeln und dachte daran, wie oft in Deutschland eine Waage eingesetzt wurde, weil man lästiges Übergewicht kontrollieren musste oder wollte. So etwas würde hier bei uns im Samburu-Distrikt nie vorkommen.

Wir saßen in der Morgensonne auf den Eingangsstufen, noch in eine wärmende Decke gehüllt. Einige Kinder kamen herbeigelaufen, selbst Patienten oder die Söhne und Töchter von Kranken, die, wie Lpetati wegen Tuberkulose behandelt wurden. Die Kinder standen in gebührender Entfernung und betrachteten mich. »Das ist meine Frau aus Europa«, klärte Lpetati sie auf, »da sehen die Leute anders aus als hier. Aber ihr braucht keine Angst zu haben.« Manche Kinder kamen nun näher heran, ziemlich keck oder zögernd, und gaben mir, ein wenig verschämt, die Hand. Sie freuten sich, wenn ich etwas Nettes zu ihnen sagte. Besonders ein kleiner Junge aus Lpetatis unmittelbarer Nachbarschaft, dessen Mutter sehr krank war, hatte es mir angetan. Er hatte ein so klares, schönes Gesicht mit großen braunen Augen und ein ganz entzückendes Lächeln mit Grübchen in den Wangen.

Jeden Tag, den ich nun kam, rannte er mir entgegen, zwängte seine kleine braune Hand in die meine und schritt zuversichtlich neben mir her. Er erinnerte mich an den Jungen in Nairobi, der für mich getanzt hatte. Alles an ihm war liebenswert, so sehr, dass man seine recht abgetragene, nur notdürftig geflickte Kleidung, aus der er zudem herausgewachsen war, nicht einmal wahrnahm. Er besuchte Lpetati und mich immer wieder, auch wenn seine Mutter ihn, aus Sorge, er könne uns stören, stets zurückrief.

Da Lpetati kurze Spaziergänge erlaubt waren, machten wir gern davon Gebrauch. Mein Mann stützte sich dann auf seinen *soboa* (Stock der Älteren) und auf mich und musste oft eine Pause einlegen. Aber es gefiel ihm, dass er nun hin und wieder das wenig geliebte Klinikgelände, wenn auch nur in Begleitung, verlassen durfte. Ohne es auszusprechen, war es für uns selbstverständlich, dass wir bei solchen Gelegenheiten eines jener Restaurants ansteuerten, die hygienisch gesehen wenig einladend waren. Doch es gab dort einfache, bodenständige Gerichte, die Lpetati liebte, und sich satt essen zu können, war für uns immer noch etwas Besonderes und würde stets etwas Besonderes bleiben. Ich freute mich über Lpetatis zurückgekehrten Appetit. Manchmal nahmen wir auch den Jungen mit; es war eine Freude, ihm beim Essen zuzusehen. Zunächst hatte er nur verschämt auf seinem Teller herumgestochert und mich dabei ständig im Auge behalten. Aber nach aufmunternden Worten, vor allem von Lpetati, konnte er selbst große Portionen im Nu verdrücken, wozu er am liebsten die Hände benutzte und diese noch genüsslich ableckte. Ich wollte den Kleinen nicht irritieren und so übersah ich großzügig seine auf und unter dem Tisch verteilten Essensreste. Viel wichtiger war mir, dass der Junge langsam mehr Selbstvertrauen gewann. Das Erzieherische käme dann irgendwie spielerisch und durch mein gutes Beispiel dazu, hoffte ich. Sollte sich der Zustand seiner Mutter verschlechtern, war ich bereit, den Jungen vorübergehend zu uns zu nehmen. Zu Lpetati hatte er viel Vertauen, das war spürbar, und es gefiel mir, die beiden in ihrem Umgang miteinander zu betrachten.

»Er wünscht sich einen Vater«, hatte Lpetati vor Kurzem erwähnt und mich vielsagend dabei angesehen.

Manchmal kamen, wenn wir ein Restaurant betraten, Freunde und Bekannte hinter uns her und setzten sich zu uns, als sei das die größte Selbstverständlichkeit. Einige von ihnen bestellten sogar – und machten nicht den geringsten Versuch, das Verzehrte anschließend auch zu bezahlen. Oft genug waren wir dann zehn und mehr Personen. Zunächst war ich noch hilfsbereit und hatte sogar ein gutes Gefühl dabei, wenn die Männer mit großem Appetit aßen und Lpetati stolz auf seine deutsche Frau war, die kein Aufhebens davon machte, eine größere Zeche begleichen zu müssen. »Alle lieben dich«, hatte er in die Runde gerufen und seinen Sonderstatus, dass er zu mir gehörte, genossen. Als aber derartige Belagerungen überhandnahmen, litt ich es nicht mehr, Samburu-Brauch hin, Gastfreundschaft her. In meinen Augen war es nicht nur unhöflich, sich ungefragt an unseren Tisch zu setzen, sondern ungezogen, und den Hunger in Maralal konnte ich so auch nicht eindämmen. Die unfreiwilligen, zusätzlich entstehenden Kosten brachten mich mehr und mehr in Bedrängnis. Ich wusste, wenn ich nichts dagegen unternehmen würde, könnte ich mich bald nicht mehr gegen eine Zunahme von uneingeladenen Tischgästen wehren. Es würde einfach zu einer großen Selbstverständlichkeit werden, uns in jedes Lokal, in jeden Laden hinein zu folgen.

Es war mir nicht leichtgefallen, aber inzwischen hatte ich den Mut gefunden, ehrlich zu sagen, dass ich nur für meinen Mann und für die von uns eingeladenen Gäste bezahlen könne. Manche hatten daraufhin ungläubig gelächelt, auch Lpetati, und hielten mein Gesagtes wohl für einen Scherz oder meinten, nicht richtig verstanden zu haben. Da ich freundlich zu ihnen gewesen war, fühlten sie sich eingeladen – bis sie begriffen, dass es mir ernst war, weil ich mein Portemonnaie geschlossen hielt. Weiß zu sein war immer noch gleichbedeutend mit reich zu sein.

Lpetati, der immer nur wenig Ahnung von meiner Finanzlage

hatte, weil ich keine Veranlassung dazu sah, ihn in alles einzuweihen, vor allem zu meinem Schutz, war nicht wohl dabei, das wusste ich. Er würde wohl ins Gerede kommen, denn meine überraschend neue »Unfreundlichkeit« würde auch ihm angekreidet werden. So etwas nahm sich eine Frau nicht heraus, da wurde Lpetati als Mann gefordert. Aber in dieser prekären Lage konnte er nichts ausrichten, es sei denn, er hätte selbst über genügend Geld verfügt, um für Essen und Getränke seiner Freunde oder Bekannten aufkommen zu können. »Wenn ich nicht dauernd zahle, liebt mich wohl keiner mehr?«, sagte ich zu ihm. Da ließ Lpetati sein ärgerliches »Sssst« hören, zuckte mit den Schultern und stand mürrisch auf.

Aber an der Tür hielt er kurz inne, zögerte, gab sich einen Ruck und ging, kerzengerade, leichtfüßig und federnd. Irgendwann stand er wieder vor mir, als sei nichts gewesen, und setzte sich. Aber ich wusste, dass er einen Kampf mit sich ausgefochten hatte, der dann wohl doch zu meinen Gunsten ausgefallen war.

Irgendwann erklärte ich Lpetati doch näher, wie es um unsere Finanzen stand. Als ich anklingen ließ, um wie viel sich die Ausgaben für ständige zusätzliche Tischgäste erhöhten und wir doch für Instandsetzungen und Neuerungen im Haus genug Kosten zu tragen hätten und dass ich außerdem für uns den gesamten Lebensunterhalt bestritt und einen nicht unbeachtlichen Teil für die Großfamilie beisteuerte, sah er die Notwendigkeit meiner Absage an ungebetene Gäste ein. Sehr hellhörig wurde er, als ich durchblicken ließ, dass wenn wir sparten, auch einmal außer der Reihe der Kauf eines Schafs, einer Ziege oder gar einer Kuh möglich sei. Das wog für ihn alles auf. Und leichten Herzens ergriff er daraufhin meine Partei.

Lpetati verfügte über kein eigenes Geld, da er als traditionell lebender Samburu keinem Beruf nachging, der ihm regelmäßig Schillinge einbrachte. Zu Geld kam er nur, wenn ein Tier oder Tierprodukte verkauft werden konnten, und das waren Ausnahmefälle. Der »Beruf« eines Kriegers war ein Status, und es war der bedeutendste Abschnitt im Leben eines Jugendlichen und Mannes der Samburu. Die wichtigste Zeremonie der Beschneidung leitete diesen Lebensabschnitt ein, eine Zeremonie von vielen, die vorangegangen waren und die noch folgen würden. »Krieger« wurde ein Junge automatisch, weil es die Tradition forderte, wenn das Alter von mindestens fünfzehn Jahren erreicht war und die familiären Umstände es zuließen. Und die folgenden nächsten fünfzehn Jahre wären, so wurde es mir versichert, wohl die schönsten und aufregendsten für einen Samburu. Alles andere würde an dieser Zeit gemessen. Es war, als lebten die jungen Männer nur für diese Zeitspanne, die alles in sich vereinigte, was für die Charakterbildung und das spätere Ansehen wünschenswert schien.

Lpetati hatte diese beglückende Zeit, die ihn mehr geprägt hatte als alle anderen Jahre und in der er etwas ganz Besonderes gewesen war, hinter sich. Er war nun kein Krieger mehr, aber doch noch etwas Erstrebens- und Ehrenwertes, ein »Junior-Älterer«, wenn man die Bezeichnung genau übersetzte. Er besaß Ansehen und hatte sich Respekt erworben – verfügte, dank meiner Hilfe, über einige materielle Dinge, blieb aber weiter ohne Verdienst. Zum Leben würde ihm das Wenige reichen, wie Milch, Feldfrüchte, in Ausnahmefällen auch einmal Fleisch, wie es seit alters her gang und gäbe war. Sonderwünsche konnten von einem nicht vorhandenen Budget natürlich nicht berücksichtigt werden. Da hieß es zu verzichten, Anleihen oder Tauschgeschäfte einzugehen, im schlimmsten Fall zu betteln oder, wie in unserer besonderen Situation, mit meiner Hilfe zu rechnen.

Das Wissen um die finanzielle Abhängigkeit war für keinen von uns beiden leicht. Lpetati konnte allerdings besser damit umgehen als ich. Dabei hätte ich schon gern hin und wieder einen großzügigen, spendablen Mann an meiner Seite gehabt. Aber es war nun einmal so, dass ich diejenige war, die planen und organisieren musste, die alles anschaffte, was nötig war, damit es uns einigermaßen gut ging und wir zu keinem allzu kärglichen Leben gezwungen wurden.

Was mich bei einer Heirat erwartete, hatte ich ja lange im Voraus gewusst. Nun musste ich möglichst gütig darüber hinwegsehen. Wäre Lpetati der alleinige Ernährer in unserer kleinen Familie gewesen, hätte es oft Hunger, Durst und Ratlosigkeit gegeben. Ich durfte allerdings nicht den Fehler machen und mich als »Gönnerin« betrachten, sondern es hinnehmen, dass unsere Rollen nur vertauscht waren. Und damit ließ es sich leben. »Mit der Liebe einer Löwin« versorgte ich den Clan, und ich tat es gern und mit viel Umsicht. Ich ärgerte mich nur, wenn, wie selbstverständlich, Forderungen gestellt wurden. Mich dagegen um etwas zu bitten, erlaubte ich und kam der Bitte, sofern diese erfüllbar und nicht unverschämt war, auch nach.

Lange hatte ich darüber nachgedacht, wie ich es anstellen konnte, Lpetati zu eigenem Geld zu verhelfen, ohne dass ich es ihm in die Hand gab, wie ein Almosen. Dazu bestand meinerseits auch kein Anlass, denn was er brauchte, hatte er ja, und das war allemal ausreichend. Aber ich hatte ihm den Vorschlag gemacht, ein Konto für ihn in Maralal einzurichten, auf das ich einen kleineren Betrag, nur zu seiner persönlichen Nutzung, einzahlen konnte. Als Grund dafür hatte ich angegeben und verstand es auch so, dass Lpetati mir ja gern zur Hand ging, sich um unser Vieh, auch mein eigenes, mit Hingabe kümmerte und auch um die Kinder, wenn sie daheim waren. Diese Möglichkeit der materiellen Hilfe würde seinen Stolz nicht verletzen. Sein Engagement hätte natürlich keiner finanziellen Honorierung bedurft, einer Anerkennung schon, denn sich um die Haustiere zu kümmern, war die Aufgabe eines jeden Samburu, der Lebenszweck schlechthin, jeder ging ihm nach, soweit nicht eingetretene Notfälle das einschränkten.

Wie erwartet, war Lpetati von meiner Idee mit der Kontoeinrichtung geradezu hingerissen.

Ein Konto für ihn – damit war er jemand! Niemand in der Familie besaß so etwas. Ein Konto zu haben, bedeutete, Geld zu haben. Woher das Geld kam, beziehungsweise, wie es auf das Konto gelangte, konnte er nicht ganz nachvollziehen.

Für mein Empfinden war die Einrichtung eines Kontos für

Lpetati eine befriedigende Lösung, aber ich befürchtete auch, dass dies von jedem in der Familie und von Freunden sofort ausgenützt würde, sowie sie davon erfahren würden, auch wenn niemand etwas von den Zusammenhängen und dem Ablauf bei derartigen Geldtransaktionen verstand. Sollte es einmal wirklich sein, dass sie mit Bankformularen zu tun hätten, würden sie noch mit Stempelkissen und per Daumendruck »unterschreiben« müssen. Bei der Vorstellung überkam mich ein Lächeln, aber es war kein überhebliches Gefühl dabei.

Um mich vor eventuellen Überfällen zu schützen, ließ ich meine Umgebung bei jeder sich bietenden Gelegenheit wissen, dass ich kein Geld bei mir und auch nicht im Haus hatte, was auch, bis auf kleine, unbedeutende Summen, der Wahrheit entsprach. Läden gab es in unserer Gegend nicht, und für kleine Gefälligkeiten von ein paar Schillingen, die vielleicht ein oder zwei Euro entsprachen, reichten meine Rücklagen. Sonst half ich grundsätzlich nur mit Naturalien aus oder begab mich in besonderen Fällen für die Erledigung finanzieller Dinge zur Barclays Bank in Maralal.

Lpetati liebte Gesellschaft, lebte auf und war recht unterhaltsam, sprühte oft geradezu vor Ideen und Komik, was auch mich ansteckte, und so luden wir auch hin und wieder Lpetatis Freunde oder die Familie ein. Wenn ich mir die Gäste aussuchen konnte, war ich froh und im Gegensatz zu den vielen unangemeldeten Besuchern, freute ich mich auf sie und teilte gern mit ihnen. Außer bei den Einladungen zum Essen, auf die ich mich natürlich gut vorbereitete, hielt ich mich bei den vielen spontanen Besuchen ganz bewusst zurück und ließ auch mal durchblicken, »der Zucker ist leider alle« oder »der Tee ist zu dünn, wir haben nicht mehr genug Milch und Teeblätter«, was oft genug den Tatsachen entsprach, und, öffentlich gemacht, dazu beitrug, den vielen Besuchern vorzubeugen, die meinten, sich bei uns schadlos halten zu können.

Vor Jahren noch waren mir mein Mitleid und meine Hilfsbereitschaft sehr im Wege gewesen, um klare Linien ziehen und meinen Standpunkt vertreten zu können. Inzwischen hatte ich reichlich Erfahrung gesammelt und mir ein Konzept erstellt, das nun einigermaßen funktionierte, ohne jemanden zu beleidigen oder zurückzuweisen. Zu meiner Überraschung hatte mir erst vor Kurzem ein irischer Missionar, mit dem ich in Maralal ins Gespräch gekommen war, geraten: »Wir alle, die wir helfen wollen, Not zu lindern, müssen lernen, auch einmal nein zu sagen, wenn es angebracht ist, sonst werden wir unglücklich und unzufrieden sein. Auch ein Weniges, das wir bewirken, kann viel sein. Also ein freudiges Ja, wenn Hilfe möglich ist, und ein bestimmtes Nein, wenn diese Hilfe uns überfordert.« Und so sah ich es inzwischen auch.

Ein *mzee* beim Friseur

Lpetati und ich hatten schon etliche Male dieselben unbefestigten und unebenen Wege mit den vielen kleinen Verkaufsständen im kleinen Maralal beschritten und waren immer wieder an den Ausgangspunkt unseres Spaziergangs zurückgekehrt. Vor einem der *kinyozi*, Friseur, der, wie so viele, mit oft selbst gemalten Plakaten für verschiedene mögliche Haarschnitte und Frisuren warb, blieb Lpetati stehen. Vorteil dieses mit nur zwei Stühlen ausgestatteten und zur Straße hin offenen Ladens war, dass es dort Strom gab, und so hörte man das Surren von Elektrorasierern und konnte zuschauen, wie Männer mit einem »ordentlichen« Haarschnitt versehen wurden. Meist bestand dieser Haarschnitt darin, dass eine Glatze geschoren wurde, da sie praktisch war. Manchmal wurden auch die von Natur aus nur spärlich sprießenden Bartstoppeln entfernt. Lpetati lehnte sich an einen der Pfeiler, trat dann hinter einen frei werdenden Stuhl und sah mich fragend an. Ich wusste sehr wohl, um was es ging, denn immer noch nicht wollte er einige silberne Löckchen akzeptieren, die sich unter sein dunkles Kraushaar mischten, und so bat er mich, ihm einige Schillinge zu geben, um die Haare ganz kurz scheren zu lassen mit dem »wunderbaren Rasierer, den man gar nicht spürt«.

»Aber deine Haare sind doch schon recht kurz«, wandte ich ein.

»Noch ein bisschen kürzer – wegen Ungeziefer«, war seine lapidare Erklärung, aber er merkte, dass ich ihn durchschaute, und so lachte er in den großen Spiegel hinein, der an der Wand hing, damit ich sein Lachen sehen konnte. Er wusste sehr genau, wie viel Macht sein Lachen besaß, denn er hatte oft genug die Erfahrung gemacht, dass ich mich umstimmen ließ, wenn er so viel geballte Fröhlichkeit auf seine ihm eigene, unnachahmliche Art demonstrierte. Es war ein ganz besonderes Lachen, und ich liebte diesen lachenden Mund mit den strahlend weißen gesunden Zähnen, liebte das freundliche, schöne Gesicht mit den kleinen Lachfältchen um die dunklen, leicht mandelförmigen Augen, liebte die Grübchen in seinen Wangen, liebte diesen ganzen jungenhaften, unkomplizierten und doch so ernsthaften, nachdenklichen Mann in seiner ganzen vertrauten Fremdheit.

Schon oft hatte ich ihn wissen lassen, wie sehr er mir mit silbrigen Schläfen gefiel. Sie standen ihm wirklich gut und machten ihn für meine Begriffe noch hübscher. Es ging ihm dabei zwar auch um mich und meinen Geschmack, aber ebenso sehr darum, vor seinen Freunden und der Damenwelt als noch jünger und vitaler zu erscheinen, als er war. Seltsam, wie sehr sich diese Wünsche auf der ganzen Welt decken. Ich freute mich über seine nach der schweren Krankheit wiedergewonnene Eitelkeit.

Die vorausgegangene Apathie während der akuten Phase seiner Krankheit hatte mir Sorgen bereitet, denn sie war ein untrügliches Zeichen für seine schlechte körperliche und seelische Verfassung gewesen.

»Also, bin ich jetzt ein wirklicher *mzee*?«, fragte er kokett, und natürlich wollte er ein *mzee* sein, nur eben ohne direkte Anzeichen wie silbrige und weiße Haare. *Mzee,* Alter, war in Kenia ein ehrenvoller Titel. Ein *mzee* wurde mit größtem Respekt behandelt, egal, wie ärmlich gekleidet er daherkam. Dem Alter verzieh man vieles. Dafür erhoben vorausgesetzte Weisheit und Lebenserfahrung den einfachsten alten Mann zu etwas Ehrwürdigem.

»Mir gefällt mein *mzee*!«, versicherte ich ihm, betrachtete sein Äußeres aufmerksam und verlor mich in seinen dunklen Augen, die jetzt wieder voller Zuversicht und Freude strahlten. Er bekam seinen gewünschten Haarschnitt.

So war sein Selbstbewusstsein zumindest teilweise wiederhergestellt, denn, dass er noch in vielen Dingen, die ihn anstrengten, Zurückhaltung üben musste, war nicht gerade förderlich für sein männliches Ego.

Neben unseren Spaziergängen gab es viel Abwechslung durch Besuche von daheim. Ich war glücklich, dass die ganze Familie so regen Anteil an Lpetatis Schicksal nahm, nachdem sie ihn Wochen zuvor fast hätte sterben lassen, aus lauter Unkenntnis und Ignoranz, vollkommen überfordert von der bedrohlichen Lage, in der sich Lpetati befunden hatte. Natürlich war man anfangs redlich bemüht gewesen, Heilmittel für ihn aufzutreiben, vielleicht hätte sogar die eine oder andere geheimnisvolle Substanz geholfen, zumindest den Zustand gemildert. Aber die Familie hatte viel zu schnell aufgegeben und sich in das vermeintlich Unabänderliche gefügt und Lpetati Gottes Vorsehung überlassen.

Es erfüllte mich nun mit tiefer Freude zu sehen, dass ich richtig und schnell gehandelt hatte und wie Lpetati auflebte, wenn wir etwas zusammen unternahmen – war es auch in sehr bescheidenem Rahmen.

Weihnachten im Krankenhaus

Da Lpetati das Klinikgelände noch nicht allein verlassen sollte, schob ich meine Fahrt an die Küste so weit wie möglich hinaus. Zu seiner großen Freude entschloss ich mich sogar dazu, auf einige Auftritte zu Weihnachten in zwei renommierten Hotels bei Watamu und Malindi zu verzichten, und blieb stattdessen bei ihm in der Klinik. Wohl hätte mir das Musizieren in festlichem Rahmen sehr gefallen, denn welcher Gegensatz war dies zu meinem Leben hier im Norden. Ich dachte nur kurz an das elegante Kleid, das ich mit Maude in einer Boutique in Mombasa gekauft hatte, um für feierliche Anlässe entsprechend gekleidet zu sein. Die Absage meiner Auftritte in den Hotels hatte ich von der Post in Maralal aus bereits erledigt. Es war nur ein wenig Bedauern dabei gewesen. Allerdings hätten wir das Geld gut gebrauchen können.

Zwei engagierten jungen Ärzten der Chest Clinic und der allzeit fröhlichen Schwester Jennifer, die die englische Princess Diana wie eine Heilige verehrte und für sie einen Altar zu Hause errichtet hatte, war es zu meiner Überraschung gelungen, aus den Reihen der Patienten, die auf dem Weg der Besserung waren, einen Chor zusammenzustellen. Sie hatten sogar ein kleines Theaterstück mit einigen von ihnen eingeübt, das die Nächstenliebe in einer christlichen Familie zum Thema hatte, um zu vermitteln, was Weihnachten bedeutet.

Einen Weihnachtsbaum gab es allerdings nicht, dieser Brauch war völlig unbekannt, dafür hatte ein *mzee* aus einem Holzklotz eine Art Krippe geschnitzt. Die Geschichte von Jesu Geburt ließ sich gut integrieren in die Welt der Samburu, waren sie doch selbst Hirten, die Schafe und Kühe beaufsichtigten, auch nachts, und ihre Hütten waren ebenfalls einfach.

Zur allgemeinen Freude hatte ich meine Gitarre mitgebracht, obwohl ich ganz schön daran zu schleppen gehabt hatte – zumindest die letzten Kilometer. Lpetati gab das Instrument stolz als sein eigenes aus, spielte zur Untermauerung darauf in der ihm eigenen Weise mit zwei Fingern und nur drei Saiten und genoss die reihum bewundernden Blicke. Ich ließ ihm den Spaß und korrigierte ihn nicht. Es tat ihm so gut, endlich wieder mit etwas glänzen zu können, anstatt hüstelnd und abgemagert dem täglichen Einerlei des Klinikablaufes ausgeliefert zu sein.

Auf dem Markt in Maralal hatte ich Holzkohle und allerhand

Essbares erstanden und mit Hilfe von Schwester Jennifer zur Klinik bringen lassen. Dann war ich noch einmal losgezogen, um Kekse, Bonbons, Rosinen und den gesamten Bestand an kleinen Schokoladentafeln des Supermarktes aufzukaufen, der bequem in einem normalen Baumwollbeutel Platz gefunden hatte.

Dieser Vorrat an Süßigkeiten war in kürzester Zeit verspeist. Überall wurden genüsslich verklebte Finger abgeleckt. Für die Kinder war es die erste Schokolade ihres Lebens gewesen, wie ich erfahren hatte, und auch nur wenige Erwachsene hatten sie je vorher probiert.

Später hockten Marissa, Lpetati und ich, Kranke und deren Angehörige und ein Teil des diensthabenden Pflegepersonals beieinander, um Kohl, Karotten, Zwiebeln und Tomaten zu schneiden, Reis und Kartoffeln vorzubereiten und Fleisch zu zerkleinern.

Und dann kochten wir gemeinsam unter freiem Himmel. Ich fühlte mich wie auf einem Zeltlager: Auf mehreren kleinen Holzkohleöfchen brutzelte und duftete es zunehmend appetitlicher. Wir halfen uns mit Tellern und Bechern aus, mit Essbesteck, Salz, Zucker, Milch und Tee. Es war ein geschäftiges Treiben, das von so viel Erwartung, dankbarer Freude und Fröhlichkeit getragen wurde.

Satt und zufrieden saßen wir nach dem Essen beieinander, sangen und beteten zusammen. Und trotz vieler Unzulänglichkeiten war es eines meiner beeindruckendsten Weihnachtsfeste.

Auch das neue Jahr begrüßten wir gemeinsam auf dem Krankenhausgelände. Die Nacht war klar, kühl und gesättigt vom Mondlicht, es roch immer wieder nach Rauch vom Holzkohlenfeuer und nach Desinfektionsmitteln und unzählige Bitten und Genesungswünsche stiegen zusammen mit melancholischen und fröhlichen Liedern zu den blanken, blinkenden Sternen des Äquators auf.

Am Neujahrstag wagten Lpetati und ich uns zusammen auf die große freie Fläche hinter dem Markt, wo eine provisorische Bühne errichtet worden war. Eine nicht gerade professionelle, aber äußerst engagierte Gruppe von jungen Leuten spielte und sang religiöse, folkloristische und sogar einige moderne Titel. Mittels einer schlecht ausgesteuerten technischen Anlage und einem entsetzlich plärrenden Lautsprecher war das Musikspektakel weithin über Maralal zu hören.

Zwischendurch betraten Redner das Podium, die ebenso schlecht zu verstehen waren, und eine Sportgruppe spielte Volleyball. Lpetati genoss das Dargebotene, da es ihn aus seinem bescheidenen Klinikalltag herausriss. Begeistert zog er mich, die ich mein schönstes afrikanisches Kleid und ebensolchen Schmuck trug, über den Platz. Immer wieder trafen wir Bekannte, und Lpetati blühte zusehends auf.

Ein gutes neues Jahr wünschten Lpetati und ich uns noch einmal später auf dem Rückweg, unter einem alten Pfefferbaum, dessen dichte Zweige und graziles Laub tief über uns herabhingen. Der Mond stieg bald auf, und in seinem fahlen Licht saßen wir stumm nebeneinander – die halbe Nacht lang, bis ich fürchtete, er würde sich erkälten.

Angst vor Wasserknappheit

Die übrige Zeit bis zu meiner Abreise nach Mombasa widmete ich meinem Mann, der Familie und Reparaturen und Verbesserungen an unserem Haus. Durch mangelndes Wasser erübrigten sich Feld- und Gartenarbeit, große Wäsche und Säuberungsaktionen und auch das Zementieren.

Ich war traurig und enttäuscht, dass so vieles auf den Feldern und im Garten vertrocknet war, der Traum von einer Ernte begraben werden musste und auch meine mitgebrachten Samen nun nicht zum Einsatz kamen, weil die Anbauflächen in der gnadenlosen Sonne dorrten. Es zeigte sich einmal wieder, wie wichtig Bäume für die Umgebung waren, die als Wasserspeicher und auch als Schattenspender wenigstens einen Teil der Ernte hätten retten können. Ich hatte von frischem Gemüse geträumt und hohen, strahlenden Sonnenblumen rund ums Haus. Doch einmal mehr zwang uns die Natur zur Demut.

Die Zustände durch die Dürre nahmen hier und da bereits dramatische Formen an, und wir hofften voller Gottvertrauen auf den erlösenden Regen. Mir ging es gar nicht gut, wenn ich die darbenden Familienmitglieder um mich hatte. Ich bedauerte die Frauen und jungen Mädchen, die Tag für Tag lange und oft steile Wege in sengender Sonne zurücklegen mussten, um einen Kanister mit zehn oder gar zwanzig Litern Wasser – nicht einmal Trinkwasserqualität – heranzuschleppen, wenn überhaupt noch Wasser zu finden war. Früher hatte auch ich mich an dieser schweren Arbeit beteiligen müssen, als es noch keinen Supermarkt in Maralal gab, der Mineralwasser in größeren Flaschen vorrätig hielt (nur für einigermaßen gut Betuchte und auch nicht in unbegrenzten Mengen) und als wir uns noch keine Tanks am Haus hatten leisten können. Doch letztere halfen natürlich nur dann, wenn es zwischenzeitlich genügend Niederschlag gegeben hatte.

Wie alle anderen beschäftigten auch mich viele Sorgen und Ängste, wenn der Regen zu lange ausblieb. Auch um unsere Tiere bangte ich. Nicht nur, dass sie enorm wichtig waren und wir uns für ihr Wohlergehen verantwortlich fühlten, ich liebte sie, und das nicht weniger, als Lpetati und die Familie es taten. Wie sollten wir unsere Haustiere mit Wasser und Futter versorgen? Ich musste mir etwas einfallen lassen, das nicht in krassem Gegensatz zu der Art und Weise stand, in der die übrige Familie das Problem »Wasser und Futter für das Vieh« löste. Ich konnte unmöglich unsere kleine Herde tränken und füttern und mich nicht um die anderen Tiere scheren, da sie sich alle zusammen im Pferch zwischen den Familienhütten befanden. Wie konnte ich da sagen »Du darfst, und du nicht«?

Die meiste Sicherheit aber versprachen die nach vielen Jahren endlich vorhandenen Wassertanks mit einem Fassungsvermögen von mehreren Hundert bis einigen Tausend Litern, die ich hatte anschaffen können, weil ich auf viele andere angenehme Dinge verzichtet und lange dafür gearbeitet hatte. Schon das flache Ausschachten für einen Zementsockel, das Aufstellen dieser großen Wasserbehälter darauf mit einigen Helfern, dann das komplizierte Anbringen von Regenrinnen rund ums Haus, um Regenwasser auffangen und mittels Rohre in die Tanks leiten zu können, hatte in mir eine enorme Beruhigung ausgelöst, und ich hatte vor lauter Euphorie, wie über einen errungenen Sieg, die immensen Kosten gar nicht wirklich wahrgenommen. Und nie habe ich intensiver auf Regen gewartet, um endlich das Ergebnis all der Vorbereitungen und Bemühungen und den großen Augenblick feiern zu können, wenn das erste Mal Wasser in die Tanks plätscherte. Mit Lpetati, den Helfern, Baba, Marissa, Ngarachuna mit Anhang, Tante Kakomai und »unseren« Kindern hatten wir herzklopfend gewartet auf das befreiende, schönste Geräusch. Aber die Wolken, grau und dunkel, geballt und wild aufgetürmt, hatten uns lange zum Narren gehalten. Doch dann, in einer Nacht, als Lpetati und ich allein waren, klatschte plötzlich Regen an die Fensterläden, hämmerte es auf das Wellblechdach, gurgelte es in den Rohren, tönte es hohl und Wasser toste, rauschte – in die Tanks hinein. Lpetatis lachendes Gesicht werde ich nicht vergessen, sein verzücktes Beten, unsere dankbaren Umarmungen. Am Morgen folgte das aufgeregte Kontrollieren, ob auch all das Regenwasser seinen Weg in die Tanks gefunden hatte. Vor Freude und Erleichterung hatte ich sogar Luftsprünge aufgeführt, als ich mich unbeobachtet gefühlt hatte, und die schwarzen Kunststoff-Tanks voller Dankbarkeit gestreichelt.

Es hatte ein kleines Fest mit der Familie gegeben und für unsere Gäste abgefülltes, frisches weiches Regenwasser als Geschenk. In meiner übergroßen Freude hatte ich nicht den Neid in einigen Gesichtern bemerkt, Neid darüber, dass ich so aus dem Vollen schöpfen konnte, und das ohne schweren Kanister, ohne lange anstrengende Wege, gleich neben dem Eingang zur Küche. Seit Jahren wechselten sich Dürre und Niederschläge in unregelmäßigen Abständen ab, erfüllten mit Freude oder tiefer Besorgnis.

Das tägliche Abklopfen der Tanks – man konnte an ihrem Klang feststellen, wie viel Wasser sich noch darin befand – und das negative Ergebnis war diesmal deprimierend, denn es fehlte mir wegen der Klinikkosten für Lpetati das Geld, um ausreichende Wasservorräte anschaffen oder Wassertransporte organisieren zu können – das heißt, mittels kleinen geliehenen Lieferwagen große Tonnen von einigen Hundert Litern Fassungsvermögen einigermaßen sauberes Wasser aus entfernten Gegenden heranzukarren, um die Tanks an unserem Haus und den im Dorf aufzufüllen. Mangels Schläuchen war auch das ein Abenteuer für sich. Also hieß es, die wenigen Wasservorräte zu verteidigen.

Allerdings hatte ich von allen im Dorf und der Umgebung am wenigsten Übung, und niemand konnte mir helfen, wenn ich mich bei der Wasserverteilung übernehmen und irren würde. Vielleicht hätte ich dann wieder die mühevollen Wege in Kauf nehmen müssen, um irgendwo ein wenig Nass zu finden. Am belastendsten war die Frage, gab es noch ein wenig Wasser, vielleicht da, wo gestern noch etwas zu finden gewesen war? Und dann die Schlepperei nach Hause und die Vorstellung, der gefüllte Kanister könnte leck sein oder durch Unvorsichtigkeit umkippen!

Ein Alptraum angesichts der angespannten ernsten Lage.

Die uns verbliebene Wassermenge in den Tanks und den unter meinem Bett versteckten Flaschenvorrat versuchte ich, mittels Kalender, für jeden Tag gerecht einzuteilen und hielt auch etwas für den Notfall zurück. Außer uns und den Tieren würde ich allenfalls Großmutter Gatilia mit der Vergabe von Wasser berücksichtigen können, wenn nicht andere Familienmitglieder ihr zur Seite stehen würden, denn sie selbst war viel zu schwach, um mit den Frauen auf Wassersuche zu gehen. Eventuell musste ich mich auch um Baba kümmern, aber schließlich gab es ja noch mehr Kinder und Schwiegerkinder, die sich seiner annehmen konnten. Es musste nicht immer alles an mir hängen bleiben – tat es aber oft, wider besseres Wissen und aus Bequemlichkeit.

Einen Moment lang dachte ich an Deutschland, und die ganze

Situation kam mir unwirklich vor. Ob sich von meiner Familie und meinen Freunden überhaupt jemand vorstellen konnte, wie es ist, wenn es kein Wasser gibt?

Mineralwasser konnte ich diesmal nur in bescheidenem Maße und allenfalls für unseren persönlichen Bedarf noch zusätzlich beschaffen, nicht aber für eine Großfamilie. Fünf Liter Mineralwasser entsprachen etwa einem Tageslohn für einen Arbeiter!

Und sollte es sein, dass in Kürze auch Maralal vom Wassermangel betroffen sein würde, müssten dann auch Lpetati und sicher einige Leidensgenossen in der Klinik mit Wasser versorgt werden. Manchmal hatte ich dort vor dem Gebäude auch schon einen Traktor gesehen, der mit einem Wassertank auf dem Hänger die notwendigste Wassermenge anlieferte. Nur wie lange würde eine solche Wasserlieferung möglich sein?

Nganats traurige Geschichte

Auf einem der Wege zu uns ins Dorf traf ich zu meiner Überraschung auf Nganat, eines der drei elternlosen Mädchen, das wir bei uns aufgenommen hatten. Normalerweise hätte sie in der Schule in Maralal sein und Schulkleidung tragen müssen. Doch Nganat trug traditionelle Kleidung und etliche Ketten. Die Aussage »Sie trägt Ketten«, auf ein junges Mädchen bezogen, war gleichbedeutend mit »Sie wird bald heiraten«. Nganat war ebenso überrascht, mich zu sehen, aber anstatt auf mich zuzulaufen, wie sie es sonst vor Freude tat, blickte sie verschämt zu Boden. Ich ließ ihr Zeit, bezähmte meine Neugier, war freundlich wie immer und gab mich unbefangen. Aber da eine Veränderung in ihrem Verhalten offensichtlich war, ermunterte ich sie, sich mir anzuvertrauen. Sie begann zu weinen und dann erfuhr ich, dass einige Verwandte (die ich nur dem Namen nach kannte) Nganat aus der Schule genommen hatten, um sie nach alten Traditionen beschneiden zu lassen und zu verheiraten. Die Nachricht traf mich wie ein Blitz, sie erschütterte und erzürnte mich. Nicht im Entferntesten hätte ich mit so einer Möglichkeit gerechnet, und in meinem Kopf ging alles durcheinander. Wie hatte das nur geschehen können? Es war doch alles so klar gewesen, »unser Mädchen« in der Oberstufe der renommierten Schule, ich in ständigem Kontakt mit den Lehrern, und nun dies! Ich fühlte mich für Nganat verantwortlich, hatte ihr vieles beigebracht und sie in meinem Sinn erzogen, ohne die Kultur ihres Volkes außer Acht zu lassen. Ich wollte ihr zu einem Start in ein lebenswertes Leben verhelfen und dazu, eine selbständige, nachdenkliche, eigenständige Persönlichkeit zu werden. Nganat, gerade sechzehn, wollte Kinderschwester oder Kinderärztin werden, und ihr Berufswunsch wäre durchaus realisierbar gewesen, denn sie war aufgeweckt, wissbegierig, eine sehr gute Schülerin und begabt im Umgang mit Kindern.

Es dauerte, bis mir so richtig klar wurde, dass durch den Unverstand einiger Verwandter ihr die Möglichkeit genommen war, unabhängig und eigenverantwortlich zu leben und später einen Beruf auszuüben. Um das zu erreichen, hatte ich mich besonders um sie gekümmert und bemüht, bis sie in der Boarding School (einer Art Internat) vor einem guten Abschluss stand. Ich begriff es einfach nicht, dass diese Mühe umsonst gewesen sein sollte und ärgerte mich über ihre Angehörigen, die vielleicht auf einen guten Brautpreis in Form von vielen Kühen und Ziegen erpicht waren – oder meinten sie wirklich, dem jungen Mädchen etwas Gutes zu tun? Das konnte doch nicht sein. Im ersten Moment war ich drauf und dran, Nganats Verwandtschaft aufzusuchen und mich mit ihr auseinanderzusetzen, es sogar auf einen Streit ankommen zu lassen. Aber dazu hatte ich, außer einem gesunden Menschenverstand, keine Handhabe, es gab kein mündliches Abkommen und auch keine Papiere. Nganat war mir – Lpetatis Verständnis vorausgesetzt – mehr oder weniger »untergeschoben« worden, da sie als zusätzliche Esserin nach dem Tod ihrer Eltern bei den Angehörigen (es handelte sich dabei um eine sehr viel ältere Cousine mit Anhang) nicht willkommen gewesen war. Im Allgemeinen nahm man

Mädchen gern als Arbeitskraft, aber Nganat hatte sich erst spät entwickelt und war lange Zeit ein schwächliches Kind gewesen. Erst in unserer Obhut war sie so richtig aufgeblüht.

Ich war verzweifelt. Konnte vielleicht Lpetatis Familie ein gutes Wort für Nganat einlegen, damit sie wieder zurück in die Boarding School gehen konnte? Aber dann fiel mir ein, dass da immer ein wenig Eifersucht im Spiel gewesen war, weil ich Nganat so besonders behandelt hatte und das, obwohl sie nicht aus der Verwandtschaft stammte. Lpetati hatte mich darauf gebracht, indem er manchmal anführte, dass es doch in der eigenen Familie genügend Kinder, auch junge Mädchen gebe, die ich fördern könnte. Ich war zwar hellhörig geworden, hatte der Bemerkung aber nicht allzu viel Bedeutung beigemessen, zumindest keinen Konfliktstoff darin gesehen.

In erster Linie bevorzugte ich für die Förderung von Kindern solche, die die besten Voraussetzungen dafür mitbrachten und dazu Waisen waren oder Eltern besaßen, die durch eine schwere Erkrankung und durch Mittellosigkeit nicht in der Lage waren, sich genügend um die schulische Entwicklung ihrer Kinder zu kümmern. Es war mir egal, welchem Stamm und welcher Familie sie angehörten, Kinder waren Kinder, da machte ich keine Unterschiede, und zusammenraufen mussten sich die neuen »Geschwister« sowieso, die dann in unserer Mitte aufwuchsen.

Nach anfänglichen Schwierigkeiten hatte ich zu Nganat ein gutes Verhältnis aufbauen können. Es war leicht, sie zu mögen mit ihrem fröhlichen Lachen und ihrer Sanftmut und mit dem Selbstvertrauen, das in ihr gewachsen war. Aber all ihre Selbstsicherheit hatte wohl nicht ausgereicht, um sich gegen das Ansinnen der Verwandtschaft aufzulehnen. Und dass sich ein Mädchen – zumindest ein in ländlicher Abgeschiedenheit aufgewachsenes – auflehnte, auch angesichts von so viel Ungerechtigkeit, galt als ungehörig. Die herkömmliche traditionelle Erziehung ließ ein Aufbegehren einfach nicht zu.

Vielleicht hätte ich mehr unternehmen können, wenn ich

Nganat schon als Baby und dann gänzlich ohne Kontakt zu den Verwandten hätte aufziehen dürfen und wenn es Papiere wie bei einer Adoption gegeben hätte. So aber konnte sie jederzeit meiner Fürsorge entzogen werden. Dennoch war ich überrascht und tief verletzt, dass die Familie einfach über Nganat verfügt hatte. Ich überlegte, ob ich sie in die Klinik mitnehmen sollte, wenn ich Lpetati besuchte; da könnte ich vielleicht mit einem Arzt über den Vorfall sprechen. Ein Arzt würde die Beschneidung anders einordnen und ja auch wissen, dass es sich dabei um etwas Illegales handelte, falls er nicht selbst durch Herkunft und Tradition mit der Befolgung der Zeremonie auf familiärer Basis konfrontiert worden war. Aber spräche ich über den Fall Nganat, würde wohl auch unweigerlich die Frage nach ihren Eltern oder, sofern diese nicht mehr lebten, nach den nächsten Angehörigen folgen. Leider war Nganat nicht meine Tochter, ich konnte einfach nichts für sie tun, solange es Verwandtschaft gab, die sich bemüßigt fühlte, Nganat zu verheiraten und die traditionelle Beschneidung vornehmen zu lassen. Wenn Eltern ihre Töchter beschnitten, musste doch die Überzeugung dahinterstehen, dass sie ihrem Mädchen etwas Unverzeihliches antaten, wenn sie die Zeremonie ausließen. »Die Tradition verlangt das«, hieß es immer. Doch worauf gründete diese Tradition, dieses geradezu abstoßende Ritual? Niemand wusste eine Antwort auf die Frage. Allenfalls wurde das Beschneiden der weiblichen Genitalien damit begründet, dass »da etwas weg muss, was an einen Mann erinnert«. Und das wurde bei einer Frau als unrein empfunden. Sie wäre nicht heiratsfähig.

Wie ich es auch drehte und wendete, in Nganats Fall war ich hilflos, besonders da niemand in der Familie einsehen würde, dass ich Geld in Personen investierte, das besser nur der »richtigen« Familie zustehen sollte. Ich fühlte da ein Problem auf mich zukommen und fragte mich, wie ich Lpetati die Veränderung in Nganats Leben und dadurch auch in unserem Kreis beibringen sollte, denn natürlich musste ich ihn einweihen. Konnte er mir helfen, oder war es besser, ihn in seiner augenblicklichen Lage nicht mit solchen außergewöhnlichen Dingen zu belasten? Vielleicht würde er ja nicht einmal ein Problem darin sehen, dass unsere Pflegetochter verheiratet wurde, anstatt eine gute Schule zu besuchen und eine Ausbildung zu erhalten. Dazu war er – trotz der vielen Jahre mit mir – zu sehr verwurzelt in der Tradition und maß den zahlreichen Zeremonien größte Bedeutung zu. Und zu heiraten war einfach der Lebenszweck eines Mädchens bei den Samburu. In ihrem Stamm wurden bis jetzt nur beschnittene Mädchen geheiratet und daran würde sich auch so bald nichts ändern.

Nach einigem Zögern suchte ich den Direktor der Schule auf, die Nganat besucht hatte, und sprach auch mit ihrer Klassenlehrerin. Die Offenheit, die man mir dabei entgegenbrachte, erstaunte mich, aber zu meinem Bedauern konnte man mir keine großen Hoffnungen machen. Selbstverständlich wurde das Ritual der Beschneidung verdammt, und mir wurde auch versprochen, man würde sich um die Sache kümmern und mit den Verwandten Kontakt aufnehmen, vor allem, um Nganat den Schulabschluss zu ermöglichen. Es kamen noch einige Lehrkräfte hinzu, die sich an unserer Diskussion beteiligten. Niemand von den Anwesenden billigte das Vorgehen im Falle Nganat.

Ich wollte unbedingt etwas tun. Aber was? Ich solle mich in Geduld fassen, hieß es, und würde bald von ihnen hören.

Und nun wartete ich voller Unruhe.

Gedanken machte ich mir auch darüber, inwieweit Mutoni und Wahira, unsere beiden anderen Pflegetöchter, informiert waren und wie sie die Nachricht aufnehmen würden, dass Nganat, anstatt die Schule zu beenden, nun heiratete. Da sie nicht dieselbe Schule besuchten, ein wenig jünger waren als Nganat, dazu keinerlei verwandtschaftliche Bindungen im Samburu-Distrikt besaßen, würden sie wohl ziemlich überrascht und mit Missbilligung reagieren.

Bald nach unserm Gespräch trank ich mit Nganat auf der Veranda Tee; beide waren wir befangen und traurig. Es ging mir sehr nahe, als sie sehnsuchtsvoll über das Hochtal und unseren geliebten Garten sah und danach lange und mit Tränen in den Augen in die Räume hineinschaute, die ihr so vertraut waren. Unsere Blicke begegneten sich immer wieder, und wir versuchten beide ein kleines Lächeln. »Du weißt, dass ich dir gern aus deiner Situation helfen möchte, doch es wird wohl nicht möglich sein. Ich habe zwar von deinen Verwandten gewusst, aber es hatte nie den Anschein, dass sie sich für dich und das, was du machst, interessierten. Wie sind sie bloß auf diese Idee gekommen?«

Nganat schüttelte den Kopf. »Ich wusste doch auch nichts Näheres«, flüsterte sie fast. »Ich dachte gar nicht mehr daran und meinte schon, sie hätten mich vergessen. Das fand ich nicht traurig, aber so ein bisschen ist es auch schön, wenn jemand aus der Familie da ist. Das ist anders als bei dir. Bei dir würde ich gern bleiben, bei euch, da brauche ich gar nicht zu überlegen. Und ich würde so gern weiter zur Schule gehen, eine Ausbildung machen. Natürlich haben die Verwandten nicht unrecht, wenn sie mich verheiraten wollen. Und mit einem Mann an meiner Seite bin ich doch wer. Das ist ja nun einmal so. Aber ob es mir besser gefällt als die Schule und bei euch, weiß ich nicht. Sie haben gesagt, es würde mir gut gehen. Und der Mann ist sehr hübsch, das weiß ich. Ich habe ihn zweimal von Weitem gesehen, nicht sein Gesicht so genau, aber seine Gestalt und wie er sich bewegt, und vielleicht mag ich ihn ja auch, wenn ich weiß, wie er denkt und er einen guten Charakter hat. Seine Stimme ist mir auch wichtig, doch die kenne ich noch nicht. Er besitzt viele Rinder, und damit ginge es uns wohl gut. Leider will er nicht, dass ich weiter zur Schule gehe. Das geht ja auch nicht mehr, weil ich dann für ihn und seine Familie da sein muss. Und Kinder möchte ich natürlich auch gern, darauf freue ich mich richtig. Alles andere weiß ich nicht, es ist so neu.«

»Du weißt, dass ich in der Schule war, um über deinen Fall zu sprechen?«

Nganat schüttelte den Kopf.

Ich ließ ihr lange Zeit und bedrängte sie nicht weiter. Da sie das Thema »Beschneidung« umging, vermied ich es ebenfalls, darüber zu reden. Dabei wussten wir doch genau, dass es uns dauernd sehr beschäftigte. Warum nur hörte ich nichts von der Schule?

»Zwischen uns wird sich nichts ändern«, versicherte ich ihr, bevor Nganat mich verließ. Sie wollte früh genug bei ihren Verwandten sein. Ich musste mich sehr zusammennehmen. Am liebsten hätte ich sie hier bei uns versteckt oder zumindest begleitet und ihr das Gefühl der Sicherheit, des Mitgefühls und auch der Anerkennung vermittelt.

Anstatt ihr zu erkennen zu geben, wie es in mir aussah, machte ich Nganat Mut.

»Wir haben beide nicht mit so einer Wende in deinem Leben gerechnet. Aber Gott wird wissen, wozu es gut ist. Ich wünsche dir viel Kraft. Bleibe stark. Wir werden uns nicht aus den Augen verlieren, und so weit fort bist du ja dann auch nicht.«

Lange sah ich ihr nach und stand hilflos am Berghang, verfluchte die missliche Lage und weinte vor Trauer und Enttäuschung. Nganat zu verlieren, Hoffnungen und Träume aufzugeben, schmerzte sehr. Ich wunderte mich, dass ich nicht laut schrie.

Nganats Schicksal belastete mich, vor allem das grausame Ritual der Beschneidung. Eins war sicher: Wäre Nganat in unserer Mitte geblieben, hätte nie auch nur ein Gedanke daran die Stimmung getrübt. Sie wäre eine an Leib und Seele gesunde Frau geworden und geblieben, wenn ich weiter als Ersatzmutter hätte agieren können.

Zwei Tage später erhielt ich eine mündliche Einladung zur Beschneidungs- und Hochzeitsfeier. Das Erstere überraschte mich sehr, da es allgemein bekannt war, dass ich gegen die sinnlose Verstümmelung der Mädchen zu Felde zog. Was hatte ich nicht alles versucht, um zumindest in vielen Köpfen von Betroffenen und deren Angehörigen, vor Mädchen und Frauen gleichermaßen wie vor den Männern, den Wahnwitz einer solchen Handlung zu verdeutlichen. Aber vielleicht hoffte man auf eine Versöhnung, eher noch auf Geschenke, oder man wollte der Möglichkeit vorbeugen, dass ich etwas dagegen unternahm, vielleicht sogar rechtliche Schritte einleitete. Natürlich hätte ich eine Anzeige erstatten können – theoretisch. Würde ich wirklich die in Kenia verbotene Beschneidung von mir bekannten Mädchen bei den Behörden melden, hätte ich wahrscheinlich mit bösen Folgen für mich, Lpetati, dessen Familie und schließlich auch für das »Opfer« Nganat rechnen müssen. Nein, den Hass von Nganats Angehörigen durfte ich nicht heraufbeschwören, es hätte unter Umständen sogar mein Todesurteil sein können. Es gab auch Organisationen, an die ich mich hätte wenden können, aber dazu hätte ich Nganats Angelegenheit publik machen müssen. Es war ein Gefühl der Ohnmacht in mir, so ein großes Unrecht an dem mir ans Herz gewachsene Mädchen zulassen zu müssen. Gern hätte ich gewusst, wie es in Nganat aussah. War es ihr peinlich, mit mir darüber zu sprechen, weil sie meinen Standpunkt kannte? Hatte man sie überredet und ihr vorgegaukelt, das alles sei nur halb so schlimm und gehöre nun einmal dazu?

Wenn es trotz allem doch eine Art Zwangsheirat war, so wurde Nganat immerhin nicht mit einem alten Mann verheiratet, der ihr zuwider war, wie ich aus dem Gespräch mit ihr herausgehört hatte. Ich wünschte ihr, dass es eine gnädige Fügung geben könnte, dass sie für ihren Zukünftigen Liebe und Achtung empfinden konnte und er diese Gefühle erwiderte. Damit wäre Nganat zumindest gefühlsmäßig entlohnt für entgangene Berufs- und andere Lebensperspektiven. Aber noch kannte sie den Mann nicht näher, und ob die beiden miteinander harmonieren und gut auskommen würden, musste sich erst zeigen. Zumindest würde Nganat einigermaßen versorgt sein, wenn es stimmte, dass ihr Zukünftiger über eine größere Herde verfügte. Aber so richtig konnte ich mich nicht für unsere Pflegetochter freuen. Würde die Beschneidung wirklich vorgenommen werden? Wie würde der Eingriff verlaufen? Würde die Wunde heilen? Wie würde Nganat die seelische Verletzung verkraften?

Ich ging davon aus, dass die aufgeklärte Nganat neben den Schmerzen auch einen Schock erleiden würde. Durch die Schulzeit hatte sie zu lange außerhalb der Gesellschaft von jenen Mädchen gelebt, die sich nur mit häuslichen, familiären Dingen und eben auch einer frühen Heirat beschäftigten, keine Alternative kannten und sich deshalb leichter damit taten, dass die Familie über ihre Zukunft bestimmte. Nganat hatte mit ihren Freundinnen gekichert und junge Männer, vornehmlich Schüler und Studenten, geneckt und sich vielleicht gewünscht, eines Tages die Frau eines angesehenen Kenianers zu werden, eine Familie zu gründen und auch einem eigenen Beruf nachzugehen, eben ein »modernes« Leben zu führen.

Am Vorabend der Beschneidung besuchte ich Nganat. Etwas trieb mich zu ihr. Mit gemischten Gefühlen war ich den langen Weg gegangen, immer wieder hatte ich Situationen durchgespielt, wie ich Nganat das furchtbare Ritual ersparen konnte. Am liebsten wäre ich mit ihr geflohen – aber das war utopisch, denn wohin und für wie lange? Und sie einfach entführen? Oder sollte ich nicht doch versuchen, ihre Verwandten umzustimmen? Sollte ich ihnen Geld bieten, Nganat sozusagen freikaufen?

Mir wurde mulmig, als ich die wenigen Hütten entdeckte, in denen Nganat unter ganz neuen, anderen Bedingungen lebte, bevor sie ihrem Mann in seine Familie folgen würde. Den als Geschenk für sie mitgebrachten blauen Faltenrock, den sie sich gewünscht hatte, drückte ich enger an mich, ebenso das Buch mit Kurzgeschichten für junge Mädchen, ein Buch über den Werdegang von Jomo Kenyatta, dem ersten Staatspräsidenten Kenias nach der Unabhängigkeitserklärung durch die Engländer im Jahre 1963 und einen Bildband über Deutschland, den sie zwar bereits kannte, aber sehr liebte. Gern hatte ich mich von dem Buch getrennt. Nganat konnte gut lesen, und ich hoffte, sie würde es nicht ganz verlernen in einem Leben, zu dem normalerweise keine Bücher gehörten.

Und dann entdeckte ich »mein Mädchen«, bereits in dunkles Ziegenfell gehüllt und mit dem traditionellen sparsamen Schmuck, im Gras sitzend, mit einigen anderen jungen Frauen und Mädchen um sie herum. Es tat mir weh, sie so zu sehen. Sie erschien mir auf einmal so fremd, so weit entfernt von den Tagen bei uns zu Hause, wenn wir geplaudert und zusammen gelacht hatten und sie am Abend auf meinem Gutenachtkuss bestanden hatte, bevor sie unbeschwert eingeschlafen war, weil sie sich sicher und geborgen wusste. Wie mochte es nun in ihr aussehen? Nganat blickte zu Boden, als ich näher kam, so als fühle sie das Unrecht mir gegenüber. Ich nahm sie einfach in den Arm, nickte ihren Begleiterinnen zu, die mich neugierig betrachteten. Einige rannten sogar vor mir davon. Ich hatte nur noch den Wunsch, mit Nganat weit weg zu fliegen, irgendwo über den Wolken zu schweben, ganz leicht und ohne Angst.

Ich hasste mich dafür, dass ich so machtlos war, so mutlos und nichts bewegen konnte und war plötzlich froh, am nächsten frühen Morgen nicht in der Nähe zu sein, um ihre Schreie nicht hören und ertragen zu müssen, die von einem unmenschlichen Vorgehen künden würden.

Einige Tage später suchte ich Nganat erneut auf, irgendetwas zog mich doch in ihre Nähe. Ich hatte Heilsalbe dabei und Schmerztabletten, wusste ja, wie furchtbar es war, den Schmerz der Wunde ertragen zu müssen. Nganat fand ich auf einem Lager von Stroh und Ziegenfellen. Sie versuchte zu lächeln, verfiel dann aber in einen Weinkrampf. Einige ältere Frauen kamen hinzu, und als ich die verfleckten Lappen sah, die sie Nganat zwischen die zusammengebundenen Oberschenkel drückten, wurde mir übel. Ich ertrug es einfach nicht länger, beugte mich kurz zu ihr und sagte auf Englisch, damit die Frauen es nicht verstehen konnten, dass ich sie immer lieb haben würde und sie jederzeit willkommen wäre, um sich Rat zu holen oder einfach mal, um sich auszutauschen. »Unser Zuhause wird immer auch deines bleiben«, versicherte ich ihr. »Beherzige, soweit es geht, was du bei uns gelernt hast, und was dir in der Schule beigebracht worden ist. Vergiss es nicht ganz, benutze deinen Verstand und gib viel auf dein Gefühl. Du weißt, man kann alles denken, darf es aber nicht immer aussprechen. Aber sich mit Dingen auseinanderzusetzen, anstatt alles nur geschehen zu lassen, hilft schon viel. Vertrau auf dich selbst. Verliere nicht den Mut. Und – wenn es gar nicht mehr geht, komm nur. Ich warte auf dich.«

Die geplante Hochzeit fiel in die Zeit, in der ich wieder an die Küste musste, um meinen Etat aufzubessern für Lpetatis Behandlung und für einige Extras am Haus und in der Familie. Dennoch war ich auf dem Laufenden und sehr froh, als mir Marissa berichtete, Nganats Mann sei ein guter Mann, er würde seine Frau sehr gut behandeln. Marissa und zwei meiner Schwägerinnen waren die Einzigen der Familie, die mich mit Neuigkeiten über Ngagat versorgten. Sie fragten nach ihr, wenn sie in Gruppen Feuerholz suchten oder Wasser heranschleppten, zum einen, weil sie selbst neugierig waren, mehr aber noch, um die Nachrichten an mich weitergeben zu können.

Für unsere beiden anderen Pflegetöchter, Mutoni und Wahira, sah ich keine Gefahr, da sie keine Verwandten in Nordkenia hatten, die einen Einfluss auf die Mädchen ausüben und irgendwelche Rechte hätten geltend machen können. Die Mädchen würden, wenn der Schulabschluss gut ausfiel, eventuell studieren und einen Beruf ergreifen und vielleicht auch irgendwann eine Liebesheirat eingehen. Nur dann würde ich einer Verbindung zustimmen und anderenfalls die Mädchen ins europäische Ausland schicken, was sie sich im Anschluß an ihr Examen wünschten. Aber noch hatte das Zeit. Da Mutoni und Wahira mit den drei Töchtern einer Missionarsfamilie aus Irland befreundet waren, würde ich auch dort Hilfe erhalten, sollte etwas bezüglich einer Beschneidung ruchbar werden. Die irischen Eltern würden wohl Himmel und Hölle in Bewegung setzen, um solch einer Menschenrechtsverletzung, wie die Genitalverstümmelung es war, Einhalt zu gebieten und bestimmt alles nur Erdenkliche unternehmen und es an die große Glocke hängen, damit strafrechtlich vorgegangen werden konnte, was mir als Einzelperson und ohne eine kirchliche und offizielle Funktion im Lande, nicht möglich war. Dennoch beschloss ich, auf meine vorsichtige Weise weiter gegen die Beschneidung von Mädchen vorzugehen. Was mich nach wie vor erstaunte, war, dass die Familien, in denen Beschneidungen vorgenommen wurden, sich Christen nannten. So auch meine Samburu-Familie, deren Mitglieder sogar sonntags in die Kirche gingen, und das nicht nur aus Pflichtgefühl, sondern aus Freude. Das Christentum hatte sich vermischt mit den bereits seit Generationen üblichen befolgten Glaubenssätzen, eher einer Naturreligion, in der aber Gott, also Ngai, als höchstes Wesen Verehrung fand und dessen Willen alles, was das Schicksal brachte, zugeschrieben wurde. Die Zehn Gebote befolgte man jedenfalls nicht im Sinne der Bibel, denn da gab es doch zu viele Hintertürchen und seltsame Erklärungen zu widersprüchlichem Verhalten. Und immer wieder spielte die Tradition eine Schlüsselrolle dabei. Christlich jedenfalls war cinc weibliche Beschneidung nicht. Viele Stämme kannten keine Beschneidung und gebildete und aufgeklärte Bevölkerungsschichten lehnten sie ebenso entsetzt wie entschieden ab.

Kühe im Urwald

Um mich zu informieren, wie unsere Rinder mit der anhaltenden Trockenheit zurechtkamen, beunruhigt darüber, was der Arzt über die Tuberkelbazillen gesagt hatte, besuchte ich unsere Lieblinge in dem nordöstlich von uns gelegenen Waldstück. Junge Krieger aus unserer Familie und von Nachbarn hatten die Rinder dorthin begleitet, blieben viele Tage und Nächte bei den Tieren, um sie zu versorgen und zu beaufsichtigen und wechselten sich mit anderen *moran* (Kriegern) in einem regelmäßigen Turnus ab.

Auf dem wunderschönen Weg dorthin hatte ich eine große Wiesenfläche zu überqueren, die meistens von einer riesigen Paviansippe bevölkert wurde. Von Pavianen attackiert zu werden, war für mich eine Horrorvorstellung, und ich hatte Angst, wenn besonders viele Tiere zusammen waren. Wenn man sie störte, wurden sie schnell aggressiv. Sie waren auch Jäger und verschmähten fleischliche Kost nicht. In meinen Kinderbüchern hatten die »putzigen Paviane« nur Blätter und Früchte gefressen.

Erleichtert stellte ich fest, dass sich die Affen ganz am Rande der hügeligen Wiese aufhielten, zu weit entfernt, um von mir Notiz nehmen zu können. Dennoch hörte ich ihre Stimmen.

Weit verzweigte Büsche und dichtes Unterholz versperrten die Trampelpfade, die über kleine Hänge und Mulden führten. Ich passierte sie in gebückter Haltung und trat nach Überqueren einiger Lichtungen, in einen Urwald ein, so dicht, so grün, als hätte es nie eine Trockenzeit gegeben. So gelangte ich in eine Schlucht mit angenehm modrigem Geruch, in der es kühl und feucht und erstaunlich anders war, als in der nächsten Umgebung unseres Dorfes. Eine völlig neue Welt tat sich hier auf. Übereinanderliegende Felsblöcke, über denen Kaskaden von Lianen bis in die Baumwipfel hingen, überwuchert von seltenen Farnen und Moosen zwischen gelb und lila blühenden Schlingpflanzen, ein Zauberland. Große schillernde Schmetterlinge taumelten auf feuchtem Grund in Sonnenflecken. Schatten huschten über den unebenen Weg, es raschelte oft unter herumliegenden, mit Moos überwachsenen Ästen, seltsamen Pilzen und Gesteinsbrocken. Der Blick aus der Tiefe der dämmrig grünen Schlucht hinauf zum leuchtend blauen Himmel war beeindruckend. An manchen Stellen roch es intensiv, wie eine Mischung von würzigem Heu und Muff, nach Elefanten, und frische Kothaufen zeugten davon, dass hier eine Herde vor nicht allzu langer Zeit vorbeigewandert war. Ich musste auf der Hut sein, denn es war leichtsinnig, Elefanten zu nahe zu kommen. Die Dickhäuter suchten hier in der Nähe eine große weite Höhle mit einer besonderen salzhaltigen Gesteinsschicht auf, an der sie mit ihren Stoßzähnen kratzten. Die Spuren davon waren deutlich zu erkennen. Auf ihrem Weg dorthin brachten sie an vielen Stellen Bäume zu Fall, um sich an den Blättern zu laben.

Abdrücke von Büffelhufen und Hyänenpfoten waren an den steilen Hängen zu sehen, und mitten in einem Gestrüpp fand ich den mächtigen, noch nicht ganz ausgebleichten Schädel eines Kaffernbüffels.

In einem Baum vor mir flitzten zwei winzige Buschbabys herum, die vor mir Reißaus nahmen, sich im Geäst versteckt hielten und mich immer wieder aus neuen Positionen heraus mit ungewöhnlich großen Augen beobachteten. Wenn ich Schnalzlaute von mir gab, duckten sie sich und reckten ihre Hälse.

Grün-rot-blaue Papageien auf einem Baumriesen beschwerten sich lautstark über mein Herannahen. Nirgendwo sonst in Kenia hatte ich Papageien gesehen. Dieses Waldstück, ein Ausläufer der Karisia Hills, war ein Stück Paradies, und das fast vor der Haustür. Wie es wohl wäre, hier irgendwo eine kleine Hütte zu haben? Das müsste ein Traum sein. Doch dass dieses Gebiet und die weitere Umgebung unbesiedelt geblieben waren, trotz der kühlen Luft und der nicht versiegenden Wasservorräte hatte sicher einen Grund. Für mich barg diese Schlucht Schönheit, Romantik und Märchenhaftes. Ich nahm an, dass die Einheimischen hier aus ganz anderen Gründen nicht lebten. Vielleicht war es ein Ort, den die Ahnen liebten und beherrschten. Es kam also einem Frevel gleich, deren Ruhe zu stören. In dieses Gebiet wurden Rinder nur im äußersten Notfall getrieben, so wie jetzt, damit sie und ihre Besitzer nicht verhungerten. Manchmal sah ich junge Mädchen auf der Suche nach Feuerholz am Rande des grünen Gewirrs entlanghuschen, aber sie drangen nicht tief in die Schluchten vor.

In meine Gedanken und Träumereien drangen plötzlich Kuhglocken und Muhen, die Stimmen von Kriegern und ihr Lachen, das Hacken und Hämmern von Buschmessern beim Abschlagen von Zweigen, deren Blätter mangels Gras an die Tiere verfüttert wurden. Ich hatte mich dafür stark gemacht, dass nur jeweils wenige Äste eines einzelnen Baumes abgeschlagen werden durften, damit dieser sich wieder erholen konnte. Die Krieger hörten auf mich. Einige waren sogar begeisterte Mitarbeiter und Naturschützer geworden. Dennoch tat mir jeder Axthieb gegen die Bäume persönlich weh. Das war unter anderem der Preis für eine zwanghaft von der Regierung betriebene Sesshaftigkeit eines ehemaligen Nomadenvolkes. Nach dem Abweiden oder bei anhaltender Trockenheit gab es nun keine Möglichkeit mehr, mit den Rindern in andere Gebiete abzuwandern, und da die Milch für die Samburu das Hauptnahrungsmittel bedeutete, war man auf gute Milchproduktion der Kühe angewiesen. Fanden die Kühe nicht ausreichend Futter, gaben sie kaum Milch, und die Familien hungerten. Heuvorräte anzulegen war sinnlos, da es zu wenig Wasser gab, das die Tiere bei Gabe von Trockenfutter unbedingt gebraucht hätten.

Was mich ärgerte und verwunderte war, dass den Herden der Samburu und Massai bei Trockenheit der Eintritt in Wildreservate verwehrt wurde, auch wenn die Rinder gesund waren. Dabei »arbeiteten« die Herden sozusagen mit den Wildtieren und nicht gegen sie, denn sie fraßen das längere Gras, während Zebras, Gazellen und Gnus das kürzere Gras bevorzugten. Also nahmen sie sich gegenseitig nichts fort, wurden aber satt.

Nach unseren Rindern musste ich nicht lange suchen, ich verließ mich einfach auf mein Gehör und entdeckte bald darauf Krieger unserer Familie auf einer kleinen Lichtung und in der Nähe unsere Kühe. Die Tiere schienen wohlauf und machten einen zufriedenen Eindruck, obwohl sie von Fliegen, Mücken und Zecken geplagt wurden.

Die Samburus haben zu Kühen ein fast familiäres Verhältnis. Sie sind Lebensinhalt, Statussymbol, Liebhaberei und Lebensversicherung.

Da ich ja seinerzeit noch als Schulmädchen in einem Dorf im Sünteltal in Niedersachsen die Kühe von Nachbarn gehütet hatte, waren mir Rinder von klein auf vertraut, ein Umstand, der mir in meinem Leben mit den Samburu und mit unseren Tieren zugutekam. Alle hatten sich gewundert, dass ich mit den Tieren so beherzt umgehen und sogar melken konnte.

Mit den Kriegern sprach ich über Lpetatis längeren Klinikaufenthalt und bat sie, ein besonderes Augenmerk auf unsere Tiere zu haben, bis wir uns wieder selbst um sie kümmern könnten. Dann gab ich, vorsichtig formuliert, um niemanden zu beleidigen und auch die Rinder nicht zu kritisieren, die Bedenken des Arztes bezüglich Tbc weiter und dessen Rat, die Milch nur abgekocht zu verwenden. Davon schienen die jungen Männer nicht begeistert, denn sie liebten das Trinken der Milch »frisch aus der Kuh«. Sie hörten mir aufmerksam zu, aber was sie letztlich dachten und von dem Rat des Arztes hielten, erfuhr ich nicht.

Sie erzählten mir von einem in der Nacht aufgetauchten Löwen und einigen Löwinnen. Sie schilderten ihre Reaktion, ihr Schreien, um den Raubtieren Angst zu machen und das Fuchteln mit brennenden Stöcken sowie der prasselnden Feuerstelle. Sie würden die Rinder gut bewachen und beschützen, versicherten sie. »Kein Löwe hat eine Chance gegen uns!«

Einige Krieger begleiteten mich ins Dorf zurück, auch deshalb, weil sich nach ihrer Meinung die Löwen noch in der Gegend aufhielten. Ich fühlte mich wohl in ihrer Gesellschaft, erst recht, nachdem wir Elefanten gesichtet hatten und einen mir unbekannten Umweg hatten machen müssen. Auf der Wiese waren die Paviane jetzt viel dichter an unserem Weg. Solche Situationen, allem voran die Begegnung mit wilden Tieren, machten mir meine Heimat im Busch besonders lieb und ließen mein Herz vor Freude über soviel ungezähmte Natur um mich herum höher schlagen. Durch die Angst wurde das Erlebnis intensiver und tiefer.

Abreise

Mehrere Tage verbrachte ich in Lpetatis Gesellschaft, der darauf brannte, etwas von zu Hause und unseren Tieren zu erfahren. Ich spürte, wie schwer es ihm fiel, noch einige Monate nicht an dem gewohnten Leben teilhaben zu können.

Nachdem ich die Nahrungsmittel für Lpetatis Verpflegung ergänzt hatte, übernahm Marissa wieder die Haushaltspflichten in dem kleinen Betonhäuschen auf dem Klinikgelände. Ihre große

Selbstlosigkeit erstaunte mich immer wieder. Man konnte Marissa leicht unterschätzen, denn sie war eine sehr einfache, im landläufigen Sinn auch ungebildete Frau, jedoch mit mehr Verstand, Feinfühligkeit, Spontaneität und Energie ausgestattet als viele andere. Ich dankte ihr ihren Einsatz für Lpetati mit einer warmen, weichen Decke mit orangefarbenem Muster, die sie sich schon lange wünschte, mit neuen, schicken und doch bequemen Sandalen und einem hübschen Hemdblusenkleid in Grün- und Blautönen, was sie zu Freudentränen rührte. Das Wichtigste an dem Kleid waren ihr die in der Seitennaht eingelassenen Taschen, weil sie darin ihren geliebten Kautabak aufbewahren konnte. An dem Ledergürtel befestigte sie ihr Buschmesser, *panga* genannt.

Vor dem Abschied fand der behandelnde Arzt aufmunternde Worte für mich, ehrliche dazu. Er beschönigte nichts, wies noch einmal auf die schlechte körperliche Verfassung hin, mit der Lpetati in die Klinik eingeliefert worden war, und bat um Geduld. Meinem Mann nahm ich das Versprechen ab, nicht aufzugeben und gewissenhaft alle Anweisungen des Arztes zu befolgen und bei Nichtverstehen den Mut zu haben, nachzufragen.

In aller Herrgottsfrühe verließ ich Maralal. Während der Fahrt über die holprige Piste beschäftigte ich mich mit Lpetati und hoffte, dass er bald zu seiner früheren Kraft zurückfinden würde. Das Rumpeln des Fahrzeugs riss mich aus meinen Gedanken, mit dem Kopf war ich heftig gegen das Fenster geschleudert worden. Vor uns tauchte am aprikosenfarbenen Himmel die majestätische Silhouette des Mount Kenya auf. Lpetati glaubte, dort oben sei Ngais Lieblingsplatz. »Pass gut auf ihn auf, lieber Gott«, betete ich leise und fühlte mich danach wohler. Dann dachte ich an Nganat. Es machte mir zu schaffen, dass ich für sie in der nächsten Zeit nicht gut zu erreichen war. Da blieb nur der Postweg. Mein Gefühl sagte mir, dass sie Beistand brauchte.

Wieder in Shanzu

An der von Palmen gesäumten Küste mit ihrer farbenfrohen Leichtigkeit wartete ein gänzlich anderes Leben auf mich. Die Unterschiede zwischen Küste und Hochland waren gravierend. Nicht nur Klima, Vegetation und Menschen waren grundverschieden, sondern auch die Moral, die Erwartungen und die Wertvorstellungen.

Die Hotels, in denen ich meistens mit Eddie auftrat, vermittelten Eleganz und erwarteten entsprechendes Auftreten der Gäste. Mir gefiel es, zeitweise in eine andere Welt abzutauchen, in der ich hübschc, modische Kleidung tragen und gute Umgangsformen pflegen konnte. Hier war ich eine andere Person als die Frau eines Kriegers der Samburu. Ich liebte und genoss die Abwechslung zwischen den Welten des nördlichen und südöstlichen Kenia, wie überhaupt in meinem ganz persönlichen Fall, zwischen den Kontinenten von Europa und Afrika. Für die Entfaltung meiner Persönlichkeit bot mir das große Chancen.

Ich bekam ein paar neue Musikaufträge, mit und ohne Eddie, und ich spielte und sang auch wieder am Lagerfeuer in dem wunderschönen Safari-Camp. In den freien Stunden erledigte ich notwendige Wege nach Mombasa, suchte die Agentur in dem stickigen East Africa Building auf, über die ich mein Haus in Shanzu gefunden hatte, und zahlte wie gewohnt, Wasser- und Stromrechnung – und diesmal ohne fremde Nutznießer. Hin und wieder gönnte ich mir lange, erholsame Strandspaziergänge oder einen Restaurantbesuch, traf mich mit europäischen Bekannten, die ihre Urlaubszeit in Kenia verbrachten, unternahm kleine Ausflüge an die Südküste, zu den Shimba Hills und in das besonders urtümliche Elefantenreservat bei Kwale, besuchte mit dem Bus Kilifi und Watamu. Oft erholte ich mich im nahegelegenen Haller- und Ngomongo Park oder ging schwimmen, wenn Freizeit und Wasserstand zusammenpassten und nicht gerade Ebbe herrschte. Ein besonderer Lieblingsplatz war für mich der Mama Ngina Drive am Likoni Hafen, denn ich liebte die urigen, uralten Baobab, Affenbrotbäume, die dort wuchsen, Märchengestalten gleich, mit mächtigen Stämmen und weit ausladenden Blätterdächern. Schade nur, dass dieser Park mit seinem einmaligen Baumbestand nicht so gewartet wurde, wie er es verdient hätte.

Immer wieder traf ich mich auch mit Eddie, entweder kam er zu mir nach Shanzu oder wir verabredeten uns in einigen hübschen Lokalitäten oder fuhren im Wagen durch die Gegend, wenn es unsere Freizeit erlaubte. Am wichtigsten waren dabei die freundschaftlichen Gespräche. Manchmal war auch Eddies Frau dabei, wir verstanden uns gut, es gab viele Themen, die uns beiden Frauen am Herzen lagen. Dazu war sie sehr belesen und dachte viel fortschrittlicher, als ich es auf Grund ihrer Herkunft zunächst vermutet hatte. Bei einem Besuch bei ihren Eltern in Mombasas Altstadt war sie ganz die ergebene, fürsorgliche Tochter und ließ nicht den leisesten Anflug einer modernen Frau erkennen, die schon längst auf eigenen Füßen stand, einen gut dotierten Job hatte und ganz andere Ansichten als die Eltern vertrat.

An einem der Tage, an denen ich mich mit Eddies Frau verabredet hatte, war ich in Mombasas Innenstadt in eine bedrohliche Lage geraten: Bedingt durch eine Demonstration der IPK (Islamische Partei Kenia) war es zu Schießereien gekommen, und ich konnte mich nicht rechtzeitig in Sicherheit bringen. Ich hatte entsetzliche Angst ausgestanden, vor allem, weil ich in den Augen der Moslems eine Ungläubige war. Ich entkam dem Chaos mit Hilfe einer alten Frau, die mich auf ihrem Eselskarren mitnahm. Während der Fahrt, die natürlich nicht durch die Innenstadt führte und weit genug von der aufgebrachten Menschenmenge entfernt, hatte ich unter einem staubigen Jutesack und zwischen Weißkohlköpfen gelegen, immer in der Befürchtung, unser Fuhrwerk könnte angehalten und durchsucht werden. Doch nichts dergleichen geschah.

Leider hatte ich nicht die Adresse der Frau bekommen können, da sie weder schreiben noch lesen gelernt hatte. Ich wusste lediglich ihren Namen und erfuhr, dass sie mit ihren Eseln in Kisauni, nahe der Moschee, zu Hause war. Ich wollte versuchen, sie ausfindig zu machen, um mich zu bedanken.

Von Lpetati hatte ich einige Briefe erhalten, die er an meine Postbox in Bamburi adressiert hatte. Ich antwortete ihm jedes Mal umgehend und ausführlich und versuchte, ihn nicht allzu sehr mit guten Ratschlägen und Ermahnungen zuzuschütten, wenn ich mir auch Sorgen machte. Seine Bitte, bald zurückzukommen, konnte ich noch nicht erfüllen. Es würde noch bis Ende März dauern, wenn es unerträglich feucht wurde und die Regenzeit begann. Dann konnte ich mit etwas Erspartem die Heimreise antreten.

Khadija

Von Rasta Francis aus der Nachbarschaft erfuhr ich zu meinem Erstaunen, dass eine gewisse Khadija aus Tanga in Tansania in meiner Abwesenheit an der Gartenpforte erschienen sei. Sie habe Binki besuchen, ihm für ein paar Wochen seine kleine Tochter bringen und auch mich begrüßen wollen.

Binki besuchen, seine kleine Tochter bringen. Plötzlich wurde ich mit seltsamen Gefühlen konfrontiert.

Ich hatte zwar von Khadija gehört und wusste, dass Binki längere Zeit mit ihr liiert gewesen war, als er und die Band noch in Tansania spielten, doch von einer Tochter hatte er nie etwas erwähnt.

In einem seiner Lieder hatte er das Glück besungen, ein Kind zu haben, es beschützen zu können und aufwachsen zu sehen. »Kleiner Engel, ungefragt bist du zu mir gekommen, hast meinen Blick geöffnet, so weit – und weiter mein Herz. Wer bin ich gewesen, ohne dich, wo habe ich gelebt?«

Es war auch eine Art Wiegenlied entstanden, das einem Kind die baldige Rückkehr des Vaters ankündigte. Mir gefiel das Lied sehr, Text und Melodie hatten mich berührt, aber ich hatte nicht geahnt, dass es um sein eigenes Kind ging.

»Was willst du tun?«, fragte Francis jetzt, dem meine Irritation nicht entgangen war, »sie wohnt im Guesthouse und hat keine Ahnung, dass Binki nicht mehr lebt. Willst du sie treffen und es ihr sagen?«

Nach kurzem Zögern bat ich Francis, Khadija und das Kind zu mir zu bringen, fühlte mich aber nicht wohl dabei. Voller Unbehagen wartete ich auf der kleinen Terrasse, bis eine etwas stämmige Frau auftauchte, in ein unscheinbares, unvorteilhaftes, braungemustertes Tuch gehüllt und mit sehr kurz geschorenen Haaren. Auf dem Arm trug sie ein entzückendes kleines Mädchen in einem gelben Rüschenkleidchen – ja, das war unverkennbar Binkis Tochter! Die große Ähnlichkeit mit ihrem Vater gab mir einen Stich. Ein wenig verwirrt hieß ich meinen Besuch willkommen.

Überraschenderweise kannte Khadija das Haus, wie sie mich wissen ließ, kannte meinen Namen, wusste von meiner besonderen Freundschaft zu Binki, von unserer gemeinsamen Arbeit und unseren Deutschlandflügen – aber nichts von seinem Tod. »Manchmal hat Binki mir geschrieben«, erklärte Khadija, »und immer hat er Geld für sein Kind geschickt. Ich weiß von seiner Liebe zu dir, aber ich bin traurig, dass ich schon lange nichts mehr von ihm gehört und auch kein Geld bekommen habe. Ich kann Toni nur schwer allein ernähren und möchte, wenn du erlaubst, mit Binki reden. Er hat mir versprochen, immer für sein Kind da zu sein und auch für mich, wenn ich Hilfe brauche, was aber nichts mit dir zu tun hat. Ich habe sehr gelitten, als er sich für dich entschieden hat, und habe gekämpft um ihn, aber du hast gewonnen. Ich habe Binkis Entscheidung akzeptiert, und ich akzeptiere dich. Danke für das Willkommen in deinem Haus.«

Khadijas Worte zeugten von innerer Größe, und ich bemühte mich, sie ein wenig zu mögen. Die kleine Toni hatte mich sofort mit ihrem Liebreiz für sich eingenommen, ganz besonders dadurch, dass sie so viel von Binki hatte, die gleichen dunklen Augen mit den leicht geschwungenen Brauen darüber, die gerade Nase, die Grübchen beim Lachen und selbst das energische Kinn.

Während ich versuchte, Zeit zu gewinnen, weil ich nicht wusste, wie ich Khadija die bittere Wahrheit beibringen sollte, kam sie mir zu Hilfe. »Im Guesthouse habe ich gehört, dass Binki noch in Deutschland ist.« Ich nickte und fühlte, wie ich rot wurde. Es stimmte ja auf eine höchst makabre Weise, dass Binki in Deutschland war. Doch ich brachte es einfach nicht über mich, Khadija von Binkis Tod zu berichten.

Die kleine Toni sah mich immer wieder an und schaute sich auch aufmerksam im Wohnzimmer um, entdeckte ein Foto von Binki und sagte: »Da, Papa.«

»Ich mach uns eine Tasse Tee«, lenkte ich ab, »und eine Kleinigkeit zu essen.«

»Ja, Toni hat heute nur ein Stückchen Brot gehabt. Hast du Maismehl oder Grieß im Haus? Sie liebt *uji* über alles.«

Etwas später stand ich in der kleinen Küche mit den blauen Wassertonnen neben der Tür, die nach draußen führte, und suchte im Vorratsregal, fand Eier, Milch, Grieß, Kekse, Weißbrot und Marmelade. Ab und zu beobachtete ich Mutter und Tochter unbemerkt durch die Durchreiche zwischen Küche und Wohnzimmer hindurch und hatte sehr zwiespältige Gefühle dabei. Ich würde Khadija gern ein wenig finanziell unter die Arme greifen, vor allem der Kleinen helfen, aber in meiner augenblicklichen Lage war mir das nur bedingt möglich.

Als ich auf Binkis Foto sah, hörte ich mich sagen: »Mach du etwas von da oben«, und erschrak. Aber dann kam mir tatsächlich eine Idee: In zwei Musikläden in Mombasa wurden Kassetten mit Binkis und meinen Kompositionen verkauft, und ich hatte mich seit längerer Zeit nicht mehr um die Abrechnung gekümmert. Also müsste einiges an Schillingen zusammengekommen sein. Dieses Geld könnte ich Khadija mitgeben. In besserer Stimmung setzte ich mich zu ihr und Toni auf das Sofa, wir tranken Tee, und ich schaute zu, wie Khadija ihre Tochter mit dem Grießbrei fütterte.

Kurz darauf schlief die Kleine ein. Ich schob ihr ein Kissen unter den Kopf und bat Khadija in den kleinen Garten. Sie folgte bereitwillig. Unter dem Limonenbaum blieb sie stehen und atmete den Duft der Blüten und Früchte tief ein. »Wie schön ihr es hier habt«, sagte sie. »Bei uns in Tanga ist es auch schön, aber irgendwie anders. Warst du schon mal in Tansania?«

Ich nickte. »Ja, einige Gegenden in Tansania kenne ich, aber Tanga nicht. Das liegt gleich hinter der Grenze zu Kenia, nicht wahr? Lebst du da mit Toni allein oder mit deiner Familie?«, wollte ich wissen.

»Jetzt wieder mit Familie«, sagte Khadija ruhig. Sie sprach ein schönes, akzentuiertes Suaheli. »Aber eine Zeit lang wollte man mich dort nicht mit dem Kind. Meine Eltern sind strenggläubige Moslems, und Binki als überzeugter Christ war für sie kein Ehemann für mich. Als Toni geboren wurde, sah es nicht gut aus für mich. Meine Familie lehnte uns einfach ab, und ich hatte es sehr schwer mit der Kleinen. Ohne Binkis finanzielle Unterstützung wäre es uns beiden schlecht gegangen. Seit Kurzem helfe ich meiner älteren Schwester im Haushalt und den Eltern in ihrem kleinen Gemüseladen und auf dem Feld, das bringt nicht viel, aber ich muss nicht betteln. Wäre es möglich, dass du Binki schreibst oder anrufst oder mir seine Adresse in Deutschland gibst? Du brauchst dir keine Sorgen zu machen, es geht nur um das Kind. Außerdem befürchte ich ein Tauziehen um die Kleine, was Erziehung und Religion angeht. Binki als Vater muss unbedingt seinen Standpunkt vertreten.«

Einige Nachbarn kamen am Garten vorbei und grüßten, und ich war froh, dass ich Khadijas Bitte nicht sofort beantworten musste. Und immer noch überlegte ich fieberhaft, ob, wie und wann ich Khadija die schlimme Nachricht von Binkis Ableben beibringen sollte.

Nach einem ausgiebigen Abendessen im nahe gelegenen Palmgarden Restaurant kehrten wir in mein gemütliches Häuschen zurück, wo Khadija Toni in meiner grünen Plastikwanne badete. Das kleine Mädchen liebte den Umgang mit Wasser, lachte, planschte und ihre Jauchzer tönten durch das Haus.

Später bauten wir der Kleinen mit den losen Sofa- und Sesselkissen ein Bett auf der Erde. Khadija legte sich neben sie, und Mutter und Kind schliefen, müde von der Reise, sofort ein. Ich dagegen konnte lange keinen Schlaf finden. Binkis Kind und dessen Mutter so dicht nebenan zu wissen, dazu die ganzen Umstände, beschäftigte mich. Schade, dass Binki mir gegenüber seine Tochter verheimlicht hatte, denn sicher war ihm das schwergefallen. Er hätte sie wahrscheinlich öfter besuchen und sie in seiner Nähe haben wollen. Ich bedauerte, dass Binki in Bezug auf seine Tochter so wenig Vertrauen in mich gesetzt hatte, denn er war mir sonst in allen anderen Dingen mit Offenheit und Ehrlichkeit begegnet. Manches wäre durch die Erwähnung seines Kindes sicher leichter für ihn gewesen. Aber nun war es zu spät.

Beim Frühstück eröffnete mir Khadija, dass sie mit dem Mittagsbus zurück nach Tanga fahren wolle. »Es ist schön hier, und wir würden gern bleiben. Auch Toni gefällt es, das sieht man. Aber du hast zu tun, und Binki ist ja nicht hier. Aber, bitte, gib ihm mein Anliegen weiter. Das ist wichtig für das Kind. Es soll nicht hungern und bald in den Kindergarten und später auch zur Schule gehen können. Ich weiß, dass Binki große Pläne mit Toni hat, und er würde es gern sehen, wenn sie, so wie er, eines Tages studieren kann. Toni heißt übrigens Antoinette-Manolee, nach Binkis Lieblingsschwester.«

Am frühen Mittag begleitete ich meine Gäste nach Mombasa. In den zwei Musikgeschäften konnte ich einige tausend Schillinge in Empfang nehmen und sie der überraschten Khadija aushändigen. »Rafiki, Freundin«, nannte sie mich und lächelte dankbar. Tausend Schillinge in Euro umgerechnet waren nicht viel, aber es war mehr, als Khadija normalerweise für mehrere Monate zur Verfügung haben würde. Viele Angestellte in Kenia verdienten trotz zwölf Arbeitsstunden täglich nur zwischen vier- und achttausend Schillingen monatlich, also nicht einmal hundert Euro.

In der Mittagshitze warteten wir auf die Abfahrt des Busses, ein uraltes, blaues, hohes Ungetüm mit winzigen Fenstern. Ich fand immer noch nicht die richtigen Worte. Wir verabschiedeten uns. Mein Herz krampfte sich zusammen, als ich die Kleine am Fenster fröhlich winken sah, daneben Khadija, bis sich der Bus in einer dunklen, stinkenden Abgaswolke durch Verkehr von Mombasas Innenstadt quälte und Mutter und Kind in eine ungewisse Zukunft brachte.

Ich beschloss, mich so oft wie möglich um Khadija und Toni zu kümmern, und fühlte mich danach wohler. Doch dass ich zu feige gewesen war, Khadija die Wahrheit über Binkis Tod in Deutschland zu sagen, belastete mich sehr.

Noch auf dem Heimweg nach Shanzu beschloss ich, Khadija in einem Brief alles Traurige mitzuteilen und ihr meine Feigheit zu erklären. Sie würde Binki ein zweites Mal und diesmal für immer verlieren, aber sie sollte deshalb nicht mit ihren Problemen allein bleiben.

Ein böses Erlebnis

In einer Nacht ging ein heftiger Tropenschauer nieder, dessen Wassermassen ein lautes Stakkato auf das Dach meines Häuschens hämmerten. Da bei dem Lärm nicht ans Schlafen zu denken war, versuchte ich, ein wenig zu lesen. Aber dann fiel der Strom, wie so oft an der Küste, für längere Zeit aus.

Beim unruhigen Flackern einer Kerze ging ich durchs Haus, hörte von draußen das Rauschen und Auffrischen des Windes und dann, ganz in der Nähe, einen Schrei. Es war ein entsetzlicher Schrei, der mich erschütterte. Es war der Schrei eines Menschen in Todesangst. Ich lauschte mit pochendem Herzen, war voller Furcht, löschte die Kerze, um nicht von draußen durch die Glastür gesehen zu werden und hockte mich auf das Bett. Ein weiterer Schrei ließ mich zusammenfahren, ein seltsamer, röchelnder. Und so nah.

Ich fror trotz der herrschenden Schwüle im Zimmer immer mehr. Es folgte ein ohrenbetäubendes Schlagen gegen ein Metalltor, ein Poltern. Dann war alles still bis auf den Sturm und das Klatschen des Regens. Ich wagte mich nicht zu rühren. Wie gelähmt lehnte ich am Kopfteil des Bettes, bis ich dort übermüdet einschlief.

Der Morgen war strahlend hell und voller Frische, ich sog den Duft der noch am Baum verbliebenen Limonenblüten gierig ein, und nach und nach kehrte die Erinnerung an die Angst der Nacht zurück.

Auf dem Weg zum Kiosk, um Zucker und Weißbrot zu kaufen, erfuhr ich Schreckliches: Ein junger Mann war in der Nacht, während er das hinter meinem Garten gelagerte Baumaterial eines Europäers beaufsichtigt und verteidigt hatte, von Dieben mit einer Eisenstange erschlagen worden. »Neunzehn oder zwanzig Jahre alt«, schluchzte die Inhaberin des Kiosks, »so ein netter Junge. Er war so froh, eine kleine Arbeit gefunden zu haben. Sie kannten ihn sicher auch vom Sehen, Omani, der Sohn des Schneiders. Er wohnte doch bei Ihnen um die Ecke.«

Ja, ich hatte ihn gekannt, war immer von ihm freundlich begrüßt worden, und er hatte mir einige Male sogar für ein kleines Trinkgeld Einkäufe nach Hause getragen. »Ich spare auf den Führerschein«, hatte er mir anvertraut, »damit bekomme ich sicher eine gute Anstellung und kann meiner Familie helfen. Und«, er hatte ein wenig verschämt gelacht, »meine Freundin und ich könnten heiraten.«

Ich kaufte keinen Zucker und kein Brot, konnte nicht ans Frühstücken denken, und wünschte mir, weit, weit fort zu sein, in Deutschland oder bei Lpetati in Maralal.

Wie würde ich diese Schreie, Todesschreie je vergessen können?

Ein wenig halfen mir die Musik mit ihren Anforderungen und ihrer Freude darüber hinweg und die intensiven Gespräche mit Freund Eddie. Es gab immer allerlei Musikalisches zu erörtern, viel zu erzählen oder einfach nur nachzuempfinden, was nicht immer für Dritte bestimmt war.

Allmählich neigte sich die Hauptsaison dem Ende zu, die Hotels wurden leerer, die Luftfeuchtigkeit unerträglich hoch. Manchmal hing meine Wäsche tagelang auf der Leine, wurde aber nicht wirklich trocken, nahm nur einen unangenehmen Geruch an. Zweimal war mir die Wäsche, die ich nachts draußen hatte hängen lassen, gestohlen worden. Das ganze Häuschen roch irgendwie muffig, und ich schwitzte, ohne mich zu bewegen. Selbst Armbanduhr und Ring störten auf der feuchten Haut. Die Nächte kühlten nicht ab, die Hitze brachte mich oft um den ersehnten Schlaf.

Es war Zeit zu gehen.

Der Abschied von Eddie und der Musik fiel mir schwer, wenn es auch in unbestimmter Zeit ein Wiedersehen geben würde. Von der Küste hingegen trennte ich mich diesmal, angesichts der traurigen Begebenheiten, leichten Herzens.

In meiner Postbox in Bamburi, die ich noch kurz vor der Abreise aufsuchte, fand ich einen Brief der Schulleitung und von Nganats Klassenlehrerin, eine Nachricht von Nganat und Briefe aus Deutschland von meinem Vater und meinen Kindern, die ich hastiger las als das Schreiben der Schulleitung und der Lehrerin, da diese Nachrichten ohnehin zu spät kamen. Ich konnte mich darüber freuen, dass in Deutschland alles seinen gewohnten Gang ging und es keine Probleme gab.

Dann widmete ich mich neugierig den Umschlägen mit kenianischen Briefmarken und las als Erstes Nganats Nachricht in ihrer sauberen, ordentlichen Handschrift. Sie bedankte sich lieb für alle Fürsorge und verriet mir, dass sie »zufrieden« sei mit ihrer neuen Rolle und in ihrer neuen Umgebung. Das Lesen zwischen den Zeilen fiel mir diesmal nicht so leicht, aber ich wünschte ihr sehr, dass sie in ihrer Ehe glücklich war. Zu Hause würde ich sicher Näheres erfahren.

Immer noch bedauerte ich zutiefst, dass sich alles gegen unsere älteste Pflegetochter verschworen hatte, wie es mir schien. Auch mit Eddie und seiner Frau hatte ich darüber gesprochen, die helles Entsetzen bekundeten. Selbst Eltern von drei fast erwachsenen Töchtern, konnten sie sich nicht vorstellen, dass in ihrem eigenen Land so viel Furchtbares geschah. Natürlich hatten sie von Beschneidungen gehört, aber als sie nun durch meine Schilderung direkt damit konfrontiert wurden, waren sie sichtlich schockiert. Wir hatten lange darüber diskutiert, und sie vertraten den Standpunkt, ich hätte die Verwandten von Nganat anzeigen sollen. Doch sie kannten ja die Gründe nicht, die mich davon abgehalten hatten. Ich musste umsichtig handeln, meine Entscheidung so vertreten, dass sie keine Gefahr bedeutete. Nganats Klassenlehrerin hatte ein besonders sensibles Schreiben verfasst, das zwar viel Verständnis und guten Willen erkennen ließ, aber für Nganat nur wenig bewirken konnte. Aber die Frau bot mir ihre Unterstützung an und erklärte, sie »wolle am Ball bleiben«, sollte wieder ein ähnlicher Fall auftreten.

Der Schuldirektor ließ mich wissen: »Es ist nicht üblich, eine verheiratete Frau wieder in die Klassengemeinschaft aufzunehmen, aus nachvollziehbaren Gründen.« Immerhin wurde auf spezielle Kurse hingewiesen, zu denen man Nganat raten würde, um das bisher Erlernte weiter vertiefen, vervollständigen und auch zu einem Abschluss bringen zu können – mit Kostenangabe.

Ich wollte, wenn ich wieder zu Hause war, Nganat und ihrem Angetrauten davon erzählen. Vielleicht konnte ich ja freundschaftlich auf ihren Mann einwirken, damit Nganat ab und zu ihr liebgewonnenes Schulgebäude wieder aufsuchen, in Büchern stöbern und anregende Gespräche führen konnte.

Bereits vor Reiseantritt nach Maralal kam es noch an der Bushaltestelle zu einem ungewöhnlichen Zwischenfall, der sehr zu Afrika passte: Der Busfahrer weigerte sich allen Ernstes, die Fahrt nach Nairobi anzutreten, da er mitbekommen hatte, dass eine vierköpfige Familie ihre Katze in einer Box mitführte. »Ich fahre nicht, wenn eine Katze an Bord ist«, verkündete der Chauffeur, ein großer, breitschultriger Moslem, die bestickte weiße Kappe auf dem Kopf und in einen hellblauen *gandoura* (bodenlanges Gewand) gehüllt. »Mit einer Katze bei Nacht zu fahren, bringt Unglück.« Er forderte die Familie auf, auszusteigen oder die Katze laufen zu lassen und stieß mit dieser Forderung bei den gebildeten Betroffenen auf massiven Widerstand. Ein Wort gab das andere, und schnell waren die Fahrgäste in zwei Lager gespalten. Die einen lachten, wie über einen schlechten Scherz, die anderen schlossen ein eventuelles Unglück während der Fahrt nicht aus. Schließlich kam es zu Handgreiflichkeiten. Ungeduldige drängten lautstark auf sofortige Abfahrt, natürlich mit Katze. Der Fahrer wurde regelrecht eingeschüchtert, weigerte sich aber standhaft loszufahren.

Schließlich wurde eine Lösung für das Katzenproblem gefunden: Die Busgesellschaft setzte einen anderen Fahrer ein, der sich nicht um die Box mit der Katze scherte. Er schwang sich hinter das große Steuer und brachte uns sicher durch die Nacht in die Hauptstadt – ohne den geringsten Zwischenfall. Allerdings bot das Businnere nach den acht Stunden Fahrt – mit einer Pause dazwischen, während der in einem Rasthof neben einem Imbiss die unvorstellbaren Toiletten aufgesucht werden konnten, ohne Wasser und mit Bächen von Urin auf dem Fußboden – keinen schönen Anblick mit den leeren herumrollenden Flaschen, Obstresten, Papier- und Plastiktüten sowie Blättern und Stielen und Durchgekautem von *miraa*, einer Genusspflanze.

Wieder daheim

Lpetati stand auf der obersten Stufe vor seinem bescheidenen Krankenzimmer. Seine schlanke, hohe Silhouette hob sich scharf gegen den klaren Morgenhimmel ab. Ich hielt im Gehen inne. Freude und Glück erfüllten mich. Dann sah er in meine Richtung, stutzte kurz, begriff und kam mir mit langen, federnden Schritten entgegen, immer schneller, mit einem breiten Lachen, gerührt und mit feuchten Augen. »Du hast nach mir Ausschau gehalten?«

»Viele Male habe ich das. Heute nicht umsonst. *Nafurahi kweli kukuona wewe*. Ich freue mich wirklich, dich zu sehen!«

Marissa kam und der Junge, beide lachend, erleichtert, froh. Bald schon kochte über dem Holzkohlefeuer das Teewasser, hörbar sprudelnd, und der nicht genau passende Deckel des kleinen Aluminiumkessels schepperte. Ich hatte frische, fast tellergroße *maandazi* mitgebracht. Wir tranken den *chai* und aßen auf den von der Sonne angenehm erwärmten Stufen, verjagten die vielen Hühner und einige Hunde, die auf abfallende Krümel warteten, hinderten auch die Massen von Ameisen am Vorwärtsdringen und verloren für Minuten den Appetit in einer durchdringenden Geruchswolke von Desinfektionsmitteln, die über den weiten Platz wehte.

Ich beobachtete Lpetati unbemerkt und stellte erleichtert fest, dass seine Genesung in dem vergangenen halben Jahr sichtbare Fortschritte gemacht hatte. Er würde wohl noch etwas mehr als zwei Monate in der Klinik betreut und behandelt werden müssen. Wie weit er danach wieder belastbar sein würde, mussten wir abwarten. Hauptsache, es blieben keine gravierenden Schäden zurück. Für alles andere wollte ich gern Verantwortung übernehmen, mich intensiv um ihn kümmern und ihm dabei helfen, nach und nach wieder ein normales Leben zu führen.

Es würde mir Freude machen, ihn mit seinen Lieblingsgerichten zu verwöhnen, am Morgen mit spanischem Omelette, mit Marmelade- und Honigbroten, am Mittag und Abend mit Avokado- und Weiße-Bohnen-Salat, mit Gulasch und Spaghetti, mit Kartoffelauflauf, mit gekochtem und gebratenem Rindfleisch zu leckeren Soßen, Reis und Kartoffeln, mit gefüllten Tomaten mit Chili und mit Fleisch gefüllten Paprikaschoten. Auf jede Art von Dessert war er ganz erpicht, es durfte nur nicht zu süß sein.

Vor- und Nachspeise waren in der Samburu-Küche völlig unbekannt. Weder ein Stück Obst noch etwas Süßes wurde nach einer Mahlzeit gereicht. Den Abschluss bildete meist der Milchtee. In der Regel standen nur wenige Gerichte zur Auswahl, und diese wiederholten sich täglich. Meistens gab es braune Bohnen, Weißkohl mit und ohne Kartoffeln, *chapati* (dünne Pfannkuchen) oder *ugali* (dicker Maisbrei, nur mit Wasser gekocht, ohne eine Prise Salz). Denn alles, jedes Gewürz, jede kleine Zutat, kostete Geld. Reis war sehr beliebt, auf Grund seines Preises aber eher die Ausnahme, und auch Fleisch gab es nur zu besonderen Gelegenheiten. Den einfachen Gerichten mit Kräutern und Gewürzen ein wenig Pfiff zu verleihen, wurde nicht genutzt, allenfalls wurde eine Zwiebel, soweit vorhanden, mitgedünstet. Zwar würzte man den Tee manchmal mit Ingwer und Kardamom, aber das kam aus dem arabischen Raum und war nicht landestypisch. Dort, wo die Armut nicht zu Hause war, also außerhalb unseres Gebietes, hatte die afrikanische, also auch die kenianische Küche aber sehr wohl allerlei Schmackhaftes zu bieten, das mich begeisterte. Allein die Vielfalt der orientalischen und indischen Einflüsse, gepaart mit der oft außergewöhnlichen einheimischen Kochkunst ließ so manchen Gourmet schwärmen. Geheimnisvolle Zutaten verliehen vielen ohnehin schon leckeren Gerichten einen besonderen exotischen Reiz.

Wer einmal die Märkte der größeren Städte besuchte, wurde überwältigt von dem Duft und den Farben der vielen unterschiedlichen Gewürze. Das war sehr verlockend und sehr afrikanisch!

Ich selbst verwendete an afrikanischen Gewürzen gern Kreuzkümmel, Ingwer, Chili, Zitronengras, Kurkuma und Koriander, Zimt und Kardamom. Gewürzkräuter hatte ich auch rund ums Haus gepflanzt, darunter Minze, Thymian, Oregano, Kümmel, Dill, Bohnenkraut und Rosmarin, den heimischen Ingwer und Koriander, die mehr oder weniger mit der Witterung zurechtkamen. Petersilie, Liebstöckel und Schnittlauch wurden nur selten groß, vielleicht war es dafür zu heiß und zu trocken.

Für Lpetati traf die Redensart von der Liebe, die durch den Magen geht, vollends zu. Das hatte ich schnell herausgefunden. Er mochte mich sehr für die aufgetischten Köstlichkeiten, die Abwechslung dabei und deren Menge.

Von Anfang an hatte er meiner für ihn fremdländischen Küche sehr positiv gegenübergestanden und damit unseren Pflegekindern ein gutes Beispiel gegeben. Ohne Vorurteile probierte er alles und hatte auf diese Weise viele Gerichte herausgefunden, die er sich daraufhin regelmäßig wünschte, wie es dann auch die Kinder taten. Ich kochte allerdings mehr und mehr auch viele afrikanische Gerichte nach, die ich an der Küste gegessen und von denen ich mir die Rezepte besorgt hatte, wie beispielsweise Raffiniertes mit Kokosmilch, Süßkartoffeln, Reis, Kochbananen, Mangold, Spinat, Okraschoten, roten Linsen, Kichererbsen, Mais, Topinambur und Maniok, aber auch mit Früchten, wie Mango, Granatapfel, Papaya, Passionsfrucht, Feigen und Ananas, alles frisch geerntet.

Obwohl Milch bei uns im Samburu-Gebiet das Hauptnahrungsmittel war, machten sich Lpetati und die Familie nichts aus meinen angebotenen Milchprodukten, wie Butter, Quark, Frischkäse und Joghurt, nicht einmal »Dickmilch« mit Zucker, und so gab ich meine Bemühungen wieder auf. Dabei hatte ich mir bereits ein Butterfass und besondere Schalen und Seihetücher für die Käseherstellung zugelegt. Das Wenige, was sie begeisterte, waren Kakao, Milch mit Honig, warmer und kalter Milchreis, Schokoladen- und Vanillepudding.

Als Abwechslung neben der Milch pur und im Tee tranken die Samburu gerne »Rauchmilch«, aber die mied ich nun wieder, denn in der Milch schwammen meist viele Partikel von Ruß umher, die von dem angekokelten Stöckchen herrührten, das zuvor in die Glut und dann in die Kalebasse mit Milch gehalten wurde.

Meist bereiteten wir die Gerichte gemeinsam vor und kochten auch zusammen und aßen dann an einem hübsch gedeckten Tisch, oft mit besonderer Dekoration. Lpetati war beim Kochen ein begabter, praktisch denkender Mann. Als *morani*, also als Krieger, war er für das Schlachtvieh, das Zerlegen und das Garen von Fleisch zuständig gewesen. So verstand er sehr viel davon. Stets wurde Fleisch abseits der Hütten zubereitet – nur zum Kochen des Eintopfs brauchte man kleine Stückchen im Haus.

Tischkultur war bis zu unserem Hausbau kein Thema bei uns und meiner Samburu -Familie gewesen. In den fensterlosen Hütten gab es kein Mobiliar, keinen Tisch und keine Stühle und kaum Aufbewahrungsplatz für das wenige Geschirr, wie ein oder zwei Töpfe, kaum Besteck, und nur eine begrenzte Anzahl Becher und Teller aus Emaille, die nach reichlichem Gebrauch unschöne Spuren aufwiesen. Man aß, an der Erde sitzend, oft mit den Händen. Lange Zeit hatte mir das nichts ausgemacht, weil ja die Gegebenheiten keine andere Lösung zuließen. Aber als das Blockhaus eingerichtet war und mir ein talentierter Tischler in Maralal einen Esstisch sowie Stühle nach meinen Wünschen angefertigt hatte, war ich überglücklich gewesen, hatte in Hochstimmung beigebraunes Steingutgeschirr gekauft, ausreichend Besteck und Gläser (auch die gab es in keiner Hütte) und sogar eine helle Tischdecke und war von nun an darauf bedacht, so zu essen, wie ich es von Kindheit an gewohnt war. Lpetati genoss die so zelebrierten Mahlzeiten, und stolz berichtete er davon und zeigte seinen Leuten gern, wie gut er sich mit »dem Europäischen« auskannte. Bei den Samburu stand bei jedem Essen das Sattwerden im Vordergrund, nicht das Genießen.

Ein völliges Novum waren für meine Familie bunte Servietten, die ich aus Mombasa mitbrachte. (In Maralal gab es zu der Zeit nicht einmal in einem Restaurant welche!) Besonders die Kinder liebten sie, stopften sich damit die Taschen voll und benutzten sie für alles Mögliche, und überall vor dem Haus flogen die farbenfrohen Papiertücher herum, bis ich ein Machtwort sprechen musste.

Als ich die ersten Male bei Lpetatis Familie gewesen war, hatte ich nicht mit Lpetati oder anderen männlichen Wesen zusammen essen dürfen, und Lpetati selbst hatte in meiner Gegenwart nur *chai* oder Milch getrunken. Immer musste ich erst abwarten, bis die Männer fertig gegessen hatten – und das nicht etwa im Beisein von uns Frauen. Oft danach – auch noch zu Anfang in unserer eigenen Hütte – hatte Lpetati bei Frauenbesuch sofort aufgehört, weiterzuessen und seinen Teller an die Seite gestellt, Frauen durften nicht einmal einen Blick auf seine Mahlzeit werfen! Das hatte allerdings nur für die Zeit gegolten, in der er amtierender Krieger gewesen war.

Natürlich hatte ich mich zunächst in die Traditionen gefügt, dennoch hatte es mich gestört, zum einen, dass wir nicht gemeinsam mit unseren Gästen essen konnten (allein als Ehepaar schon) und zum anderen, dass Frauen und Mädchen beim Essen immer benachteiligt wurden, denn erst, wenn die Männer satt waren, teilte man die Reste unter den weiblichen Familienmitgliedern und den Kindern auf. Doch die Frauen haben sich darüber nie beschwert.

In den letzten Jahren hatten wir – wenn es finanziell möglich war – einmal pro Woche Lpetatis Familie zum Abendessen bei uns und kamen dann schnell mit den schon größeren Kindern auf zwanzig bis dreißig Personen. Trotz der Enge in unserem Blockhaus wurden diese Abende immer ein richtiges Fest, denn inzwischen schätzte auch meine angeheiratete Verwandtschaft meine ein wenig ins Mediterrane abgewandelte deutsche Küche, sie langte vertrauensvoll und kräftig zu und liebte das gemeinschaftliche Mahl. Nach dem ausgiebigen Essen, natürlich mit Dessert, für das ich mir stets etwas Besonderes einfallen ließ, Hauptsache es war süß, und Tee oder Kaffee, wurde gesungen, in die Hände geklatscht, ausgelassen palavert, sogar getanzt, und meist machte meine Gitarre die Runde. Wenn dann im Kamin helles Feuer knisterte und wärmte, jeder unserer Gäste glücklich und zufrieden war und das auch noch dankbar äußerte, fühlte ich mich noch für Tage danach großartig und weiter angespornt.

Meine Rolle in der Männergesellschaft

Sehr glücklich war ich und auch ein bisschen stolz, dass mich die Ältesten unserer Großfamilie und der Nachbarn aufsuchten, wenn es besondere Angelegenheiten zu besprechen gab. Bei wichtigen Entscheidungen hatte ich selbst die Garde der Ältesten zu mir oder unter den Versammlungsbaum in Nähe des *bomas* zu einer Besprechung eingeladen, der bis jetzt immer Folge geleistet worden war. Ich wusste, dass ich, auf Grund meiner Allgemeinbildung und eines Einkommens geschätzt wurde. Meine Ansichten wurden ernst genommen.

Hin und wieder lud ich die Ältesten zu *maradjina*, Honigwein, ein, was mir große Sympathien einbrachte. Während unserer Besprechungen war ich immer auf der Hut, keinen Fehler zu machen. Mochten die Gesichter der Alten noch so gütig erscheinen, ich hatte zu oft erlebt, dass die Stimmung sekundenschnell umschlagen konnte, wenn ein falsches Wort gefallen war. Oft verspürte ich eine Gänsehaut unter all diesen Alten, andererseits fühlte ich mich beschützt in ihrer Mitte. »Du bist eine von uns«, hieß es, »eine, die Ngai geschickt hat.«

Viele Ältere kamen zu mir mit allerlei körperlichen Gebrechen. Ihr Vertrauen rührte mich, und ich gab mir Mühe, ihnen zu helfen. Meistens kamen meine mitgebrachten Aspirin, Augentropfen, Rheumasalben, Pflaster, Verbände, Hustenmittel, Vitamine, Hautcremes, Ringelblumen- und Zinksalbe und vor allem die vielen, bei den Samburu unbekannten Kräutertees zum Einsatz. Auf deren Wirkungskraft schworen nach anfänglicher Skepsis inzwischen viele, daher saß ständig jemand bei uns auf der Veranda, der um einen »Gesundheitstee« bat. Wenn ich den Tee dann noch mit Honig süßte, kannte das Wohlwollen der Alten mir gegenüber kaum Grenzen.

Einige dieser Alten mochte ich sehr und war sicher, dass sie Sympathie für mich empfanden. Ich behandelte sie entsprechend zuvorkommend und herzlich.

Sorge bereitete mir allerdings die starke Ichbezogenheit der Männer der Samburu, ihre häufige Arroganz und ihre Macht. Sie hielten zusammen wie Verschwörer und manchmal fürchtete ich, dass sich Lpetati in so etwas hineinziehen lassen könnte.

Bald würde er zeremoniell in den Kreis der Älteren aufgenommen werden. Was mich beunruhigte war, dass Lpetati viel

Herz und Mitgefühl besaß und daher leichter überredet werden konnte.

Geriete Lpetati in den Sog der Magie der Alten, würde ich nichts dagegen ausrichten können. Ich hoffte, die Anzeichen einer solchen Veränderung früh genug zu erkennen. Aber so weit wollte ich noch nicht denken. Vielleicht ließe sich ja auch alles anders und gefälliger an, wenn Lpetati »Ältester« war. Mit, aber auch ohne ihn würde es mich innerlich bereichern, so nah an und mit der Natur leben und mich mit unseren Pflegekindern, der Familie, unseren Tieren, dem Haus und dem Garten, dem Schreiben, Fotografieren, Zeichnen und Musizieren beschäftigen zu können. Und dann blieb ja immer noch die große Bandbreite der »guten Werke«, die nie ein Ende finden würden, weil ständig alte und neue Probleme auftauchten.

Auch bisher war Lpetati öfter unterwegs gewesen, was in der Natur der Sache lag, denn Familie und Freunde zählten mehr als andere Dinge. Ließ es sich einrichten, kam er zwischendurch nach Hause. Dann brachte er Geschichten und Neuigkeiten mit, eine kleine Blume oder etwas Hübsches oder Skurriles, das er gefunden hatte, umarmte mich, erzählte ein wenig, berichtete von den Tieren, erkundigte sich nach dem, was ich machte und vor allem, was es zu essen geben sollte, und entfernte sich wieder unter Lachen und Winken, um dann irgendwann wieder aufzutauchen. Wohin er ging, sagte er nicht. Wenn ich ihm dann so nachsah, wusste ich, wie sehr wir einander zugetan, aufeinander eingespielt waren und zusammengehörten. Ich freute mich, dass wir zwar herzlich, doch ungezwungen miteinander umzugehen verstanden – ein jeder in seiner Welt – und dennoch so nah. Es gab keine krampfhaften Versuche meinerseits, eine andere zu sein. Viele Situationen erforderten mein Mitdenken, mein Sichzurücknehmen, mein Bejahen unbekannter und ungewohnter Verhaltensmuster.

Meine Rolle bei den Frauen

Die Gemeinschaft der Frauen war in Afrika besonders eng. Gerade bei den Samburu war es selbverstverständlich, dass alle jungen Mädchen, Mütter, Großmütter, Cousinen und Tanten den Tag miteinander verbrachten. Nie hatte ich erlebt, dass sich jemand zurückzog und ausschloss.

Hin und wieder liebte ich das Zusammensein mit den Frauen, weil sie fröhlich und zugleich ernsthaft waren, viel Herz und trotz aller Einfachheit innere Größe besaßen. Da ich in ihrer Gemeinschaft willkommen war, fühlte ich mich entsprechend gut aufgehoben, genoss ihr Wohlwollen und die Liebenswürdigkeit mir gegenüber, das Scherzen und Lachen, das nie zu kurz kam. Zu viel Zeit wollte ich dennoch nicht in ihrer Mitte zubringen, wenn sie vor den Hütten auf der Erde saßen, oft im trockenen Kuhdung, mit Perlenarbeiten oder mit dem Gerben von Fellen, dem Verlesen von Reis oder dem Stampfen von Hirse beschäftigt waren, umgeben von den Babys und Kleinkindern. Es gefiel mir, zu sehen, wie stark diese Gemeinschaft war, wie viel sie zur allgemeinen Zufriedenheit beitrug. Aber ich liebte es, mich auch anderen Dingen zu widmen, Zeit zum Nachdenken zu haben, um Situationen durchspielen und in einer fremden Sprache formulieren zu können und immer wieder auch auf Entdeckungstour zu gehen. Allerdings nahm ich mir gern Zeit für drei von Lpetatis fünf bildhübschen Schwestern, die große Ähnlichkeit miteinander hatten. Sie waren alle vorbehaltlos in ihren Bruder vernarrt und mir sehr ans Herz gewachsen. Besonders zu Lekian und Kulalo, den ältesten, und Ngarachuna, die in unmittelbarer Nachbarschaft wohnte und deren Mann mir des Öfteren bei handwerklichen Dingen im Haus behilflich war, hatte ich eine sehr herzliche Beziehung. Ich liebte ihre Gesellschaft, und unsere Unterhaltungen waren, blieben wir ungestört, sehr privater

Natur. Da wurde auch schon einmal über die persönliche Situation einer jeden ohne Scheu gesprochen und über die »unfehlbaren« Ehemänner ein wenig gelästert – alles in Maßen und mit viel Nachsicht.

Ein- bis zweimal pro Woche kam Großmutter Gatilia zu mir, obwohl ihr der steile Weg zu unserem Blockhaus hinauf zu schaffen machte. Sie ließ ich ebenso wenig unnötig warten wie Marissa und Lpetatis Schwestern. Obwohl Gatilias Hütte sehr beengt, dunkel und kalt war, besuchten Lpetati und ich Großmutter öfter, weil es uns ein Bedürfnis war. Alle wussten, dass sie mich liebte, sie erwähnte es oft genug, und auch ich empfand große Zuneigung zu der zarten, kleinen Frau mit den wachen dunklen Augen im zerfurchten Gesicht und dem silbrigen stoppelkurzen Haar. Bedauerlicherweise konnten wir uns fast nur mit Gesten verständigen, da Großmutter schwerhörig war und wegen ihrer fehlenden Zähne sehr undeutlich sprach.

Es bereitete mir immer großes Vergnügen, wenn ich ihr eine Freude machen konnte, meistens mit zusätzlichen Lebensmitteln, allem voran mit sauberem Wasser, mit einem hübschen Wickeltuch oder einer warmen Decke. Ihren Dank flüsterte sie dann stets in mein Ohr und vergaß auch nicht, mich zu segnen und für mich zu beten. Schuhe lehnte sie allerdings ab. »Meine Füße brauchen keine Schuhe«, hatte sie gesagt, »sie fühlen dann die gute Erde nicht. Aber das ist wichtig. Ich will wissen, wohin sie mich bringen und die Wege spüren.«

Wenn es etwas auf die Beine zu stellen gab, bevorzugte ich immer die Mitarbeit von Frauen. Sie waren zuverlässiger, motivierter, kreativer, eifriger bei der Sache und redeten nicht schön und selbstgefällig daher, wie es einige mir bekannte Männer taten. Die Frauen handelten, anstatt zu reden, zumindest soweit sie nicht von den Männern daran gehindert wurden. Und sie taten es selbstverständlich und waren fröhlich bei der Sache. Sie strebten nicht danach, für ihre Taten gerühmt zu werden. Und mochten sie auch unterdrückt werden, leisteten doch wenige allein mehr als viele Männer innerhalb der Großfamilie zusammen.

Ging es um Finanzielles, neigte ich ebenfalls dazu, Frauen mehr zuzutrauen. Sie gaben Geld nicht für sich selbst aus, für ein neues Tuch, eine Kette oder einen Rock. Sie setzten es ein, wo es wirklich gebraucht wurde. Mit kleinen Krediten, die ich in wenigen, besonderen Fällen eingeräumt hatte, arbeiteten Frauen einfallsreicher, kreativer und erfolgreich, wie ich festgestellt hatte.

Die meisten Männer, die ich in der Umgebung kannte, neigten dagegen eher dazu, finanzielle Möglichkeiten ihrem Prestigedenken zu opfern. In Europa poliert ein Mann sein Image vielleicht mit einem Auto und technischen Dingen auf, hier reichte dafür eine Baseballkappe, eine Secondhandjacke, eine Sonnenbrille einfacher Fabrikation oder eine Uhr und ein Fahrrad aus schwarzlackiertem, schwerem Metall, keineswegs sportlich oder technisch auf neuestem Stand.

Waren auch viele der Frauen ohne Schulbildung, so besaßen die meisten von ihnen doch Herzenswärme und Verstand. Mit Bildung, mehr eingeräumten Freiheiten und mehr Anerkennung wären sie unschlagbar, so meine Meinung.

Frau eines Samburu – keine Samburufrau

Mein Schicksal sah anders aus als das der Samburufrauen. Lpetati und seine Familie hatten mich nicht »gekauft«. Ich war also niemandem verpflichtet und war und blieb ein Individuum an Lpetatis Seite. Für mich galt nur das Versprechen Lpetati gegenüber.

Es fehlte in Lpetatis und meinem Fall die geschäftliche Vereinbarung der betroffenen Familien, wie es bei Heiraten zwischen Samburu üblich war. Zwar hatten bei der traditionellen Zeremonie unserer Zusammenführung die üblichen und darüber hinaus viele besondere Geschenke die Besitzer gewechselt. Doch dabei hatte es sich um reine Aufmerksamkeiten gehandelt, nicht um eine »Bezahlung«.

Bei aller Anpassung, die mir sogar Freude bereitete, bestimmte ich doch immer über mich selbst. Ich war also nicht der »Besitz« von Lpetati und dessen Familie. Allen Unterschieden zum Trotz erachtete ich es als wichtig, dass jeder sehen konnte, dass Lpetati glücklich und keineswegs zu bedauern war, weil er eine Ausländerin zur Frau genommen hatte.

Außer Lpetati bestimmten alle Männer des Stammes über ihre Frauen, für die solches Tun völlig normal war. Sie dienten ihren Männern und deren Familien, ohne öffentlich zu murren, und mit all ihren Kräften. Nach einem anderen Leben strebten sie nicht, wohl aber träumten sie von einem friedlichen Miteinander, gesunde Kinder und gesundes Vieh zu haben, selbst nicht krank zu werden, genug zu essen und Wasser zu haben, in der Gemeinschaft geliebt und geachtet zu werden und ihren Familien Freude zu machen.

Lpetatis und mein Zusammenleben unterschied sich sehr von dem seiner Brüder, Schwäger und Freunde. Nur manchmal vergaß mein Mann das besondere Verhältnis zwischen uns, und ich weiß nicht, ob er darunter litt, mit mir anders verfahren zu müssen und in welchem Maße ihm der partnerschaftliche Umgang miteinander schwerfiel. Wenn ich ihn danach fragte, betonte er, dass er glücklich und gern mit mir zusammen und dass es schöner sei als mit einer einheimischen Frau. Bei uns zu Hause konnte Lpetati sich frei fühlen. Ich ließ ihn, wie er war, kritisierte nicht an ihm herum und, wenn es doch einmal nötig war, ihm etwas zu stecken, das mir missfiel, versuchte ich es mit Humor und sehr schonungsvoll unter vier Augen. Natürlich war meinerseits viel Fingerspitzengefühl im Umgang mit Lpetati nötig, und ich vermied es, im Beisein der Familie und der Freunde dominant zu erscheinen, denn damit hätte ich mich selbst ins Abseits und um jedes Wohlwollen gebracht. Die Familie, vor allem der Clan der Ältesten und die Meinungen der Krieger aus Lpetatis Altersstufe besaßen eine beachtliche Macht, der sich Lpetati nicht entziehen durfte und konnte.

Ich hatte immer gewusst, dass es mit einem afrikanischen Krieger ein anderes Miteinander geben würde als mit einem deutschen Partner. Es war mir klar gewesen, dass ich wie ein Fremdkörper in eine fest verwurzelte Gemeinschaft einbrach. Doch ich war unsere Verbindung nicht unüberlegt eingegangen, sondern in bester Absicht und mit gutem Willen und dem Wunsch, Herausforderungen zu meistern. Es erschien mir als erstrebenswert und schön, Kraft, Wissen, Toleranz, Taktgefühl, Optimismus und Freude zu investieren, damit unsere Gemeinschaft gelang.

Lpetati wusste auch, dass meine beiden Kinder das Kostbarste und Liebste in meinem Leben bleiben würden, und das respektierte er. Meine Kinder erfüllten Lpetati mit einem gewissen väterlichen Stolz, auch wenn er nichts mit ihrer Existenz zu tun hatte. Aber er erwähnte meine Söhne, »unsere Söhne«, wie er zu meiner Freude sagte, oft und gern.

Darüber hinaus war er durch unsere fünf Pflegekinder voll eingebunden in väterliche Pflichten, die er ernst nahm und die ihm Spaß bereiteten. Als Vater war er ein Naturtalent und fand meist den richtigen Ton. Einer Adoption der Kinder mit gesetzlichem Hintergrund stand ich von vornherein skeptisch gegenüber, denn ich wollte in Kenia keinerlei Behördenwillkür ausgesetzt sein. Kinder auf ihrem Weg ins Leben und auf ihrer schulischen Laufbahn zu begleiten und ihnen hilfreich zur Seite zu stehen, Ansprechpartnerin, Beraterin und Förderin sowie eine verlässliche Freundin zu sein, das tat ich gern. So übten wir uns im Familienleben, bis die weiterführenden Schulen die meiste Zeit der Kinder beanspruchten und unser Blockhaus, bis auf hohe Feiertage und die diversen Ferienwochen, verwaist blieb. Kinder aber hielten sich immer bei uns auf, besonders die jüngeren aus der Nachbarschaft. Sie kamen zum Spielen, zum Essen und natürlich aus Neugier, weil es bei uns so viel anders zuging als in den Hütten und dem Platz dazwischen, wo sie nie allein waren und auch ihrem Bewegungs- und Entdeckungsdrang nicht immer freien Lauf lassen konnten. Zudem gab es bei uns immer eine kleine Leckerei oder einen Teller mit Extra-Essen und vor allem meist genügend Trinkwasser, oft mit Saft angereichert. Welches Kind konnte da widerstehen!

Nach seinen eigenen Aussagen und meinen Beobachtungen und Einschätzungen war Lpetati glücklich. Und wie um es zu bekräftigen, versicherte er bei vielen Gelegenheiten: »Ein anderes Leben möchte ich nicht, *Chui*, warum sollte ich das wollen?«

So gut wir uns auch verstanden und miteinander harmonierten und vertraut waren, es fehlte zwischen uns eine Innigkeit, bei der man sich vertrauensvoll fallen lassen konnte und doch aufgehoben wusste. Aber dies wurde in Lpetatis Kultur nicht geübt und nicht praktiziert. Mann und Frau lebten in einer Welt für sich. Sie blieben getrennt bei den Zeremonien und vielen Gegebenheiten des Alltags. Lpetati und ich lebten, daran gemessen, eine deutlich andere Zweisamkeit, die sich in seinem Bemühen und seiner Sorge um mich widerspiegelte. Auf seine Art liebte er mich – so sehr, wie es ihm auf Grund seiner Erziehung und gemäß seinem Verständnis möglich war und wohl auch noch ein wenig darüber hinaus. Einander mit Zärtlichkeit zu begegnen, war unser Geheimnis und tat uns beiden immer wieder gut und verband uns mit der Intensität, wie sie angesichts der Umstände möglich war. Wir waren eine Gemeinschaft, die das Leben und Überleben zu meistern hatte in gegenseitigem Einvernehmen, mit den feststehenden, seit alters her präzis eingeteilten Aufgaben, wobei die Frau die größere Last zu tragen hatte. Doch im Gegensatz zu meinen Samburu-Schwestern besaß ich vielfältige Möglichkeiten, mir das Leben in der Wildnis annehmbar zu gestalten, davon profitieren und es sogar lieben zu können.

Ein Unterschied in unserer Lebensauffasung bestand darin, dass Lpetati nur für das Heute, für den nächsten Augenblick lebte, während ich doch immer auch die nähere und fernere Zukunft im Auge behielt und mit manchen Handlungen umsichtig darauf zusteuerte. Doch ich registrierte auch, dass ich längst begonnen hatte, die Einstellung der Samburu mehr und mehr auch zu meiner zu machen und war überrascht, wie viel leichter manches dadurch wurde.

Das Leben im Busch hatte mich stark gemacht. Ich war durch eine harte Schule gegangen, die mich trotz vieler Entbehrungen und eines fast ständigen Verzichts auf Annehmlichkeiten manch Schönes und Lebenswichtiges gelehrt und reich an Erfahrung und Wissen gemacht hatte. Ich hatte dazugewonnen – auf vielen Gebieten. Und wenn alles so blieb, würde es sich weiterhin gut bei uns leben lassen, und eigentlich immer besser, weil ich ja aus der Erfahrung schöpfen konnte und sich daher gemachte Fehler vermeiden ließen. Die Zukunft sah alles in allem doch lebenswert aus, und die Neugier war immer noch da, wie auch die Lust, mein begonnenes abenteuerliches Leben zu meistern. Das beglückendste Gefühl für mich aber blieb die Liebe in Verbindung mit persönlicher Freiheit. Es gab allerdings einige Einschränkungen, da ich trotz aller Freiheit Teil einer afrikanischen Familie, einer großen Sippe war. Doch das wusste ich auszugleichen.

In Maralal

Einige Wochen war ich in Maralal geblieben, um so viel Zeit wie möglich mit Lpetati zu verbringen und ihm nahe zu sein. Ich konnte ihn seelisch aufbauen und ihm helfen, die Zeit zu vertreiben. Der Tagesablauf als Patient war dann doch recht eintönig. Wir führten viele intensive Gespräche, die mich beglückten und mir bestätigten, wie sehr wir miteinander harmonierten und uns trotz aller kulturellen Unterschiede verstanden. Jeden Tag schlenderten wir durch den staubigen Ort, immer mit vielen Pausen dazwischen, da Lpetati größeren Anstrengungen noch nicht gewachsen war und er nicht so frei und tief durchatmen konnte, wie es erforderlich gewesen wäre. Das empfand er als sehr unangenehm, besonders vor Freunden und Bekannten, war er es doch gewohnt, als ganzer

Kerl dazustehen, kraftvoll und ausdauernd. Aber ich wusste ihn zu beschwichtigen und spielte die Schwäche herunter. Allerdings bezweifelte ich, ob der feine ständige Staub, der über Maralal lag, Lpetatis Lungen guttat. Und vielleicht sollte er sich auch, wenn er wieder daheim war, in den rußigen, rauchgeschwängerten Hütten der Familie und Freunde nicht allzu lange aufhalten.

Nach wie vor nahmen die Mahlzeiten in den wenig einladenden Restaurants einen besonderen Platz ein. Wo so viele Menschen hungerten, war das Essenkönnen ein großes Glück. Früher hatte ich mir nie Gedanken darum gemacht. Es gab eben Armut in Afrika, natürlich auch in anderen Ländern und immer mehr auch in Deutschland. Aber erst hier in Nordkenia war ich mit Hunger konfrontiert worden, hier hatte ich selbst in den ersten Jahren meines Aufenthaltes gelitten und gedarbt und vor Magenschmerzen kaum geschlafen. Diese Erfahrungen hatten mich geprägt.

Ab und zu wanderte ich von Maralal aus in unser Dorf, um dort nach dem Rechten zu sehen, und oft begleitete mich Lpetati so weit, wie es ihm möglich war, denn er musste ja noch den Rückweg in die Klinik schaffen. Aber es schien ihm ein Bedürfnis, seinem Zuhause auf diese Art schon einmal probeweise wieder näher sein zu können. Ein halbes Jahr lang war er nicht mehr dort gewesen, und sein Heimweh nahm ständig zu.

Einmal setzte er sich erschöpft an den Wegrand. »In Gedanken gehe ich mit dir, ich kenne jeden Stein, jeden Baum und Strauch, so viele Jahre schon. Bald werde ich nach Hause kommen, ich werde zu Hause sein, ich werde alles wiedersehen. Schau nach den Tieren, *Chui, ol tau*, und nach der Familie. *Shomo tonobo Ngai, Chui.*«

Nur ungern verließ ich ihn da, wie er so ergeben an der Erde hockte. Es war eine große Überwindung für ihn, zurück in das Krankenhaus gehen zu müssen. Ich drehte mich oft nach ihm um, er hatte sich erhoben, war aber noch keinen Meter von der Stelle abgerückt, an der wir uns »*Lessere naa*, Auf Wiedersehen« gesagt hatten. Ich lief, einer Eingebung folgend, noch einmal das kleine Stück zu ihm zurück. Er schien gewartet zu haben. Unsere schweigende Umarmung dauerte lange. Dann lösten wir uns voneinander, beglückt, weil wir uns gegenseitig Sicherheit gaben.

Lpetati winkte jetzt, mit einer Hand, mit beiden Händen, mit einem Ast, wie es aussah, und so freute ich mich zu sehen, dass er seinen Humor nicht eingebüßt hatte. Denn mit Lpetati zusammen zu sein hieß auch, fröhlich sein zu können; wir fanden täglich Dinge, über die wir gemeinsam lachen konnten. Das liebte die große Familie an uns. »Fröhlichkeit ist eine Gabe Gottes«, hieß es. Und: »Die, die herzhaft und gern zusammen gelacht haben, bleiben vereint und werden nie wirklich voneinander getrennt werden können.«

Daran glaubte ich viel zu gern.

Unterwegs fiel mir ein, dass wir uns früher nie nachgewinkt hatten und auch die Kinder nicht, weil sie es nicht gekannt hatten. Man verabschiedete sich und ging. Oft hatte mich das enttäuscht, wenn ich noch hinterhergeschaut und auf ein kleines Zeichen gewartet hatte. Aber inzwischen drehten wir uns um und winkten wir gern einander zu, oft so lange, wie man eben noch zu sehen war.

Wildbienen

Schon beim Aufschließen der Haustür vernahm ich ein ungewohntes Summen, das ich nicht sofort einordnen konnte. Erst als ich die Tür zum Schlafzimmer öffnete, sah ich mich von Hunderten von kleinen Wildbienen umgeben, die geschäftig an mir vorbei in den Kleiderschrank hinein- oder aus ihm herausflogen. Überrascht blieb ich stehen und schaute dem regen Treiben hilflos zu. So viele Bienen und immer wieder Bienen – wie sollte ich mich in diesem Raum aufhalten oder gar schlafen können? So etwas hatte ich noch nie gesehen und es in einem einigermaßen solide gebauten Haus auch nicht für möglich gehalten. Langsam realisierte ich das Geschehen. Ich stellte meine Sachen ab, verfolgte immer wieder die summenden Insekten und lief dann hinunter zu den Familienhütten. Doch schon auf halbem Wege kamen mir viele Familienmitglieder entgegen, die mich begrüßen und sich nach Lpetati erkundigen wollten. Ich berichtete kurz und kam sogleich auf die Bienen zu sprechen. Alle rannten neugierig hinter mir her. Jeder versuchte, einen Blick in mein Schlafzimmer zu werfen, schüttelte den Kopf und bedauerte mich. Nur Baba behielt die Fassung, schickte alle Gaffer zurück und bat darum, die Ältesten der Nachbarschaft holen zu lassen.

»Setz dich«, wies er mich an, als alle gegangen waren, und zeigte auf mein Bett, »ein Haus, das sich Bienen aussuchen, ist ein gesegnetes Haus«, erklärte er dazu und kümmerte sich nicht um das Gesumme um ihn herum, »die Ältesten werden kommen, und wir werden dich segnen.«

Nur ungern blieb ich sitzen, denn auch auf dem Bett gab es Bienen und um mich herum, aber gegen Babas Worte wollte ich mich nicht auflehnen. Etwas später betraten einige Alte und Älteste den Raum und zogen wie in einer kleinen Prozession vor meinem Bett auf und ab, legten mir nacheinander die Hände auf, spien vorsichtig in meine Richtung und beteten gemeinsam mit mir. Nach jeder Bitte öffnete ich meine nach oben gedrehten Fäuste, schloss sie wieder und sagte »Ngai«. Danach entzündeten sie auf einem Stück Wellblech, einem Rest von unserem Dach, mit wenigen Holzspänen ein Feuer, öffneten das Fenster weit und hielten die qualmenden Späne dicht an den mit Honig verklebten Schrank. Behutsam öffneten sie eine der Schranktüren, so dass der Rauch in das Innere dringen konnte. Schon kurze Zeit später schwärmten die aufgebrachten Insekten hinaus, füllten den ganzen Raum aus, flogen auf die Zimmertür zu und endlich zum geöffneten Fenster. Ich saß in einer Wolke von Bienen, die mich umsummten, teilweise auf mir herumkrabbelten und benommen vom Rauch auf meine Kleidung fielen. Gestochen wurde ich nicht, obwohl die kleinen Wildbienen als angriffslustig galten und ihre Stiche sehr schmerzhaft waren. Es dauerte sehr lange, bis die meisten von ihnen den Ausgang gefunden und ins Freie geflogen waren, ohne wieder umzukehren.

Der Andrang wurde immer größer, die Bienenwolke dichter, das Gesumme intensiver, und dann bewegte sich eine lange Traube auf das Fenster zu und blieb an einem Ast in einer nahen Akazie hängen. Die Traube wurde länger und länger und breiter und breiter, und so wussten wir, dass die Königin mitten in diesem summenden, brummenden Gewusel sein musste. Damit waren wir sicher, das Bienenvolk »umgesiedelt« zu haben. Aber immer noch krochen und flogen einzelne Bienen in den Kleiderschrank. Baba hatte einen alten Koffer aufgetrieben, versah ihn an der Längsseite eilig mit einem Loch, legte einige abgebrochene Wabenstücke aus dem Schrank hinein und hängte ihn in den Baum, in der Hoffnung, die Bienen würden ihn als neue Unterkunft annehmen.

Dann warf ich einen Blick auf die Waben im Schrank und erschrak: Von der Kleiderstange bis auf den Schrankboden hingen breite Waben hinab, teilweise gefüllt mit klebrigem, milchig weißen Honig, der intensiv nach Akazien duftete. Baba machte sich an den Waben zu schaffen, brach einige Stücke ab und reichte allen Anwesenden davon. Ich war überrascht, wie gut Waben, auch wenn sie verunreinigt und voller Larven waren, schmeckten, und holte Baba einen Eimer, um die Waben einzusammeln, damit er auch den Frauen und Kindern eine Freude damit machen konnte. Ein Eimer reichte bei Weitem nicht aus.

Nach nochmaligen Gebeten und Segnungen entfernte sich Baba kurz und hievte dann einen kleinen unansehnlichen Kanister ins Haus, randvoll gefüllt mit goldgelbem Met, den er in der Nachbarschaft erstanden hatte und der von mir zu bezahlen war.

Wir alle tranken, gingen nach draußen auf die Veranda mit dem schönen Ausblick und saßen dort, fast feierlich, in den weißen Kunststoffsesseln. Irgendwann waren alle heiterer Stimmung, die Frauen und Kinder kamen zu uns herauf. Das Wabenessen und das Trinken von *maradjina* leitete ein richtiges kleines Fest ein, denn so viele Leckereien gab es nicht jeden Tag. Auf Süßes war der gesamte Clan sowieso versessen, und überall wurde der Honigernte nachgeholfen, indem man kleine hölzerne, an einem Ende verschlossene

Röhren in die Bäume hing, um den Bienen Unterschlupf zu bieten. Der Honig diente zur Herstellung von Met. Das war das einzige alkoholische Getränk, an das ich mich heranwagte, natürlich in Maßen. Das selbstgebraute, schaumige oder flockige braune Hirse- und Maisbier, das zu bestimmten Gelegenheiten angeboten wurde, mied ich konsequent. Was mich wunderte, war, dass der Honig nur sehr selten als Nahrung diente, dabei hätte er doch wunderbar zu Maisbrei gepasst und zu den dünnen Pfannkuchen. Den Kindern, die so oft an Erkältungen litten, hätte er nützlich sein können und zudem hätte er ein wenig Abwechslung in das tägliche Einerlei des Essens gebracht. Auch der Tee hätte mit Honig gesüßt werden können. Aber Tee mit Honig zu süßen, hatten Lpetati und die Kinder erst bei mir gelernt, und sie waren begeistert gewesen.

Natürlich war der Honig nicht gereinigt und nicht sehr appetitlich anzuschauen, aber das tat dem Nährwert ja keinen Abbruch. Ich nahm an, dass dem aus Honig gewonnen Alkohol mehr Liebe entgegengebracht wurde. Neben den Männern schätzten auch die Frauen den Honigwein. Meistens reichte man ihn zu besonderen Anlässen, wie feierlichen Zeremonien. Allerdings gab es auch bei uns Menschen mit Alkoholproblemen.

Tagelang hielten mich nach der Bieneninvasion die Reinigungsarbeiten in Atem. Es klebte einfach alles und überall. Manchmal war ich dem Heulen nahe, während ich mit einem kleinen Messer und diversen Lappen den süßen Belag von Wand, Fußboden, Fenster, etlichen Textilien und vor allem vom Holz des Kleiderschrankes kratzte. Es war in dieser Verfassung schwer, dankbar dafür zu sein, dass sich etliche Bienenvölker in unserer Gegend aufhielten. Nachdem ich mich etwas erholt hatte, betrachtete ich aber Bienen wieder mit wohlwollenden Augen.

Lieben Geparde Musik?

An einem Spätnachmittag hatte ich ein wunderschönes Erlebnis. Nachdem einige Besucher gegangen waren, saß ich auf unserer Veranda, spielte Gitarre und sang dazu. Als ich eine kleine Pause einlegte und mich umsah, entdeckte ich, höchstens zwanzig Meter entfernt, einen jungen Geparden. Er duckte sich hinter einem trockenen Lokiteng-Strauch. Der lang gestreckte Hals sah hervor und die helle Schwanzspitze schlug in gleichmäßigen Abständen hin und her. Neugierig beobachtete er mich und hatte wahrscheinlich schon eine Zeit lang dort gesessen. Überrascht hielt ich in meiner Bewegung inne, um ihn nicht zu erschrecken. Angst hatte ich nicht, denn ich saß gleich neben der geöffneten Haustür, hinter der ich, im Fall eines Falles, Schutz finden würde. Mit leiser, ruhiger Stimme sprach ich das Tier an. Es zuckte nur kurz zurück, wartete lauernd, und nahm dann wieder die vorherige Position ein. Mein Herz klopfte vor Freude über diese unerwartete Begegnung. Geparde mochte ich besonders gern, liebte ihre eleganten Bewegungen und auch das, was ich über sie wusste.

Als einige Schulkinder zu mir heraufkamen, lachend und lärmend, verschwand das hübsche, überschlanke Tier geschickt in der Schlucht hinter unserem Steingarten. Nur einige Male sah ich noch ein wenig von dem hellen, gepunkteten Fell blitzen. Ich bedauerte die Störung durch die Kinder und hätte sie am liebsten unter einem Vorwand wieder fortgeschickt, um den Geparden weiter beobachten zu können. Auf jeden Fall wollte ich in den nächsten Tagen zur gleichen Zeit noch einmal auf der Veranda sitzen und musizieren, um unbedingt herauszufinden, ob das hübsche Tier wiederkäme und sein Auftauchen so dicht am Haus ein Zufall gewesen war, ob es die Tränke hinter dem Haus aufgesucht oder ob es vielleicht die Musik neugierig gemacht hatte.

Zwei Tage später wiederholte sich das Schauspiel. Nachdem ich bereits eine ganze Weile auf der Veranda musiziert und die Umgebung dabei in Augenschein genommen hatte, gewahrte ich eine Bewegung hinter den Büschen. Der Gepard! Wieder hockte er in gebührendem Abstand ruhig im trockenen Gras und beobachtete mich. Und wieder sprach ich ihn mit leiser Stimme an. Er schob sich daraufhin geschmeidig ein paar Meter zurück, blieb stehen und setzte sich. Im Dämmerlicht sah ich sein schönes Gesicht, durch die zwei dunklen Streifen einer Fetischmaske ähnelnd. Mich überkam ein Glücksgefühl, und ich konnte nicht wegsehen, was natürlich auch nicht angebracht gewesen wäre. Immerhin hielt ich Blickkontakt mit einem Raubtier, ohne diesem direkt in die Augen zu sehen. Ich war froh, dass keine Besucher zugegen waren. Und vor allem freute ich mich, dass unsere beiden Hunde nicht bei mir auf der Veranda oder im Garten lagen, wahrscheinlich hätten sie unablässig gebellt oder geheult und den Geparden eher herbeigelockt als vertrieben, denn auf Grund ihrer Körpergröße waren sie eine geeignete Beute für ihn.

So blieb das Erlebnis vom Besuch eines Geparden mein Geheimnis. Ich hatte nicht vor, jemandem davon zu berichten, außer Lpetati vielleicht. Aus Angst, dass eine oder mehrere Ziegen und Schafe Opfer des Raubtieres werden könnten, hätte die Familie gezielt Jagd auf die wunderschöne Großkatze gemacht.

Einige Male habe ich den jungen Geparden noch gesehen; dann hatte ich eines Tages den Eindruck, als kämen zwei Geparden immer wieder auf unser Grundstück. Eine hohe Hecke oder ein hoher Zaun bedeuteten für sie kein Hindernis. Sie waren ausgezeichnete Springer und Kletterer, wendig und schnell.

Die Konfrontation mit wilden Tieren bedeutete für mich das wahre Afrika. Die Erlebnisse mit ihnen gehörten zu den schönsten Begebenheiten, die es auf diesem Kontinent gab.

Außer der grazilen Raubkatze hatte ich noch eine aufregende Entdeckung gemacht. Auf dem hinteren Teil der Veranda hatte ich einige Bretter hochkant gelagert, um demnächst die Rückseite zum Garten hin damit verkleiden zu können. Und hinter diesen Brettern hielt sich neuerdings ein Waran versteckt! Zunächst hatte ich erschreckt reagiert und war ins Haus gelaufen, hatte vorsichtig aus dem Fenster geschaut und war dann wieder, bewaffnet mit Pfefferspray, für alle Fälle, langsam zu den Brettern gegangen. Der Waran duckte sich ängstlich, und jetzt erst sah ich, dass er doch größer war, als ich angenommen hatte, obwohl es sich offensichtlich um ein junges Tier handelte. Ich war unsicher, wie ich mich verhalten sollte, weil ich zu wenig über Warane wusste. Zwar hatte ich schon ab und zu Warane gesehen, auch an der Küste, aber dieser hier schien einer anderen Spezies anzugehören. Manche Warane waren Fleischfresser, andere plünderten Gelege von Vögeln. Fast jeden Tag schaute ich nach ihm und ließ ihn in Frieden, hoffte aber, dass spätestens, wenn ich die Bretter brauchte und entfernte, er sich einen anderen Platz zum Ausruhen suchen würde. Immerhin ließ ich besondere Vorsicht walten, und die Veranda schien mir momentan nicht der geeignete Aufenthaltsort zu sein. Wie würden Gepard und Waran wohl reagieren, wenn sie sich begegneten?

Bei meinem Besuch in der Klinik erzählte ich Lpetati, dass ich einen Geparden gesehen hatte, verriet ihm aber nicht genau, wo und erwähnte auch den Waran nicht. Lpetati schien ein wenig besorgt, aber wohl mehr um unsere Tiere als um mich. Er trug mir auf, die Schafe und Ziegen früh genug vor der Dämmerung in den Pferch zu bringen. »Es wäre schlimm, wenn eines unserer Tiere gerissen würde. Am liebsten würde ich mitkommen nach Hause. Und pass auf die Hunde auf!«

Ich versprach ihm, alles Notwendige zum Schutz der Haustiere zu tun, und erinnerte mich daran, wie bestürzt Lpetati gewesen war, als sein Lieblingshund einem Raubtier zum Opfer gefallen war. Er hatte den kleinen hellbraunen Welpen eigenhändig aufgezogen und sehr an ihm gehangen. Und auch der Hund hatte eine erstaunliche Liebe zu Lpetati entwickelt. Seinen vierbeinigen Freund zu verlieren, hatte ihn sehr getroffen, lange hatte er unter dem Verlust seines Hundes sehr gelitten. Bald danach waren wieder zwei Hunde ins Haus gekommen. Aber der erste »Simba-ya-Simba« war unersetzlich geblieben, obwohl ein zweiter Hund gleichen Namens besonders gelehrig und anhänglich war, doch er blieb zu Lpetatis Enttäuschung nur auf mich fixiert.

Um Lpetati ein wenig von seiner Traurigkeit abzulenken, brachte ich die Rede wieder auf den Geparden. »Es müssen zwei sein«, sagte er, »ich glaube, ich kenne sie, denn ich habe sie schon zusammen mit Makaio oberhalb der Hyänenhöhlen gesehen. Wir nehmen an, dass es Brüder sind, vielleicht noch zu jung, aber irgendwann werden sie sich auf die Suche nach einem eigenen Revier machen. Du magst sie, ich weiß, die Geparde und die Leoparden. Vielleicht mögen sie dich auch, dann bist du fein raus.«

Obwohl das Leben in der Wildnis so nah mit Tieren verbunden war, wunderte ich mich, dass die Liebe oder zumindest das Verantwortungsgefühl jenen Haustieren gegenüber, wie Hunden, Katzen und Hühnern, bei den Samburu allgemein nicht sehr ausgeprägt schien, denn die Tiere wurden nicht einmal regelmäßig gefüttert – im Gegensatz zum Milchvieh – und leider auch nicht ausreichend mit Wasser versorgt, obwohl sie als Wächter, Kammerjäger und Eierlieferanten willkommen waren. Es hatte mich seinerzeit sehr geärgert, dass ich keinen der von mir mitgebrachten Trinknäpfe für die Kleintiere bei den Hütten entdeckt hatte, obwohl ich mit gutem Beispiel vorangegangen war. Außer unserem Napf fand ich die anderen Gefäße aus Plastik später im Haushalt einer Cousine. Immerhin begeisterten sich die Kinder daran, den Tieren das von mir ausgehändigte Futter zu verabreichen, denn die Tiere kamen herangestürmt, umstanden die Kleinen und ließen sich auch vereinzelt streicheln. Bei uns am Blockhaus blieben die Haustiere meist auf Tuchfühlung, folgten mir oft Schritt auf Schritt, schliefen unbekümmert vor dem Eingang, betraten auch einmal neugierig die Räumlichkeiten, blieben irgendwo im Garten und bei Regen sogar auf der überdachten Veranda oder im Badehäuschen. Ihr Futter nahmen sie in Ruhe auf, ebenso das Wasser. Hunde und Katzen ließen sich sogar mit einem enggezinkten Kamm Ungeziefer und Verfilzungen auskämmen und das Fell kraulen. Kein Tier rannte davon, wenn ich mich näherte, sie kamen sogar schwanzwedelnd oder miauend auf mich zu. Das war bei den meisten Familienmitgliedern nicht der Fall, da sie dort kaum liebevolle Behandlung genossen.

Endlich Regen

Als Mitte März nach langer Zeit die ersten heftigen Regenschauer über unser Hochtal hereinbrachen, wurde ich der Wassermassen kaum Herr. In zwei Nächten schoss das schlammige Wasser den Hang hinunter auf unser Haus zu, floss unter der Küchentür hindurch quer durch die Räume und zum Kaminzimmer und nur langsam wieder hinaus. Ich stand in einem regelrechten Bach mitten im Haus und versuchte, mit Eimer und Besen das Abfließen des Wassers zu beschleunigen. Es war unheimlich. Die Petroleumlampen flackerten, in dem Bach trieben Mäuse und eine Schlange, sogar ein noch kleinerer Waran als der, der sich öfter auf der Veranda aufhielt, und viele Käfer. Und dann gingen auch noch schwere Gewitter nieder. Für Bruchteile von Sekunden erhellten die Blitze durch die geöffneten Türen das Haus, spiegelten sich auf dem nassen Fußboden, und die Donner krachten und hallten von den Bergen wider. Gewitter fürchtete ich nur hier, denn unser Haus lag hoch, hatte ein Dach aus Metall, und durch Regenrinnen und Tanks war überall Wasser, drum herum und nun auch im Innenraum. Unser Haus hatte immer noch keinen Blitzableiter, da der erste schon vor dem letzten Gewitter gestohlen worden war. Da hatte wohl irgendjemand Draht gebraucht und ihn einfach entwendet, ohne zu wissen, was er damit anrichtete. Lpetati hatte nie etwas davon verstanden. Für ihn schlug der Blitz sowieso nur bei bösen Leuten ein oder traf sie tödlich, besonders wenn sie Vieh gestohlen hätten. »Ngai straft damit«, hatte er mir versichert, »gute Menschen haben nichts zu befürchten.«

Die nächsten Nächte – seltsamerweise goss es zurzeit nur des Nachts – bekam ich wenigstens Verstärkung beim Schöpfen des Wassers durch zwei meiner Schwäger und Cousin Langis. Erst nach zwei Wochen ließen die Regenfälle nach. Am Himmel schwammen nur noch leichte Schleierwolken, die sich gegen Mittag auflösten und einem endlos strahlenden Blau Platz machten. Die Luft nach dem Regen war satter, frischer und kühler, fast als wäre sie gewaschen und gefiltert worden. Menschen und Tiere beglückte das Nass, sie profitierten alle gleichermaßen, die einen vom nachwachsenden Grün, die anderen von der Vorfreude auf eine baldige Ernte von Feldfrüchten.

Die Arbeit auf den Äckern würde in absehbarer Zeit beginnen, und es tat gut und weckte große Zuversicht, wenn überall gegraben, gehackt, gepflanzt und mit trockenen Sträuchern gegen Verbiss durch Haus- und Wildtiere gesichert wurde. Besonders gefiel mir dabei, dass Frauen und Männer gleichermaßen die Äcker bestellten. Diese Arbeit hatte bei dem vormaligen Nomadenvolk keine Tradition, und so ließen sich die Aufgaben ungestört verteilen.

Obwohl Feld- und Gartenbestellung wichtig waren, stand für mich fest, dass das Zementieren von Fußboden und Wänden sowie das Anbringen von erhöhten Stufen vor den beiden Außentüren Vorrang haben musste. Noch einmal würde die Substanz und das Mobiliar, das zum Trocknen auf der Veranda lagerte, solche Nässe nicht vertragen können. Der gestampfte Fußboden war das Schlimmste. Er war eine einzige rutschige rötliche Schlamm-Masse, die bei jedem meiner Schritte überall ihre Spuren hinterließ und an den Schuhen klebte. Sie ließ sich nur mühsam entfernen.

Da das Lagern von Zement Probleme bescherte, besorgte ich zunächst in Maralal alles Notwenige für die Feldbestellung, denn bei den harten Böden hatten viele Gerätschaften sehr gelitten. So kaufte ich mehrere Spaten, Hacken und Harken für die Vorbereitung der Ackerflächen. Neuerdings konnte man auch von den italienischen Missionaren in Maralal einen Traktor mit Pflug kommen lassen, hatte ich gehört. Aber dann erfuhr ich, dass es bei ihnen schon eine lange Warteliste gab und man nie wissen konnte, wann der Traktor endlich kommen würde. Dadurch verlor man kostbare Zeit, außerdem würde es teuer werden, die Maschinen für uns und alle Nachbarn und Freunde arbeiten zu lassen. Deshalb verzichtete ich darauf, auch wenn es mich selbst hart traf.

Die Wassertanks am Haus liefen über, und ich verbrachte viel Zeit damit, das frische, weiche Regenwasser in leere Flaschen und andere Behälter zu füllen, um nichts von dem kostbaren Nass verloren gehen zu lassen. Meine Schwägerinnen und Nachbarinnen (kein Mann!) kamen nach meiner Aufforderung dazu, um Trinkwasser zu holen und dieses in den vierhundert Meter entfernten »Familientank« zu schütten, beziehungsweise nach Hause zu tragen. Aber niemand von ihnen besaß genügend Gefäße, allenfalls einen Eimer, eine Schale, aber die wurden für alles Mögliche, vom Kinderbaden über Abwasch bis zum Melken benutzt. Und irgendwie waren von mir gestiftete Behälter immer schnell verschwunden oder machten die Runde bei Verwandten, Nachbarn oder Freunden. Die Krieger nahmen sie mit, wenn sie fernab des Dorfes das Vieh hüteten, und manchmal wurden sie auch gegen andere Dinge eingetauscht.

Leider konnte man bei der bestehenden Bauweise der aus Kuhdung und Erde gefertigten ovalen, nur mannshohen Hütten der Samburu keine Regenrinnen anbringen.

Die Frauen aus der Familie und der Nachbarschaft waren sehr dankbar, dass sich ihre täglichen Wege, um Wasser herbeizuschleppen, auf so wunderbare Weise, zumindest vorübergehend, verkürzt hatten. Sie lachten und schwatzten, brachten ihre Kinder mit, und oft tranken wir den *chai* bei mir zusammen. Endlich konnte ich mich wieder großzügig zeigen, und das tat mir gut, denn auf vielfältige Weise stand ich den Frauen aufgrund ihrer Lebensbedingungen sehr nahe und war froh, wenn ich ihre nicht rosige Situation ein wenig verbessern konnte. So hart zu arbeiten, unter oft unerfreulichen Gegebenheiten, und das ohne Murren und mit einem Gleichmut, der mich immer wieder überraschte, verdiente, belohnt zu werden. Und ein größeres Geschenk als sauberes Wasser gab es nun einmal nicht. Viele Frauen umarmten mich dankbar mit selbstgefertigten Ketten und Armbändern.

Allerdings hatten wir auch etliche Mückenarten und mir unbekannte größere Wasserkäfer entdeckt, und ich wusste nicht, wie sie in den Tank hineingekommen waren. Ihrer Vermehrung vorzubeugen, erforderte zusätzlich viel Arbeit und Aufmerksamkeit. Es dauerte ein wenig, aber dann schimmerte das Wasser wieder klar, war frei von Mückenlarven und Käfern und verhieß nur Gutes.

Einmal waren sogar zwei Ratten in einen Tank gelangt und darin ertrunken, und es hatte mich sehr geekelt, sie zu entfernen.

Viele fleißige Helfer hatten auf mein Geheiß inzwischen damit begonnen, in einem weiten Bogen um das Blockhaus und den Hausgarten herum tiefe Gräben anzulegen, damit künftige Regenfluten umgeleitet und nicht wieder in die Räume laufen konnten. Es waren viel mehr Arbeitskräfte gekommen, als ich beschäftigen konnte, weil sie wussten, dass ich sie auch für kleine Handreichungen bezahlte. Um nicht entscheiden zu müssen, wer nicht dabei sein sollte, fragte ich immer nach dem Sprecher der Gruppe (den gab es fast in allen Bereichen) und überließ ihm die Auswahl. »Ihr kennt einander besser, als ich euch kenne«, hatte ich meinen Entschluss begründet, »und, wenn ihr euch einig seid, lasst alle etwas tun oder wechselt euch ab. Dann kann jeder etwas verdienen.«

Manchmal wunderte ich mich selbst über meine Einfälle, um aus schwierigen Situationen herauszukommen. Das war etwas, das mir sehr an meinem Leben in Afrika gefiel. Vieles war nicht einfach, aber immer irgendwie machbar. Ich wuchs an den Anforderungen und Aufgaben, und das war eine wunderbare Erfahrung und zeigte mir, wozu ich in der Lage war, ohne es vorher zu wissen.

Die von mir geplanten Arbeiten am und im Haus musste ich sehr genau, oft mittels einer Zeichnung, erläutern und deren Ausführung überwachen. Dazu war viel Fingerspitzengefühl nötig, damit sich die Männer nicht bevormundet oder gar beobachtet fühlten. Für sie war es schon ein großer Schritt, den Wünschen einer Frau entgegenzukommen. Dass ich eine Weiße war, erleichterte diesen Schritt natürlich. Immerhin hatte ich inzwischen festgestellt, dass einige Männer auch den Rat ihrer Ehefrauen befolgten, sofern es sich um häusliche Angelegenheiten oder die Kinder drehte. Das war ein erfreulicher Aspekt. Vielleicht lockerte sich hier und da ja das eingefahrene Verhaltensmuster, das bis jetzt die Frauen hatte eher unmündig erscheinen lassen. In den langen Jahren meines Aufenthaltes in Afrika war doch, wenn ich genau hinsah, einiges schon im positiven Wandel begriffen.

Auch eine weitere Feststellugn bereitete mir Freude: Waren viele meiner Helfer auch nicht bewandert in für mich alltäglichen Dingen, wussten sie sich zu helfen und die Not machte sie erfinderisch. Afrikaner waren die geborenen Überlebenskünstler, entwickelten größte Kreativität auf einfachstem Niveau und konnten damit überraschen und vieles industriell Gefertigte in den Schatten stellen. Manche ihrer »Erfindungen« waren liebevoll im Detail und so einfach zu bedienen, dass es erstaunte.

Ungewöhnliche Arbeitsunterbrechung

Eine Überraschung gab es, als einige junge Krieger mir halfen, aus einer nahegelegenen Schlucht feinen Quarzsand für das Zementmischen zu holen. Mit ihrer Hilfe brachte ich zwei alte Schubkarren auf Vordermann und befestigte Stricke daran, damit man die schwere Last besser den Hang zu uns hinaufzuziehen konnte. Aber schon nach zwei Sandladungen kamen die Männer aufgeregt und verängstigt und ohne Sand und Schubkarre zurück. »Eine Kobra«, riefen sie durcheinander, »eine riesige Kobra bewacht den Sand!«

Sie schilderten das Aussehen der Schlange mit wilden Gesten, deuteten die Länge des Reptils unterschiedlich an, und Angst stand in allen Gesichtern. Die Gegend wurde fortan gemieden und meine Bau- und Veränderungswünsche teilweise merkwürdig interpretiert, weil man davon überzeugt war, dass Ngai die Kobra geschickt hatte. Und da kam auch wieder die Rede auf Lpetatis »Zwilling«, der angeblich Schlangen beeinflussen konnte.

Das waren Momente, in denen ich mich höchst gefordert fühlte, aber auch unsicher war und besser meinem Instinkt folgte, der mich warnte. Mit so viel Mystik konnte ich nur schwer umgehen. In solchen Situationen wünschte ich mir Großvaters Gegenwart und klärende Gespräche mit ihm, denn seine Souveränität hätte über allen Anspielungen gestanden. Je öfter ich darüber nachdachte, umso unwirklicher erschien mir Babus Zuneigung. Diese Verbindung war immer noch da, ich spürte es einfach.

Es dauerte lange, bis ich die Schubkarren zurückbekam, denn für längere Zeit wagte sich niemand an die Stelle, an der angeblich die Kobra wachte. Ich hatte mich überwunden und zweimal den Versuch gestartet, die Schubkarren allein zu holen, aber sie waren von der steilen Böschung abgerutscht und noch einige Meter tiefer auf einem Vorsprung über dem Bachbett in Schräglage hängen geblieben. Allein würde ich es nicht schaffen, sie heraufzuziehen. Bei meinen Vorhaben war ich neugierig beobachtet und auch dafür bewundert worden, dass ich überhaupt dorthin ging. Alle anderen blieben jedenfalls in angemessener Entfernung stehen.

Und dann bekam ich selbst Angst. Das erste Mal in meinem Leben entdeckte ich auch eine Kobra, und wie es mir schien, hatten die Männer, was die Größe des Reptils anging, nicht einmal übertrieben. Die Kobra hatte sich aber nicht in Warnstellung befunden und auch nicht den Kopf mit der charakteristischen Verbreiterung erhoben. Sie schien sich sehr sicher und dort wirklich zu Hause zu fühlen.

Als kurz darauf Baba und meine Schwäger von der Spur einer Felsenpython gleich hinter unserem Haus berichteten, befand ich mich doch ein wenig in Sorge. Ich folgte ihnen und war erstaunt über die Breite der Schleifspur. Es sah fast aus wie die Abdrücke von Autoreifen mit einem guten Profil.

Woher diese vielen Schlangen? Schwarze und Grüne Mambas,

eine Kobra, eine Felsenpython, das war ungewöhnlich. Lag es an der Jahreszeit, an den klimatischen und räumlichen Bedingungen und dem Futterangebot, dass sie vermehrt in unmittelbarer Umgebung des Hauses auftraten? Ich nahm mir vor, die Gegenwart der Schlangen nicht überzubewerten. Es war nun einmal ihr Lebensraum, sie gehörten eher hierhin als ich.

Inzwischen wurde der Sand mit Eimern von der gegenüberliegenden Bergseite geholt, ein mühevolles Unterfangen. Auch einige Frauen hatten sich angeboten, jeden Tag etwas Sand zu bringen als Gegenleistung für das Wasser, das sie bei mir hatten holen dürfen.

Es war gut, die Arbeiten am Haus in Lpetatis Abwesenheit auszuführen, denn durch das Ausräumen der Möbel und Abhängen der Wanddekorationen und Regale sah es sehr ungemütlich bei uns aus, überall stand etwas störend herum. Zudem wollte ich ihn bei seiner Rückkehr mit renovierten Räumen überraschen, denn auf das Haus war er sehr stolz. Für mich bedeutete die Renovierung ein Schritt mehr hin zur Normalität, die ich gewohnt war, für Lpetatis Empfinden hingegen war sie eine nicht so wichtige Verbesserung, deren Nutzen er nicht wie ich zu schätzen wusste. »Gemütlichkeit« ließ sich für ihn nicht interpretieren. Für ihn bedeutete ein Haus, eine Hütte, in erster Linie ein Platz zum Schlafen, Essen und Beieinandersitzen – und das konnte man ohne Komfort ebenso, Hauptsache, es regnete nicht herein, Brennholz war da und es gab die Feuerstelle zwischen zwei mit Kuhhäuten ausgelegten, einander gegenüberliegenden Schlafstellen.

Zunächst zementierten meine eifrigen Helfer die Wände, aber immer wieder musste ich eingreifen. Sie betrachteten die Arbeit mehr als ein Spiel, lachten und schwatzten dabei und klatschten den Zement unterschiedlich dick an die Wand, sparten hier und da Flächen und die Ecken aus. Sie waren ganz überrascht, dass man den Zement sorgfältig auftragen und sehr gleichmäßig verteilen und auch glatt streichen musste. Das von mir angestrebte präzise Arbeiten verdarb ihnen ihre gute Laune. Sie verstanden nicht, dass ich unzufrieden war und fühlten sich gekränkt. Das hatte ich auch bei Lpetati des Öfteren festgestellt. Er half mir gern, konnte es aber nicht vertragen, wenn ich seine Arbeit nicht nur lobte, sondern auch, wenn es angebracht schien, kritisierte und Verbesserungsvorschläge machte. Dabei blieb ich stets freundlich und ging diplomatisch vor.

Beim Herstellen des Estrichs für den Fußboden gab es noch mehr Schwierigkeiten. Irgendjemand hatte behauptet, zuerst müssten Steine in das Haus gebracht und auf dem Boden verteilt und dann der Zement darübergegossen werden. Ich hatte es nicht sofort mitbekommen und noch ehe ich es verhindern konnte, waren sie losgezogen und hatten die Zimmer mit Gesteinsbrocken gefüllt. Ich konnte es nicht fassen. Natürlich waren die Helfer sehr beleidigt, als ich verlangte, dass alle Steine wieder entfernt werden sollten. Zwei von ihnen gingen sogar fort und kamen auch auf Bitten nicht zurück. Den Dagebliebenen erläuterte ich die Handhabung von Stahlbaumatten, die ich eigens durch Freunde in Nairobi hatte besorgen lassen und die schon hinter dem Haus auf ihren Einsatz warteten. Auf dem leergeräumten Boden ließ sich mit den Baumatten viel besser ein einigermaßen glatter, nicht gleich brüchig werdender Fußboden aus Zement erstellen. Es dauerte lange, bis mir die Männer folgen konnten. Sie gaben sich den Anschein, als verständen sie, was ich vorhatte. Aber erst als ich einen gelernten Handwerker engagieren konnte, der Erfahrung mit dieser Baumattentechnik gesammelt hatte und das bestätigte, wurde mir und ihm geglaubt, dass der Fußboden ohne eine dicke Gesteinsschicht viel besser und haltbarer zu zementieren war und vor allem später keine Risse aufwies. Nach einigem Unschlüssigsein und Abwägen, ob die Männer weitermachen sollten, bekam ich doch noch meinen gewünschten, glatten Estrich.

Ausgelacht worden war ich, als ich einen Kaminsims gemauert haben wollte. »Wie soll denn so was gehen? Das hält doch gar nicht!«, wurde argumentiert. Ich erläuterte den Männern, wie man vorzugehen hatte, um eben waagerechte Dinge aus Zement herzustellen, die später nicht auf einer Unterlage standen und doch hielten. Sie ließen sich auf meine Verantwortung darauf ein und waren hinterher hellauf begeistert, dass sie »eine Art freistehende Bank« über dem Kamin hatten anbringen können und verlangten sogar, dass ich weitererzählen sollte, wie gut sie das gemacht hatten.

Nach einigen Tagen waren alle Arbeiten so weit vorangeschritten, dass ich die Wände streichen konnte. Da dies sorgfältig zu geschehen hatte, tat ich es lieber allein. Zudem machte es mir Spaß, das Haus, das mehr das meine als das Lpetatis war, zu verschönern, und hatte das beruhigende und erhebende Gefühl, ich schaffte etwas Bleibendes für mich.

Bald erstrahlten die Innenwände in einem warmen Vanillegelb. Für die Böden hatte ich, ebenfalls mit Hilfe meiner Freunde in Maralal, Linoleum in einem hellen Kachelmuster erstanden. Ich plagte mich mit dem Zuschneiden und Verlegen, aber dann machte mich das Ergebnis glücklich. Das Haus wurde sicherer und wohnlicher. Ich fühlte mich wohl und war voller Tatendrang. Aus einer Laune heraus und weil noch Zement übrig war, entstand ein Toiletten- und ein Badehäuschen mit hölzerner Fassade. Keine Toilette zu haben, war nicht immer einfach für mich gewesen, besonders, wenn es draußen dunkel war, es in Strömen goss, Wildtiere herumstreunten oder ständig Besucher sich bei uns aufhielten. Und natürlich brachte das Waschen in einem eigens dafür vorhandenen Raum viele Vorteile. Nun konnten wir uns besser bewegen als in der engen Küche, in der wir uns sonst gewaschen hatten, oder auch hinter dem Haus im Freien, und ich musste jetzt nicht mehr erst Ausschau nach Neugierigen halten, bevor ich mich zum Waschen entkleidete. Zudem konnte ich Schalen und Wanne unbesorgt stehen lassen, Handtücher, Waschlappen, Nagelbürste, Seife und einen Spiegel unterbringen, ohne immer alles gleich wieder wegräumen zu müssen. Zwei verständige Handwerker hatten mir diesmal geholfen, was ich besonders beim Bau der Toilette zu schätzen wusste. Allein das tiefe Ausschachten hatte einige Tage gedauert.

Die Fenster schmückten inzwischen hellgrüne, duftige Übergardinen mit Sonnenblumen darauf. Den Stoff hatte ich auf dem

Markt in Maralal bei somalischen Händlern entdeckt und in mühevoller Handarbeit umsäumt und genäht. Provisorische Gardinenstangen, einigermaßen glatte Stöcke, dienten zur Aufhängung. Lpetati reagierte später so darauf: »Du hängst Stoff ans Fenster? Wozu? Der wäre doch viel besser für ein *nguo*, ein Wickeltuch, für mich oder für andere in der Familie!«

Bei dem befreundeten und genialen Tischler John in Maralal hatte ich einige Kleinmöbel in Auftrag gegeben: Praktisches und zugleich Schmückendes für die Küche, das Schlaf- und Kaminzimmer, wie Arbeitstisch, Bücherregale und zwei Kommoden. Ich war glücklich! Nun besaß ich endlich, wenn auch mit einigen Abstrichen, ein gemütliches Heim am Äquator!

Das Einzige, was mir bei uns in Nordkenia nicht daran behagte, war die früh hereinbrechende Dunkelheit. Gegen sechs Uhr am Abend überkam mich immer eine gewisse Unruhe, und ich überprüfte, ob die Taschenlampe funktionierte, ob sich Kerzen und Streichhölzer an ihrem üblichen Platz befanden, ob Petroleum bereitstand, die Glaszylinder einigermaßen klar und nicht verrußt waren und das Kaminholz griffbereit lag. Noch vor sieben Uhr war es bereits stockfinster. Es gab sonst keine Lichtquellen, nicht im Haus und auch nicht außerhalb. Und es beschlich mich manchmal doch ein Gefühl der Unsicherheit, wenn es Geräusche gab, die ich nicht sofort zuordnen konnte, und Licht fehlte, um nachsehen zu können oder wenn noch Besucher auftauchten, die ich wegen der Dunkelheit nicht gleich erkennen konnte.

Der Mond zeigte sich erst viel später, dann aber so nah und schön, wie es nur der Mond in Äquatornähe und in der großen Höhe, auf der wir uns befanden, sein konnte. Mondhelle Nächte entschädigten für vieles und lockten uns manchmal noch auf die geschützte Veranda. Der Sternenhimmel war unvergleichlich und schien zum Greifen nahe. Dazu kam die Stille, die aber lebte von Tierlauten und einem leisen Wind, der die Blätter und Gräser rascheln ließ. Sonst störte nichts in dieser Einsamkeit.

Passend zu all dem Schönen, Erfreulichen hatte sich auch die Landschaft um mich herum vorteilhaft verändert, wie jedes Mal nach ausgiebigen Regenfällen. Es war immer wieder ein Wunder, wie schnell sich die Erde in ein buntes Paradies verwandeln konnte und die trockene, lebensfeindliche Umgebung in mannigfaltige Grünschattierungen tauchte, über denen neue, würzige und zarte Duftwolken schwebten. Ein buntes Blütenmeer in verschwenderischer Üppigkeit deckte vormals staubige, ausgelaugte, brüchige Flächen zu, und schmückte geheimnisvoll die Umgebung des Blockhauses.

Da ich so große Freude am Gesang der Vögel hatte und es hier bei uns so viele wunderschöne exotische Sänger gab, für die aber, abgesehen von der Regenzeit, oft kein Wasser zur Verfügung stand, mauerte ich aus dem Rest Zement und einigen Steinen eine Vogeltränke. Einige Zuschauer hielten mich deshalb für ein bisschen merkwürdig. Das war ihnen deutlich anzusehen. Aber als dann die ersten gefiederten Exemplare kamen, tranken und badeten, liefen sie alle herbei, um den Vögeln zuzuschauen und hielten ihre Begeisterung nicht zurück.

Einige Kinder riefen mich aufgeregt an die Tränke, um mir zu sagen, dass sogar Bienen Durst hätten und »richtig Wasser trinken«. Viele Insekten versammelten sich nun bei uns, seltsame große Käfer, allerhand Kleingetier und immer wieder Vögel. Aus der Umgebung liefen auch Hunde und Katzen zusammen, und sehr oft musste das kleine geschwungene Becken mit Wasser aufgefüllt werden, da es ausgetrunken, stark verunreinigt oder einfach beim Baden der Gefiederten leer geworden war.

Dass mich die Tiere so gern aufsuchten und auch liebten, wie es die Familie auslegte, sorgte für allerhand Spekulationen, die aber allesamt zu meinen Gunsten ausfielen. Natürlich ging es den Tieren in erster Linie um Trinkwasser, Futter und auch Streicheleinheiten, aber das sah die Familie nicht so. Für sie gab es da ein Geheimnis um mich. Und natürlich beließ ich es dabei, denn das verlieh mir einen gewissen Schutz.

In Misskredit brachte mich hingegen, dass ich Reiskörner vor dem Haus und neben der Vogeltränke und auch Küchenabfälle verteilt hatte. Dabei hatte es sich um Reis gehandelt, in dessen Packung sich kleine schwarze Rüsselkäfer eingenistet hatten. Einige Vögel, besonders die Glanzstare, waren sofort in Scharen gekommen, und Tausende von geschäftigen Ameisen hatten Reiskorn um Reiskorn den Hang zu ihrem Bau geschleppt. Es war faszinierend, ihnen zuzuschauen. Aber dass ich Dinge, die man noch nach Meinung einiger Leute selbst essen konnte, verfütterte, stieß auf Ablehnung.

Noch einmal Shanzu

Lpetatis Genesung machte erfreuliche Fortschritte, und so wagte ich mich noch einmal in den Südosten. Es blieb mir auch nichts anderes übrig, denn es standen immer noch einige Rechnungen der Klinik aus, die ich noch nicht hatte bezahlen können, weil so viele unvorhergesehene Arbeiten am Haus nötig geworden waren.

Schon bald bekam ich einige Musikaufträge im nahen Hotel und passte mich schnell wieder dem Rhythmus der Küste an. Die sonnigen, heißen Tage versanken im Staub der unbefestigten Wege. Dankbar genoss ich das Flair der vom nahen Ozean geprägten Orte und mein schmuckes Häuschen, eben mein besonderes Afrika.

Der kleine Garten war sah ordentlich aus; er war meine ganze Freude, und ich war dem *mzee* überaus dankbar. Der Alte hatte sich offensichtlich viele Stunden abgemüht, obwohl es ihm immer schwerer fiel. So übernahm ich nun wieder die Gartenpflege, ohne aber den Alten davon auszuschließen und dadurch zu beleidigen. Mit ihm freute ich mich über jeden Busch, jede Blume. Nachbarn erbaten sich kleine rote *pilipili* (Chilischoten), die so scharf waren, dass ich sie nicht verwenden konnte. Wenn ich nur eine ganz kleine rote oder noch grüne Schote zu den Tomaten und den

Paprika in den Gemüsekorb legte, hatten diese bereits in kürzester Zeit den Chiligeschmack angenommen. Da der Alte die *pilipili* seinerzeit gepflanzt hatte, ließ ich ihm einige Schillinge für den »Verkauf« zukommen und stellte es ihm auch frei, die Chilischoten selbst zu veräußern. In Wirklichkeit verschenkte ich die Früchte nur, gab ihm aber Geld dafür. Eine besondere Leckerei waren die grobschaligen, grüngelben Limonen, deren intensiver Duft Haus und Garten erfüllte, und nach wie vor die herrlichen Papayas.

In der hintersten Gartenecke hatten sich während meiner Abwesenheit zwei wunderschöne Sträucher mit filigranem Blattwerk entfaltet, die ich goss und pflegte. Zunächst dachte ich, der *mzee* hätte sie dort gepflanzt, aber als ich mich dafür bedankte, schüttelte er den Kopf. »Sie sind von allein gewachsen«, sagte er. Die Freude darüber trübte mein erst kürzlich aus Süddeutschland hergezogener Nachbar Otto, der mich fragte, ob ich wüsste, was da wächst.

»Keine Ahnung – aber das Blattwerk ist so hübsch.«

»Ja, das schon, aber du züchtest dir da Cannabis heran!« Otto, den meine Unwissenheit amüsierte, ergänzte: »Na, Hasch, Haschisch, *bangi*, wie sie hier sagen. Das ist was Illegales!«

Ich erschrak. »Aber ich habe sie nicht gepflanzt«, protestierte ich, die müssen sich ausgesät haben, keine Ahnung, wie sie dahin gekommen sind.«

»Wie auch immer«, fuhr Otto in seiner bedächtigen Art fort, »ich würde die Sträucher auf jeden Fall entfernen, vorsichtshalber, ehe du vielleicht Ärger bekommst. Vielleicht interessiert es auch keinen, Cannabis hat ja auch viel Gutes, wie die Mediziner anerkennen müssen, aber besser ist besser. Denn wenn dir jemand eins auswischen möchte, nur mal gesetzt den Fall, wäre das mit diesem Haschisch einfach. Man braucht ja nur zu behaupten, du baust es für dich an. Hier rauchen doch viele Hasch, es wundert mich, dass die Büsche überhaupt noch stehen.«

Schließlich gruben Otto und ich die Cannabispflanzen gemeinsam aus, was mir sehr leid tat. Sie hatten so gut in die kahle Ecke gepasst und waren ein idealer Sichtschutz gewesen. Der Alte beobachtete uns skeptisch, und dann sah ich ihn lachen, nachdem Nachbar Otto ihm wohl erklärt hatte, um was es sich bei den Büschen handelte. Er hatte auch gleich eine Erklärung parat, wie die Pflanzen dorthin gekommen waren und zeigte auf ein Haus in der Nähe.

Bei einem Kaffee saßen Otto und ich dann noch ein wenig beisammen und plauderten. Er zeigte mir Bilder von seinem Zuhause in Deutschland, von seiner Frau und seiner Tochter und betonte, dass er aus gesundheitlichen Gründen das kenianische Klima besser vertrage. Vielleicht würde seine Frau irgendwann nachkommen, doch noch arbeitete sie; auf jeden Fall käme sie demnächst zu Besuch.

Es war beruhigend für mich, einen Landsmann als Nachbarn zu haben, der dazu so patent, zuverlässig und umsichtig war. Eine afrikanische Nachbarschaft unterschied sich dann doch grundlegend von der, die wir in Deutschland gewohnt waren. Ein Nachbar war schon fast »ein halber Verwandter« und verhielt sich auch so. Aber das »Dein« und »Mein« schaffte Probleme und stellte mich immer wieder vor ungewohnte Reaktionen.

Afrikaner halfen auch, natürlich und umso lieber, wenn es ihrem Prestige nutzte, und immer erwarteten sie eine Gegenleistung, wenn nicht sofort, dann auch noch nach Jahren. Eine erfreuliche Ausnahme allerdings bildete die Freundschaft zu einer Frau vom Stamm der Massai, die ich vor einiger Zeit im Ngomongo Village kennengelernt hatte. Bei dem Ngomongo Village handele es sich um eine völkerkundliche Einrichtung, angelegt in einem verlassenen Steinbruch, in dem es beim Spazieren auf lauschigen Wegen typische Hütten von derzeit neun kenianischen Stämmen zu besichtigen gibt. Ein Angehöriger oder eine Angehörige laden dazu ein, die Hütten zu besichtigen, und geben einen kurzen Einblick in die Tradition des jeweiligen Stammes.

Ich ging gern dorthin, und oft brachte ich auch Touristen mit, ähnlich, wie zum Hallerpark, weil mir diese beiden Orte besonders am Herzen lagen und ich gern zu deren Erhalt und Ausbau beitrug. Die meisten Strandhotels waren nicht weit von den Parks entfernt, so dass es sich ohne großen Aufwand einrichten ließ, ein paar erholsame und lehrreiche Stunden in den grünen Oasen zu verbringen.

Die Massai war mir im Ngomongo begegnet, wo sie damals arbeitete, das heißt, sie bewohnte dort tagsüber eine nachgestellte Massaihütte und erläuterte, soweit es in kurzer Zeit möglich war, die Fragen der Besucher, die kulturellen Eigenarten ihres Stammes betreffend.

Wir beiden Frauen waren uns auf Anhieb sympathisch gewesen und so trafen wir uns auch außerhalb ihres Arbeitsplatzes. Die Gespräche waren nicht so einseitig, wie ich zunächst gedacht hatte, da die Frau sehr lebenserfahren war und viel Humor besaß, obwohl sie einen schweren Stand hatte als alleinerziehende Mutter von vier Kindern.

Viele Male brachte sie mir kleine Geschenke mit, meist selbstgefertigte Ketten und Armbänder oder Ohrgehänge. Nie fragte sie nach Geld, nie erwähnte sie ihren Kummer, aber sie half mir selbstlos, mal im Haus, mal bei Besorgungen, wenn sie die Zeit erübrigen konnte und ich wegen des Musizierens nicht dazu kam.

Ich hatte sie gern um mich.

An einem Tag schien es mir, als hätte sie geweint. Auf meine Frage hin lächelte sie aber nur und schüttelte den Kopf. Als sie, kurz bevor ich mich für einen Auftritt umzog, gehen wollte, bat ich sie noch einmal inständig, mir doch zu sagen, was sie bedrückte. Aber sie lächelte wieder nur. Später sah ich sie an der Haltestelle, an der ich auf ein *matatu* wartete. Diesmal war es unverkennbar, dass sie geweint hatte. Jetzt ließ ich nicht locker, bis sie redete. Da erfuhr ich, dass einer ihrer Söhne, der zweitälteste, schwer an Malaria erkrankt war und die bisher verabreichte Medizin ihm nicht geholfen hatte. »Wenn Gott will, dass ich ihn verliere, muss ich das wohl hinnehmen«, sagte sie ganz leise.

»Warst du bei einem Arzt oder einem guten *mganga* (traditioneller Heiler)?«

»Dafür reicht mein Geld doch nicht.«

»Warum fragst du mich nicht?«

Sie schüttelte den Kopf. »Du bist meine Freundin.«

»Dafür sind Freunde doch da«, sagte ich irritiert. »Hilf mir ein Taxi finden und bring mich zu deinem Sohn!«, verlangte ich, sah auf die Uhr und meinte, es gerade noch bis zur Hütte der Massai schaffen zu können, um keinen Ärger in dem Hotel zu bekommen, in dem ich auftrat.

Der Junge befand sich in einem erbärmlichen Zustand. Hilflos standen seine Geschwister und eine jammernde Nachbarin um ihn herum. »Malaria tropica«, durchfuhr es mich, denn ich hatte viele Malariakranke gesehen und wusste, dass dieses ein besonders schwerer Fall war.

Dennoch hatte meine Freundin ihr Kind in der Obhut ihrer Schwester gelassen und war gekommen, weil sie mir versprochen hatte, mir beim Flechten eines besonderen Bilderrahmens aus Palmstroh zu helfen, den ich Maude zu ihrem runden Geburtstag schenken wollte. Dabei war sie, zwar freundlich, wie immer, gar nicht richtig bei der Sache gewesen, hatte sich aber immer wieder zusammengenommen.

Der Taxifahrer nahm unverschämt viel Geld für den Transport in die Klinik, wurde aber auf dem Weg zum Krankenhaus in Mombasa immer freundlicher und aufgeschlossener und half uns sogar, den Jungen, der kaum noch gehen konnte, zum Empfang des Krankenhauses zu tragen.

In der Klinik war man zwar freundlich, musterte aber die Massai, wie ich fand, unnötig lange und skeptisch. »Für die Kosten komme ich auf«, sagte ich schnell und ungehalten. Das half und bewirkte augenblickliches Handeln. Der Junge wurde auf ein Bett gelegt, zwei Schwestern und ein junger Arzt erschienen. Nach Aufnahme der Personalien folgten wir dem Arzt, den Schwestern und dem Kranken in den Behandlungsraum. Während der Untersuchung durch den Arzt ließ ich meine Freundin aber zurück und telefonierte mit dem Eventmanager des Hotels, um Bescheid zu sagen, dass ich ein klein wenig später erscheinen würde. Ganz ausfallen lassen konnte ich so kurzfristig meinen Auftritt nicht, denn es gab viele Urlauber, die extra wegen der Musikdarbietung und einige davon sogar wegen mir persönlich kamen, wie ich wusste und nicht ganz ohne Stolz wahrgenommen hatte. Außerdem konnte ich es mir finanziell nicht leisten, einen guten Job zu verlieren, besonders jetzt, wo eine neue Verpflichtung auf mich zukam.

Ohne Wissen der Mutter suchte ich später noch einmal die Klinik auf, um mich nach dem Jungen zu erkundigen und mich davon zu überzeugen, ob alles Machbare getan wurde, um dem Kind zu helfen. Durch einen jüngeren Arzt erfuhr ich rechtzeitig davon, dass ein bestimmtes Medikament fehlte. Der Mediziner nahm sich Zeit, und wir fanden nach Durchsuchen von Internetseiten heraus, wo wir das Mittel, das bereits erfolgreich erprobt und in England zugelassen worden war, beziehen konnten. Ich erklärte mich bereit, die Kosten für die Beschaffung zu übernehmen, ohne zu wissen, was da auf mich zukam. Aber das zählte nicht angesichts der brisanten Lage. Alle Hoffnungen, dem Jungen zu helfen, stützten sich auf das vielversprechende Medikament. Schon Stunden später wurde es mit einer Maschine aus Nairobi gebracht und kam am gleichen Tag bei dem kleinen Patienten zum Einsatz.

Einige Tage kämpften die Ärzte um das Leben des Jungen, doch dann zeigte die Behandlung mit dem auf Umwegen besorgten Malariamittel einen überraschend guten Erfolg. Meine Freundin berichtete mir unter Freudentränen davon, und ich begleitete sie mit Herzklopfen in das Krankenhaus.

»Er ist über den Berg«, ließ uns der Arzt wissen. Die Mutter brach vor Glück fast zusammen, und ich fühlte mich wunderbar. Der Junge lachte schon wieder und erzählte auch ein bisschen und wünschte sich ein bestimmtes Essen und sagte, dass er in der Schule Baseballschuhe brauchte, dann wäre er unschlagbar beim Sport. Die Mutter ging auf alles ein, weinte und lachte abwechselnd.

Einige Tage später konnte sie ihren Sohn abholen, und ich begleitete sie, damit es bei den Zahlungen und dem Ausfüllen einiger Unterlagen keine Schwierigkeiten gab.

»Freundin«, sagte die Massai, und das Wort, so überzeugt und dankbar ausgesprochen, hatte für mich eine tiefe Bedeutung.

Jumas Leid

Eines Abends, kurz vor einem Hotelauftritt, klopfte es an meiner weißvergitterten Außentür. Durch die Scheiben erkannte ich Juma, einen jungen Mann aus der Nachbarschaft. Er machte einen ziemlich verwirrten Eindruck.

»Was ist denn los, Juma? Du bist ja ganz durcheinander. Komm erst mal rein.«

Lange saß Juma schweigend und leise stöhnend vor mir im Sessel. »Kann ich dir helfen?«

Wieder wartete ich, inzwischen ein wenig ungeduldig, da ich an meinen Auftritt dachte. Endlich räusperte sich der junge Mann, redete sehr leise und wurde dann lauter. »Meine Freundin«, erklärte er, »das heißt, meine frühere Freundin, mit der ich in Tansania zusammen war, sie ist hergekommen – sie ist, sie ist tot!«, brachte er mühsam hervor.

Ich verstand nicht recht. »Wie, sie ist tot? Was ist denn passiert?«

»Sie hat viel Blut verloren und liegt bei mir im Zimmer – tot. Was soll ich nur machen? Sie liegt da. Sie kann doch nicht dort bleiben. Und ihre Eltern müssen Bescheid wissen. Es ist alles meine Schuld, alles ist meine Schuld, ich meine, dass sie das gemacht hat, aber ich konnte das doch nicht wissen.«

Und dann erfuhr ich die traurige Geschichte: Als nach Jumas Abreise nach Kenia (er hatte in Tansania gearbeitet) die Freundin bemerkt hatte, dass sie schwanger war, hatte sie sich kurzerhand in den Bus gesetzt, um es Juma zu sagen, in der Hoffnung, nun von ihm geheiratet zu werden. Doch Juma hatte schon eine Frau und zwei Kinder, die nicht bei ihm lebten und deren Existenz er seiner Freundin verschwiegen hatte. Aber nun musste er Farbe bekennen. Daraufhin war die bitter enttäuschte Freundin in Jumas Abwesenheit nach Utange gefahren, um dort eine Frau aufzusuchen, die sich mit allerlei Mitteln auskennt, um eine frühe Schwangerschaft abzubrechen. Dabei war jedoch offensichtlich ein Fehler unterlaufen und die Freundin war einige Zeit nach dem Eingriff und der Einnahme spezieller Medizin in Jumas Haus verblutet.

Ich saß da wie versteinert. »Wo soll ich jetzt mit ihr hin? Was kann ich bloß tun?«, jammerte Juma verzweifelt. »Irgendwas muss ich doch tun. Aber was? Und ich habe kein Geld. Sie muss zurück nach Tansania! Wir sind doch Ausländer hier, das gibt sonst 'ne Menge Schwierigkeiten.« Er schwieg und schluckte. »Eine Holzkiste, hast du vielleicht eine Holzkiste oder einen großen Karton?«

Ich begann zu frieren. »Ich muss sie doch über die Grenze bringen, irgendwie illegal, mit den Papieren geht es doch nicht. Ich kann doch keine Tote ohne Papiere transportieren. Was mach ich bloß?«

Aufgewühlt suchte ich in meiner Handtasche und machte mich dann an meiner »Spardose«, einem umfunktionierten Blumentopf, zu schaffen. »Ich habe nicht viel, weil ich ja für diesen Monat noch nicht genug Auftritte hatte«, erklärte ich Juma und gab ihm ein paar Scheine. »Das ist alles, was ich dir geben kann. Juma, die Sache tut mir wahnsinnig leid!«

Einige Tage später erfuhr ich, dass Juma die Leiche der jungen Frau, in Packpapier und Jutesäcken verschnürt, auf einem Laster zwischen Korallenblöcken und Baumaterial unbehelligt über die Grenze nach Tansania gebracht hatte.

Die makabre Geschichte machte mir sehr lange zu schaffen. Ich sehnte mich plötzlich danach, schnell von hier fort und nach Hause zu kommen.

Termiten im Blockhaus

Als ich aus Shanzu zurückkehrte, hatte ich beim Öffnen der Haustür den Eindruck, dass die Türfüllungen anders aussahen, voller seltsamer Linien und uneben. Schmutz konnte es nicht sein. Auch das Geräusch beim Aufdrücken der Tür war ungewöhnlich, es klang wie ein Knirschen. Ich klopfte die Rahmen ab, an manchen Stellen zerkrümelte das Holz, gab einfach nach – und die Linien waren nichts anderes als Fressspuren! Bei näherem Hinsehen bekam ich weiche Knie: Die Türrahmen und -fassungen waren gänzlich ausgehöhlt. Jetzt wusste ich, was ich entdeckt hatte, wo diese rotbraunen tunnelartigen Verkrustungen herrührten: es waren Termitengänge!

Ich hatte schon oft davon gehört, ungläubig gestaunt, gelegentlich gelacht, weil es irgendetwas Komisches hatte, dass so kleine, nur Millimeter große Tierchen ein Haus zum Einsturz hatten bringen können. Und nun genau das! Hier bei uns!

Ich stellte nur kurz mein Gepäck ab und begann mit weiteren Untersuchungen. Wir hatten ja schon des Öfteren Termiten im Haus gehabt, aber diesmal hatten sie sich, durch Lpetatis und meine Abwesenheit unentdeckt, ausgiebig an allem, was nur irgendwie aus Holz oder Pappe bestand, zu schaffen gemacht. Außer in den Türfüllungen befanden sich große Hohlräume auch in einigen Stützbalken, Regale waren an- und fast aufgefressen! Fenster- und Deckenbalken trugen Fressspuren, und einer der Dachbalken war nur noch ein dünnes filigranes Etwas, das jeden Moment herunterzustürzen drohte. Und dann unser Kleiderschrank! Ich heulte hysterisch und enttäuscht los: Sämtliche Zwischenböden waren heruntergefallen, zerfressen, sogar meine zwei Lieblingskleider, einige T-Shirts von Lpetati und Bettwäsche fand ich mit rotbrauner Schicht bedeckt und zerfranst. Die Kleiderstange existierte überhaupt nicht mehr, die Rückwand nur noch zur Hälfte. Ich musste immer wieder hinsehen, um es fassen zu können und hätte am liebsten die Augen zugemacht und an einen Traum gedacht.

Da hatte uns also eine Katastrophe mit Namen Termitenbefall heimgesucht. Was wäre wohl gewesen, wäre ich noch später nach Hause gekommen? Immer noch fassungslos konnte ich gar nicht so schnell realisieren, welche Folgen der Befall haben würde. Ich wusste nur, dass ich schnell handeln musste. Ich war mit den Nerven fertig, entdeckte immer mehr Schäden. Hilflosigkeit und ohnmächtige Wut breiteten sich aus. »Scheißtermiten!«, hörte ich mich schluchzen. »Ihr Scheißtermiten! Warum fresst ihr nicht woanders, was ihr fressen dürft!«

Nicht einmal vor den Gesellschaftsspielen hatten die gierigen Termiten Halt gemacht, Bücher waren angenagt, mein Lieblingsregal war völlig unbrauchbar geworden. Mit Wehmut betrachtete ich die Reste von »Memory«, »Mensch ärgere dich nicht« und von etlichen Puzzlespielen der Kinder, mit denen wir so oft vergnügt unsere Abende verbracht hatten. Nur die Dominosteine ließen sich noch gebrauchen. Wahrscheinlich hatte deren Lack die Termiten vom Fressen abgehalten.

Eine Invasion musste hier stattgefunden haben. Verzweifelt und heulend hockte ich mich auf die Veranda. Wie hatte das nur geschehen können?

Lange saß ich so, bis ich mich ein wenig gefangen hatte. Es half alles nichts, ich musste mich um Reparaturen kümmern.

Widerwillig kritzelte ich einige Begriffe auf ein Blatt Papier, zerriss es wieder und stellte eine ordentliche Liste auf mit den erforderlichen Dingen, die ich im Baugeschäft und beim Tischler neu erstehen musste, um die gröbsten Schäden der gefräßigen Termiten beseitigen zu können. Schon wieder unvorhergesehene Kosten! Hörte das denn nie auf! Und immer war ich gefordert. Am liebsten wäre ich zurück nach Shanzu gefahren, aber damit hätte ich mich nur selbst betrogen. Ich musste handeln.

Mühsam entfernte ich mit einem kurzen Stöckchen die kleinen rotbraunen Erhebungen, die überall im Holz gebildet worden waren, unter denen sich teilweise noch Termiten befanden und vernichtete sie. Zusätzlich streute ich Salz auf alles Hölzerne, weil ich gehört hatte, dass sie das nicht mögen, ich kochte Wasser ab und schüttete es großzügig überall drauf. Heulend und schimpfend schleppte ich Mobiliar auf die Veranda, um es später, falls es wirklich nicht mehr verwendbar war, auf unserem Brennplatz hinter dem Haus zu entsorgen. Seltsamerweise waren die Türen selbst, da aus festem Zedernholz, von den Termiten verschont geblieben. Immerhin ein kleiner Trost.

Den neugierigen Kindern, die zu mir heraufgekommen waren, um mich zu begrüßen, trug ich auf, unten in den Hütten zu sagen, dass ich sehr müde sei und schlafen wollte. Ich hätte es nicht ertragen, jetzt, in diesem Zustand Besucher um mich zu haben und wollte auch nicht, dass überall herumerzählt würde, dass die Termiten bei uns im Haus Schaden angerichtet hatten. Nur unsere Hunde duldete ich, sie taten mir sogar gut. Mit ihnen konnte ich reden und vor ihnen meinem Ärger freien Lauf lassen.

Den Besuch bei Lpetati in die Klinik verschob ich ein wenig, denn ich hätte vor ihm sicher meiner Wut über die Termiten Ausdruck verliehen, womöglich geflucht und geheult. Solche Emotionen zeigte man als Samburu-Frau nicht, und ich wusste, dass Lpetati das auch nicht mochte. Er war anfangs immer ein wenig erschrocken, wenn ich wegen irgendeiner Sache heftig reagiert hatte. Manchmal hatte er ungläubig gelacht. »Was ist, ist jemand gestorben?«, hatte er einmal gefragt. »Warum benimmst du dich so?«

Was sollte ich ihn aufregen mit Dingen, die ihn sicher genauso ärgern würden und an denen er sowieso nichts würde ändern können.

Erst zwei Tage später raffte ich mich auf und wanderte nach Maralal. Zuerst betrat ich dort das Geschäft für Bauzubehör, mit dessen Eigentümer und Familie mich inzwischen eine herzliche Freundschaft verband. Die Familie stammte aus Nairobi, gehörte somit zum Stamme der Kikuyu, und hatte eine auffällige andere

Art, mit mir umzugehen als die Samburu. Irgendwie erschien sie mir aufgeschlossener und vor allem korrekter und zuverlässiger. Ich schilderte mein Termiten-Problem und ließ mich beraten. Es gab diverse Mittel zum Einsprühen und Auftragen, allesamt giftig, aber das eine, das hundertprozentig helfen sollte, schien höchst bedenklich zu sein. Nach Durchlesen der Gebrauchsanweisung stellte ich die Dose sofort zurück, denn es wurde empfohlen, die mit dem Gift behandelten Räume mindestens drei Tage nicht zu nutzen.

Nach einem gemeinsamen Tee und dem Ordern von Balken, Brettern, Kanthölzern, Zement und Farbe zum Ausbessern, von Scharnieren, entsprechenden Nägeln und einem Pick-up samt Fahrer für den späten Nachmittag, ging ich zur Lungenklinik.

Bei Lpetati in Maralal

Lpetati entdeckte ich schon von Weitem, er hockte mit Ltumunian, dem Jungen aus der Nachbarschaft, auf den Stufen seines Betonhäuschens. Sie schienen in ein Gespräch vertieft. Ich beobachtete die beiden eine Zeitlang und schritt dann auf sie zu. Der Junge zeigte sich nicht weniger glücklich als Lpetati, und es tat unendlich gut, ihre Freude über unser Wiedersehen zu spüren.

»Noch vier, höchstens fünf Wochen, hat der Arzt gesagt«, eröffnete mir Lpetati mit einem zufriedenen Lachen, »dann kann ich nach Hause!«

Bei diesen Worten sprang der Junge plötzlich auf und rannte quer über den Platz. »Was hat er denn?«, fragte ich besorgt und sah Ltumunian nach. »Er will nicht, dass ich weggehe, er hat Angst, hier allein zu sein, ohne einen Freund. Seiner Mutter geht es momentan nicht so gut – im Gegensatz zu mir. Ich weiß auch nicht, was da werden soll. Es gibt noch eine Schwester der Mutter, die gelegentlich hier war, aber die hat selbst genug zu tun mit acht Kindern.«

Wir saßen lange schweigend da. »Im Falle des Falles, sollen wir den Jungen da zu uns holen? Unsere anderen Kinder sind nun alle groß genug, besuchen gute Schulen und werden bald ihren eigenen Weg mit unserer Unterstützung gehen. Aus ihnen wird etwas werden, wenn ich weiter finanziell für sie aufkommen kann. Aber dieser Kleine hier braucht noch jede Menge Zuwendung. Was meinst du?«

»Na ja, er wünscht sich auf jeden Fall einen Vater, das habe ich dir ja schon gesagt«, gab er zurück und kniff mich leicht ins Knie. »Schauen wir mal«, fügte er mit spitzbübischem Lächeln hinzu – in einwandfreiem Deutsch. (Dies war eine der fünf Redewendungen, die er in meiner Sprache beherrschte.)

Wir begrüßten die Mutter des Jungen, die aber so schwach war, dass sie nur ein kleines gequältes Lächeln zustande brachte. »Brauchen Sie etwas?«, fragte ich sie und: »Haben Sie etwas dagegen, wenn wir Ihren Jungen mitnehmen, wir wollen nur in der Nähe essen gehen, im Spears.«

»Danke« hauchte sie, lächelte noch einmal kurz und schloss die Augen.

Den Jungen fanden wir unweit des Eingangs; er hatte offensichtlich geweint. »Komm, Kumpel«, hörte ich Lpetati sagen, »es gibt was zu essen!«

Wir steuerten das Spears an, nicht gerade das sauberste Lokal, was Tische und Fußboden und sonstige Einrichtungen betraf, aber Lpetati liebte es und traf hier ab und zu Krieger aus seiner Generation, die aber inzwischen alle mehr oder weniger brave Familienväter waren und nichts an sich trugen, was an ihre früheren Glanzzeiten als farbenfrohe *morani* hätte erinnern können. Nur die üblichen bunten Perlen-Armbänder und die rote *shuka* verrieten, dass es ehemalige Krieger waren. Aber oft genug saßen auch junge Krieger im Restaurant, herausgeputzt wie die Pfauen, teilweise sogar in geblümte Bettlaken gehüllt.

Einigen Bekannten, die uns eilig ins Lokal folgten, gab ich freundlich zu verstehen, dass ich nur für drei Personen bezahlen könnte. So ließen sich nicht wieder ungebetene Gäste an unserem Tisch nieder. Manchmal fand ich es auch einfach deshalb störend, weil man sich in der Unterhaltung zurücknehmen musste, wenn andere Leute dabeisaßen und zuhörten.

Mit großer Freude sah ich Lpetati und dem Jungen zu, die je eine Riesenportion *pilau* mit Rindfleisch und Weißkohl vertilgten. Ich hielt mich lieber an Linsengemüse, in Kokosmilch gegart. Den *chai*, der hier ausgeschenkt wurde, liebte ich sehr; er wurde aus Thermoskannen serviert, mit viel Milch und Zucker, und selten trank ich weniger als drei Becher, weil er so köstlich schmeckte und so guttat. Irgendwie gehörte der Milchtee einfach zu Maralal, fand ich. Der himmlisch süße, heiße Inhalt eines Teebechers und die unterkühlte, karge Umgebung gingen eine besondere Verbindung ein.

Die Termiten hatte ich Lpetati gegenüber nur kurz erwähnt, ohne zu dramatisieren, und hatte eher alles, was mich bewegte und ärgerte, heruntergespielt. Glaubwürdig versicherte ich ihm, dass ich noch vor der Dämmerung nach Hause müsste, um ein wenig Baumaterial zum Ausbessern dorthin zu bringen. Er wunderte sich nicht einmal und fragte auch nicht, was auszubessern wäre. Termiten waren nun mal ein allgegenwärtiges, wohlbekanntes Übel.

Nach dem Tee und einem Rundgang durch Maralals verstaubte, fast verwahrloste Mitte, begleitete ich Lpetati und den Jungen wieder zurück zur Klinik und versprach, so bald wie möglich wiederzukommen.

Der Fahrer des bestellten Pick-up, ein junger, fröhlicher Mann aus Eldoret, holte mich pünktlich am Klinikeingang ab. Durch den ungewöhnlichen Standort blieb die Ladefläche diesmal von den sonst so zahlreichen Mitfahrenden verschont, die sich sonst einfach ungefragt dort niederließen, sowie sie in Erfahrung gebracht hatten, wohin die Tour ging. Heute erlaubte der Fahrer des Pick-ups lediglich zwei jungen Müttern einzusteigen, die ihre Kleinkinder aus der Klinik abgeholt hatten. Ohne Fahrmöglichkeit hätten die Frauen mit ihren Babys ohne Verpflegung viele Kilometer unter sengender Sonne durch den Busch marschieren müssen.

Das Fahrzeug mit dem Baumaterial auf der Ladefläche blieb natürlich bei uns im Dorf nicht unentdeckt, und prompt kamen fünf *fundis*, Handwerker, angelaufen, die auf Arbeit hofften. Ich brauchte aber höchstens zwei Leute, konnte auch nicht mehr entlohnen.

Am wichtigsten war es zunächst, die beschädigten Dachbalken und die Türfüllungen neu anzubringen und die Fensterrahmen wieder verschließbar zu machen. Da die Werkzeuge nicht die besten waren, zogen sich die Arbeiten am Haus einige Tage hin. Die Männer halfen mir, den ramponierten Kleiderschrank nach draußen zu tragen, und sie starrten verwundert auf die von den Termiten zerfransten und verschmutzten Textilien aus dem Schrank, die ich entsorgen wollte. Ohne zu zögern, nahmen sie die arg zugerichteten Sachen dankbar mit.

Der wenige Sand hinter dem Haus und abgestandenes Wasser aus einem der beiden Tanks, die ich reinigen wollte, reichte für die Zementierarbeiten, um die Wände wieder glätten zu können, besonders an den Stellen, an denen neue Bretter und Kanthölzer eingesetzt worden waren. Nun blieb mir noch, zu streichen und sauber zu machen, die hässlich angenagten Regale zu entfernen, um es einigermaßen wieder wohnlich zu haben. Tischler John in Maralal hatte schon zwei neue Aufträge von mir mit strahlendem Gesicht quittiert.

Während der Arbeit im und am Haus waren wir ständig von Familienmitgliedern umgeben gewesen, die neugierig überall im Wege standen, »schlaue« Reden von sich gegeben oder sich einfach in die Sessel gesetzt und uns zugeschaut hatten. Erst als eines der kleinen Kinder in den Farbeimer patschte, diesen fast umgekippt hätte und schrie, als es die helle Farbe am Bein herunterlaufen sah, reichte es mir. Mühsam versuchte ich, die Farbspuren, die der kleine Kinderfuß überall hinterließ, zu beseitigen. Ein wenig genervt, aber freundlich und bestimmt, bat ich alle Neugierigen, uns jetzt in Ruhe arbeiten zu lassen und nach Hause zu gehen. Ich befand mich einfach nicht in der Stimmung, während meiner Anstrengungen mit jedem zu plaudern oder ihnen gar *chai* anzubieten, worauf einige wohl nur die ganze Zeit gewartet hatten. Es war noch nicht oft vorgekommen, dass ich die Gastfreundschaft so außer Acht gelassen hatte.

Angst

Wenige Tage später wurden wir in helle Aufregung versetzt: Schüsse hallten plötzlich über das Hochtal, peitschend und kurz, und verursachten rundherum Entsetzen. Manche Mitglieder der Familie wussten nicht einmal, was Schüsse waren! Gänsehaut überkam mich. Und dann erinnerte ich mich an einen Artikel in der *Daily Nation*, den ich bei meinem Besuch im Baugeschäft auf dem Tresen vorgefunden und gelesen hatte. Darin war über Schießereien berichtet worden, ausgeübt mutmaßlich von Turkana oder Somali, die sich die Schusswaffen besorgt hätten und zwar bei einem Überfall auf kenianische Soldaten, die an der sudanesischen Grenze Patrouille gefahren waren. Diese Gewehre würden jetzt eingesetzt, um an Trinkwasser zu gelangen, um Vieh zu stehlen und Plünderungen vorzunehmen.

Wenn alles stimmte, hatten wir mit dem Schlimmsten zu rechnen, denn so weit war das Gebiet, um das es ging, nicht von uns entfernt. Die gehörten Schüsse bestätigten, dass wir uns in Gefahr befanden. Gott sei Dank hielten sich unsere Kühe immer noch in den Wäldern auf, wo sie verhältnismäßig sicher waren, denn der Zugang dorthin war für Fremde nicht leicht ersichtlich. Aber ich bangte um unser Dorf, um unser Haus. Herzklopfend hockte ich auf der Veranda und suchte mit dem Fernglas den Waldrand ab, die Berghänge bis zu uns und sah deutlich zweimal das Aufblitzen von kurzem Feuerschein. Ich fröstelte, wagte mich kaum zu rühren und hatte große Sorge, unser Haus, obwohl in unauffälliger Farbe, würde Zielscheibe von Angriffen werden, weil sich Diebe in einem Haus mehr zu finden versprachen als in einer Hütte.

Einige Frauen kamen, verängstigt und jammernd, zu mir, Baba und einige Ältere hinterher. Nach aufgeregtem Palaver, in dessen Verlauf ich ihnen erzählte, was ich in der Zeitung gelesen hatte, beschlossen wir, mit den Ziegen und Schafen den Berghang hinter unserem Haus zu erklimmen. Dort gab es eine versteckte Felsspalte, die ein kleines Plateau umschloss, wo wir Dorfbewohner nachts in Sicherheit waren.

Kurze Zeit später fand eine Völkerwanderung statt. Überall krochen Mütter, Alte und Kinder durchs Gebüsch, kleine Wasserbehälter bei sich, für alle Fälle. Sorge bereiteten uns die oft blökenden Schafe und meckernden Ziegen, deren Laute aber in den Felsspalten nicht mehr zu hören sein würden.

Was für eine unheimliche Nacht!

An Schlafen war nicht zu denken, jeder sorgte und ängstigte sich, zudem war es empfindlich kalt. Die meisten von uns beteten unablässig. Mütter weinten in die Tücher ihrer Babys. Hysterisch aber reagierte niemand.

Einige Male hatten wir wieder Schüsse gehört, fast gegen Morgen schon, und wagten uns nicht von der Stelle. Der Tag blieb dann bis zum Mittag ruhig. Später schien es auf der uns gegenüberliegenden Bergseite zu einem Schusswechsel gekommen zu sein. Und dann plötzlich hörte es sich an, als würden die Schüsse von unterhalb unseres Felsens erwidert. Tatsächlich! Da setzte ein Gefecht ein! Wir zitterten vor Übermüdung und Furcht. Durch die gemurmelten Gebete hindurch hörten wir Onkel Mousses aufgeregte Stimme: »Es sind Soldaten gekommen, Soldaten, unsere Soldaten sind da! Wir sind gerettet!«

Es dauerte ein wenig, bis wir auf seine Worte reagierten. Und so ganz trauten wir der frohen, vielversprechenden Nachricht noch nicht. Trotz quälendem Hunger und Durst verharrten wir noch einen ganzen Tag und eine Nacht lang in unserem Versteck. Einige ausgesandte Kundschafter kamen dann wirklich mit der erlösenden Nachricht zurück, dass keine Gefahr mehr für uns bestand. Nach und nach sammelten wir uns, der Abstieg begann, erleichtert, und doch wieder voller Skepsis, immer wieder hielten wir an, um zu horchen. Und dann wurde es nach und nach lebendig. Viele machten ihrem Herzen Luft. Sie schimpften, beschworen, lachten, priesen Ngai und liefen mit den Armen gestikulierend auf ihre Hütten zu. Noch lange sollten die überstandenen Tage der Angst und Ungewissheit in uns allen nachwirken.

Als ich mich einige Tage nach dem Schusswechsel mit viel Herzklopfen auf den Weg nach Maralal machte, hörte ich in der Klinik, was dort geschehen war. Überall auf den Gängen im Haupthaus waren provisorische Lager errichtet worden. Es gab kein freies Bett mehr wegen der gewaltsamen Überfälle. Teilweise waren die übel zugerichteten Menschen auf Schubkarren herangefahren worden, und der Arzt sprach von »mindestens sechzig« Todesopfern aus den Gebieten nördlich von uns.

Im hinteren Teil des Krankenhausgeländes, auf dem sich die Chest Clinic befand, war es ruhiger. Hier hatte man nicht viel erfahren, nur von Besuchern, und es gab keinen direkten Zugang zu den Räumen im Haupttrakt. Dennoch fand ich Lpetati in heller Aufregung. Er hatte einiges gehört, wusste aber nichts Genaues, war zutiefst besorgt und hatte sich viele Gedanken gemacht. Ungeduldig drängte er mich, ihm zu berichten, was wirklich vorgefallen war und wie es bei uns aussah. Zunächst wollte ich die Schießereien geheim halten, aber dann dachte ich daran, dass er es über kurz oder lang von anderen Familienmitgliedern erfahren würde. Durch einige eigens herbeigelaufene junge Krieger hatten wir im Dorf erfahren, dass es den Rindern in den Wäldern gut ging und ihren Beschützern auch. Nach Ende meiner Darstellungen begann Lpetati mit übertriebener Gestik laut und hastig zu beten, und er weinte fast vor Glück, dass wir alle verschont geblieben waren von Überfällen, Plünderungen und Hinrichtungen durch Gewehrkugeln. Und es beruhigte ihn, dass kenianische Soldaten aufgekreuzt waren und die Eindringlinge abgewehrt hatten.

Eigentlich wollte ich mit dem Arzt, der Lpetati behandelte,

sprechen, aber in der Klinik wurde jede helfende Hand gebraucht, Ärzte und Schwestern arbeiteten ohne Pausen.

Da es wohl auch die nächsten Tage keine Gelegenheit dazu geben würde, mit dem Arzt über Lpetatis Entlassung zu sprechen, wartete ich ab und blieb die Nacht über in Maralal. Zum Nachhausegehen war es inzwischen sowieso zu spät geworden und deshalb gefährlich, denn manche Raubtiere wurden bereits in der frühen Dämmerung aktiv. So mietete ich mich in der endlich fertiggestellten Sunbird-Lodge ein, die ruhig und ein wenig abseits vom Stadtkern lag und von meinen umsichtigen, sehr sympathischen Freunden geführt wurde. Zudem gab es dort ein Restaurant.

Gern frühstückte ich hier, wenn ich in Maralal weilte, plauderte mit meinen Freunden, beschäftigte mich mit deren Kindern, ehe sie zur Schule gingen, las in der Tageszeitung und gab die Bestellung für das Mittagsessen auf – eine wunderbare Sache. Erfreulicherweise setzten sich die Gäste der neuen Lodge anders zusammen als es in den anderen »Hotels« üblich war. Fast alle gehörten einer gehobenen Klasse an, ob Ausländer oder Kenianer. Vom Missionar über Angestellte der UNO und UNESCO, Ärzteteams, Entwicklungshelfer, Filmleute, Seminarteilnehmer und Politiker traf ich viele interessante Leute. Das behagte mir natürlich sehr, denn auf diesem Gebiet hatte ich erhebliche Defizite.

Die rührige Marissa, die sich selbstlos um Lpetati kümmerte, als sei er ihr leiblicher Sohn, leistete uns beim Rundgang über das Klinikgelände Gesellschaft. Auch sie hatte einiges von den Überfällen gehört, und ich musste sehr geschickt antworten, da Marissa zu Gefühlsausbrüchen neigte, bei denen sie laut schimpfte, weinte und betete.

Bevor ich zurück ins Dorf ging – den Arzt hatte ich auch nach weiteren drei Tagen nicht sprechen können – besorgte ich mit Marissa die Zutaten für etliche Mahlzeiten, während Lpetati auf die Tablettenausgabe und das tägliche Gespräch mit einem Arzt oder einer Schwester wartete. Marissa war einfach liebenswert, und ich sagte es ihr. Darauf hakte sie sich verschämt bei mir unter.

»Ihr seid meine Kinder«, sagte sie immer wieder.

Am schwersten fiel es mir, Fleisch zu kaufen, aber Marissa bestand darauf, da es für Lpetati genau das Richtige sei. Die Rindfleischstücke hingen in dem offenen kleinen Lädchen an großen Metallhaken, waren zwar nicht verdorben, aber übersät von Fliegen und teilweise auch von Maden befallen.

Wieder eine Schwarze Mamba

Als ich wieder zu Hause war, hörte ich eines Abends – ich hatte gerade eine der Petroleumlampen ein wenig zurückgedreht, weil der Glaszylinder zu verrußen begann – ein seltsames Scharren an einem der zwei Schlafzimmerfenster. Ich ging mit erhobener Lampe dem Geräusch nach und entdeckte zu meiner Überraschung auf dem schmalen Absatz, der sich zwischen Fensterscheibe und Fensterladen befand, eine Schwarze Mamba. Die ziemlich lange, dünne Schlange fixierte eine regungslose Echse vor ihr, die sie offenbar mit ihrem Gift bereits betäubt hatte. Die Echse war viel größer und kompakter als die Mamba. Fasziniert starrte ich auf die Szene, mit Gänsehaut, Neugier und voller Unbehagen. Ich mochte Echsen und war froh, dass sie sich im Haus befanden, da sie Ungeziefer vertilgten, und diese, die größte von ihnen, hatte mich besonders interessiert. Sie sah aus wie ein Waran in Miniaturausgabe. Ich hätte sie so gern befreit, aber es schien dafür zu spät. Immer wieder zuckte es an den Kiefern der Mamba, und dann – es hatte fast eine Viertelstunde gedauert – klafften die Kiefer unglaublich weit auseinander. Das Reptil näherte sich der Echse und schlang sie, Kopf voran, Stück für Stück in sich hinein. Es war eklig zu sehen, wie die Gliedmaßen der Echse noch aus der Maulöffnung der Schlange heraushingen, bis auch sie in dem weit offenen Rachen verschwanden. Der schmale Körper der Schlange wurde weiter und zeichnete haargenau die Formen der Echse nach, er wurde breiter und breiter, die verschluckte Echse wanderte tiefer in den Schlangenleib hinein. Es entstand eine Pause, bevor auch der lange Schwanz der Echse in das Schlangenmaul hineinrutschte. Ich begann zu frieren. So etwas hatte ich noch nie gesehen und dann noch aus solcher Nähe!

Trotz Müdigkeit stand ich noch sehr lange am Fenster, überprüfte immer wieder die Verschlussriegel, aus Furcht, die Schlange könnte ins Zimmer kommen. Aber, dick, wie sie nun war, würde sie kaum durch eine Ritze passen. Offensichtlich war sie jetzt mit Verdauen beschäftigt, denn sie lag träge und bewegungslos da.

Schlafen konnte ich lange nicht. Immer wieder glitt mein Blick zu dem Reptil hinüber, auch vom Bett aus. Erst gegen Morgen schlief ich ein, wurde aber bereits sehr früh wieder wach. Vor lauter Unruhe konnte ich nicht völlig abschalten, und ich hatte ja hier im Busch gelernt, auf der Hut zu sein.

Am Morgen fand ich die Schlange immer noch zwischen Fensterscheibe und -laden und öffnete diesen daher vorsichtshalber nicht. Abends jedoch war die Mamba verschwunden. Ich hoffte, dass sie das Weite gesucht hatte und sich nicht im oder am Haus aufhielt. Den ganzen Tag ließ ich aus dem Grund meine derben, hohen, viel zu warmen Stiefel an und war sehr umsichtig, untersuchte immer wieder Ecken und mögliche Verstecke. Das Reptil fand ich nicht und war erleichtert.

Lpetati kommt heim

Nach fast neun Monaten konnte ich Lpetati endlich nach Hause holen. Die letzte Untersuchung hatte ergeben, dass die Tuberkulose ausgeheilt war.

Gemeinsam suchten wir den Arzt auf. Ich beglich die noch ausstehenden Rechnungen und stellte einen größeren Betrag zur Verfügung, der nach Gutdünken des Arztes in der Lungenklinik Verwendung finden sollte, denn ich wusste ja, wie schlecht es um das Beschaffen von sauberem Wasser, wichtigen Instrumenten und nötigen Laborgeräten bestellt war, wie etwa Mikroskope, Pipetten, Einwegspritzen, außerdem verschließbare Schränke für interne Unterlagen und für Medikamente, Bettwäsche und vieles, vieles mehr.

Neben den Entlassungspapieren wurden Lpetati viele gute Ratschläge mit auf den Weg gegeben, unter anderem gut zu essen und genug Milch zu trinken, »aber immer abgekocht und nicht von verseuchten Kühen!«

Wir nahmen nur Lpetatis ganz persönliche Dinge mit und schenkten alles Übrige der Mutter und ihrem Jungen, die sich besonders über die Matratze, zwei flauschige Decken und zwei Kissen freuten. Sie sah uns an, als erwarte sie noch etwas, schwieg aber. Mit »Wir sehen uns, alles Gute«, verabschiedeten wir uns. Ltumunian, der Junge, drückte sich die ganze Zeit bei uns herum, wischte ab und zu mit beiden Fäusten über die Augen und nagte unentwegt an seiner Unterlippe.

»Nicht traurig sein«, munterte Lpetati ihn auf, »guck, ich habe zu Hause jetzt viel zu tun, und dich braucht deine Mutter hier. Du wirst ihr eine große Hilfe sein.« Dem konnte ich nur beipflichten, und beide versprachen wir ihm, ihn zu besuchen, und versicherten, dass er und seine Mutter jederzeit bei uns willkommen seien. Bis zum Tor lief Ltumunian neben uns her und wollte unsere Hände, an die er sich geklammert hatte, gar nicht freigeben. Nur ungern ließen wir ihn zurück und bestiegen den von mir bestellten Wagen, der am Klinikeingang bereits auf uns wartete. Wie lange würde es wohl dauern, bis Lpetati die fast zwanzig Kilometer zu uns wieder zu Fuß würde bewältigen können?

Für Lpetatis Heimkehr hatte ich mir eine besondere Überraschung ausgedacht: Zwei neue Ziegen sollten seine Wiederkehr nach überstandener Krankheit in das normale Leben besiegeln. Auf dem Viehmarkt hatte ich zu dem Zweck ein Ziegenpärchen erstanden, braun mit weißen Flecken. Unerwartete Hilfe bei meiner Aktion hatte ich vor einigen Tagen durch einen *mzee* aus unserer Nachbarschaft erhalten, der ebenfalls über den Viehmarkt gehen wollte. So hatten wir uns dort verabredet. Der vertrauenswürdige Alte hatte mich sogar beim Kauf beraten und war nur zu gern bereit, auf die beiden Tiere so lange aufzupassen, bis wir zusammen in unser Dorf zurückfahren könnten.

Nach mehreren Einkäufen, um unsere Vorräte daheim aufzustocken, vor allem Obst und Gemüse, obwohl beides, mit Ausnahme von Tomaten und Kohl, durch die umständlichen Transportwege von Nyahururu oder gar Nairobi nie so richtig frisch war, steuerten wir den Viehmarkt an. »Ich habe einem Ältesten versprochen, ihn im Pick-up mitzunehmen«, erklärte ich Lpetati, »er hat zwei Ziegen bei sich.« Lpetati begrüßte den Alten freundlich, fast überschwänglich und äußerte sich entzückt über die erstandenen Tiere, über ihre Färbung und ihr gesundes Aussehen und gratulierte dem *mzee* zu seiner Wahl. Das tat mir sehr gut, denn nun wusste ich, dass ihm die Ziegen gefielen.

Obwohl jegliche Art von Milchvieh wichtig war, weil Milch oft das einzige Nahrungsmittel lieferte, wollte ich bei uns im Dorf die Ziegen nach und nach zu Gunsten von Schafen abschaffen, weil diese nicht wie die Ziegen Büsche, Bäume und Umwelt ruinierten. Inzwischen gab es aufgrund zweier großer vorausgegangener Dürren, in denen viele Rinder verendet waren, Familien in der näheren und weiteren Umgebung (nicht bei uns im *boma*), die dreißig, vierzig und gar hundert Ziegen ihr Eigen nannten. Ziegen kosteten nur ein Zehntel von dem, was man für eine Kuh oder einen Stier investieren musste. Demzufolge hatten sich stattliche Herden in unserem Hochtal gebildet, die keinen Halm stehen ließen. An manchen Stellen war die rote Erde bereits verkarstet, rissig und ohne eine Spur von Vegetation, ein alarmierendes Zeichen.

Wir selbst besaßen sechs Ziegen, eine überschaubare Zahl, und das nun hinzukommende Pärchen ließe sich gerade noch vertreten. Den Nachwuchs würden wir nicht behalten. Natürlich mochte ich auch Ziegen und begeisterte mich an ihrer sprichwörtlichen Neugier, aber der Bestand durfte nicht so groß werden, dass alles Grüne und Sprießende dadurch vernichtet wurde.

Es kostete einige Mühe, die beiden neu erworbenen Ziegen auf die Ladefläche des Pick-ups zu bekommen. Wir sicherten die Tiere mit Stricken, damit sie unterwegs keinen Schaden nehmen konnten, da die Fahrzeuge ja querfeldein fuhren. Lpetati saß frohgelaunt neben mir, und nur kurz dachte ich daran, wie erbärmlich er auf der Hinfahrt in die Klinik neben mir gehockt hatte, fiebrig, hustend, geschwächt und ohne Lebensmut.

Erst zu Hause übergaben der *mzee* und ich dem völlig überraschten Lpetati die Ziegen. Er schaute zunächst ungläubig drein, lachte, lachte immer breiter und klatschte in die Hände. »*Hashee, hashee oleng*«, sagte er immer wieder mit strahlendem Gesicht, »vielen Dank!«

»Der Mann heißt Willi und die Frau Walli«, erklärte ich Lpetati lachend. Glücklich und stolz führte er die Ziegen in unseren Pferch. Aus allen Hütten kamen Familienmitglieder, um uns zu begrüßen, besonders Lpetati. Zugleich betrachteten sie mit Kennerblicken den neuen Haustierzuwachs. In solchen Situationen wurde sehr deutlich, dass die Samburu in ihrer Seele ein Nomadenvolk waren und es innerlich wohl noch lange, lange bleiben würden.

Es tat mir gut, zu sehen, wie wohl sich Lpetati zwischen all seinen Leuten fühlte, wie die Kinder sich an ihn hängten und Alte ihn segneten.

Ich kochte in hektischer Freude eine Unmenge Tee, um die Familie zu beköstigen, und verteilte die eigens für die kleine Wiedersehensfeier gekauften Kekse, die alle liebten, die aber selten zu haben waren. Gegen Abend bedeutete ich unseren vielen Besuchern, dass Lpetati noch viel Ruhe brauche, bat sie um ihr Verständnis und darum, nach Hause zu gehen. Nach einer Einladung für einen der nächsten Tage zum Essen waren wir endlich allein. Lpetati war wirklich müde, und so richtete ich ihm, obwohl es noch nicht dunkel war, sein Bett. Er zog mich zu sich heran und betete mit mir, wie er es immer am Abend tat, mit einem kindlichen Ernst, bedankte sich noch mehrmals für die Heimkehr und die Ziegen, küsste und behauchte meine Handinnenfläche, murmelte noch etwas, das ich nicht verstand, lächelte glücklich und fiel schnell in einen tiefen Schlaf. Ich blieb auf der Bettkante sitzen und betrachtete Lpetati lange. So vieles ging mir dabei durch den Kopf.

Dann erhob ich mich langsam, schürte das Feuer im Kamin, zündete Petroleumlampen und mehrere Kerzen an, machte Eintragungen in mein Tagebuch, schrieb eine weitere Strophe für ein neukomponiertes Lied, die mir ganz plötzlich einfiel, und stand noch etwas länger auf der Veranda, um den Himmel zu betrachten, wie er sich dunkler verfärbte. Mehr und mehr Sterne wurden sichtbar und funkelten immer intensiver, bis der Mond Helligkeit über den ferneren Wäldern und näheren Hügeln verteilte und eine Zauberlandschaft schuf. Es duftete nach Erde, roch nach Holzkohlenfeuer und, wie immer, stark nach Ziegen. Ein Nachtvogel sang melodisch und auch irgendwie herausfordernd, er bekam Antwort aus einer nahen Akazie, und die ersten Hyänen näherten sich mit ihren »Huuuwitt«-Rufen. Ich hielt nach ihnen Ausschau, konnte aber nur schemenhaft eine kleine Gruppe von ihnen ausmachen. Noch einmal atmete ich tief durch, ließ einen langen, dankbaren Blick über unser schönes Terrain gleiten. Dann erst schloss ich die Fensterläden und Türen, kontrollierte noch einmal die Verschlussriegel, löschte, bis auf eine, alle Lichtquellen, bevor ich mich ebenfalls hinlegte. Aber schlafen konnte ich lange nicht.

Lpetati wieder daheim zu haben, bedeutete für mich eine Umstellung. Der Tagesablauf war anders, ich nahm viel Rücksicht auf Lpetatis Bedürfnisse, sorgte für genügend Ruhepausen und gönnte sie ihm und freute mich, wie er viele der Neuerungen würdigte, die ich während seiner Abwesenheit geschaffen hatte. Besonders die Toilette faszinierte ihn, er lachte, umrundete das kleine Häuschen mit der abschließbaren Tür, schaute in das tief gegrabene Loch und registrierte mit verschämtem Lächeln das Toilettenpapier. Denn auch das besaß außer uns niemand. Man nahm Gras und Laub. Die neue Waschmöglichkeit probierte Lpetati sofort am nächsten Tag aus. Selig singend und ungeniert stand er in der blauen Plastikwanne, eingeschäumt von Kopf bis Fuß und benutzte die neue große Gießkanne aus Aluminium zum Abspülen. Am Abend war das Wasser im Tank dank der Sonneneinstrahlung immer angenehm temperiert, das morgendliche Waschen dagegen gewöhnungsbedürftig, weil in den meist kalten Nächten auch das Wasser stark abkühlte.

Seine Dankbarkeit äußerte Lpetati in kleinen Hilfeleistungen. So schälte er Kartoffeln, schabte Möhren, schnitt Zwiebeln und sorgte sich um unser Essen, natürlich auch deshalb, weil er so gerne aß und kochte. Er verstand wirklich etwas davon. Auch das Abwaschen übernahm er von sich aus, ohne dass ich etwas gesagt hatte. Draußen vor der Küchentür scheuerte er mit Sand und kleinen Steinen die nach Gebrauch immer unansehnlichen Töpfe, da wir ja auf offener Flamme kochten. Dabei sang er und war glücklich und zufrieden. Schwere Arbeiten, wie Heben und Lastentragen konnte er aber noch nicht verrichten, und bei längerem Gehen geriet er immer noch sehr schnell außer Atem und musste dann pausieren.

Jeden Tag suchten wir gemeinsam das nahe *boma* auf, begutachteten unsere Tiere im Pferch, vor allem Willi und Walli, bevor sie auf die Weide gingen oder nach ihrer Rückkehr. Lpetati fehlten unsere Kühe. Begierig stürzte er sich auf die im Wechsel aus den entfernten Wäldern heimkehrenden Krieger, um sich nach seinen Lieblingen zu erkundigen, und gab den *moran*, die zur Wachablösung aufbrachen, viele Ratschläge mit.

»Das Gras wird bald länger sein, dann werden wir die Kühe wieder hier haben. Nderre, Namene, Suara und Mamuri, sie werden groß sein und die Kälber auch.« Mich rührte es, wie sehr er an den Kühen hing, wie sehr sie ihn beschäftigten. Er war eben ein echter Samburu, von klein auf von Milchvieh umgeben und mit ihrer Versorgung und Pflege groß geworden.

Inzwischen ging er wieder ganz in seinen Aufgaben auf. Wie üblich, hielt er sich viel bei der Familie und den Freunden auf, kam zu den Essenszeiten und auf ein Gespräch auch zu mir, ruhte sich regelmäßig auf einer Matratze auf der Veranda aus und bestand am

Abend auf dem Musizieren mit der Gitarre vor dem prasselnden Kamin, ebenso dem Spielen mit Karten, Würfeln oder dem durch die Termiten lädierten Memory. Dabei fiel mir immer auf, wie gut er sich erinnern und orientieren konnte, er war ein ernsthafter Gegner. Auch »Ich sehe was, was du nicht siehst« erfreute sich großer Beliebtheit und verriet viel Erfindergeist, ebenso das Erraten von mit den Händen geformten Figuren vor einer Lichtquelle, die als große Schatten an der Wand erschienen. In seinem Beisein kam nie Langeweile auf. Das war etwas, was ich besonders an ihm schätzte. Es steckte ein schier unübersehbares Potenzial an guter Laune, Erzählungen und Humor in ihm, und ich kann mich nicht an einen einzigen Abend erinnern, an dem er mürrisch daheim herumgesessen hatte, ohne sein Bestes zum Gelingen der Unterhaltung beizutragen. Wenn wir Gäste hatten, die ihm lagen, ging er noch mehr aus sich heraus. Er war ein glänzender Gesellschafter.

Einladungen und fragwürdige Rituale

Zwei Einladungen zu Hochzeitsfeiern, über die wir uns zunächst freuten, sagten wir ab, da sie nicht in unserer Nähe stattfanden. Zudem hätte tagelanges Tanzen die Kräfte Lpetatis doch überfordert. Er war, wie viele andere, als Tänzer gefragt, besonders wenn jemand aus seiner eigenen Kriegergeneration heiratete, vielleicht auch zum zweiten oder dritten Mal. Tänzer waren bei Hochzeiten sehr wichtig. Da bei uns keine Musikinstrumente zum Einsatz kamen, übernahmen die Tanzgruppen der Frauen und Krieger auch das Singen. Den Tanzrhythmus bestimmten sie durch die im Takt wechselnden Gesänge, oft ganz unvermittelt, und durch Händeklatschen und Trampeln mit den Füßen.

Ich hatte mit Lpetati schon viele Hochzeiten besucht und war stets sehr gern mitgegangen, vor allem, wenn die Einladung auch mir persönlich gegolten hatte. Oft wurde ich auch darum gebeten, *picha*, Fotos zu machen, da es bei uns niemanden gab, der einen

Fotoapparat besaß. Außer unserem jüngsten Pflegesohn Laitani konnte auch niemand mit einer Kamera umgehen, so hatte ich ihm, weil er talentiert war, einige Tricks gezeigt, damit seine Fotos besonders schön wurden. Lpetati betrachtete Laitanis Bemühungen und Erfolge als Konkurrenz. Ich musste öfter vermitteln, damit der Junge auch fotografieren durfte.

Immer wieder konnten mich die Hochzeitszeremonien begeistern, und nach wie vor erfreute ich mich an den buntgekleideten Menschen, sowie an den immer noch fremd anmutenden Gesängen und Tänzen, obwohl sich diese doch stets wiederholten und nur geringfügig durch spontane Abänderungen unterschieden. Dass ich meist nicht nur als Zuschauerin gekommen, sondern auch aktiv gewesen war, hatte mir viel Anerkennung eingebracht.

Jetzt aber war ich froh, Lpetatis Krankheit und eine nötige Erholung davon als Entschuldigungsgrund unserer Absage vorschieben zu können. Mit der Zeit empfand ich es nämlich als sehr strapaziös, wenn die Feierlichkeiten so weit von uns zu Hause stattfanden, dass wir nachts nicht mehr zurückkehren konnten. Da bei solchen Festen Männer und Frauen unter sich blieben und meist auch noch die verschiedenen Altersgruppen, hatte ich auch nichts von Lpetatis Gesellschaft. Er ging so sehr in den Gesängen, Tänzen und Gesprächen auf, dass ich manchmal das Gefühl hatte, dass ich, zumindest für die Dauer des traditionellen Teils der Feier, gar nicht für ihn existierte. Nachts schliefen Frauen und Männer getrennt auf der Erde, meist in einem provisorisch errichteten Zelt oder einer großen eigens erbauten *manyatta* aus Zweigen, Kuhdung und Lehm. So hatte ich oft mitten zwischen den Frauen genächtigt, wie eingepfercht, ohne ein kleines Eckchen, in das man sich zurückziehen konnte. Alles lief unter neugierigen Blicken ab, sogar der Gang in ein nahes Gebüsch. Jetzt, wo wir einen gewissen Komfort unser Eigen nannten, vor allem ein richtiges Bett, Waschgelegenheit und eine Toilette, dazu viel Ruhe, vermisste ich diese Annehmlichkeiten und verzichtete daher gern auf die eine oder andere traditionelle Hochzeit.

Zu den jeder Hochzeit vorausgehenden Beschneidungsritualen für die sehr jungen Bräute, eigentlich noch Kinder, meist erst vierzehn, fünfzehn oder sechzehn, ging ich seit Langem aus Überzeugung nicht mehr und wunderte mich, wenn ich wie im Fall Nganat dazu eingeladen wurde. Schließlich war meine Meinung dazu hinlänglich bekannt. Immer wieder erinnerte ich daran, dass eine Beschneidung laut Regierungsbeschluss illegal und damit strafbar war. Meist erntete ich für meine Bedenken und Äußerungen geringschätzige Blicke. Manchmal wurden sie auch nachdenklich, wenn ich behauptete, dass Gott ganz sicher nicht Gefallen an einer Genitalverstümmelung hätte, dass er vielmehr die Unversehrtheit seiner Schöpfung verlangte – denn er hätte doch dann ein Mädchen gleich von Anfang an so erschaffen können, dass nichts verändert werden müsse, weil alles an einer Frau stimmte. Doch meine Bedenken und Mahnungen verhallten hier im fernen Buschland und ließen mich wütend und hilflos zurück. Wie sehr man den Mädchen für ihr weiteres Leben schadete und welches Unrecht und welch brutale Gewalt man ihnen mit der schmerzhaften Entfernung weiblicher Merkmale antat, wollte niemand einsehen. Und gerade die älteren Frauen jedoch, die genau wussten, wie gefährlich und schlimm eine Beschneidung war, hielten diese zu meinem Entsetzen für die wichtigste Angelegenheit und größte Zeremonie im Leben einer Frau.

Viele Stämme Kenias jedoch kannten die weibliche Beschneidung gar nicht, und in jenen Gegenden des ostafrikanischen Landes, in denen der Großteil der Bevölkerung unter anderen Bedingungen lebte, auch weitgehend gebildet war und Zugang zu den Medien hatte, gab es viele Informationen und Aufklärung über die Beschneidung von Mädchen und eine fortschrittliche Einstellung. In manchen Gebieten gab es gar keine oder kaum noch Genitalverstümmelungen dank gezielter Schulungen und Bekanntmachungen. Zudem waren Beschneidungen immer schwerer durchzuführen, weil sie im Geheimen geschehen mussten. Man riskierte sonst eventuell eine Anzeige und eine Bestrafung. Seit geraumer

Zeit wehrten sich dort immer mehr Mädchen gegen solche von der Familie aufoktroyierten Zeremonien, die ihre Rechte beschnitten. Es wuchs vielerorts eine neue, aufgeklärte Generation von jungen Frauen heran, die sich Beschneidung und Zwangsheirat widersetzten. Sie verließen lieber ihr Elternhaus und eine vertraute Umgebung, als über sich bestimmen zu lassen. Doch so war es längst nicht überall. Und der christliche Gedanke, dass man eine Tradition beenden durfte, wenn sie die Menschenrechte verletzte, stieß nicht überall auf offene Ohren. Auch dies war ein Grund, weshalb ich Hochzeiten inzwischen lieber fernblieb.

Ein Unglück

Während Lpetati und ich eines Morgens in der Sonne auf der Veranda frühstückten, hörten wir plötzlich gellende, markerschütternde Schreie. Die Samburu-Frauen stoßen solche Schreie aus, wenn Gefahr droht oder etwas Furchtbares geschehen ist. Kurz darauf beobachteten wir ein chaotisches Gerenne von Familienmitgliedern in Richtung der Schreie. Lpetati erhob sich. »Komm«, sagte er, »da ist etwas, das uns auch angeht.«

So folgten wir den Laufenden, die inzwischen vor einem breiten Gebüsch stehen geblieben waren und noch furchtbarer schrieen und lamentierten.

Und dann entdeckten wir die Leiche unseres Nachbarn Leleshep, der seltsam gekrümmt und leblos vor einem Busch lag. Augen und Mund standen offen, an denen Heerscharen von Fliegen saßen.

Wie alle Herbeigeströmten standen wir ratlos, ungläubig und geschockt vor dem entsetzlichen Anblick. Blut hatte das Gras um unseren toten Nachbarn herum dunkel gefärbt, und es bildete sich eine brüchige Kruste auf Lelesheps weiß-roten Tüchern.

Es dauerte lange, bis jemand etwas sagen konnte. Es wurde gerätselt, wodurch der Mann gestorben sein könnte, und immer wieder fiel das Wort »Mord«. Dann setzte ein lautes Wehklagen der Frauen ein, das mir durch und durch ging.

Lelesheps tödliche Verletzungen rührten von einem Speer her, und es war für die Männer nicht schwer, den Besitzer des Speeres zu identifizieren.

Sie wiesen auf Yona, der bald darauf gefunden wurde, völlig verwirrt und durcheinander. Er wusste gar nicht, was geschehen war, fantasierte wie im Fieber. Er und Leleshep waren Freunde gewesen, im gleichen Alter und brave Familienväter, sie galten als besonnen und waren überall beliebt. Dass sie dem Alkohol zugetan waren, sah man ihnen nach, denn sie betranken sich nicht oft.

Es dauerte noch zwei Tage, bis Yona ansprechbar war und endlich Licht in das Geschehen kam. Völlig gebrochen berichtete Yona, der einen gewaltigen Rausch nach genossenem Hirsebier während einer Hochzeitsfeier gehabt hatte, was geschehen war. Er und Leleshep hatten sich in der Nacht zusammen auf den langen Heimweg gemacht. Irgendwann sei Leleshep dann verschwunden gewesen. Als plötzlich aus einem nahen, dichten Busch Löwenbrüllen und Fauchen ertönte, hatte Yona spontan seinen Speer in die Richtung geschleudert.

Langsam begriffen wir die Tragik der Geschichte. Der vermeintliche Löwe war niemand anderer als Leleshep gewesen, der seinen Freund nur ein wenig hatte erschrecken wollen. Es war unfassbar für den armen Yona, der nun damit leben musste, seinen besten Freund getötet zu haben.

Diese unbesonnene Tat, nicht einmal als böse einzustufen, wenn man die Umstände berücksichtigte, verursachte in unserem *boma* ein entsetzliches Durcheinander und viel Leid und sorgte für schier unaufhörlichen Gesprächsstoff.

Die Hinterbliebenen von Leleshep waren zu unserer Verwunderung nicht bereit, Yonas Erklärungen, Entschuldigungen und Wiedergutmachungen durch Schenkung von Tieren anzunehmen und unterstellten ihm böse Absicht. Wir wussten alle, wie absurd das war. Wer brachte freiwillig seinen besten Freund um? Doch für Lelesheps Familie stand fest, dass Yona allein die Schuld am Tod seines Freundes trug. Sie sah nicht ein, dass Leleshep sich durch sein kindisches Verhalten, indem er einen Löwen nachgemacht hatte, in Gefahr gebracht hatte und Yonas Reaktion normal gewesen war. Besonders der ältere Bruder und der Großvater Lelesheps machten Yona und seiner Familie das Leben zur Hölle, unterrichteten schließlich den Assistant Chief und den District Officer, die ihrerseits die Polizei über den »Mord« informierten. Der Ältestenrat versuchte sein Möglichstes, um den Bruder, den Großvater und die Familie des Opfers umzustimmen und zu beschwichtigen, ohne Erfolg.

Wie ein Schwerverbrecher wurde Yona abgeführt, zunächst nach Maralal und dann in das Gefängnis von Nyahururu gebracht. Es war ungewiss, ob wir ihn jemals wiedersehen würden. Eine allgemeine Traurigkeit breitete sich aus, niemand war mit der amtlichen Entscheidung einverstanden.

Kurze Zeit darauf fanden Freunde die Hütte von Yona leer. Seine Frau und seine Kinder waren verschwunden. Niemand wusste, wohin sie bei Nacht und Nebel geflüchtet waren, um der Schmach zu entgehen. Irgendjemand wollte die Frau später in Nakuru gesehen haben, ein anderer in Nyeri, aber das wurde nie bestätigt. Da Yonas Familie nicht direkt zu unserer gehörte, sahen wir von weiteren Nachforschungen ab. Dennoch beschäftigte uns die Sache noch lange. Auch einige Jahre später hieß es, dass Yona sich immer noch im Gefängnis befände und von einer Entlassung nicht die Rede sei. Warum nur war die Familie seines auf so tragische Weise umgekommenen Freundes so hart und uneinsichtig? Sie hatte es schließlich in der Hand, etwas Positives für Yona zu bewirken. Wir vermuteten eine persönliche Fehde zwischen den Vorfahren der Familien, denn Yona und Lelsehep waren schließlich sehr gute Freunde gewesen.

Die Rinder kommen zurück

Nach erfrischenden, erlösenden und von Mensch, Tier und Pflanzen ersehnten Regengüssen, erstrahlte das Hochtal wie immer nach ausreichendem Regen wieder in leuchtenden Farben. Lpetati war voller Unruhe und Vorfreude. Wie so viele Bewohner verfolgte er das Sprießen der noch spärlichen Grasnarbe. Als sie dann auch auf größeren Flächen die erforderliche Höhe erreicht hatte, drängte er darauf, nun endlich die Rinder aus dem Wald zu holen. »Ich werde langsam gehen, ich werde es schaffen, *chui*. Oder auch mit dir zusammen, wenn du magst.«

Noch ganz beschäftigt mit seinem Vorhaben, entdeckten wir vom Küchenfenster aus eine lange Prozession von Rindern und deren Hütern am Waldrand, noch weit entfernt, aber schon zu erkennen. »Schau mal, sie kommen, sie kommen schon«, rief Lpetati aufgeregt, suchte hektisch nach dem Fernglas, lief hinaus auf die Veranda und hielt von dort Ausschau. Er zog seine robusten, aus Autoreifen gefertigten Sandalen an und warf die blau-rot gewürfelte *shuka* über. »Komm! Wir gehen ihnen entgegen!« Aber er wartete gar nicht auf mich, drehte sich nur einmal kurz um, lachte über das ganze Gesicht. Er lief den Hang hinunter. Ich sah ihm nach, wie er sich mit seinem federnden Gang auf langen Beinen entfernte. Noch einmal winkte er übermütig und verschwand dann zwischen Büschen in der Senke. Obwohl er nicht auf mich gewartet hatte, ließ er mich in guter Stimmung zurück, denn nun würde das Leben wieder normaler sein. Ohne Rinder, ohne ihren Geruch, ohne ihr Muhen war das *boma* doch ein wenig fremd gewesen.

Und nun würde außer Ziegen- und Schafmilch wieder Kuhmilch zur Verfügung stehen. Auch das Ausbessern der bröckeligen Hüttenwände und von schadhaften Dächern gelang mit Kuhmist besser.

Ich dachte einen Moment lang an die jungen Hirten, die sicher nach so vielen Wochen, ja, Monaten, froh sein würden, wieder bessere Lebensumstände genießen zu können: Nicht mehr in den Bäumen herumklettern zu müssen, um mit dem großen Buschmesser Äste zu schlagen. Sie konnten nun endlich wieder die kalten Nächte in wärmeren Hütten verbringen, wo sie von ihren Müttern, Frauen, Schwestern, Schwägerinnen oder auch Freundinnen beköstigt würden. In den Wäldern hatten sie sich selbst versorgen und mangels ausreichender Vorräte oft hungern müssen. Wie es üblich war, würden auch wir uns bei den Hütern der Herden bedanken und ihnen eine angemessene Summe für ihre aufopfernde Tätigkeit zahlen. Meist wurden sie von den Familien, deren Tiere sich in ihrer Obhut befunden hatten, mit Naturalien wie Zucker, Tee, Reis und Maismehl entlohnt.

Uns gehörten sieben Kühe, von denen zwei, Nderre und Namene, die ganz besonderen Lieblinge von Lpetati waren, obwohl sie, mangels Nachwuchs, noch keine Milch gaben. Die Liebe beruhte wohl auf Gegenseitigkeit, denn wenn Lpetati die beiden bei ihren Namen rief, kamen sie sofort auf ihn zu. Lpetati war mächtig stolz darauf. Alle unsere Kühe hatten ein weiches Fell in hellen Beige- und Brauntönen. Das hatten wir absichtlich so gewählt, um sie schneller zwischen den weißen, dunkelbraunen und schwarzen sowie gefleckten Tieren identifizieren zu können, wenn sie sich in einer großen Herde befanden, welche sich oft aus sämtlichen Nachbarbeständen zusammensetzte. Zu unserer Freude stellten wir fest, dass zwei unserer Tiere trächtig waren, die sanfte, geliebte Nderre und die eigenwillige Suara.

Seit die Rinder in der Nacht im Pferch zwischen den Familienhütten untergebracht waren, über Tag um uns herum weideten, war Lpetati selten daheim. Oft saß er am Hang vor unserem Blockhaus und beobachtete seine Lieblinge, sang dabei selbst erfundene Lieder, in denen er sie pries. Aber auch ich kam in seinen Liedern vor sowie unser Zuhause. Immer wieder versicherte er mir, wie schön das Leben sei. »Alles ist gut geworden, Ngai sei Dank, das Leben ist wichtig, das Leben ist schön. Und ich bin Samburu, das ist gut so und richtig. Was brauche ich mehr.« So endete eines seiner Lieder.

Kurz vor Nderres Niederkunft zog Lpetati abends mit einer alten Matratze und wärmenden Decken in den Pferch und schlief neben ihr. Auf keinen Fall wollte er den großen Augenblick verpassen, in dem vielleicht seine Hilfe gebraucht wurde. Sein Vater leistete ihm oft Gesellschaft dabei, schlief ebenfalls draußen, obwohl er über Rheuma klagte. Aber das Fachsimpeln mit seinem Sohn ließ ihn die Schmerzen vergessen. Manchmal vertrat ich Lpetati bei Nderres Betreuung, damit er in Ruhe essen und sich auch mal entspannen konnte.

Eines Morgens hörte ich, während ich den Tee für uns aufbrühte, Nderre ganz anders muhen als sonst. Ganz offensichtlich stand die Geburt kurz bevor. Ich ließ alles stehen und liegen und rannte zum Pferch. Zusammen mit Lpetati sprach ich liebevoll auf unsere Hellbraune ein. Lpetati verkündete nach einem Test, dass sich das Kälbchen in der richtigen Lage befand, aber die Geburt dauerte und zog sich ungewöhnlich lange hin, wie wir meinten. Aber dann sahen wir unsere Sorge unbegründet: Nderres Kälbchen kam ganz spontan: ein kleiner Stier mit vielen Farben, die, allen Mutmaßungen darüber zum Trotz, nicht auf einen bestimmten Erzeuger schließen ließen. Vorsichtig rieben wir das Kälbchen mit trockenem Gras ab und gaben dem Nachwuchs den Namen »Rangi-rangi, »Bunt«. Wir waren glücklich über den gesunden Herdenzuwachs. Eine Kuh gleichen Namens hatten wir neben anderen Tieren in den Jahren der großen Dürre verloren.

Das Leben war beschaulich geworden, verlief in normalen Bahnen und bedrohte uns längere Zeit nicht mehr mit Wassermangel. Überall wurden Felder bestellt, auch unser eigenes, wobei mir Marissa und zwei von Lpetatis Schwestern und mein jüngster Schwager halfen. Für Lpetati war die Feldarbeit noch zu schwer. Trotz des weich gewordenen Bodens hatten wir mit allerhand herausragenden Felsstücken, die wir umgehen und aussparen mussten, mit festen Strünken und Buschwerk und vielen Steinen, meist großen und kleinen Quarzen, zu kämpfen. Nur so erhielten wir eine einigermaßen ebene Fläche, auf der gepflanzt und gesät werden konnte. Den Hauptteil bei der Bestellung nahmen, wie üblich, Mais und Buschbohnen ein, die mit unserem Boden gut zurechtkamen, aber auch Kartoffeln. Diesmal wagte ich mich auch an Auberginen, Zucchini und Paprika, die niemand bei uns kannte, die aber in Kenia beliebt waren. Und auf einer kleinen Fläche hatte ich Kohlsaat, Karotten, Tomaten, Okra, Mangold, einige Manioks und etwas Zuckerrohr eingebracht. Sorgfältig wurden die vorbereiteten Felder mit aufgetürmten trockenen Büschen gesichert, um sie gegen Kahlfraß durch unsere Haustiere und Wildtiere zu schützen. Antilopen, Impalas und Zebras sahen wir fast jeden Tag und auch immer wieder die zierlichen Thomsongazellen und kleinen Dickdicks.

Einige Tage lang zogen Elefanten durchs Hochtal. Manchmal kamen sie unseren Siedlungen so nahe, dass wir die Behausungen nicht verlassen konnten. Die Schulkinder mussten daheim bleiben und auch die noch Kleineren, die neuerdings eine vor Kurzem eröffnete »Nursery«, eine Art Kindergarten, besuchen konnten, durften sich nur innerhalb des *bomas* und dessen schützenden Hecken aufhalten. Argwöhnisch wurden die Dickhäuter beobachtet, aber dann stellten wir erleichtert fest, dass die vielen verbliebenen Wasseransammlungen in manchen Vertiefungen ihre Aufmerksamkeit erregt hatten sowie die saftigen, aber stacheligen Früchte der Opuntien, der Kaktusfeigen, eine Leckerei für uns, aber auch für die Ziegen und Elefanten. Angesichts der vielen grauen Riesen um uns herum würde wohl nicht viel von den Früchten übrig bleiben. Nur zweimal in all den Jahren hatte es so viele Kaktusfeigen gegeben, dass ich Saft und Marmelade daraus hatte gewinnen können. Viele Reisgerichte und der ewige Maisbrei ließen sich mit der süßen, fruchtigen Marmelade zu einem Hochgenuss aufpeppen, und der Saft, mit Wasser vermischt, schmeckte köstlich. Obstsäfte und Fruchtsaftgetränke gab es bei uns sonst nicht.

Noch gut erinnere ich mich an meinen ersten Versuch, eine Frucht des Feigenkaktus zu essen. Herzhaft hatte ich in die rotgelbe Herrlichkeit gebissen und war augenblicklich zurückgezuckt, weil mir Lippen, Mund und Zunge wehtaten und brannten. Der Grund waren viele kleine Widerhäkchen von den Früchten, die nun überall im Mund festsaßen. Mir liefen die Tränen herunter, und ich bereute, so heißhungrig auf frisches Obst gewesen zu sein. Dann fiel mir ein, dass Erwachsene und kleine Kinder die Früchte erst auf dem Boden hin- und hergerollt oder sie zwischen Steinen gerieben hatten, bevor sie sie aßen. Selbst die Elefanten waren so mit den Früchten verfahren! Nun kannte ich den Grund und wurde noch tagelang durch schmerzende Stellen im Mund daran erinnert.

Die günstige Wetterlage nutzten wir, um endlich die von mir gewünschten Bäume zu pflanzen, die zur Verschönerung beitragen und Schatten spenden, aber auch der Umwelt nützen sollten. Nur so konnte man einer ständig fortschreitenden Erosion entgegenwirken. Außerdem wollte ich mich gezielt um den Erhalt typischer Pflanzen für unsere Region kümmern, die teilweise durch die Verkarstung des Bodens und immer öfter und länger dauernde Trockenzeiten gefährdet oder sogar schon verschwunden waren. Manchmal wusste ich die Namen nicht genau, aber Zeichnungen halfen mir weiter. Fast alle Einheimischen kannten sich da aus.

Mit Lpetati suchte ich die Stellen aus und markierte sie, an denen künftig Bäume wachsen sollten, und mit Hilfe meines jüngsten Schwagers und zwei Cousins von Lpetati huben wir große Löcher aus.

Wilson, unser ältester, und Laitani, unser jüngster Pflegesohn waren zu unserer Freude für einige Tage nach Hause gekommen, da sie erfolgreich an einigen Sportwettkämpfen teilgenommen und nun frei bekommen hatten. Ich war glücklich über unsere beiden Jungen, die sich so prächtig entwickelt hatten, dazu ein besonders umsichtiges, einfühlsames Wesen besaßen. Auch konnte man mit ihnen wundervolle Gespräche führen. Ich bedauerte, sie nicht öfter in der Nähe haben zu können.

Die beiden Jungen unterstützten unsere Pflanzaktion kräftig, verstanden auch einiges davon, da es ein ähnliches Projekt zur Wiederaufforstung in der Schule gab, an dem sie sich beteiligt und viel dabei gelernt hatten. Lpetati und ich schauten uns in Maralal die von den Schülern angelegten Flächen mit Junghölzern und Nutzpflanzen an und fanden einen anregenden Gesprächskreis über solche Themen vor. Mit Hilfe unserer beiden Jungen und einiger Empfehlungen durch zwei Lehrer erstanden wir für nur wenig Geld mehrere Pfeffer- und Neembäume. Auf die Letzteren legte ich besonderen Wert, da sie als Medizinlieferanten unerlässlich waren. Die Kenianer nannten die ursprünglich aus Indien nach Afrika gelangten Bäume ebenso liebe- wie respektvoll »Vierziger«, denn der Neembaum sollte bei angeblich vierzig Krankheiten und darüber hinaus bei der Schädlingsbekämpfung auf natürliche Art hilfreich sein. Auch als nicht ursprünglich afrikanisches Gewächs, war der Neembaum in vielen Gegenden Kenias längst heimisch geworden. Er erinnerte mich stark an die Walnussbäume meiner deutschen Heimat. Außer den Neem- und Pfefferbäumen und einer tropischen Eschenart pflanzten wir blaublühende Jaccaranda, einige Avocados und auch Bananen. Bei den Büschen, Blumen und Gräsern griffen wir beim Pflanzen gezielt auf Arten einheimischer Flora zurück. Natürlich verlangte das Bäumepflanzen einen gewissen Optimismus, was die Wasserversorgung und die Pflege anging. Aber noch war beides gegeben, und so hoffte ich, dass die Bäume angingen und zu unserer Freude gedeihen würden.

Es beglückte mich unsagbar, wenn ich die Runde machte, oft zusammen mit Lpetati, und wir unsere Planzungen besichtigten. Die Jungen beglückwünschten mich zu meinem Plan und meinten, das Zuhause würde mit jedem Mal schöner.

Nach dem Anlegen eines neuen, befestigten Weges mit flachen Stufen zu uns herauf, deren Kanten wir mit weißen Quarzsteinen markierten, sah der Platz vor und hinter unserem Haus recht einladend aus. Besonders die hellen Quarzsteine waren bei Mondlicht eine gute Orientierung und hatten dann etwas Geheimnisvolles.

Noch an weiteren zwei Tagen kamen unsere Jungen zu Fuß zu uns und einmal mit einem geliehenen Fahrrad und einem Rucksack mit vielen übrig gebliebenen Pflanzen und Ablegern aus dem Schulgarten.

Ein umstrittener Zaun

Schon nach einigen Tagen entdeckte ich mehrere Ziegen, die nichts Eiligeres zu tun hatten, als sich auf die jungen Bäumchen zu stürzen. Wütend vertrieb ich sie. Dass es überwiegend Babas Ziegen waren, der gerade den Pfad zu uns heraufkam, machte die Sache nur brisanter. Ganz offensichtlich hatte der Schwiegervater meine Reaktion bemerkt. Und prompt verkündete er vorwurfsvoll: »Es sind doch meine Ziegen, Kind.« Was ich dachte, konnte ich ihm natürlich nicht unverblümt sagen, es hätte ihn verletzt. Stattdessen erklärte ich ruhig: »Alle Ziegen lieben die jungen Triebe, Baba, unsere auch. Aber wenn sie die Spitzen der neugepflanzten Bäumchen und Büsche und Blumen abfressen, gehen diese ein, und alle Arbeit war umsonst. Es wäre schön, wenn du uns dabei unterstützen könntest, darauf zu achten, dass die Ziegen, solange die Bäume so klein sind, woanders fressen, nicht hier am Hang. Das ist nicht böse gemeint, wirklich nicht. Lpetati ist extra mit den Ziegen unten in der Senke, um sie von den Neupflanzungen fernzuhalten. Auch er möchte gern, dass die Bäume und Büsche in Ruhe wachsen können und nicht vorzeitig eingehen. Die Wurzeln der neuen Pflanzen müssen größer werden, damit sie das Erdreich festhalten können, das ist ungeheuer wichtig, Baba. Und du weißt, was ich Großvater versprochen habe.«

Großvater zu erwähnen und das Recht, das er mir eingeräumt hatte, nämlich an dieser Stelle am Hang siedeln zu dürfen und für dessen Erhalt Sorge zu tragen, war vielleicht nicht sehr diplomatisch. Baba sah mich länger mit unergründlichem Blick an. Dann wandte er sich abrupt um und versuchte, seine Herde zurückzutreiben, rief einige in der Nähe spielende Kinder dazu und forderte sie auf, ihm zu helfen. Irgendwie hatte ich kein gutes Gefühl. Baba hatte gar nicht, wie sonst, freundlich ausgesehen und dass er ohne Gruß verschwand, deutete ich als Verstimmtheit.

Am Abend sprach ich mit Lpetati darüber, der, wie so oft, wenn eine Angelegenheit zwischen mir und seiner Familie zu regeln war, zwischen zwei Stühlen saß. Aber auch er plädierte dafür, dass die Bäume ungestört wachsen sollten. Er hatte begeistert bei der Pflanzaktion mitgeholfen und übernahm auch Verantwortung dafür, indem er sich am Wässern und Gießen beteiligte und sich schon ausmalte, wie schön es eines Tages sein würde, unter großen Bäumen im Schatten sitzen zu können. In einem sonnenverbrannten Land hatte der Wunsch nach kühlem Schatten einen hohen Stellenwert. »Das Beste wäre, wir würden das Grundstück einzäunen«, sagte ich vorsichtig. »Was meinst du dazu? Wäre das wohl möglich? Aber die Familie und die Nachbarn müssten zuvor davon unterrichtet werden und damit einverstanden sein. Meinst du, sie würden meinem Wunsch zustimmen, oder sage ich lieber nichts?«

Lpetati zuckte die Schultern, was mich enttäuschte. Aber er zeigte dabei ein liebes Lächeln, und erst nach einer langen Pause kam sein »Was sollten sie dagegen haben?«

Natürlich konnte ich nicht einfach, ohne um Erlaubnis zu bitten, einen Zaun errichten. Es gab keine Zäune bei uns, allenfalls Hecken, die nötig waren, um vor wilden Tieren geschützt zu sein. Zum anderen würden die Familie und Nachbarn, um Freunde zu besuchen, einen größeren Umweg machen müssen, wenn es einen Zaun gäbe. Bis jetzt hatten sie an zwei Stellen unser Grundstück überquert, was uns nicht gestört hatte, sofern sie auf dem vorgegebenen Trampelpfad geblieben waren. Den neuen Kräuter- und Blumengarten, den ich dann entlang der ehemaligen Wege anlegen wollte, sollte nach Möglichkeit niemand Unbefugtes betreten.

Ich hatte mir für dieses Jahr vorgenommen, mehr in den Garten zu investieren und den gesamten Hang durch- und aufzuforsten, vor allem wollte ich weiter an dem begonnenen Projekt arbeiten und noch mehr einheimische Pflanzen ansiedeln, die früher am Berghang gestanden hatten. Darüber würde sich auch Baba freuen, ging es mir durch den Sinn. Aber alle diese Pläne ließen sich nur durchsetzen, wenn keine Ziegen, Schafe und Kühe an diese Stellen getrieben wurden, und dafür brauchte ich die Einsicht der Haustierbesitzer. Tagelang trug ich die Idee der Einzäunung mit mir herum und war nicht gerade glücklich darüber, dass Lpetati sich nicht deutlich geäußert hatte, was er von meinem Vorhaben hielt. Immerhin hatte er sich Mühe gegeben und mehrere Haustiere immer wieder von den Flächen verjagt, auf denen die jungen Bäume, Büsche, Blumen und Gräser gepflanzt worden waren, hielt sie auch fern von für weitere Verschönerungen vorgesehenen und vorbereiteten Standorte. Aber er umging das Thema »Einzäunen« konsequent und kam von sich aus nicht wieder darauf zurück. Was ich nicht verhindern konnte, war der Kahlfraß an einigen wunderschönen Dickblattgewächsen, wofür ich erst Kühe in Verdacht hatte. Aber dann entdeckte ich Scharen von gelben Webervögeln, die sich über die Beete hermachten. Wahrscheinlich hatte es ihnen die in den Blättern gespeicherte Feuchtigkeit angetan.

Endlich fasste ich mir ein Herz und bat Baba, die Ältesten unter den Versammlungsbaum des Clans zu holen. Zwei Tage später hockten zahlreiche ehrwürdige Ältere an der vereinbarten Stelle, und ich brachte, zu meiner Freude mit Lpetati an meiner Seite, mutig mein Anliegen vor. Nach einer Bedenkzeit von einigen Tagen erhielt ich die Erlaubnis, unser Anwesen am Hang großzügig einzuzäunen. Es gab nur zwei Gegenstimmen.

Ich war sehr erleichtert über die Zusage, aber dann fiel mir ein, dass wir ja auch eine größere Gartenpforte brauchten, irgendeine stabile Tür. Und diese Tür müsste die meiste Zeit verschlossen sein, damit das Milchvieh nur außerhalb des Zaunes weiden konnte. Eine verschlossene Tür! So etwas hatte es hier noch nicht gegeben. Es kam einer Missachtung gleich, seine Türen zu verschließen, wenn man daheim war.

Familienmitglieder oder Freunde vor verschlossener Tür – das war undenkbar. Aber soviel ich auch überlegte, eine andere Lösung gab es nicht, oder ich musste die Idee mit dem Bepflanzen des Terrains fallen lassen. Was hätte ich darum gegeben, mich mit Großvater beraten zu können!

Doch schließlich stand mein Entschluss fest. Und nach einigen Tagen unterstützte mich Lpetati sogar zu meiner Überraschung darin, was ich mir natürlich gewünscht und erhofft, aber nicht erwartet hatte. Weil er mehr als ich mit der Familie und den Freunden zusammen war, hörte er auch bestimmt manche Argumente, zu denen ich keinen Zugang hatte. Es war schwer für ihn, eine klare Position zu beziehen. Er gehörte zu mir, und er gehörte zur Familie, so befand er sich in einem ewigen Hin und Her, wenn es um außergewöhnliche Entscheidungen und Maßnahmen ging. Und ein Mann von schnellen, klaren Entscheidungen war er sowieso nicht. Am liebsten war es ihm, wenn sich die Lösung eines Problems von selbst ergab. Das bedauerte ich, denn ich hatte ihn zu Beginn unserer Beziehung anders eingeschätzt. Andererseits war auch ich auf Harmonie bedacht und forderte keine Auseinandersetzung mit allen Mitteln heraus. Zudem fürchtete ich Lpetatis Zorn, denn dann war er unberechenbar, wie ich es – wenn auch nicht ich selbst davon betroffen gewesen war – erlebt hatte.

Deshalb war ich nun ganz überrascht, als er mir eröffnete, er hätte seinen Bruder, eigentlich ein Halbbruder, und Cousin Langis angewiesen, gerade gewachsene kleine Baumstämme für uns zu schlagen und zu bringen. Wir brauchten sie, um einen Maschendrahtzaun ziehen zu können.

Eigentlich begingen wir damit einen Frevel, denn die Regierung hatte strengstens jegliches Abholzen in unserem Distrikt und wohl auch in anderen Gebieten Kenias unter Androhung von Strafe untersagt. Einerseits war dieses Verbot nötig, denn viele Hänge um Maralal herum und auch bei uns in der Gegend wiesen immer größere Kahlstellen auf, und die Erosion des Bodens schritt mit großer Geschwindigkeit voran. So war der Beschluss an sich begrüßenswert und sprach mir aus der Seele. Andererseits bot die Regierung keine Alternative an. Womit sollten die Familien kochen, denen das Geld für Petroleum fehlte, wie ihre Hütten erwärmen? Und zum Bauen? Allenfalls gab es das schreckliche und teure Wellblech in Maralal. Zum einfachsten Hüttenbau brauchte man nun einmal dünne Stämmchen, das war einfach die traditionelle Weise für die Einheimischen, zu leben.

Laut Regierungsbeschluss durfte neuerdings kein Brennholz mehr von gesunden Bäumen geschlagen werden, nur noch von kranken oder altersschwachen.

Einige pfiffige Bewohner, die ja auf Brennholz angewiesen waren, um kochen zu können, entkräfteten das Verbot für sich, indem sie immer öfter die Rinde von Bäumen beschädigten, die daraufhin langsam eingingen und dann irgendwann zur erlaubten Kategorie »Brennholz« gehörten.

So ganz wohl war mir bei der Angelegenheit, dass Verwandte für uns Stämme holten, nicht. Aber es war auf Grund der Bestimmungen momentan auch nicht möglich, Holz in Maralal zu kaufen. Irgendwie überwand ich meine Skrupel, denn ich hatte mir fest vorgenommen, sozusagen als Wiedergutmachung, an vielen Stellen aufzuforsten, soweit es machbar und finanziell möglich war. So würde ich an der Natur begangene Fehler wieder ausgleichen.

Die großen Rollen Maschendraht waren sehr schwer und sehr teuer, aber sie bestanden aus gutem Material, wie mir meine Freunde im Bauhandelsgeschäft versicherten. Der Draht würde nicht rosten und einiges aushalten, hieß es. Während aufgeladen wurde, hatte ich erneut mit mir zu kämpfen und ich hoffte aus vollem Herzen, dass ich mich mit meiner Aktion bei der Familie nicht unbeliebt machte.

Bevor wir uns mit dem Pick-up und dem Maschendraht auf den Heimweg machten, besuchten wir in der Lungenklinik den Jungen und seine Mutter. Nach einer längeren Krise ging es der Mutter endlich besser und sie wusste bereits, wann sie entlassen werden konnte. Sie würde in die Nähe ihrer Schwester nach Ikiloriti ziehen, ließ sie uns wissen, und die Frauen hätten für sie und ihren Sohn schon eine Hütte gebaut.

Da der kleine Ort nicht allzu weit von uns entfernt lag, könnten wir uns gegenseitig besuchen. Der Junge war uns gegenüber noch sehr anhänglich. Aber irgendwie hatte ich das Gefühl, dass er selbstsicherer und in gewissem Sinn auch erwachsener geworden war. »Ich habe sieben Cousins, die warten schon auf mich«, sagte er.

»Und du kommst doch sicher auch mal zu uns?«, ermunterte ich ihn. Der Junge nickte, drückte sich kurz an mich und sah dann angestrengt geradeaus. Ich hatte das Gefühl, dass er mit den Tränen kämpfte.

Als der schwer beladene Pick-up vor unserem Haus hielt, fanden sich schnell viele Helfer ein. Es hatte sich herumgesprochen, dass es Arbeit und demzufolge etwas zu verdienen gab. Natürlich war auch immer viel Neugier dabei, wenn wir, besonders nach der Rückkehr aus Maralal, aufgesucht wurden.

Schon einen Tag später wurden in einem von mir festgelegten Abstand in einem weiten Umkreis um unser Haus herum, dessen Verlauf ich mit Steinen und Stöckchen sowie roten Fäden markiert hatte, Löcher für die Stützpfähle ausgehoben.

Die Arbeit zog sich über zwei Wochen hin, denn auch das Spannen und Befestigen des Zaunes mit Krampen musste ich erklären.

Die verbliebene wegbreite Öffnung, die ja auch noch irgendwie verschließbar sein sollte, bereitete mir Kopfzerbrechen. Ideen kamen und gingen. Dann, eines Nachts fiel mir ein, dass ein großes Tor aus Baumatten, mit einem Holzrahmen versehen, eine Lösung sein könnte. So würde auch ein großes Tor durch das Maschengitter transparent sein und nicht so sehr verschlossen wirken. Zudem konnten wir vom Küchenfenster und von der Veranda aus gut sehen, wer Einlass begehrte, obwohl etwa hundertfünfzig Meter dazwischen lagen. Bis jetzt waren wir einfach immer nur von unseren Besuchern überrascht worden, die plötzlich in einer der beiden

Eingangstüren standen und *hodi* riefen, aber oft, ohne eine Antwort abzuwarten, eintraten.

Es war nicht einfach, den Kindern klarzumachen, dass auch sie sich künftig an bestimmte Zeiten halten mussten, wenn sie Lpetati und mich besuchen wollten. Aber ich wusste schon jetzt, dass ich oft genug eine Ausnahme machen würde. Die Kinder liebten mich, und ich liebte sie, und so sehr auch einige von ihnen bei der ersten Begegnung mit mir geschrien hatten vor Angst, so sehr hingen sie nun an mir, berührten immer wieder meine helle Haut und vor allem die langen hellen Haare. Sie mochten die Art, wie ich mit ihnen umging, und die vielen Sing- und Ballspiele, die keiner von der großen Verwandtschaft mit ihnen spielte. Besonders hatten es den Kindern bei mir die Abzählreime angetan, die Bilderbücher und Puzzlespiele, und die vielen Geschichten, die ich ihnen erzählte und die Lieder, die wir sangen, mit und ohne Gitarre, sowie die kleinen Tanzweisen. Die Eltern und Anverwandten saßen wohl alle ringsherum, aber niemand ersann Spiele, was mich sehr wunderte. Geschichten allerdings gab es zahlreiche, sie dienten erziehungstechnischen Maßnahmen und dem Aufrechterhalten und Unterweisen in traditionellen Dingen und gaben Wissen weiter. In der Sprache der Samburu – einer Lautsprache – gab es, außer einer Art Fibel – keine geschriebenen Zeitdokumente, Märchen oder stammeseigene Überlieferungen. Hin und wieder wurden Schlaflieder gesungen, noch mehr Kirchenlieder, welche den Samburu im Zuge ihrer Christianisierung beigebracht worden waren. Doch so ganz kindgerechte Unterhaltung fehlte. Wohl liebte man Kinder über alles und ganz kleine wuchsen in ständigem Hautkontakt auf – nämlich in bunten Tüchern auf den Rücken der Mutter gebunden –, aber sowie sie laufen konnten, wurden sie in ihrem Tatendrang nur unterstützt, indem ihnen kleine Aufgaben zugewiesen wurden.

Die Baumatten-Tür gefiel mir immer besser, so besorgte ich, obwohl das nicht einfach war, starke Pfosten, Kanthölzer, Scharniere und natürlich ein dickes Vorhängeschloss. Zwei Handwerker halfen mir.

Dann kam der besondere Moment: Unter allerlei Bedenken, doch beherzt genug, brachte ich das Schloss an, argwöhnisch beobachtet von einigen Kindern und Alten. »Es kann sein, dass die Tür manchmal verschlossen ist«, gab ich zu verstehen, »aber das hat nichts mit euch zu tun. Ihr seid willkommen, aber wir wollen noch mehr pflanzen, da müssen die jungen Triebe in Ruhe wachsen können und vor dem Abfressen durch unsere Haustiere geschützt sein.«

Es war mir nicht wohl bei meiner Erklärung, enthielt sie doch, wenn ich ganz ehrlich war, nicht die ganze Wahrheit.

Ich verteilte schuldbewusst ein paar Kekse, hängte das Schloss ein und stieg die aus Erdreich errichteten und mit Steinen belegten breiten Stufen zu uns hinauf, immer mit dem bohrenden Gefühl im Rücken, dass mir nachgeschaut wurde.

Irgendwann fiel mir ein, dass ich Lpetati während der Tor- und Schlossaktion gar nicht gesehen hatte, obwohl er in den Tagen zuvor noch ganz bei der Sache gewesen war. Wollte er am Ende doch nichts mit der ganzen Angelegenheit des Abgrenzens zu tun haben oder zumindest vor seiner Familie nicht als eine Art Verräter dastehen? Ich machte mir viele Gedanken, gestand Lpetati auch eine gewisse Feigheit zu, und versuchte seine Situation zu verstehen. Bei Anlässen wie diesem fühlte ich mich mehr denn je als die »Weiße«. Ich wähnte mich einerseits im Recht, dennoch rangen in mir Herz und Verstand heftig miteinander. Wem schadete ich mit meiner Handlungsweise und wenn, warum?

Schon kurze Zeit später, als ich im Haus bei einer Tasse Tee saß und mich zu beruhigen versuchte, erfuhr ich zum ersten Mal die Reaktion auf mein Tun. Das Tor war nicht wirklich verschlossen. Ich hatte das Schloss nur eingehängt. Aber nun wurde mit Stöcken gegen das Tor geschlagen, unermüdlich, und kaum jemand respektierte die neue Lage. Ich kämpfte mit mir, ging schließlich noch einmal zum Tor, doch noch ehe ich die richtigen Worte zur Erklärung finden konnte, kamen mir Herden von Schafen und Ziegen zu Hilfe, die heimgetrieben wurden und dabei einen Abstecher auf unsere Neupflanzungen zu machen versuchten. »Seht ihr? Wäre die Tür jetzt offen gewesen, wären die Tiere eingedrungen und hätten alles abgefressen, was wir gepflanzt haben. Und dann wäre alle Arbeit umsonst gewesen. Die Tiere müssen draußen bleiben. Das versteht ihr doch? Und wenn alles gut anwächst, wird der Hang schattig und grün, und davon profitieren wir alle, ihr doch auch. Und wir haben Medizin dadurch«, ich wies auf die Neembäume, weil mir das ein stärkeres Argument zu sein schien. Betreten nickten einige Frauen und Kinder, auch ein Ältester unter ihnen. »Nachher ist das Tor wieder offen«, rief ich, »*lasserre naa, na karibu wakati wengine, karibu sana badaye*!«

Willkommen später!

Bald darauf hörte ich Lpetati »Chuiiii« rufen, »*fungua mlango, Chui, ni mimi, Simba yako*! Öffne die Tür, ich bin es, dein Löwe!«

Er betrachtete mich, wie ich die Treppen hinabstieg, und lachte. »Es ist gut geworden«, sagte er, und ich wusste nicht, ob er es auch meinte oder ob nur die Arbeit als solche gemeint war.

Doch dann gab es genügend Gesprächsstoff und auch mehrere Besucher, die das offene Tor als Einladung auslegten. So ergriff ich bei einem *chai* für alle die Gelegenheit, noch einmal zu erläutern, warum das Tor zu manchen Zeiten geschlossen sein würde, auf jeden Fall am Morgen und am Abend, zu den Zeiten, wenn die Herden hinaus- oder hereingelassen würden. Es wurde genickt, als wäre es nun verstanden und akzeptiert worden. Aber bereits am nächsten Tag wurde wieder unablässig an das Tor gehämmert und geduldig gewartet – man hatte ja unermesslich viel Zeit, weil niemand nach der Uhr lebte oder einer Arbeit nachging, in der die Uhrzeit eine Rolle spielte.

Immer wieder band ich Lpetati in Gespräche über das Öffnen und Verschließen des Tores ein, und nachdem sich der erste Frust gelegt hatte, genoss ich das wunderbare Gefühl, dass niemand einfach aufkreuzen und uns stören konnte, sondern dass es gewisse Zeiten gab, in denen wir ganz für uns waren. Lpetati, der gern ein Mittagsschläfchen hielt, musste zugeben, dass es auch Vorteile brachte, nicht ständig aufgesucht zu werden. Und wie oft ich hatte Tee zubereiten müssen, um der Gastfreundschaft Genüge zu tun und den jeweiligen Besuchern Respekt zu zollen, kann ich gar nicht zählen. Erst jetzt hatte ich einen kleinen Überblick, wie sehr das doch Zeit gekostet hatte. Zeit, die ich brauchte, um mich neben der wichtigen Haus-, Garten- und Feldarbeit noch mit den Kindern beschäftigen, Nachhilfe geben und Tiere und Kranke, die mich aufsuchten, versorgen zu können. Aber ich brauchte auch Zeit, um sie für Dinge zu nutzen, die einfach nur guttaten und mir wichtig waren, wie zum Beispiel Lesen, Schreiben, Musizieren, Rätsellösen und Planen, aber auch in Ruhe und ohne Zuschauer mich selbst und die Haare waschen, Näharbeiten verrichten, mit Lpetati plaudern, mit den Hunden spielen und das rege Leben an der Vogeltränke beobachten und mich in der Natur ergehen zu können.

Babas Reaktion

An einem Morgen erzählte der kleine Elia, der sich Bonbons bei uns geholt hatte, dass sein Opa, also Baba, zu Marissa gesagt hätte, er wäre »ein Hund vor der Tür«. Der Kleine fand das wohl lustig und lachte und wiederholte die Äußerung. Ich wurde unruhig und sah Lpetati an. »Hat Opa wirklich *mbwa* gesagt?«, vergewisserte ich mich. »Hat er gesagt«, nickte Elia und lachte wieder. Ich tauschte einen besorgten Blick mit Lpetati, der den Kleinen weiter ins Gebet nahm. »Ein Hund vor der Tür bei euch!«, sagte der Junge wieder.

Lpetati lachte und zuckte die Schultern, aber mich erschreckte Elias Aussage. »Siehst du, jetzt haben wir den Ärger. Ich habe so etwas geahnt. Baba kann es nicht verwinden, vor verschlossener Tür zu stehen. Ich hatte von Anfang an meine Bedenken, dass Baba unser Tun nicht gutheißen würde. Was machen wir nun?«

»Schwierig, schwierig«, sagte Lpetati. »Er ist immerhin mein

Vater und ein angesehener *mzee*, der unserer Familie vorsteht. Das ist etwas Besonderes und verlangt Respekt. Vielleicht sollte er einen Schlüssel haben oder wir lassen das Schloss nicht einrasten, nur so hängen, dann kann er kommen, wann er will.«

»Dann können alle kommen, wann sie wollen«, ereiferte ich mich, besann mich aber und obwohl ich rotsah, redete ich betont freundlich weiter. »Wenn wir bei Baba eine Ausnahme machen, wird alles wieder wie früher, und das Vieh hat auch Zugang.« Ich wurde immer wütender und ging raus. »Komm«, rief ich Elia zu und brachte ihn an das Tor, das er nicht allein, auch wenn es nur angelehnt war, öffnen konnte. Verstimmt stieß ich mit den Füßen herumliegende Steine zur Seite und regte mich immer mehr auf.

»Was ist?«, fragte Lpetati. »Wie schaust du? Ist jemand gestorben?« Um nicht mit ihm aneinanderzugeraten, machte ich einen kleinen Gang um das Haus herum. Unschlüssig hockte ich mich neben die Vogeltränke, rettete zwei im Wasser treibende Bienen und fischte Vogelfedern heraus. Es dauerte diesmal lange, bis ich mich wieder in Gewalt hatte, und erst als Lpetati an den Tank ging, um Wasser für die Neupflanzungen in einen Eimer zu lassen, redeten wir wieder normal miteinander. »Sprich mit Baba«, bat ich ihn, »mach ihm bitte klar, dass wir ihn respektieren, dass das Abschließen nicht ihm gilt, sondern das Eindringen der Haustiere verhindern soll. Das weiß er doch längst, ich habe es wirklich oft genug erklärt. Er fordert uns, eigentlich wohl mich, heraus, und ich will ihn nicht verärgern. Schärf Baba noch einmal ein, dass wir ihn respektieren.« Den Rest verschwieg ich, denn es war natürlich auch so, dass gerade Baba ein ständiger Gast bei uns im Hause war. Natürlich hatte ich nichts gegen seinen Besuch einzuwenden, aber manchmal strapazierte er einfach meine Geduld, weil »Zeit« für ihn kein Begriff war. Am liebsten wäre er immer bei uns gewesen, hätte auch gern bei uns im Haus geschlafen, wie er selbst gesagt hatte. Aber dafür fehlte der Platz, und ich war nicht weiter darauf eingegangen. Es war schwer, die Balance zu finden, denn ich mochte Baba, und er betrachtete mich ohne Einschränkung als seine Tochter. Das merkte ich besonders daran, dass ich, während er sprach, immer ihm zugewandt bleiben musste und keine anderen Dinge nebenbei erledigen durfte. Das litt er nicht und das hätte er von mir als »dem Kind« als Respektlosigkeit empfunden. Doch gerade deshalb war sein Besuch für mich oft anstrengend, weil die Arbeit liegen blieb. Anerkannt und geehrt fühlte ich mich, weil Baba viele Dinge mit mir besprach. Dazu besaß er Humor und was er sagte, war oft gut durchdacht. Durch ihn erfuhr ich auch Neuigkeiten, die mir sonst verschlossen geblieben wären. Ein besonderer Grund, es nicht mit Baba zu verderben, war, dass ich auf sein Wohlwollen angewiesen war. So übte ich mich in Gelassenheit und Duldsamkeit, wollte andererseits aber auch meine ganz persönlichen Gründe für eine Änderung, wenn ich sie für gut hielt, respektiert wissen, natürlich im Rahmen des Möglichen und auch nicht unbedingt gegen die Ansichten Babas und der übrigen Familie.

Und immer wieder bedauerte ich in solchen Situationen, dass Großvater nicht mehr da war, denn zu niemandem konnte ich so offen sein, wie zu ihm, selbst zu Lpetati nicht. Bei Großvater hatte ich keine Strategien gebraucht, er hatte mich gut gekannt und mich akzeptiert, wie ich war. Doch nun musste ich ohne seinen Rat auskommen und abwägen, was machbar war, ohne meine Interessen zu sehr beschneiden zu lassen. Das Thema »Zaun und verschlossene Tür« war brisant und ein Novum dazu, und kleinkriegen lassen wollte ich mich in diesem Fall nicht gern, aber auch nicht zu Felde ziehen gegen meinen Clan – das wäre eine Ungehörigkeit, und mir hier Feinde machen, wollte und durfte ich niemals. Das wäre gefährlich gewesen, regelrecht dumm und kurzsichtig.

Vielleicht brauchte ich noch ganz einfach Zeit, um zu einer allgemein verständlichen und befriedigenden Lösung zu kommen.

Ikiloriti

Irgendwann hatten Lpetati und ich über den Jungen und dessen Mutter gesprochen, die in der Lungenklinik neben Lpetati gewohnt hatten und inzwischen in Ikiloriti lebten. Manchmal hatte ich auch an den Jungen gedacht und überlegt, ob wir ihn nicht für ein paar Tage zu uns zu holen sollten.

Da traf es sich, dass Cousin Langis uns ein Schaf und ein Lämmchen zum Verkauf anbot, da er sich von dem Erlös Hühner anschaffen und einen Stall für sie bauen wollte. Langis mochte ich sehr, denn er war, obwohl er weder lesen noch schreiben konnte, sehr aufgeweckt. Er liebte es zu handeln und konnte auch sehr gut überschlagen, was für ihn bei irgendwelchen Aktionen herausspringen und wie er was wieder gewinnbringend einsetzen konnte – eine rühmliche Ausnahme.

Auch die Idee, extra eine Unterkunft für die Hühner außerhalb zu bauen, die sonst oft in den Hütten schliefen und deren Flöhe auch auf Menschen übersprangen und entsetzlichen Juckreiz verursachten, sprach für Langis' fortschrittliches Denken. Er war in der Nähe einer Stadt, nämlich Gilgil, groß geworden, und somit hatte er wohl mehr Zugang zu anderen und auch anders gehandhabten Dingen, als es für Samburu üblich war, die nur im Busch lebten.

Für Lpetati stand es fest, dass wir Langis' Tiere für uns kaufen würden, aber ich hatte eine andere Idee. »Wären Schaf und Lamm nicht ein wunderbares Geschenk für den Jungen?«, fragte ich.

Zunächst war Lpetati überrascht. Erst nach und nach konnte er sich mit dem Gedanken anfreunden, dass Schaf und Lamm ein Geschenk sein sollten, und irgendwann gefiel ihm meine Idee.

Er hegte immer noch viel Sympathie für Ltumunian.

»Wir haben gesunde Tiere, und sie reichen uns, zumindest im

Moment kommen wir doch gut klar«, sagte ich, »aber wer weiß, wie die beiden in Ikiloriti zurechtkommen? Wovon leben sie dort? Weißt du Näheres?«

Lpetati zuckte die Schultern. »Sie werden leben – so oder so.«

Seine Antwort ärgerte mich ein wenig. Natürlich waren wir nicht verantwortlich für Mutter und Sohn, aber der Kleine vergötterte Lpetati und hatte auch sehr an mir gehangen.

Während des Frühstücks am nächsten Tag lobte Lpetati dann meinen Vorschlag. »Ltumunian wird Augen machen!«

Schon wenige Tage später wanderten wir mit vielen Pausen, um auf Lpetati und die Tiere Rücksicht zu nehmen, langsam nach Ikiloriti, und statteten sogar noch Freunden in der Nähe von Kisima einen Besuch ab. Kisima! Wie lebhaft erinnerte ich mich an meine erste Reise mit Lpetati, als wir in jenem verlassenen Nest mit so wenigen Hütten auf versumpften Wegen bei Regen und hereinbrechender Dunkelheit aus dem engen Bus gestiegen waren. Die Einsamkeit, nie vorher von mir an irgendeinem Ort so intensiv verspürt, und die fremde Welt hatten mich beeindruckt und seltsam berührt. Selten war ich mir so klein vorgekommen und doch so mittendrin in einem wunderbaren Geschehen.

Inzwischen war Kisima ein wenig größer geworden, beherbergte eine weiterführende Schule, die Außenstelle eines Ministeriums sowie eine kirchliche Einrichtung.

Das Lämmchen trugen wir abwechselnd auf den Armen oder über der Schulter, weil der Weg für das kleine wollige Etwas sehr weit war. Ab und zu ließen wir es bei der Mutter trinken und saßen dann dabei im Gras.

Als wir eine Gruppe Strauße mit ihren gestreiften Jungen und einige besonders hübsche Grevyzebras entdeckten, war es fast wie früher in unserer ersten Zeit, in der ich wie im Paradies lebte.

Beim Weitergehen hörten wir Kindergeschrei und Lachen, das Schlagen von *pangas*, Macheten, im Buschwerk, wir rochen Holzfeuer. Wir sahen Ziegen und eine Gruppe Frauen, die mit hoch aufgebürdeten Feuerholzlasten vor uns den Weg kreuzten. Unter ihnen erkannten wir die Mutter des Jungen. Sie blieb stehen, Überraschung war ihr nicht anzumerken. Sie sagte etwas zu den anderen Frauen, die uns begrüßten und ziemlich ungeniert betrachteten, bevor sie, sich immer wieder nach uns umwendend, weitergingen. Die Frau wartete, lächelte kaum, ihr Blick war jedoch freundlich.

Wie selbstverständlich schritt sie uns dann voraus, ein wenig gebückt unter der Last, und ich bemerkte, dass sie immer noch sehr dünn war. Sie lief barfuß, trug einen geblümten langen Rock und ein Tuch darüber, aus dem die breite Klinge eines großen Messers hervorblitzte, und ein verblichenes T-Shirt mit Löchern.

Eine ungezwungene Unterhaltung kam nicht zustande. Ich wurde unruhig, weil mir plötzlich etwas durch den Kopf ging. Es war der Blick gewesen, der Lpetati gegolten hatte, ein strafender Blick, so kam es mir vor. So ganz verstand ich das nicht, denn wir waren ihr doch freundschaftlich begegnet und sie war uns dankbar gewesen.

Das Mutterschaf hinderte Lpetati am Weiterkommen. »Geh schon weiter, wir kommen gleich«, sagte Lpetati zu der Frau, nahm das Lamm von den Schultern, kraulte es ein wenig, strich seine Ohren zurück, stellte es neben das Muttertier und setzte sich an den Wegrand.

»*Karibu*«, murmelte die Frau, »das gilt dir auch«, wandte sie sich an mich, »*karibu sana!*« Und damit war es mir klar: Die Frau hatte sich offenbar Hoffnungen auf Lpetati gemacht! Mir fiel ein, wie Lpetati mir erzählt hatte, dass der Junge sich einen Vater wünschte.

Unbehagen machte sich breit, und ich bereute meinen Entschluss, die Frau und ihren Sohn zu besuchen.

»Ist was?«, fragte ich Lpetati vorsichtig.

»Es ist nichts, *Chui*, es ist wirklich nichts.«

»Du weißt, was ich meine?«

»Ich bin aufgeweckt«, lachte Lpetati, »weißt du das nicht?«

Ich nickte. »Ich weiß nicht alles, aber genug. Und das weiß ich. Gehen wir weiter?«

Lpetati beobachtete angestrengt das Lämmchen, während es gesäugt wurde, sah dann an mir vorbei, stupste mich an die Schulter und lachte breit. »*Hei, Chui, Chui ai*, ist was?«, erkundigte er sich nun seinerseits.

Ich schmiegte mich kurz an ihn und versuchte zu lachen, und dann war ich auf einmal erleichtert. »Was soll denn sein?«

Lpetati hielt den Kopf schräg und schnitt eine Grimasse wie ein Pavian, der auf ein Geräusch achtet. »Was reden wir, der Junge hat vielleicht schon erfahren, dass wir ihn besuchen wollen und wartet auf uns. Ich weiß jetzt, dass es richtig ist, ihm das Schaf und das Lamm zu bringen. Ich kann nicht sein Vater sein, aber ein Freund.«

Er erhob sich umständlich, band den mitgeführten breiten Strick vorsichtig um den Hals des Lämmchens, klemmte, um es nicht einzuschnüren, Gras dazwischen und gab ihm einen sanften Stups. »Auf geht's, *auwene*. Der Löwe schläft nicht lange, wenn es Abend wird.«

Noch bevor wir die Hütten erreichten, entdeckten wir Ltumunian. Er lehnte an einer niedrigen Akazie. Als wir winkten, stutzte er, drehte sich abrupt weg, aber dann rannte er uns entgegen, verharrte kurz vor uns, lachte ein wenig verschämt, lachte immer breiter, rief unsere Namen, suchte unsere Hände.

Ich war ergriffen über die Freude des Jungen und über seine Unsicherheit, bis er verstand, dass wir es ernst meinten und der Besuch ihm galt. Immer wieder blickte er auf das Mutterschaf, das Lamm und auf uns, vielleicht hoffte er, dass man ihm Geschenke machte. Das war unschwer zu erkennen.

»Das Schaf wollte zu meinem kleinen Freund«, sagte Lpetati mit veränderter, zärtlicher Stimme, »und das Lamm wollte bei der Mutter bleiben. Also sind beide hier. Sie wollen mal probieren, wie das Gras in Ikiloriti schmeckt. Wenn es ihnen zusagt, bleiben sie hier und du kümmerst dich um sie beide!«

Ich fand, dass Lpetati das Geschenk einfühlsam übergeben hatte, und war glücklich. Am liebsten hätte ich Lpetati für diese

Vorstellung einen Kuss gegeben, aber das wurde nicht geschätzt und war nicht nach Art der Samburu. Stattdessen sagte ich: »Du hast die richtigen Worte gefunden.« Und nach einer beabsichtigten Pause, um ihm eine Freude zu machen: »*Wewe ni hodari*! Du bist großartig!«

Damit hatte ich die Situation gerettet. Lpetati würde durch das Lob gut gelaunt und zugänglich sein.

Im *boma* wurden wir schon erwartet. Die Frauen standen schwatzend beieinander und eine in Anbetracht der wenigen Hütten kaum zu erwartende große Kinderschar beäugte uns. Die Männer saßen schweigend abseits, und Lpetati beantwortete gehorsam ihre unausgesprochenen Fragen nach Familie, Kriegergeneration, Sippe und Unterclan, wie es bei Begrüßungen üblich war. Mich stellte er nur mit »meine Frau« vor, ohne etwas dazuzusetzen.

Ltumunian stand im Mittelpunkt, weil er Besitzer von einem Schaf und einem Lamm geworden war, und alle Anwesenden begutachteten die Tiere. Wie wir erfuhren, waren das die einzigen Tiere, die Mutter und Sohn jetzt gehörten. Das freute mich, denn durch Milch vom eigenen Tier galten die beiden als unabhängig – eine bedeutende Steigerung ihres Ansehens. Somit hatten wir mit unserem Geschenk etwas Sinnvolles erreicht.

Ltumunians Mutter kam aus der Hütte, brachte einen kleinen Schemel und bedeutete uns, Platz zu nehmen. »*Karibu chai*«, sagte sie dann und verschwand wieder im Innern der kleinen Behausung, brachte einen Wasserkessel und zwei Emailbecher hinaus und füllte dampfenden Tee hinein.

Als sie wieder in die Hütte ging, folgte ich ihr, denn natürlich hatten wir außer den Tieren für den Jungen auch ihr ein Gastgeschenk mitgebracht: Zucker, Tee, Reis, Kekse und eine Dose Margarine. Zudem hatte ich mich von einem T-Shirt getrennt.

Die Frau sah mich erst kurz an, lächelte dann, nahm meine Hand und führte sie zu ihrem Herzen. Und damit waren die Fronten geklärt.

Erst später am Feuer äußerte sich ihre ältere Schwester deutlicher. Und ich erfuhr, dass die Frau auf Grund der Freundschaft, die Lpetati ihr und dem Jungen entgegengebracht hatten, davon ausgegangen war, dass wir beide in unserem Haushalt aufnehmen würden und die Frau Lpetatis Zweitfrau werden könnte, weil sie dann alle anfallenden Arbeiten für mich, die Hauptfrau, erledigt hätte, wie es üblich war. Und sie hätte wirklich gern für mich gearbeitet, wurde mir versichert!

Mit gemischten Gefühlen saß ich später neben den Frauen am Feuer. Kinder und einige Männer kamen dazu, und Lpetati hockte sich neben den Jungen, der das Lämmchen auf seiner Decke schlafen ließ und das Schaf für die erste Nacht ebenfalls mit in die Hütte nahm. Sein Seil wickelte er um einen Stein, damit es nicht fortlaufen konnte.

Die Mutter hatte *ugali* gekocht, und als besondere Ehrerbietung reichte sie nicht Lpetati den Teller zuerst, sondern mir.

Zum Nachhausegehen war es viel zu spät geworden, wir würden in die Dämmerung kommen, und das konnte wegen der Tiere, die auf Jagd gingen, gefährlich sein.

So verbrachten wir die Nacht in der kleinen Hütte, und es gab einiges Durcheinander, weil die meisten Kinder dort schlafen wollten, wo Lpetati und ich schliefen. Mir wurde als besonderer Gast die Schlafstelle der Krieger, Männer und Besucher zugewiesen, und es machte mich glücklich, dass Lpetati keinen Zweifel daran ließ, wie wir beide zueinander standen. Zu vorgerückter Stunde, obwohl noch einige Leute anwesend waren, ließ er sich auf die übereinandergelegten Kuhfelle zurückfallen, zog mich einfach an sich, auch wenn dies mit verwunderten, ein wenig belustigten und auch beleidigten Blicken verfolgt wurde, deckte mich mit seiner *shuka* fürsorglich zu und kümmerte sich nicht weiter um die anderen – aber auch nicht weiter um mich, außer, dass er »Schlaf gut, *Chui*« sagte.

Ltumunian schlief dicht neben uns und seinem Schäfchen. Wie von weit her und im Traum hörte ich das zarte hohe Mähen und Rufen nach dem Mutterschaf.

In der Nacht wurde ich einige Male wach, sah das Feuer glimmen, nahm außer den Mährufen verschiedene Geräusche wahr und spürte einen leichten Luftzug über mir. Aufzustehen wagte ich nicht, weil ich mich in der fremden Hütte nicht auskannte und nicht wusste, wie die höchstens einen Meter niedrige Hüttentür mit der verriegelnden Kette und quergestellten Stöcken leise zu öffnen war. So harrte ich aus, drängte mich, weil mir kalt war, wieder dichter an Lpetati und hoffte auf das Tageslicht.

Saito kommt

Eines Morgens stand Saito vor der Tür. Ich brauchte lange, um sie zu erkennen, denn es war nun fast acht Jahre her, dass Lpetatis Mutter mit ihrem jüngsten Sohn Losieku nach Naivasha gegangen war, wo ein Zweig der Familie Nutzungsrechte an einem größeren Stück Land besaß. Da dem jüngsten Kind die Obhut der Mutter im Alter übertragen wurde, lebte Saito in dessen Familie.

Langsam begab ich mich ans Tor. Saito rief meinen Namen, zwängte die Finger durch den Maschendraht neben der Tür, weinte und lachte und sah erbärmlich aus. Sie war barfuß, trug einen zerschlissenen Rock und ein verblasstes Oberteil, hatte noch einige Zähne mehr verloren und war eine ausgemergelte, kleine alte Frau geworden. Sie hatte so gar nichts mehr von ihrer einst so stolzen Haltung, als sie noch als Beschneiderin tätig gewesen war und auf vieles hatte Einfluss nehmen können. Als ich sie kennen gelernt hatte, war sie ebenso gefürchtet wie beliebt gewesen. Ich hatte Saito immer sehr gemocht und wir waren uns sehr freundschaftlich begegnet. Wenn ich auch nicht alles billigte, was sie tat und sagte, und es ihr umgekehrt mit mir wohl ebenso ging.

Saitos Emotionen waren immer schon übermächtig gewesen. Sie weinte, drückte und küsste mich, verrieb ihren Speichel in meinem Gesicht, sprudelte über vor Beteuerungen, wie glücklich sie sei, mich zu sehen. Ich erfuhr, dass sie am Abend in Begleitung ihres Ältesten gekommen war, was mich ein wenig verwunderte und nicht sehr freute. Der älteste Sohn hatte sich all die Jahre seltsam aufgeführt, hatte sich lange irgendwo an der Küste aufgehalten, ohne seiner Familie zu sagen, wo er war. Dabei wohnten bei uns in der Nähe seine Frau und seine drei Kinder, die oft nicht wussten, wovon sie satt werden sollten. Die letzte Zeit war er, wie Saito berichtete, bei ihr gewesen und hatte sich von seinem jüngsten Bruder und dessen Frau durchfüttern lassen. »Er kommt nachher, dich zu begrüßen«, sagte Saito, während ich sie langsam die Stufen hinauf zum Haus geleitete. Ich wurde sehr unruhig und hatte nicht vor, Kiperonno freundlich aufzunehmen, denn ich fühlte mich nicht zuständig für die »verlorenen Söhne« der Familie.

»Kiperonno sollte sich lieber um seine Frau und seine Kinder kümmern, jetzt, wo er endlich wieder da ist!«, sagte ich aufgebracht. Saito winkte mit einer Hand verächtlich ab, und sie schien nicht glücklich. Einen Moment verharrte sie so, dann straffte sie sich. »Ich will das schöne Haus sehen. Alle sagen, Lpetati hat das schönste Haus. Und ich will Lpetati sehen. Er war krank, deshalb bin ich hier. Niemand hat etwas gesagt, aber eine Mutter spürt das. Aber ich habe gehört, dass er wieder gesund ist und du ihm dabei geholfen hast.« Sie drückte mich wieder, sagte »*hashee, hashee*, danke, danke« und weinte erneut und murmelte meinen Namen immer wieder.

Dann besichtigte sie die Räume. Immer wieder wanderte ihr Blick zwischen dem, was sie registrierte, und mir hin und her. Die Küche hatte es ihr besonders angetan. Sie bewunderte die Vorratsregale und die mit Bechern und Gläsern bestückten Wandborde, die ich mit trockenen Gräsern und Ranken dekoriert hatte. Selbst Teller, Töpfe und Besteck untersuchte sie sehr genau, registrierte die Schalen und Eimer, Handtücher und Topflappen. »Alles ist da. Alles, alles.«

Ich bot Saito auf der Veranda einen Sessel an, aber sie zog den Platz gegenüber dem Kamin vor. Kaum saß sie ein paar Minuten, fragte sie nach Lpetati.

»Er ist mit den Kühen unterwegs. Er kommt am Nachmittag. Ich mache uns *chai.*«

»Wie viele Kühe sind es?«

»Zurzeit fünf und zwei Kälber. Es waren schon mehr.«

»Losieku hat viele Kühe. Es gibt viel Gras und gute Milch.« Sie lachte breit. »Viele Kühe, aber keine Schillinge, *hakuna shillingi kwa mimi*, Saito, keine Schillinge für mich.«

Sie lachte breiter, sah mich länger an, mit forschendem Blick. »*Shillingi hakuna*«, wiederholte sie gedehnt, seufzte und widmete sich ihrem Tee, den ich ihr besonders süß und mit viel Milch, wie sie es liebte, zubereitet hatte. Die Kekse, die ich dazu servieren wollte, legte ich wieder fort. Mit den wenigen Zähnen würde Saito kaum etwas kauen können, und beim Einstippen würde das zarte Gebäck zerbröseln. »Lpetati hat die beste Frau«, sagte sie, streckte die Arme aus, »und das schönste Haus. *Hashe Ngai kwa* Kerestina!« Dass es bereits das zweite Haus war und ihr zweitjüngster Sohn den Verlust des ersten auf seinem Gewissen hatte, ließ sie unberücksichtigt. Aber sie schien sich zu erinnern, denn sie hielt in ihrem Staunen und Begutachten der Räumlichkeiten und der Einrichtung inne, und dann weinte sie lautlos und lächelte gleichzeitig, seufzte einige Male, schnäuzte die Nase mit ihrer Hand und dann mit ihrem Rock und murmelte »glücklicher Lpetati, glückliche Mutter von Lpetati, ich, Saito.«

Ich umarmte sie spontan, weil sie mich einfach rührte.

Mir fiel ein, dass ich überhaupt nicht wusste, wie alt Saito war. Sie selbst wusste es nicht und Lpetati natürlich auch nicht. Ihm war ja nicht einmal sein eigenes Alter genau bekannt.

Wir lächelten uns weiter an, und sie wurde für einen Augenblick ernst, kniff die Augen ein wenig zusammen und sah mir forschend ins Gesicht. Wieder straffte sie sich, wie sie das so oft tat, wenn sie eine neue Idee überkam oder wenn eine Sache für sie erledigt war und sie sich anderen Dingen zuwandte. »Ich will bei dir essen«, ließ mich Saito wissen, hockte noch ein wenig verloren in dem Sessel und nickte einige Male ein. Die weite Reise hatte sie offensichtlich überfordert. Erst später erfuhr ich, dass sie mangels Geld für einen Fahrschein viele Kilometer gelaufen war.

»Ich gehe jetzt schlafen«, verkündete Saito, »und komme nachher wieder.« Damit stand sie auf. Ich brachte sie zur Gartenpforte. »Keine Schuhe«, sagte sie verschämt. Während ich ihre Feststellung zu überspielen versuchte, sie in den Arm nahm und ihr noch einmal versicherte, dass ich glücklich sei, sie nach so langer Zeit zu sehen, tauchte Kiperonno auf und schleifte zwei mächtige Stämme hinter sich her. »Für dich«, sagte er, »jemand hat gesagt, ihr braucht Holz!« Dann begrüßte er mich, als wären wir die besten Freunde.

»Danke für das Holz, aber für die nächste Zeit reicht dies hier erst einmal. Warte, ich gebe dir etwas für die Stämme, damit du deiner Frau und deinen Kindern etwas zu essen bringen kannst.«

Ich gab Kiperonno Maismehl, Zucker, Tee und etwas Geld, und er freute sich, über das Geld am meisten, bedankte sich überschwänglich, und so tat es auch Saito, und unter weiteren Dankesbezeugungen verließen beide unseren Hang.

Von der Terrasse aus beobachtete ich die beiden, denn es interessierte mich, zu sehen, ob Kiperonno den Weg zu Frau und Kindern einschlagen würde. Aber ich sah beide in Marissas Hütte gehen. Natürlich konnte Saito gern auch unsere alte Hütte zum Schlafen benutzen, ich hatte nur nicht daran gedacht, es ihr zu sagen.

Vielleicht konnte Lpetati seiner Mutter den Vorschlag machen, denn im Haus wollte ich nicht so gern Schlafgäste aufnehmen, da diese uns doch sehr eingeengt hätten. Das Blockhaus war aus diesem Grund viel kleiner, als ich es ursprünglich beabsichtigt hatte.

Doch am meisten hatte mich die Ansicht meiner Samburu-Familie eingeengt, dass viel Raum in einem Haus gleichbedeutend war für viele Schlafplätze. Und nachdem sich schon einige Anwärter dafür gefunden hatten, die sich mit uns das »schöne große

Haus« teilen wollten, ohne dass überhaupt so eine Idee von mir geäußert worden war, hatte ich ganz schnell umdisponiert und war, allerdings sehr ungern, von meinen ursprünglichen Plänen abgerückt und hatte auch klipp und klar gesagt, dass es in dem Haus nur wenige Schlafplätze geben würde, und die würden uns und den Pflegekindern vorbehalten bleiben.

Manchmal ärgerte es mich, dass ich in vielen Situationen immer in die Rolle gedrängt wurde, als müsse ich mich rechtfertigen und etwas verteidigen. Vielleicht hing das mit dem Umstand zusammen, dass es so, wie ich lebte, nicht der Norm entsprach, dass niemand um uns herum auch nur in etwa sich gleichwertige Dinge leisten konnte. Und dabei war ich schon bescheiden geblieben. Ich sah auf niemanden herab und bildete mir ein, dass ich genug Fingerspitzengefühl besaß, um niemanden zu verletzen und stattdessen meine Achtung zu vermitteln.

Aber jemand, der in einer völlig armen Gegend ein bisschen Luxus sein Eigen nennen konnte, würde immer ein Angriffsziel sein.

Neider gab es, das wusste ich sehr wohl. Dazu gehörten auch die Frau Kiperonnos und seit Kurzem eine ziemlich bigotte Person, die von der anderen Bergseite kam, die »fromme Aglaii«. Sie versammelte die Frauen des Clans auch ab und zu unter einem Baum in der Talsohle, wo sie angeblich fromme Reden führen und um Unterstützung bitten sollte für ihre Hilfsaktion. Nur, was war das für eine Hilfsaktion? Meines Wissens gab es da nichts. Sie war in der Gegend von Isiolo Krankenschwester gewesen und verkaufte, das wusste ich immerhin, Medikamente teurer als die Ärzte. Woher sie diese bezog, wusste ich nicht. Vielleicht waren es noch Mittel aus ihrer Zeit als Krankenschwester. Ich hatte gehört, dass die Tabletten, Cremes und Tinkturen besser helfen sollten als die gemeinhin verordneten. Und da Medizin grundsätzlich nicht in der Originalverpackung abgegeben wurde, konnte man nicht einmal die Namen vergleichen noch die Bestandteile und die Zusammensetzung überprüfen.

Aus einigen Gesprächen mit meinen Schwägerinnen hatte ich

festgestellt, dass die Frau sehr gut andere Frauen manipulieren konnte. Wenn sie wirklich großen Einfluss hatte und andere Frauen ihr vertrauten, konnte mir so eine Frau gefährlich werden.

Seltsam, dass ich dergleichen befürchtete. Warum beschlich mich ein ungutes Gefühl?

Kiperonnos Frau hatte ich viele Male geholfen, aber sie war mir dann lästig geworden, da sie mit immer mehr Forderungen zu uns gekommen war und überschwänglich an meinen Familiensinn und mein gutes Herz appelliert hatte.

Ich weiß nicht genau, woher die Frau stammte, aber ich sah sie ganz selten bei den Familienhütten, und eigentlich kam sie wohl nur zu mir, um zu betteln. Kaum je hatten wir uns unterhalten, und sie hatte mich auch sehr wenig ins Vertrauen gezogen. Aber vielleicht war ihr ihre Lage auch unangenehm, und die Armut und der Frust über ihren aus der Familie stammenden Angetrauten zwang sie einfach dazu, forsch und direkt zu sein. Und ich galt als die Einzige, die etwas bewegen konnte. Sie hatte kaum eine andere Möglichkeit, für die Kinder zu sorgen, allenfalls durch ein bisschen Anbau von Mais und Bohnen. Selbst um Souvenirs herzustellen oder Gebrauchsgegenstände, hätte sie etwas haben müssen, das sie für die benötigten Materialien eintauschen konnte. Natürlich dauerten mich Mutter und Töchter, vor allem, weil sie unverschuldet in ihre schwierige Lage geraten waren. Wenn es mir möglich war, half ich ihr und den Kindern, manchmal sogar gern und manchmal aus Pflichtgefühl, konnte aber nicht für alles geradestehen. Immerhin besuchten die drei Mädchen dank einiger Unterstützung von Leuten aus Wennigsen die Schule.

Vor einiger Zeit hatte ich unserer Schwägerin zwei Ziegen zukommen lassen, damit wenigstens die täglich wichtige Milch zur Versorgung der Kinder und für sie selbst zur Verfügung stand. Kiperonnos Frau hatte sich sehr dankbar gezeigt, und die kleinen Nichten Lpetatis waren von den Ziegen so hellauf begeistert gewesen, dass sie spontan ihre verkratzten Plastikarmreifen abgestreift und mir geschenkt hatten. Das hatte mir Tränen in die Augen getrieben, und sie hatten einmal mehr mein Herz berührt. Kinder glücklich zu sehen, war ein Geschenk.

Als ich mit Lpetati über die Frau seines Bruders gesprochen hatte, sagte er: »Tu, was du für richtig hältst, das ist schon in Ordnung. Du machst es doch richtig.«

»Ja, aber ihr seid doch auch für sie zuständig, wenn sich dein Bruder nicht um Frau und Kinder kümmert. Ich habe recht wenig damit zu tun, eigentlich gar nichts.«

»Aber du gehörst doch zu uns«, wandte Lpetati ein. Bevor ich mich aufregte und etwas sagte, das mir vielleicht hinterher leidtäte, schwieg ich. Das war eine sehr interne Familienangelegenheit, und nach meiner Ansicht gehörte es sich, dass die Familie der Frau und den Kindern zur Seite stand. Natürlich sollten die Kinder nicht hungern, aber dass es sich einer so leicht machte, sich einfach absetzte und die Seinen ihrem Schicksal überließ mit dem Hintergedanken, die Familie und ich würden es schon richten, war unverfroren.

Dabei war Kiperonno kein schlechter Kerl. Vielleicht war er einfach lebensuntüchtig, vielleicht war es ihm damals in seiner Zeit als Krieger und an der Küste zu leicht gemacht worden, vielleicht hatte er aber einen labilen Charakter. So richtig schlau wurde ich nicht aus ihm und seinem Verhalten.

Gegen Abend kamen Saito und Kiperonno zusammen mit Lpetati. Ich verwünschte ihn für seine Naivität, denn was sollte ich mit seinem ältesten Bruder anfangen?

»*Karibu yeiyio Saito, karibu Simba lai*«, sagte ich und schüttelte den Kopf, als Kiperonno einen Schritt auf die Tür zumachte, lächelte aber freundlich dabei. »*Wakati mwingine, afadhali kesho*, zu einem anderen Zeitpunkt, besser morgen«, ließ ich ihn wissen. »Geh erst mal zu deiner Frau und den Kindern!«, und machte das Schloss zu. Ich konnte mich einfach nicht überwinden.

Kiperonno sah mich traurig an, hob die Schultern ein wenig, wartete noch und ging dann.

Seltsamerweise kümmerten sich weder Saito noch Lpetati um

das, was ich tat. Offenbar billigten sie meine Vorgehensweise, zumindest lenkten sie nicht ein. Natürlich hätte ich höflicher sein müssen, aber irgendetwas hielt mich zurück, dabei hatte ich Kiperonno doch früher gemocht.

Aber das Blockhaus war nun »mein« Haus. »*Chui*« stand sogar in großen Lettern unmissverständlich an der Tür, und im Garten bildeten weiße runde Kieselsteine die Bezeichnung »Home for *Chui*« – das hatten sogar die Pflegekinder und Lpetati zusammen als Überraschung für mich gelegt, um mir eine Freude zu machen. Dazwischen wuchsen, in geometrischer Reihenfolge, silbrig graue Dickblattgewächse, rotblühende Fuchsschwänze und sogar Geranien.

Die Eigentumsverhältnisse sicherzustellen, hatte besondere, schwerwiegende Gründe, und Lpetati war damit einverstanden gewesen. Ohne diese Zusicherung hätte ich das Blockhaus nicht gebaut. Denn es war unser zweites Haus, das an derselben Stelle errichtet worden war, wo vor vielen Jahren unser erstes Haus gestanden hatte.

Durch angebliches »Verhextsein« hatte Lpetati damals ganze Teile unseres Hauses veräußert, und sich beinahe mit einer anderen Frau unweit von uns niedergelassen. Das sollte mir nicht wieder passieren. Deshalb hatte ich Schritte in die Wege geleitet, damit das Haus nicht als Allgemeingut angesehen wurde.

Als ich vorsichtig mit Baba und seinem Sohn darüber gesprochen hatte, dass ein zweites Haus mir gehören müsste, hatte er mich lange und sehr nachdenklich betrachtet, und immer wieder den Kopf geschüttelt.

Nach einer längeren Unterredung waren Vater und Sohn zu mir gekommen. Baba wollte offensichtlich etwas in Ordnung bringen und richtigstellen, Lpetati aber hatte nur schuldbewusst auf seine Füße geschaut und seinem Vater erklärt: »*Nakubali*, Baba. Ich bin einverstanden mit dem, was *Chui* möchte. Das ist in Ordnung. Es hat so auch Vorteile.«

Dann erklärte ich vor einer Versammlung, dass dieses Haus und dessen Einrichtung mir und meiner deutschen Familie gehörten, weil sie es finanziert hätte. Das stimmte zwar nicht, aber so bekam die Sache mehr Gewicht und wurde eher respektiert, wenn es auch schwerfiel, innerhalb des Clans so etwas anzuerkennen. Lpetati besaß Hausrecht, natürlich, er sollte sich in dem Blockhaus wohlfühlen und tat das auch, und die Familie und Gäste waren mir zu gegebener Zeit willkommen.

Während Saito, Lpetati und ich beim Tee saßen, klopfte es unablässig ans Tor. Neugierig sah ich durchs Küchenfenster und entdeckte Kiperonnos Frau. »Was ist«, rief ich auf halber Höhe. »Mein Mann hat dir Holz gebracht, und ich möchte das Geld abholen!«, sagte die Frau ungerührt.

Aufgebracht ging ich zur Veranda. »Die Schwägerin will das Geld für die Stämme, die Kiperonno gebracht hat, aber er hat das Geld schon erhalten und Lebensmittel dazu. Sag ihr bitte Bescheid!«, forderte ich Lpetati auf. Der tat sich schwer, aber schließlich bequemte er sich. »Tut mir leid, *yeiyio*«, sagte ich zu Lpetatis Mutter. Saito winkte wieder verächtlich ab, wie sie es bereits mehrmals heute getan hatte, und dann standen Tränen in ihren Augen. Jetzt erst begriff ich, wie enttäuscht sie darüber sein musste, dass ihr Ältester so missraten war. Ich verspürte Mitleid mit ihr.

Was war sie für eine stolze Mutter gewesen. Aber das war nun fast siebzehn Jahre her. Inzwischen hatte sie einen Sohn verloren, und die zwei ältesten Söhne waren irgendwann an die Küste gegangen und dort »verschollen« und hatten sich nicht um die Familie gekümmert.

Lediglich die zwei Jüngsten waren ihr geblieben und ihr besonders zugetan.

Saito hielt meine Hand. »*Mungu iko*«, sagte sie dann, »Gott ist da«, und widmete sich wieder ihrem *chai*.

Lpetati kam vom Tor zurück, aber ich fragte ihn nichts.

Für den Abend hatte ich *ugali*, Maisbrei, gekocht, den ich eigentlich nicht ausstehen konnte. Aber mit Rücksicht auf Saitos wenige Zähne wäre so eine Mahlzeit wohl das Beste. Und auch Lpetati liebte *ugali*. Ich hatte allerdings mehr Fantasie in eine herzhafte Sauce investiert, hatte reichlich Zwiebeln und Tomaten angedünstet und viele Gewürze dazugegeben, etwas Rührei und Salat von weißen Bohnen gemacht. So konnte ich wenigstens von den Beilagen essen. Saito und Lpetati waren hellauf begeistert und langten tüchtig zu. Und es tat mir gut, als Saito über ihren Bauch strich und sie sich immer wieder bedankte.

Die Erinnerung an viele zusammen verbrachte Stunden, in denen ich mich so gut wie möglich Saitos bestimmender Art angepasst hatte, erstand wieder auf. Am Ende hatten Saito und ich uns angefreundet, und alles war viel leichter und liebenswerter geworden.

Wie lange das her war! Mir wurde klar, wie sehr wir uns inzwischen voneinander entfernt hatten. Nun fand ich nicht mehr den rechten Zugang zu ihr, und das lag nicht an mangelndem Gefühl für sie.

Bei einem gemeinsamen Abendessen ein paar Tage später mit Saito und der ganzen Familie lebte noch einmal der Geist längst vergangener Tage auf, mit aller Intensität und Freude.

Inzwischen hatte ich Saito neu eingekleidet, hatte ihr einen Rock geschenkt, ein pinkfarbenes T-Shirt und ein Paar Sandalen, die ich eigentlich für Lpetatis Schwester Lekian mitgebracht hatte. Aber sie passten Saito genau, und sie behauptete, gut darin laufen zu können. Als sie sich bei uns im Spiegel betrachtete, war sie von ihrem Anblick ganz entzückt. »Eine reiche Frau«, sagte sie ergriffen.

Saito war nun vier Wochen hier, und ich wusste nicht, wie lange sie noch bleiben wollte. Die Mahlzeiten nahm sie überwiegend bei uns ein, und ich hatte festgestellt, dass es Differenzen zwischen ihr und Marissa gab. Das war auch früher oft so gewesen, und so überraschte es mich nicht, als Saito erklärte: »Wenn ich das Geld für ein Ticket hätte, würde ich morgen zu Losieku und den Kindern zurückfahren.«

Eine deutliche Aufforderung an mich, ihr die Reise zu bezahlen. Aber das hätte ich sowieso gemacht.

Ich diskutierte mit Lpetati darüber, ob er seine Mutter nach Hause bringen sollte. Aber dann entschlossen wir uns, Saito gemeinsam wenigstens bis Naivasha zu begleiten.

Lpetatis Mutter verlässt uns

Viele Male sah sich Saito um, als wir kurz nach Sonnenaufgang unser *boma* verließen. Es war noch kühl, duftete herb nach den gelben *labai* und süß nach Akazienblüten. Eine verspätete Hyäne trottete von dannen, ohne von uns Notiz zu nehmen. Vogelgesang erfüllte die Luft. Ab und zu fanden sich unsere Hände, die von Saito, Lpetati und mir. Saito bespie unsere Hände und drückte sie gegen ihre magere Brust und ihre Stirn. In ihrem Gesicht wechselten Lachen und Weinen einander ab. Ich hätte gern gewusst, was in ihr vorging, und dachte dankbar an die vielen Male, die wir früher gemeinsam nach Maralal gewandert waren, damals aber unterwegs erzählt, fromme Lieder gesungen und gelacht hatten. Je näher wir Maralal kamen, umso schneller wurden Saitos Schritte. Welche Energie doch in der kleinen, zarten Person steckte!

Am Markt in Maralal wartete schon ein abenteuerliches Gefährt, eine Mischung aus Lieferwagen und Kleinbus, das uns nach Naivasha brachte.

Dort kümmerten wir uns um ein weiteres Ticket, damit Saito mit einem kleinen Sammeltaxi bis in die Nähe ihres Dorfes fahren konnte, in dem sie mit Schwager Losieku und dessen Familie lebte. Doch hatte ich das Gefühl, dass sie sich dort nicht ganz so glücklich fühlte, und sicher hatte es damit zu tun, dass sie vollkommen mittellos und auf Hilfe angewiesen war.

Naivasha war überraschend sauber im Gegensatz zu vielen anderen kenianischen Städten, und so fühlte ich mich als Europäerin entsprechend wohl. Gemeinsam suchten wir ein Restaurant auf, denn Saito würde wohl erst gegen Abend daheim eintreffen. Lpetatis Mutter hatte noch nie in einem Gasthaus gegessen.

Bevor ihre Reise weiterging, besuchten wir noch einen Markt, denn Saito hatte mir zu verstehen gegeben, dass sie nicht mit leeren Händen nach Hause zurückkehren könnte. Lpetati war Feuer und Flamme und suchte sofort wahllos irgendwelche Dinge zusammen. Nur schwer konnte ich sie ihm ausreden. Ich ging systematisch vor und kaufte zunächst erst einmal eine große Tasche, da Saito außer einer zerschlissenen Plastiktüte nichts bei sich hatte. Dann verglichen wir das reichhaltige Angebot der Marktstände, und ich bat Saito, für sich und die Schwiegertochter ein hübsches Wickeltuch auszusuchen und für Losieku eine *shuka*. Für die Enkel kauften wir diverse T-Shirts. Dann gab ich Saitos Drängen nach, und wir besorgten einen halben Jutesack Maismehl, Zucker und Tee, Margarine, Waschpulver, Salz, Streichhölzer und eine Taschenlampe mit Ersatzbatterien. Lpetatis Mutter umarmte mich, bedankte sich unter Tränen.

Wir halfen Saito, das Sammeltaxi zu besteigen, verstauten ihre Mitbringsel, und ohne dass es Lpetati sah, steckte ich ihr einige Scheine zu. »Das reicht für zwei Ziegen.«

Saito lachte, weinte, betete, und als das Fahrzeug sich in Bewegung setzte, wusste ich, dass ich Lpetatis Mutter zum letzten Mal gesehen hatte.

Mit Lpetati schlenderte ich noch ein wenig durch die schöne Stadt. Unübersehbar war, dass einst Engländer hier gelebt hatten. Als ich eine Barclays Bank entdeckte, fasste ich den Entschluss, Geld von meinem Konto abzuheben und in Naivasha zu übernachten, um ein wenig Abstand zu gewinnen von dem Gefühl, Saito nicht mehr wiederzusehen.

Beim Abendessen war Lpetati sehr still, aber er bedankte sich bei mir, dass ich seiner Mutter so viel Freude bereitet hatte. »Ich werde sie bald aufsuchen, glaube ich«, sagte er.

Der Nakuru-Nationalpark

Am Morgen fühlte ich mich voller Tatendrang und hatte das Bedürfnis, für Lpetati und mich irgendetwas Gutes zu tun. Da Nakuru nur wenige Kilometer entfernt lag, wusste ich schnell, was uns auf andere Gedanken bringen würde: der Nakuru-Nationalpark, bekannt für seine riesige Population an Wasservögeln. Auch in Naivasha gab es einen wunderschön gelegenen See, aber da er aus Süßwasser bestand, versprach der Nakuru-See eine größere Anzahl von Flamingos, die dort mehr Futter vorfanden. Die meisten Seen Nordkenias bestehen aus Salzwasser.

Noch ehe wir mit einem Führer und einem gemieteten Wagen die Einfahrt zum Park passierten, kreisten bereits riesige Pelikane und Flamingos so dicht über uns, dass wir zusammenfuhren. Lpetati war geradezu erschreckt, denn er hatte noch nie einen Pelikan oder einen Flamingo gesehen.

Der Nakuru-See flimmerte zartblau im Morgenlicht, und stellenweise spiegelte sich der Himmel auf der Wasseroberfläche. Die ihn umgebenden bewaldeten Berge schienen noch dunkel, nur ihre Spitzen leuchteten in sonnigen hellen Tönen, und als wir ausstiegen, drang der Geruch von brackigem Wasser und Schlamm noch stärker in unsere Nasen. Im seichten Wasser schwammen riesige Vogelfedern. Wasserböcke liefen am Ufer entlang, und zwei Giraffen tranken mit weit gespreizten Beinen, was recht akrobatisch anmutete. Die Luft vibrierte von Millionen von Vogelstimmen, riesige Kolonien von Flamingos und Pelikanen nisteten etwas abseits von uns. Wir entdeckten schwarze und weiße Ibisse, verschiedene Sorten von Reihern, Bartvögel wir sahen Bienenfresser, Wiedehopfe, Kronenkraniche, Störche und See-Adler und viele Arten, die ich gar nicht so schnell einordnen konnte. Eine Wunderwelt!

Lpetati hatte noch nie von der Existenz des Naturparks gehört, den ich aus Reiseprospekten kannte, und war überwältigt, welche Schätze Kenia in den Reservaten barg. Dem Großteil der eigenen Bevölkerung blieben diese Kostbarkeiten verborgen, denn die hohen Eintrittspreise konnten sich die meisten Kenianer nicht leisten.

Wir ließen uns viel Zeit für die Weiterfahrt mit unserem Führer und rollten langsam am See entlang, um alle Eindrücke bewusst aufzunehmen. Es war eine beglückende Übereinstimmung zwischen Lpetati und mir, die überraschten und anerkennenden Blicke, die er mir zuwarf, taten mir gut.

Später trafen wir auf Kaffernbüffel, von denen Lpetati fasziniert war, aber ihre Nähe weckte Unbehagen in ihm. Ihre Stärke war beeindruckend, sie hatten mächtige Köpfe und galten als unberechenbar. Einige Male war es bei uns vorgekommen, dass Büffel Menschen getötet hatten. Das Gefährliche an einem Angriff lag daran, dass sie in größeren Herden beisammen waren, und wenn die Herde, angeregt durch das Leittier, zu rennen begann, halfen einem nicht einmal irgendwelche Bäume. Mit unvorstellbarem Tempo jagten sie hinter dem vermeintlichen Störenfried her. Ähnlich verhielt es sich ja bei Elefanten. Nun fuhren wir im Schritttempo nur wenige Meter an einer größeren Büffelherde vorbei. Mir entging nicht, wie Lpetati auf seinem Sitz unruhig hin und her rückte. Danach stießen wir auf mehrere Nashörner. So viele hatte ich auch auf den Safaris in anderen Parks noch nicht auf einmal gesehen. Auch hier hieß es, auf der Hut zu sein. Sehen können Nashörner zwar nicht gut, dafür sind aber ihr Gehör und ihr Geruchssinn besonders ausgebildet. Auf einer Safari im Tsavo-Nationalpark hatte ich selbst eine böse Bekanntschaft mit einem angriffslustigen Nashorn gemacht, das auf unseren Jeep zugerast war und die Fahrertür regelrecht durchbohrt hatte. Geschockt hatten wir Insassen und der Fahrer, immerhin ein geschulter Parkangestellter, fluchtartig den Ort verlassen. In Erinnerung daran war es jetzt an mir, auf meinem Sitz aufgeregt hin und her zu rutschen. Aber die Nashörner ließen sich nicht aus der Ruhe bringen. Die meisten dösten zwischen Gestrüpp im Halbschatten. So setzten wir unsere Rundfahrt fort, entdeckten Paviane und weitere Giraffen. Und immer wieder umschwirrten uns Flamingos, wie dichte rosa Wolken, und mächtige Pelikane, denen man so viel fliegerische Eleganz gar nicht zutraute. Wir erlebten eine urwüchsige Welt, in der man sich ganz klein und nebensächlich vorkam. Das war Kenia, wie man es sich gern vorstellte und liebte.

Der wunderschöne, erholsame Tag brachte uns einander sehr nahe.

Gern hätte ich mit Lpetati in der hübsch einladenden Lodge, umgeben von gepflegten Blumenbeeten, gegessen und übernachtet, aber mein Budget war doch ein wenig zu eng bemessen für die Preise, die ganz auf Touristen zugeschnitten waren. Das Einzige, was ich erstand, war ein flamingofarbenes T-Shirt. Und dabei dachte ich an Binkis kleine Tochter Toni. Ich würde es ihr irgendwann schicken. Lpetati sagte nichts, wahrscheinlich weil er an der Größe gesehen hatte, dass das T-Shirt für ein Kind war. Und wenn ich Kindern in der Familie ein Geschenk machte, war er immer höchst zufrieden.

Nach Verlassen des Parks bestiegen wir ein kleines *matatu* nach Nyahururu, in der Hoffnung, noch ein Transportmittel nach Maralal zu finden. Doch kurz vor Nyahururu entlud sich ein schweres Gewitter mit heftigen Regengüssen. Da erübrigte es sich, nach Mararal zu fahren, denn auf einer schlammigen Piste würde das Sammeltaxi womöglich stecken bleiben und wir in die Dunkelheit geraten – ein Alptraum in der menschenleeren Buschsavanne.

Es war schwer, eine vernünftige Unterkunft für die Nacht zu finden, die nicht allzu weit entfernt lag von dem kleinen verwahrlosten Hof, von dem die *matatus* am Morgen nach Maralal abfuhren. Gerade morgens waren die Fahrzeuge schnell überfüllt, und wir wollten nicht stundenlang warten müssen.

Die Bleibe, die wir dann fanden, obwohl als »Hotel« verheißen, war schäbig und abstoßend. Ein Zimmerchen, in dem gerade zwei Betten mit rostigem Gestell und klumpigen Matratzen Platz hatten. Weder Fenster noch Tür ließen sich verschließen. Ein eher unheimliches Gelass.

Wir waren froh, als plötzlich der Himmel aufklarte und wir den Raum verlassen konnten. Da Lpetati auch noch nie etwas von den Thomson Falls gehört hatte, einem Wasserfall, der nach Regengüssen wie dem eben erlebten, recht beachtlich war, fuhren wir für wenige Schillinge mit einem klapprigen Taxi dorthin. In der späten Nachmittagsonne, die die Wolkendecke durchdrang, glitzerte das Wasser weiß und braun, es rauschte um uns herum und schäumte über die Felsen. Ein wunderschöner, erhabener Anblick. Immer wieder leuchteten mehrere Regenbogen vor den stürzenden Wassermassen auf. Wir waren hingerissen.

»Woher weißt du, dass es hier so etwas gibt und ich nicht?«, fragte er.

»Ich habe viel über dein Land gelesen, schon bevor ich herkam. Die meisten Besucher kommen doch, weil Kenia ein schönes Land ist.«

Zu Hause schwärmte Lpetati allen vom Nakuru-See vor, zeigte die großen aufgesammelten Flamingo-, Pelikan- und Reiherfedern wie Trophäen und kam sich sehr wichtig vor. Es tat mir gut, seine kindliche Begeisterung mitzuerleben, und ich war überrascht, an wie viele Kleinigkeiten er sich erinnern konnte, die uns während des Aufenthaltes im Park begegnet waren. Auch den Wasserfall von Nyahururu schilderte er, fast genüsslich, und gab sich den Anschein, als wenn er die Seinen bedauerte, die all diese herrlichen Orte nicht kannten und wohl auch nie kennen lernen würden. »Wartet, bis die Fotos fertig sind«, sagte er, »dann könnt ihr mit eigenen Augen sehen, was es in Kenia zu erleben gibt.«

Baba Lpino

Schon bald nach unserer Rückkehr suchte mich Baba Lpino auf. Er gehörte nicht zur Familie, war aber allseits bekannt und beliebt und wohnte am gegenüberliegenden Berghang. Seit langer Zeit war er Witwer und sorgte vorbildlich für seine drei halbwüchsigen Kinder. Ich kannte ihn gut und mochte ihn, da er stets gut aufgelegt war, unermüdlich fleißig und zuverlässig. Oft hatte er am Blockhaus mitgearbeitet, hatte sogar eigene Ideen entwickelt, hatte geholfen bei der Beschaffung von Trinkwasser, bei Pflanzaktionen und bei der Umzäunung. Er war etwa Anfang bis Mitte siebzig und bewegte sich, wie ich zu meiner Überraschung erfahren hatte, nun wieder auf Freiersfüßen. Ausgerechnet eine Sechzehnjährige aus der Nachbarschaft hatte er sich ausgesucht, und die ersten Gespräche zwischen Vermittler und Brauteltern waren positiv verlaufen.

Baba Lpino fehlte das Geld, um die Tiere für den Brautpreis aufzubringen, und das war der Grund, weshalb er zu mir kam. Er war einer der wenigen Besucher, die ich nicht länger warten ließ. Er dehnte die Besuche nie aus, und wenn ihm etwas am Haus oder im Garten oder am Zaun auffiel, das in Ordnung gebracht werden musste, erledigte er die Arbeit, ohne groß darüber zu reden. Noch kein einziges Mal war er ohne ein kleines Geschenk für mich aufgetaucht, mal waren es eine Handvoll Bohnen, mal ein junger Maiskolben von seinem Feld, ein geschnitzter Stock oder eine selbstangefertigte Kette aus Holzstückchen, bizarren Samenständen und Früchten oder aus kleinen Plastikperlen. Ein Stock stellte ein Statussymbol dar. Je kostbarer das Material und je aufwendiger verarbeitet, umso angesehener seine Benutzer. Besonders fast naturbelassene, schön gewachsene Exemplare waren beliebt, bei Männern ein wenig häufiger als bei Frauen und im fortgeschrittenen Alter, ab etwa dreißig, vierzig, gebräuchlich.

Natürlich würde ich Baba Lpino gern helfen, aber wenn ich an das junge Mädchen dachte, wurde mir eiskalt. Baba Lpino hätte bequem ihr Großvater sein können, und da half es auch nichts, dass er einen guten Ruf besaß und körperlich noch fit war.

Ich wusste nicht, wie ich ihm klarmachen sollte, was ich von einer solchen Heirat hielt. Natürlich war meine Meinung auch nicht gefragt. Aber auf keinen Fall wollte ich Baba Lpinos Vorhaben unterstützen, ihn andererseits auch nicht verprellen. Er war unser nettester Nachbar.

Bei einem Tee saßen wir auf der Veranda. Lpetati gesellte sich dazu, und daher konnte ich nicht so frei sprechen, wie ich es vorgehabt hatte. Zudem stand es mir auch altersmäßig nicht zu, ihn wegen seiner Heiratsabsicht zu kritisieren. Es gab noch zwei verwitwete Frauen mittleren Alters bei uns, natürlich nicht so voller Liebreiz und Anmut wie die Sechzehnjährige, aber die hätten sich, schon auf Grund ihrer Umsichtigkeit und Erfahrung besser als Ehefrau geeignet. Baba Lpino ging es wohl, so nahm ich an, in erster Linie um das Versorgt- und dann das Befreitsein von der lästigen Hausarbeit. Er wollte ja wohl hoffentlich keine weiteren Kinder zeugen – was natürlich erwartet wurde, zumindest von den Eltern der Braut, denn dann brauchten diese sich nicht für ihre Tochter zu schämen, und sie wäre dadurch ihren Brautpreis wert.

»Wir helfen dir, *mzee*«, hörte ich Lpetati sagen. Ich ärgerte mich und trat ihm unter dem Tisch gegen das Bein. »Ich denke nach«, verbesserte ich, zu Baba Lpino gewandt, »lass mir ein wenig Zeit.«

Ich hoffte so sehr, es würde sich irgendeine andere Lösung finden lassen.

»Ich lass dir Zeit«, sagte Baba Lpino, ein wenig traurig, wie mir schien, aber dann lachte er wieder mit seinem fast zahnlosen Mund und mit vielen lieben Lachfältchen um die Augen. »Danke, *Chui*.« Er gebrauchte, wie selbstverständlich, meinen in der Familie benutzten Kosenamen.

Noch einige Male unternahm Baba Lpino den Versuch, mich

für seinen Plan zu gewinnen. Vonseiten der Familie des Mädchens bestanden offensichtlich keine sehr großen Bedenken, Baba Lpino galt als ordentlicher Mann und ehrbarer Bewerber und vor allem feilschte er nicht um den Brautpreis, der ziemlich hoch angesetzt worden war. Von Lpetatis Schwestern erfuhr ich aber, dass das Mädchen nicht mit der Heirat einverstanden war, dass es sich durch den Antrag zwar geschmeichelt fühlte, aber auch geweint hätte und keinen alten Mann haben wollte. »Sie hat ein Auge auf einen Krieger aus Tamyoi geworfen«, erzählte Ngarachuna, »und hat von ihm schon viele Ketten bekommen und Armbänder. Das ist ein schöner, junger Mann. Er war neulich mit Freunden im *boma*, hast du ihn nicht gesehen?«

Ich ging nicht weiter darauf ein, wollte auch keine Partei ergreifen. Aber Baba Lpinos Absicht beschäftigte mich weiter. Vielleicht gab es eine. Nur welche? Ich wollte nicht Dinge unterstützen, die meiner Überzeugung widersprachen, und vor allem wollte ich keine junge Frau unglücklich machen.

Eine neue Wasserstelle

Uns war nicht entgangen, dass neuerdings viele Bewohner unserer Gegend sich in Richtung Kisima auf den Weg machten und erfuhren, dass dort »irgendwelche *wazungu* beabsichtigten, einen Brunnen zu bohren«. Ich wusste nicht, auf wessen Initiative das zurückging und war auch ein wenig verwundert darüber, dass uns niemand über ein solches Vorhaben imformiert hatte. Vielleicht ging das auf Betreiben der italienischen Patres zurück, die in Maralal die Missionsstation betreuten. Ich hatte vor längerer Zeit davon gehört, wusste aber nicht, in welcher Gegend nach Wasser gebohrt werden sollte. Hätten Fremde von sich aus mit Probebohrungen begonnen, hätten sich der zuständige Chief für unser Gebiet und die Ältesten versammelt und nach der Erlaubnis und genauen Angaben, was hier verändert werden sollte, gefragt und sich sehr wichtig getan und tagelang beraten. Aber die Bohrstelle lag nicht auf unserem Terrain, da war wohl eher die Vertretung der Ältesten für Ikiloriti und Kisima zuständig.

Lpetati und ich spazierten an einem Nachmittag in die Richtung der Pumpstation, etwa eine Stunde von uns entfernt. Es handelte sich wirklich um Italiener, die den Auftrag vom Landwirtschaftsministerium und vom Wasserwerk erhalten hatten, wie wir hörten, die aber nicht die Geldgeber waren. Finanziert wurde die Bohrung von einer europäischen Organisation. So wie es aussah, sollten die Bohrarbeiten noch einige Tage dauern, aber dass es an der Stelle einen günstigen Wasserzugang gab, war bereits erwiesen.

Einige Einwohner biederten sich bei den fremden Entwicklungshelfern an, in der Hoffnung, ein paar Schillinge ergattern zu können.

Schon zweimal hatte es in unserem Gebiet Probebohrungen gegeben, die aber immer wieder mit unbefriedigenden Ergebnissen aufgegeben worden waren. Entweder war das Wasser zu salzhaltig gewesen oder die Gesteinsschichten ließen ein Durchkommen mit den Bohrgeräten nicht zu. Salzwasser trat an vielen Stellen im Rift Valley und nördlich davon aus der Erde, salzhaltige Seen waren in Kenia in der Überzahl. Selbst die Teiche bei Kisima, die bei Trockenheit weiß staubten und leuchteten, was man bis zu uns hin sehen konnte, zeugten von der Schwierigeit, in unserer Region auf Süßwasser zu stoßen.

Nach fast einer Woche lag das Resultat vor: Es gab Wasser, leicht salzhaltig, schien aber bedingt brauchbar.

Viele Bewohner wanderten nun täglich zu dem neuen Brunnen und standen stundenlang da herum, diskutierten und palaverten. Was uns alle störte, war der Lärm, den die große Pumpe verursachte. »Das stört unsere Haustiere«, behauptete ein *mzee*. Selbst wir, die wir weit von der Stelle entfernt wohnten, hörten bei klarem Wetter und je nach Windrichtung das dumpfe Pumpengeräusch. Besonders am Abend und in der Nacht.

Das ziemlich langsam nach oben beförderte Wasser lief durch

einen verschließbaren Hahn in eine Vertiefung in einem gemauerten Becken und so war es verhältnismäßig einfach für Frauen und Mädchen, dort ihre Eimer und Kanister zu füllen. Danebengelaufenes Wasser versickerte nicht ungenutzt im Boden. Allerdings nahm das Füllen etliche Zeit in Anspruch, da der Wasserdruck nicht ausreichte. Was neu und ein wenig unbefriedigend war: Das Wasserholen war mit, wenn auch geringen, Kosten verbunden, sozusagen einer Benutzungsgebühr. Die Pumpe müsse regelmäßig geölt und gewartet und das Becken und der Wasserhahn instand gehalten werden, hieß es. Wenn es sich auch nur um wirklich kleine Beträge handelte, kamen nun öfter Leute zu mir, um sich die Schillinge für das Wasser zu erbitten. Teurer wurde es, wenn das Vieh getränkt werden musste.

Die Pumpstation stellte eine erhebliche Arbeitsentlastung für die Frauen und Mädchen dar, denn nun erübrigte es sich, weite Strecken zurückzulegen und womöglich nur verschmutztes Wasser oder gar keines zu finden.

Uns betraf die Neuerung nicht so massiv, weil wir die Tanks für das Regenwasser besaßen und in Maralal Mineralwasser erhältlich war. Auch der Gemeinschaftstank für die Familie war eine Hilfe, nur hier musste das Wasser eingefüllt werden, weil es keine Regenrinnen und Rohre gab. Er fungierte daher mehr als eine Sammelstelle für Wasser, die aber immer wieder, meist durch meine Initiative, zumindest jedoch auf meine Kosten, gebrauchstüchtig gemacht werden musste.

Nach einigen Wochen, in denen sich die allgemeine Euphorie über die Wasserstelle ein wenig gelegt hatte, mehrten sich die Klagen der Mütter, dass ihre Babys von dem Wasser Entzündungen an den Augen und vereinzelt auch Ausschläge bekommen hätten. Ich informierte die italienischen Missionare in Maralal und bat darum, das Wasser untersuchen zu lassen.

Nach einem längeren Gespräch stellte man mir in Aussicht, dass man sich bemühen würde, mit einem Arzt in die umliegenden Ansiedlungen der Pumpstation zu kommen, um sich ein Bild von den angeblichen Erkrankungen der Babys und Kleinkinder zu machen und herauszufinden, ob sie mit der Wasserqualität überhaupt in Verbindung gebracht werden konnten. Auf jeden Fall würde man eine Wasseranalyse veranlassen.

Damit hatte ich viel erreicht, und mehr konnte ich eigentlich nicht tun. Ich hoffte für die Bewohner sehr, dass nicht das Wasser Auslöser von Hautausschlägen und Bindehautkatarrhen war, denn dann würde das, was so sehr nach Anhebung der Lebensqualität und sogar nach Fortschritt und wirklicher Hilfe aussah, wieder zunichtewerden.

Hautauschläge, vor allem die lästige Krätze, kamen immer wieder vor, auch Bindehautentzündungen, ausgelöst durch den Aufenthalt in den rußigen, rauchigen Hütten. Natürlich spielte die mangelnde Hygiene dabei auch eine große Rolle. Vor allem trugen wohl auch die vielen lästigen Fliegen, die gern an den Augen, dem Mund und auf erkrankten Hautstellen saßen, dazu bei, dass sich Entzündungen verbreiteten und schlecht abheilten.

Reisepläne

In den Osterferien kamen unsere vier Pflegekinder – Nganat war ja nicht mehr dabei – für einige Tage zu uns. Sie zeigten uns stolz ihre ausnahmslos guten Zeugnisse und legten mir die Listen mit all den erforderlichen Büchern für das neue Schuljahr vor, ebenso für besondere Sportkleidung, Schreibutensilien und Dinge für den täglichen Gebrauch, wie Zahnpasta, Hautcreme, Waschmittel, Schuhputzzeug. Manchmal waren auch neue Bettwäsche vonnöten, Waschlappen und Handtücher. Für mich ein erheblicher finanzieller Aufwand. Aber es war ein gutes Gefühl, diesen Kindern eine Lebensperspektive zu geben und die Gewissheit zu haben, dass sie später einmal auf Grund guter Schulbildung ihren Weg würden gehen und es zu etwas bringen können. Für unsere Pflegekinder kam ich persönlich auf, wurde aber auch hin und wieder von einigen Privatpersonen, Kirchengemeinden und Vereinen in Wennigsen unterstützt, die mir vertrauten und wussten, dass ich die Spendengelder da einsetzte, wo sie gebraucht wurden. Meist ließen sich Nahrungsmittel und Trinkwasserlieferungen davon bezahlen, aber oft blieb auch noch etwas Geld übrig, um Kindern mittelloser Familien den Schulbesuch zu ermöglichen. Inzwischen war zwar der Besuch der Grundschule gebührenfrei, doch die vorgeschriebene Schulkleidung und die nötigen Bücher, Hefte und Schreibutensilien bedeuteten für die Eltern eine große finanzielle Belastung. Da war es eine gute Sache, helfend eingreifen zu können, damit der Schulbesuch nicht an solchen verhältnismäßig kleinen Dingen scheitern musste. Oft versorgte ich sogar die Lehrkräfte mit Büchern und Lehrmaterial, da diese von der Regierung nicht gestellt wurden und sie selbst für die Hilfsmittel verantwortlich waren, um den Unterricht möglichst anschaulich gestalten zu können. Zu meiner Verwunderung fehlten die einfachsten Sachen, wie Kreide, Stifte, Anspitzer, Radiergummi, Fachbücher und Hefte. Aber auch Landkarten, eine Uhr, eine große Tafel sowie eine Schulglocke waren nicht vorhanden, zudem weder Tische noch Stühle. Die Fensteröffnungen waren vergittert, aber ohne Glas, und viele Dächer undicht, und manchmal bestand eine Grundschule nur aus einem notdürftig begrenzten Platz unter einem Baum, allenfalls mit Latten und Strohmatten geschützt. Da fand dann nur außerhalb der Regenzeit Unterricht statt.

Wie glücklich war ich, als ich erfuhr, dass sowohl Wilson, unser »Großer«, als auch Laitani, unser »Jüngster«, Klassenbeste geworden waren. Sie legten mir die Urkunden darüber und erhaltene Buchgeschenke vor.

Als wir am Abend nach einem reichhaltigen Essen vor dem prasselnden Feuer im Kamin saßen und Wilson uns zu verstehen gab, dass er seine Examensarbeit über das »Fort Jesus« schreiben würde und dafür meine Hilfe brauche, kam mir die Idee, dass wir die restlichen Ferientage für eine Reise nach Mombasa nutzen könnten, denn dort befand sich das Fort. Gleichzeitig wäre eine solche Reise eine Belohnung für die guten Zeugnisse, denn die Kinder hatten sich schon oft gewünscht, einmal an die Küste des Indischen Ozeans zu fahren. Wenn ich von Mombasa erzählte, hatten sie immer gern zugehört. Aus Maralal und der Umgebung war bis jetzt noch keines der Kinder hinausgekommen, und sie hatten nur eine vage Vorstellung von den vielen unterschiedlichen Landschaften ihres schönen Heimatlandes.

Ich überschlug im Geiste meine Finanzen. Natürlich müssten wir uns hier und da einschränken, aber die direkten Reisekosten würden für jeden nur etwa dreißig Euro betragen. Der Gedanke, eine weite Reise zu unternehmen, reifte und nahm mehr und mehr Gestalt an. Und wir wären nur vier Personen, denn Mutoni und Wahira, »unsere« beiden Mädchen waren eingeladen worden, die Ferien mit ihren irischen Freundinnen aus der Missionarsfamilie zu verbringen. Was sie dabei am meisten interessierte, war der Besuch einer Aufzuchtsstation für junge Elefanten. Ich war einverstanden, freute mich sehr für sie und schrieb der Familie, die »unsere« Mädchen eingeladen hatte, einen längeren Brief und legte dem Schreiben einige Scheine bei, denn ich wollte nicht, dass die Kinder ihrer Gastfamilie auf der Tasche lagen.

Kurz darauf wurden die beiden Mädchen mit einem Auto der Missionsstation abgeholt, und wir lernten die Freundinnen und deren Vater näher kennen. Es war wohltuend zu beobachten, wie die Mädchen miteinander umgingen. Von ihrer Freundschaft zueinander wusste ich seit einiger Zeit, hatte aber noch keine Gelegenheit gehabt, sie bei uns zu begrüßen. Nach einem kleinen Imbiss, einem Tee nach englischer Art und einem längeren Gespräch mit dem Missionar, der sehr weltoffene Ansichten vertrat, verabschiedeten Lpetati und ich unsere Pflegetöchter.

Lpetati, die Jungen und ich schmiedeten nun Reisepläne. Das war eine ganz neue Erfahrung, und manchmal war es so schön beim Abwägen, Überlegen und Erzählen, als wären wir schon unterwegs. Die Fantasie ging des Öfteren mit den Kindern durch, und es war schwer, zur Realität zurückzufinden. Es gab kein anderes Thema mehr als die große Reise. Zu unserer Erleichterung konnten wir Langis, Lpetatis Cousin, dafür gewinnen, die neu gepflanzten Bäume zu wässern und das Tor verschlossen zu halten. Dafür wünschte er sich als Gegenleistung eine Sonnenbrille und eine Taschenlampe. Baba und mein jüngster Schwager versprachen, sich um die Tiere zu kümmern, besonders um Namene und Rangirangi sowie um die trächtige Suara.

Allerdings machte ich mir Sorgen, ob die lange Reise für Lpetati nicht zu anstrengend sei. Aber er verscheuchte alle diesbezüglichen Bedenken. »Ich möchte wirklich gern mit nach Mombasa, *Chui*, habe keine Sorge, ich schaffe das schon. Auf der Fahrt sitzen wir doch nur, und ich kann doch auch im *matatu* und im Bus schlafen. Lass uns zusammen fahren. Ich war so lange nicht mehr in Mombasa, immer bist du allein gefahren.«

Es waren wirklich schon über zehn Jahre her, dass Lpetati die Küste verlassen hatte, und natürlich freute er sich sehr darauf, sie wiederzusehen. Manchmal hätte er schon mit mir fahren können, aber ich war beruhigter, wenn er sich zu Hause um unsere Belange kümmerte, und in Mombasa hatte ich nicht viel Freizeit, wenn ich musizierte. Da wäre er öfter auf sich selbst gestellt gewesen. Und wenn ich Lieder und Texte einübte oder mit Eddie probte, hätte er sich mit Bestimmtheit überflüssig gefühlt. Ich weiß auch nicht, ob es ihm behagt hätte, ihn zum Musizieren – soweit das überhaupt gestattet war – mitzunehmen, weil sich dort alles nur um Eddie und um mich drehte. Lpetati liebte Gesellschaft, und das Alleinsein gefiel ihm längst nicht so wie mir. Vielleicht hätte er sich, wenn ich anderweitig zu tun hatte, den Samburu angeschlossen, die schon seit Jahren an der Küste lebten und nicht immer den besten Ruf genossen. So gesehen, war er bei uns daheim besser aufgehoben.

Auf nach Süden

Dann ging alles sehr schnell. Schon zwei Tage später standen wir fröstelnd, kurz nach vier Uhr morgens, mit unseren zwei Reisetaschen im Zentrum von Maralal, um eines der ersten *matatus* zu erwischen, denn vier Personen und zwei große Taschen gleichzeitig unterzubringen, konnte in einem Kleinbus schwierig werden. Einen Fahrplan gab es nicht und auch keine feste Haltstellen. Immerhin war der Markt ein einigermaßen verlässlicher Ort, um eine Fahrgelegenheit zu finden.

Bald kam ein heller Nissan über die vielen Unebenheiten der unbefestigten Straßen herangeholpert, blendete uns mit seinen Scheinwerfern und stoppte geräuschvoll und viel Staub aufwirbelnd neben uns. Zwischen abenteuerlich verhüllten Frauen und verwegen dreinschauenden Männern in Kapuzenjacken oder mit wegen der Kälte tief in die Stirn gezogenen Mützen, fanden wir alle Platz. Da noch zwei Sitzgelegenheiten frei waren, rumpelten wir fast eine Stunde hupend durch Maralal, um vielleicht noch an irgendeiner Ecke zwei Fahrgäste zu finden. Ich begriff nicht, dass der auch in Kenia teure Sprit für diese Tour verbraucht wurde, denn das Fahrgeld durch einen weiteren Passagier hätte den Benzinverbrauch nicht wettgemacht. Das Herumfahren auf den unebenen Wegen wirkte sich sehr ungünstig auf unsere Mägen aus. Laitani erbrach sich aus dem Fenster, an dem er saß und wirkte danach ziemlich mitgenommen.

Endlich wurden zwei Reisewillige gefunden, sie wurden vom *conductor* energisch in das Wageninnere gezerrt und geschoben, und der Fahrer schlug zu unserer Erleichterung die Schotterpiste nach Kisima ein. Trotz Kälte und großer Müdigkeit wurde unsere Stimmung gelöster, denn jetzt begann unsere große Reise quer durch Kenia bis an den sonnigen Sandstrand des Ozeans.

Allmählich dämmerte der Morgen, eine orangefarbene Sonne schob sich über den Horizont, und dann bescherte uns der Anblick des bizarren Mount Kenya den ersten Höhepunkt auf unserer Fahrt. Ohne verhüllende Wolken hatte auch ich Afrikas zweithöchsten Berg noch nie gesehen und war hingerissen. Laitani erzählte ich, dass der Mount Kenya ein Vulkan sei, wie fast alle Berge in Kenia und Afrika und auch der höchste von allen, der Kilimandscharo. Einst sollte der Mount Kenya sogar höher als dieser gewesen sein, hatte ich gelesen. Aber nach einem Ausbruch sei die gesamte Spitze des Berges auseinandergesprengt worden und liege nun tiefer am Kraterrand. Andächtig schauten wir zu den zerklüfteten Höhen empor, gewahrten sogar Schneefelder und genossen den majestätischen Anblick. Nur von der vielgerühmten besonderen Vegetation sahen wir nichts, dazu war der Berg doch zu weit von unserer Piste entfernt.

Nairobi, das wir gegen Mittag erreichten, beängstigte und begeisterte die Jungen gleichermaßen. Wir waren mitten im *Rush-hour*-Verkehr eingetroffen, und die von Fahrzeugen verstopften Straßen zwangen unsere kleine Reisegruppe, öfter die Fenster zu öffnen und zu schließen, weil wir in unzähligen Staus standen und die Luft stickig war und nach Abgasen stank. Dann wieder raubten uns riskante Überholmanöver den Atem. Die Jungen lachten, wenn Fußgänger versuchten, trotz der Verkehrsdichte die gegenüberliegende Straßenseite zu erreichen, als sei dieses ein Spiel. Sie schlossen sogar Wetten ab, ob die jeweiligen Fußgänger ihr Ziel erreichen würden. Aber zu meiner Erleichterung stellte ich fest, dass weder Wilson noch Laitani so hartgesotten waren, dass sie nicht auch Furcht und sogar eine gewisse Ehrfurcht vor diesem Verkehrschaos hatten. Mir selbst bestätigte der Anblick der rücksichtslosen Fahrer und der wehrlosen Verkehrsteilnehmer zu Fuß immer nur das Gefühl, dass ein Menschenleben nichts zählte. So jedenfalls sah es aus.

Die Mittagsbusse in Richtung Küste waren bereits kurz vor unserem Eintreffen abgefahren. So hatten wir acht Stunden Wartezeit in einem hässlichen Stadtviertel von Nairobi vor uns. Einen Großteil davon verbrachten wir bei unzähligen *chais* und *chips*, die wir in diversen unappetitlichen Restaurants einnahmen, in denen man sich dennoch, mit Einschränkung, wohlfühlen konnte und deren Preisniveau oft noch unter dem von Maralal lag. Manchmal suchten wir die kleinen Bars auch nur auf, um zur Toilette zu gehen. Die meisten sanitären Anlagen waren eine wahre Katastrophe und deren Benutzung erforderte meinerseits viel Toleranz. Lpetati und den Jungen fiel das Aufsuchen dieser engen, schmuddeligen Örtlichkeiten längst nicht so schwer.

Eine große Anziehungskraft übten auf Wilson, Laitani aber auch auf Lpetati, die Geschäfte mit Sport- und Elektroartikeln aus. Es wurden Wünsche wach nach Sportschuhen und einem Radio. Aber die Sportschuhe waren für Mombasa viel zu warm, vielleicht konnten wir auf dem Rückweg darauf zurückkommen, und ein kleines Radio hatte ich in meinem Häuschen an der Küste. Auf zusätzlichen Lärm konnte ich gut verzichten. Längst war mir das unaufhörliche Gedudel aus vielen Kassettenshops zuwider, ob fromme oder lokale Lieder, und das Gehupe um uns herum nervte zusätzlich. Nein, Nairobi war alles andere als einladend und erholsam in dieser Gegend.

Zwischen sechs und sieben Uhr am Abend wurde die Hauptstadt noch einmal lauter, es fuhren noch mehr Autos, noch mehr Menschen bevölkerten die schmalen Gehwege und die verunreinigten Straßenränder. Viele Läden ließen unter Gerassel Eisengitter einrasten, die die Türen und Schaufenster absicherten, Lichter verloschen und bunte große Reklameleuchten erhellten manche Häuserfronten. Im Licht des Vorraums zu den Fahrkartenschaltern, wo wir ermüdet vom vielen Herumlaufen auf die Abfahrt des Busses warteten, wurden Mücken aktiv und lästig, und immer wieder wurden wir von Verkäufern angesprochen, die goldglänzende Uhren, Kugelschreiber, bunte, große Kalender, Socken, religiöse Bilder und allerhand chinesischen Schnickschnack anboten. Es berührte mich, dass ein älterer Mann immer wieder vorbeikam, der nur ein einzelnes Kinderbuch in englischer Sprache zum Verkauf anbot. Er ließ sich nicht entmutigen und schließlich erbarmte ich mich und kaufte ihm das Buch ab. Der Mann bedankte sich überschwänglich und vergrub die Schillinge umständlich in einer seiner Anzugtaschen, aus der das Geld aber sofort wieder herausfiel, weil sie durchlöchert war.

Laitani und Wilson vertieften sich, auf mit Kohlköpfen und Maniok vollgestopften Jutesäcken sitzend, in den neu erstandenen Lesestoff und betrachteten die Bilder.

Endlich tauchte unser Bus auf: sehr hoch, sehr betagt, aber eine akzeptable Alternative zu den vielen anderen Bussen, und rundherum farbenfroh lackiert und verziert mit europäischen Fußballclub-Symbolen. Von Real Madrid über Inter Mailand, Juventus Turin bis FC Bayern und sogar Schalke 04 war alles vertreten, was in der Welt des europäischen Fußballs Rang und Namen hatte.

Wir genossen den Vorteil, nummerierte Plätze im Bus zu haben, das Gepäck vernünftig unterbringen, Gardinen auf- und zuziehen und sogar die Sitze per Hebelstellung in Schlafsitze umwandeln zu können. Das schien für meine drei Begleiter das Größte zu sein. Immer wieder probierten sie diese Funktion aus. Allerdings war ich ein wenig verärgert, dass die Tickets, da wir kurz vor Ostern fuhren, mit einem »Feiertagsaufschlag« versehen und so erheblich teurer waren, als ich ausgerechnet hatte.

Bei den Busreisen bestand ich immer darauf, im vorderen Teil Sitzplätze zu erhalten, denn die veralteten Busse besaßen nur einen sehr engen Einstieg ganz vorn. Sollte es also einmal zu einer Situation kommen, bei der man den Bus schnellstens verlassen musste, war das nur von den vorderen Reihen aus möglich.

Das noblere, reklamebunte Nairobi wirkte, von den erhöhten Fenstern aus betrachtet, fröhlich und vielversprechend, selbst ein wenig mondän und weltstädtisch. Die Vorfreude auf die Weiterreise und das baldige Erreichen unseres Zieles stand deutlich in den Gesichtern der beiden Jungen und Lpetatis geschrieben, der öfter meine Hand drückte, sich übermütig an mich lehnte und mich anlächelte.

Ich war glücklich und freute mich ebenfalls über diese Reise in lieber Begleitung und nahm mir vor, sie zu einem unvergesslichen Erlebnis zu machen.

Trotz der Aufregung schliefen die Jungen bald ein, Lpetati ebenfalls, zudem gab es auf der dunklen Straße in Richtung Küste nichts zu sehen, wenn man nicht gerade Romantiker war und sich an faszinierend klaren Sternbildern erfreute und daran, dass der Mond die herausragenden Affenbrotbäume in der endlosen Buschsavanne in Zauberwesen verwandelte. Es blieb auch immer spannend, ob Tiere am Straßenrand aufkreuzen würden, denn das kam öfter vor. Zweimal sah ich Elefanten.

Weniger erfreulich dagegen waren liegengebliebene Laster mit einer Panne. Leider verunglückten die großen Fahrzeuge wegen der an manchen Stellen engen und schlechten Fahrbahn häufig. Die Gefahrenstellen wurden nur, wie überall im Lande üblich, jeweils durch abgebrochene und auf der Straße deponierte Zweige »abgesichert«. Wie immer auf dieser stark befahrenen Route hatte ich größten Respekt vor den Ungetümen der oft sehr veralteten Trucks und besonders der zahlreichen Tanklastzüge, wenn zwischen uns und ihnen kaum ein genügender Abstand beim Überholen oder in der Schlange eingehalten wurde.

Mombasa

Gegen Morgen begrüßte mich das grelle Licht vom Containerhafen. Aus vereinzelten Palmen wurden Gruppen und kleine Wäldchen, die Luft wurde weicher und weicher und wärmer – wir erreichten Mombasa. Vorsichtig weckte ich Lpetati. Er lächelte verschlafen, aber es hatte den Anschein, als ob ihn Mombasa, obwohl er es so lange nicht gesehen hatte, nicht sonderlich interessierte. Immer wieder döste er ein. Die Jungen dagegen waren sofort hellwach, hielten die wegen der geöffneten Fenster flatternden Gardinen fest und schauten hinaus. »Mombasa!« – »Ich sehe Wasser!« – »Ist das warm!« – »Eine große Moschee!« – »Da stand: Willkommen in Mombasa!«

In der Nähe der großen Markthalle, in der es wegen der frühen Morgenstunde noch verhältnismäßig gemächlich zuging, stiegen wir in ein Sammeltaxi Richtung Mtwapa um. Penetrante Gerüche umgaben die Markthalle und drangen in unseren kleinen Wagen, und ich bildete mir ein, dass die Gerüche in Maralal, Nairobi und Mombasa, obwohl allesamt unappetitlich, dennoch unterschiedlich waren. In Mombasa kam die Würze des Meeres dazu, dieses typische Gemisch aus Teer, Seeluft, Salzwasser und Fisch und nach irgendetwas Tranigem, Abgestandenem.

Da mein Häuschen in Shanzu keine vier Schlafgelegenheiten aufwies, mieteten wir uns in einem Appartement in Mtwapa ein, das ich kannte und das mir besonders durch seine ruhige Lage, die großzügige Raumaufteilung, die Helle, den Natursteinboden und die riesige, offene, zartgrün gekachelte Dusche gefiel. In dem geräumigen Wohnzimmer ließen sich gut behelfsmäßige Schlafstellen einrichten, und wir hatten dennoch alle genügend Bewegungsfreiheit. Das kleine Schlafzimmer wollte ich allein belegen, und das wurde auch nicht weiter beanstandet. Auch daheim nächtigten Lpetati und ich in getrennten Räumen, weil ich das so wollte. Lpetati schlief immer sofort ein und dazu sehr unruhig, redete auch manchmal im Schlaf. Ich dagegen liebte es, am Abend noch zu schreiben, für die Woche zu planen oder im Bett zu lesen (dass Lesen Freude machte, begriff Lpetati nicht). Ich machte mir auch manchmal noch eine Tasse Tee mitten in der Nacht oder stand auf, lauschte den Tierstimmen und betrachtete bei vorsichtig geöffneten Fensterläden den Mond und die Sterne, die nirgendwo so nah zu sein schienen, wie hier am Äquator und auf der Höhe, auf der unser Blockhaus stand.

»Ihr drei Männer schlaft am besten im hinteren Bereich der Halle, wo es durch die lange Fensterfront ein bisschen luftiger ist. Matratzen dafür besorgen wir nach dem Frühstück!« Um es dann doch ein bisschen abzumildern, zwinkerte ich Lpetati zu und sagte: »Einer muss ja auch ein Auge auf die Jungen haben! Und das machst du, glaube ich, besser als ich.«

Eine Kochgelegenheit gab es nicht, aber wir würden sowieso viel unterwegs sein, so dass wir jeweils an verschiedenen Orten essen konnten. Gute Restaurants gab es mittlerweile auch in Mtwapa, außerdem Kioske, in denen man schon früh am Morgen frisches Weißbrot, Kuchen, Margarine, Marmelade und Milch bekam.

Um auch ohne Kochstelle den ständig erforderlichen Tee am Morgen zubereiten zu können, fuhr ich die wenigen Minuten nach Shanzu, holte aus meinem Haus den elektrischen Wasserkocher und brachte auch das kleine Radio mit. Beides entzückte meine drei Männer, am meisten jedoch der Wasserkocher, da nicht zu sehen war, wie das Wasser aufbereitet wurde, aber auf einmal kochte es.

Überrascht, aber ohne mich eingehender damit zu beschäftigen, stellte ich in Shanzu einen ungewöhnlichen Bauboom fest. Der Weg zu mir war fast zugebaut mit kleinen Hütten aus rostigen Wellblechbahnen, Palmstroh, genagelten Kartons und Holzbrettern, und irgendwie hatte ich das Gefühl, eingeengt zu sein. Aber noch lag der kleine Garten wie eine schützende Oase um das Haus herum, und in der Eile registrierte ich keine weiteren unliebsamen Dinge, nur dass die großen Spinnen wieder dichte gelbliche Netze am Hauseingang gespannt hatten, aber das war immer so, wenn ich längere Zeit nicht dort gewesen war. Diesmal hatte sich dazu in dem Karton für den Wasserkocher eine ganze Kolonie von hellbraunen Skolopendern, aus der Familie der Hundertfüßer, eingenistet. Vorsichtig stellte ich den Karton in den Garten, weil ich nicht wusste, ob diese Spezies, die am Hinterleib kleine Zangen wie Skorpione trug, giftig war und machte mich auf den Rückweg nach Mtwapa, um meine drei »Männer« nicht zu lange warten zu lassen.

Auch in Mtwapa gab es größere Spinnen, Mücken und leider

auch Kakerlaken, die durch die Kanalisation ins Haus kamen und sich besonders in der Dusche aufhielten. Doch allzu empfindlich waren wir vier deshalb nicht, schließlich waren wir keine sterilen Unterkünfte gewohnt. Was dagegen ernsthafte Probleme bereiten konnte, waren die Moskitos, die es in unserem Blockhaus im Norden nicht gab, bedingt durch die Höhe und das meist fehlende Süßwasser. Malaria wollte ich auf keinen Fall riskieren, und so kauften wir neben Matratzen, Bettwäsche, Geschirr und Besteck, auch Moskitoschutz für die Fenster und die Eingangstür.

Obwohl wir nur wenige Tage hierblieben, richteten wir uns einigermaßen wohnlich ein. Bei einem Gang durch Mtwapa, auf den sich besonders Lpetati so gefreut hatte, dass er gar nicht auf uns warten wollte, musste er feststellen, dass sich in den zehn Jahren seiner Abwesenheit sehr viel verändert hatte. Viele neue Gebäude waren errichtet worden, manche Pfade verliefen anders oder es gab sie nicht mehr, und zahlreiche Mangobäume, die so herrlich und majestätisch Wege gesäumt und ganze Viertel begrünt und wohltuend beschattet hatten, Märchenträumen gleich, waren abgeholzt worden, um Villen und Läden Platz zu machen.

Ich spürte Lpetatis Verunsicherung, obwohl er sich nicht dazu äußerte. Er hatte ein anderes Mtwapa im Kopf. Die schnell zunehmende Verstädterung Mtwapas gefiel mir überhaupt nicht, weil alles irgendwie planlos wirkte und kein schönes Gesamtbild abgab. Eine gewisse Buntheit war noch vorhanden, doch dies so typisch afrikanisch Anmutende fehlte, das Anheimelnde, Verwunschene, Idyllische. Vormals war der kleine Ort am Creek ein Kleinod gewesen, ein behäbiges, fast verschlafenes Dorf mit Ziegen, Hühnern und Kühen auf den unbefestigten Wegen, mit einem kleinen Markt, den am früh hereinbrechenden Abend flackernde Petroleumlampen erhellt hatten. Entlang der inzwischen beängstigend stark befahrenen Malindi Road hatten nur einfache, mit Stroh gedeckte Hütten gestanden. Jetzt gab es dort mehrgeschossige Häuser, sogar Internetcafés, in denen man per Computer E-Mails verschicken und elektronische Spiele machen konnte. Nein, das Mtwapa aus

»unserer Zeit« existierte nicht mehr. Viele neu Zugezogene wohnten hier, darunter immer mehr Europäer. Mtwapa war auch bei gut betuchten Afrikanern beliebt, die von Mombasa aus lieber hier, jenseits des Creeks, in Grundstücke und Häuser investierten, da Mtwapa der Gerichtsbarkeit von Kilifi unterstand, also nicht mehr zu Mombasa gehörte und somit einige Vergünstigungen bot.

Ich trauerte der einstigen Idylle nach. Nur noch in kleinen Winkeln und begrenzten Relikten begegnete sie jemandem, der einen Blick dafür hatte.

Noch am Abend unserer Ankunft gingen wir in einem auf Europäer zugeschnittenen Lokal essen. Aber ich hatte den Eindruck, als wäre meinen drei Begleitern ein typisch afrikanisches Restaurant lieber gewesen, sie taten sich sehr schwer beim Aussuchen der Speisen und landeten nach Abwägen der unbekannten Gerichte lieber bei den bekannteren *chips*.

Lange Zeit nahm am Abend das ausgiebige Duschen in Anspruch, ein wahrer Genuss bei der Hitze und auch weil Wasser im Überfluss zur Verfügung stand. So etwas gab es bei uns daheim nie, nicht einmal, wenn es viel geregnet hatte, da man ja Wasser für schlechtere Zeiten aufsparen musste.

Bei Kerzenlicht saßen wir noch auf der kleinen Terrasse mit sogenannten »Moskitokillern« in Form von Spiralen, die angezündet wurden und einen Duft abgaben, der die Mücken fernhielt. Die Substanzen dazu lieferten Extrakte der in Kenia angebauten Pyrethrumpflanze.

Die Luft war immer noch recht schwül, besonders die zwei Jungen hatten darunter zu leiden. Ihnen waren bis jetzt nur die kühlen, fast kalten Nächte im kenianischen Hochland vertraut. Dennoch schliefen sie zeitig ein.

Bis lange nach Mitternacht arbeitete ich schwitzend in meinem Zimmer ein Besichtigungsprogramm aus. Uns standen sechs Tage, einschließlich des Osterfestes, für allerhand Erkundungen zur Verfügung. Ich hatte den Wunsch, dass sowohl Lpetati als auch Wilson und Laitani der Besuch in Mombasa in bester Erinnerung bleiben sollte, denn so schnell würden sie nicht wieder an die Küste kommen. Die Krönung sollte der Besuch des Fort Jesus in Mombasas Altstadt werden, damit Wilson nach der Rückkehr eine besonders gute Examensarbeit abliefern konnte. Schließlich war auch ich daran interessiert, dass unser Großer die Schule mit guten Noten verließ, damit er seine Lehrerausbildung beginnen konnte. Allerdings war es schwer, aus der Vielfalt der Möglichkeiten, die Mombasa an Sehenswürdigkeiten bot, eine kleine Auswahl zu treffen, die sowohl den beiden Jungen als auch Lpetati gefallen und zu denen sie verstandesmäßig und emotionell Zugang haben würden.

Auf Entdeckungstour

Schon zeitig am Morgen hörte ich das Rauschen der Dusche und das fröhliche Lachen der Jungen. Das Frühstück nahmen wir auf der Terrasse ein und genossen den Blick auf den schönen, von Mauern umgebenen Garten voller tropischer Gewächse. Diese wurden überwuchert von üppig blühenden Bougainvilleen in verschiedenen rötlichen Farbschattierungen. Viele türkis-orangefarbene Agamen bevölkerten die Mauervorsprünge, und Krähen sammelten sich in hohen, vom Seewind bewegten Casuarinen. Ich genoss das besondere Flair, das sich so sehr von der Umgebung unterschied, die wir daheim auf unserer Veranda sahen. Beides hatte seinen Reiz und seine Schönheit. Ich tendierte mehr in die nördliche Gegend, da diese noch sehr ursprünglich war.

Vor unserer ersten Besichtigungstour liefen wir durch Mtwapa und bestiegen dann ein *matatu*, das uns zum Hallerpark, vormals Bamburi Nature Trail, brachte. Ich erzählte meinen Begleitern die Entstehungsgeschichte dieses bemerkenswerten Parks. Vor vielen Jahren war jenes Gebiet noch eine trostlose, tote Gegend gewesen, auf dem die Portland Zementfabrik, die größte in Afrika, in großem Stil Korallenblöcke abbaute.

Dem Schweizer Agronomen René Haller war es gelungen, aus dieser sich über etliche Kilometer erstreckenden zerklüfteten Mondlandschaft ein Naturparadies zu zaubern, indem er Pflanzen ansiedelte, die nach und nach die Halden und deren Zwischenräume begrünten. Erste Bäume waren die schnell wachsenden Casuarinen mit ihren weichen Nadeln gewesen, denen, nach Vorbereitung des Bodens auf natürliche Weise, weitere Baumarten folgten. Inzwischen wuchs dort ein beachtlicher Wald von exotischen Gehölzen. Immer mehr Tiere hatten den Weg in den Park gefunden und wurden dort freilaufend und in Gehegen gehalten und versorgt. Für mich war der Haller-Park eine Oase der Ruhe und Besinnlichkeit und eine erfreuliche Alternative zur Hektik der lauten Malindi Road mit ihrem hohen Verkehrsaufkommen und dem Lärm der quirligen Vororte Mombasas.

Kurz nach dem Eingang gerieten die beiden Jungen und Lpetati bereits in helle Aufregung: Um einen grünen sumpfigen Teich herum lagen mehrere Krokodile wie erstarrt in der Sonne, mit geöffnetem Maul, als wenn sie lachten. Und sie sahen – abgesehen von den Zahnreihen und der Körpergröße – fast friedlich aus.

Weder Lpetati, noch Wilson und Laitani hatten je ein Krokodil zu Gesicht bekommen, da es in unserer Gegend keine größeren Gewässer gab.

Mit gemischten Gefühlen verharrten die drei am Ufer, in gebührendem Abstand zu der gemauerten und mit Draht gesicherten Absperrung und konnten kaum die Blicke von den großen Echsen abwenden. »Was fressen Krokodile?«, wollte Laitani wissen. Nach der Antwort entfernten sie sich ein wenig mehr von der Absperrung.

Eine andere Attraktion waren für meine Begleiter die unzähligen Fische, die sich in verschiedenen Becken tummelten. Auch Fische hatten sie, die Savannenbewohner, noch nie gesehen. Zwar mokierten sie sich über den Geruch, der von den Zuchtteichen ausging, die wir genau in Augenschein nahmen, waren aber zugleich begeistert von den Farben, Formen und der Wendigkeit der Wassertiere.

Da die ursprünglich aus dem Viktoriasee stammenden und hier nachgezüchteten Tilapia massenweise Mückenlarven vertilgten, wurden sie gern in Zierteichen der Hotels ausgesetzt, weil auch die Malaria-Mücke, die Anopheles, so in Schach gehalten werden konnte. Zudem war der Fischverkauf an Restaurants und Privatpersonen eine gute Einnahmequelle für den Park.

Samburu essen keinen Fisch, sie hegen eine ausgesprochene Abneigung gegenüber allem, was aus dem Wasser kommt. Andere kenianische Stämme wiederum leben ausschließlich vom Fischfang.

Ich empfand, dass der gesamte Park anders roch, als die Umgebung draußen, an manchen Stellen sogar duftete, was vielleicht an den schattigen, feuchten Wegen lag, die durch den lichten Wald führten, an den Wasserstellen, den Blüten und dem vermodernden und frischen Laub. Dieser Geruch war mir so vertraut aus den Wäldern meiner deutschen Heimat.

Unter wunderschönen schattigen Bäumen entdeckten wir Wasserböcke, die offen durch das Gelände streunten, dahinstolzierende Kronenkraniche und wendige, lärmende Rhesusaffen, die sich an den Früchten der Neembäume gütlich taten und die ausgelutschten gelben Fruchtschalen hinabwarfen.

Höhepunkt der Führung war die Fütterung der Giraffen. Natürlich kannten wir diese graziösen Tiere gut, da sie immer einmal wieder in der Nähe unseres Zuhauses auftauchten. Zur allgemeinen Freude versorgte uns der Führer mit Futter für die langhalsigen Tiere mit den wunderschönen melancholischen Augen, und das Erstaunen und die Begeisterung waren sehr groß, als die rauen Giraffenzungen geschickt das Futter, in diesem Fall kleine Sämereien, aus der Hand aufnahmen. Laitani war gar nicht dazu zu bewegen, nach gut einer Stunde weiterzugehen, in der Hoffnung, die Giraffen noch einmal füttern zu dürfen. »Ich möchte hier arbeiten«, erklärte er, »das ist so schön!« Der Umgang mit Tieren lag ihm sehr. Ich hatte ihn oft beobachtet, wenn er hingerissen an der Vogeltränke gestanden und sich gefreut hatte oder wie er mit den Hunden spielte, die ihm auf Schritt und Tritt folgten, wenn er daheim war. Als Fünfjähriger hatte er sogar mit Erfolg und ohne andere Hilfe zwei kleine Ziegen aufgezogen, die ohne ihre Mütter hatten auskommen müssen.

Wir ruhten uns auf einer Bank ein wenig aus, die unter Madagaskar-Palmen an einem kleinen grünschimmernden See lag, dem blaue Seerosen ein romantisches Flair verliehen. Viele kleine Fische brachten an manchen Stellen die Wasseroberfläche zum Kräuseln und glitzerten in der Sonne. Plötzlich sprangen die Jungen auf, auch Lpetati erhob sich erschrocken und riss mich mit. Zwei riesige Schildkröten wanderten dicht vor uns den Weg und das Ufer entlang. Unser Parkführer, der etwas abseits von uns wartete, lachte und beruhigte die erregten Gemüter. »Das sind reine Pflanzenfresser!« Er winkte die Jungen zu sich und ließ sie ganz vorsichtig den Panzer der Schildkröten berühren. Die Jungen mussten sich erst überwinden, ich sah es ihnen deutlich an, aber dann wurden sie mutiger und stellten gezielte Fragen zu den urweltlichen Tieren, die von den Seychellen stammten.

Auch für Lpetati war hier im Park bis auf die Giraffen vieles neu, wie er offen zugab. Die Wissbegier der Jungen steckte ihn regelrecht an. Zunächst hatte er sich nur den Anschein gegeben, sehr interessiert zu sein, aber nun war er es wirklich. Zuvor hatte er wohl gemeint, er als Krieger hatte genug erreicht im Leben, da brauchte man nicht noch dazuzulernen. Und in der Tat war mir diese Einstellung bei vielen *moran* der Samburu begegnet.

Am Mittag suchten wir das idyllisch unter Bäumen und am Wasser gelegene Restaurant im Park auf. Dann hatte Laitani zwei riesige Krokodile entdeckt, die bis unterhalb unseres Tisches heranschwammen, dazu dösten noch mehrere beachtliche Exemplare der Reptilien am Ufer in der Sonne. Die Jungen und Lpetati saßen während des ganzen Essens nur halb auf ihren Stühlen, immer bereit, jeden Moment aufspringen zu können.

Manchmal drang der Lärm der Autos, dem leichten Rauschen des Windes gleich, von der Straße bis zu uns, aber Vogelstimmen und leise Musik aus irgendwelchen Lautsprechern überwogen die Verkehrsgeräusche. Auf einem weiteren Rundgang durch die Anlage besichtigten wir die Käfige mit einigen in Afrika weit verbreiteten Schlangenarten. Das war der einzige Platz des Parks, der mir nicht gefiel, da ich die Gehege der Schlangen als zu klein empfand. Immerhin konnte man sich anhand der einzelnen Schrifttafeln über den Namen, das Verbreitungsgebiet, die Nahrung sowie den Grad der Gefährlichkeit der einzelnen Reptilien informieren. Natürlich verbrachte ich die meiste Zeit vor der hinter Glas gesicherten Grünen und Schwarzen Mamba, sowie der Speikobra, die mir ja von daheim vertraut waren.

Wasserböcke überquerten unseren Weg und wieder eine riesige Schildkröte. Obwohl Schilder darauf hinwiesen, dass die Panzer der Schildkröten nicht als »Reitsattel« zu missbrauchen seien, versuchten einige Jugendliche auf der Schildkröte zu »reiten«. Ich wurde böse und legte mich mit den aus meiner Heimat stammenden Leuten an, und musste mir ein »Spiel dich nicht so auf« anhören. Gott sei Dank war unser Führer zur Stelle, der dann die richtigen Worte fand, um die Jugendlichen eines Besseren zu belehren. Eine Schildkröte war nicht dazu gebaut, Lasten zu tragen. Lpetati und die Jungen hatten ein wenig betreten danebengestanden und nicht sofort begriffen, um was es ging. Nur an meinem Ton hatten sie gehört, dass etwas nicht in Ordnung war, und ich erklärte es ihnen. Es war mir ein wenig peinlich wegen meiner Landsleute.

Die beiden Flusspferde, die der Park beherbergte, taten uns nicht den Gefallen, näher heranzukommen, so lange wir auch warteten. So beendeten wir unseren Rundgang, beäugt von zwei Waranen in ihrem Versteck unter Büschen und begleitet von einem bedächtig stelzenden Kronenkranich. Die Sonne stand schon recht tief, und der Park würde deshalb bald geschlossen werden. Ich malte mir aus, wie es nachts dort sein könnte, welche Tierstimmen zu hören sein würden, und bekam sehr romantische Gefühle.

Kaum die Treppen vom kühlen Waldpfad emporgestiegen und aus dem Tor getreten, umfingen uns die Hitze und der hektische Lärm der Straße. Ein überfülltes *matatu*, in das wir uns noch hineinquetschten, obwohl auch hier die Vorschrift bestand, pro Sitz nur einen Fahrgast aufzunehmen, brachte uns nach Mtwapa. Diese Fahrt stand in starkem Kontrast zu den in so schöner Harmonie verbrachten Stunden, und so überredete ich meine Begleiter, das Sammeltaxi schon zwei Stationen früher, an der Brücke über den Mtwapa Creek, zu verlassen. Von der hohen Brücke aus hatten wir eine herrliche Sicht auf dunkeltürkisfarbenes Wasser, auf den Mangrovensaum am Ufer und auf schaukelnde kleine Yachten. Mit dem Blick nach Westen zog uns ein besonders spektakulärer Sonnenuntergang, unterstützt in seiner Einmaligkeit durch einige recht bizarre Wolkengebilde, in seinen Bann. Längere Zeit verharrten wir am Brückengeländer, spürten die leichten Erschütterungen und Schwankungen, wenn schwere Lastwagen vorüberfuhren.

Wir wateten durch den Staub an der Straße, wichen öfter Fahrzeugen aus, die bedenklich nahe an uns vorübersausten, gingen kleinen Abfallhaufen aus dem Weg, auf dem sich Krähen und Ziegen versammelt hatten, und betraten in einer ein wenig verwahrlosten Gegend ein kleines, notdürfitg eingerichtetes und gereinigtes Lokal, in dem ausschließlich küstentypische Gerichte der Suaheli serviert wurden. So ließen wir unseren ersten Urlaubstag gemächlich ausklingen, eingehüllt in Rauch und Straßenstaub und von Fliegen umsummt.

Stadtbummel

Am nächsten Tag besuchten wir Mombasas Innenstadt, durchquerten die Markthalle mit ihrem Angebot an Obst- und Gemüsesorten und den vielen bunten Gewürzen, von denen ein unbeschreiblich intensiver Duft ausging. Die Samburu kannten als Gewürz nur Salz und Zucker, und oft genug wurde auch ohne diese Zusätze ein Essen zubereitet, wenn das Geld fehlte.

Um die Markthalle herum fühlte man sich wie auf einem Basar. Dicht drängten sich die Verkaufsstände in den engen Gassen und kleine dunkle Läden. Frauen in schwarzen *bui-buis* huschten vorüber oder standen in kleinen Gruppen beieinander, Männer und kleine Jungen in hellblauen oder weißen *gandouras* und bestickten Käppchen auf dem Kopf bevölkerten die schmalen Durchgänge oder waren vor den kleinen Läden versammelt. Immer wieder ließen sich meine Begleiter in Verkaufsgespräche verwickeln. Oft warfen sie mir einen hilfesuchenden Blick zu, als brauchten sie meine Unterstützung, um die Händler loszuwerden.

In der Biashara Street mit der Vielzahl aneinandergereihter Tuchläden hielten wir uns länger auf. Die vielen unterschiedlichen, farbenfrohen und oft geschmackvollen afrikanisch gemusterten Baumwollstoffe waren ein Augenschmaus. Es gab Qualität zu erstaunlich günstigem Preis. Die in Kenia angebaute und verarbeitete Baumwolle war leicht und dennoch strapazierfähig. Da die einfache Bevölkerung sich aus Kostengründen und wohl auch aus Überzeugung gern traditionell kleidete, hatten diese Läden ständig Zulauf, und die Bessergestellten unter den Einwohnern ließen sich aus den wunderbaren farbenfrohen Stoffen elegante Roben zaubern.

Vor Jahren hatte ich die Stadt noch anders erlebt, denn damals war für mich das Neue dazugekommen, und mit Lpetati an meiner

Seite wähnte ich mich in einer ganz anderen Welt. Ich denke mit Liebe daran, wenn ich, Hand in Hand mit ihm, staunend gestanden hatte und von Geschäft zu Geschäft gezogen war, ein wenig verloren in dem Gedränge und der bunten Vielfalt. Das Einzige, was einige Händler davon abhielt, mehr Geld als üblich von mir zu verlangen, war deren Furcht vor dem Krieger aus dem Norden an meiner Seite. Auch Lpetati erinnerte sich offensichtlich an damals, denn er hakte sich bei mir unter, nahm meine Hand und lächelte, und dieses »Weißt du noch?« verband uns.

Als zur Mittagszeit die meisten Läden für zwei Stunden schlossen, dirigierte ich die Jungen und Lpetati zum Splendid-Hotel. Das Restaurant befand sich auf einer Dachterrasse, war hübsch gestaltet mit vielen kleinen Bäumchen und blühenden Büschen in diversen Kübeln und Behältern und Tischen unter Sonnenschirmen aus Palmstroh. Neben einem engen Treppenaufgang war das Restaurant auch mittels Fahrstuhl zu erreichen. Und das war der Clou. Weder Lpetati noch Wilson oder Laitani kannten einen Aufzug, und so brannte ich darauf, ihre Reaktion zu sehen. Würden sie den ihnen unbekannten Lift betreten, um auf die Dachterrasse zu gelangen oder lieber die vielen Treppen steigen? Neugierig schauten sie in die Fahrstuhlkabine, setzten einen Fuß hinein und gleich auch wieder hinaus. Und dann stand es fest: Wilson und ich benutzten den Lift, während Lpetati und Laitani noch unschlüssig warteten. »Wir sind oben«, rief Wilson durch den Treppenhausschacht, »das geht prima und ganz schnell!« Ich fuhr wieder nach unten, um die beiden Zögernden zu holen, überredete sie aber nicht, erklärte ihnen nur mit einfachen Worten, wie so ein Aufzug funktioniert und dass sie unbeschadet wieder aussteigen könnten. Und dann betraten sie mutig mit mir den Fahrstuhl, verschämt lachend und um sich schauend, und voller Stolz gesellten sie sich zu Wilson.

Nach der Besichtigung der drei wichtigsten Moscheen, zwei indischen Tempeln, dem Bahnhof, der großen Post, der Bibliothek und der Holy Ghost Kathedrale, in der gerade eine Hochzeitsfeier von vornehmen Leuten in fantastischen Kleidern, mit Musikkapelle und eilig herumrennenden Fotografen stattgefunden hatte, stand der Nachmittag dann ganz im Zeichen des Likoni-Fährhafens. Eine Invasion von Händlern säumte die Wege zum Anleger. Zunächst machten wir einen Rundgang durch den Park mit den riesigen Baobab-Bäumen, von denen manche einen so mächtigen weichholzigen Stamm hatten, dass wir alle vier mit ausgestreckten Armen den Umfang gerade messen konnten. Affenbrotbäume gab es bei uns im nördlichen Hochland nur vereinzelt oder gar nicht, in anderen Gegenden Kenias aber prägten sie die Landschaft. Bei den Afrikanern besaßen diese urweltlichen Bäume einen besonderen Status, unter ihnen versammelte man sich, sie wurden nur im äußersten Notfall gefällt, und es gab viele Geheimnisse um sie. Vor einiger Zeit hatte ich bei einem meiner einsamen Spaziergänge eine Art Voodoo-Puppe in einem solchen Baum hängen sehen, mit allerhand Nadeln und einem kleinen Messer in dem Körper aus Stroh und Stoff.

Am Wochenende wurde der Park gern von Einheimischen als Picknickplatz genutzt, sehr beliebt war er bei indisch- und arabischstämmigen Familien. An den anderen Tagen drehten Fahrschüler unter den strengen Augen der Fahrlehrer auf dem ruhigen Mama Ngina Drive ihre Runden, besonders wurde dort das Einparken geübt mit kleinen und großen Lastwagen und Hängern. Händler boten Kokosnüsse und Chips an. Besondere Aufmerksamkeit erregten große, bizarre Muscheln. Wir betrachteten die seltsam geformten Gebilde voller Neugier, aber weil sie, wie ich wusste, unter Naturschutz standen, kauften wir keine, und ich versuchte das meinen drei Begleitern nahezubringen.

Da es Kokosnüsse bei uns daheim ebenfalls nicht gab, brannten die Jungen darauf, sie zu probieren. So ließen wir uns auf einer der gemauerten Bänke hoch über dem Meer nieder und schauten zu, wie einige Kokosnüsse für uns aufgeschlagen wurden. Wilson und Laitani waren sehr von deren Inhalt angetan, aber auch Lpetati und ich ließen es uns schmecken. Diese Gegend Mombasas hatte eine so ganz eigene Stimmung, die für meine Begriffe nur noch übertroffen wurde vom arabischen Viertel und der Altstadt.

Als ein Lotsenboot unter uns hupte und etwas später ein riesiges Containerschiff auftauchte, das in die Hafeneinfahrt geleitet wurde, kannte die Überraschung und Begeisterung der Jungen und Lpetatis kaum Worte. Ein Schiff, so hoch wie ein Haus! Und dann trafen Altes und Modernes aufeinander, verdeutlicht durch einen Einbaum mit einem Fischer darin, der aufgestellte Reusen am nahen Ufer kontrollierte. Sein kleines Boot sah neben dem riesigen Koloss mit den Containern wie ein Kinderspielzeug aus. Die zwei unterschiedlichen Welten störten einander nicht. Beides passte ins Bild, eingerahmt vom dichten Laub der Baobab.

Gespannt verfolgten wir, wie junge Leute mit einem Ruderboot auf die Wellen zuhielten, die das Containerschiff verursachte, um sich heftig mit ihrem kleinen Gefährt schaukeln zu lassen. Ein ausgelassenes Lachen drang zu uns herauf.

Erst lange danach gingen wir hinunter zum Fähranleger. Eine Invasion von Händlern redete auf uns ein. Und dann gab es die erste Konfrontation mit Meerwasser für die Jungen, ganz anders, als sie es sich vorgestellt hatten. Als das Containerschiff fast lautlos vorübergeglitten war und die Fahrrinne freigegeben hatte, nahmen die zwei und manchmal drei Fähren wieder ihren Dienst auf. Im Takt von wenigen Minuten wechselten sie einander ab, um mangels Brücke Süd- und Nordküste miteinander zu verbinden. Mombasas Altstadt lag auf einer Insel und konnte noch nicht überall mittels einer Brücke erreicht werden. Tausende von Passagieren ließen sich täglich hin- und hertransportieren. Es gab ein unglaubliches Gewimmel von Menschen und Fahrzeugen aller Art, und wir standen eingepfercht mitten in einer riesigen Warteschlange.

Als wir an Bord waren, genossen wir den wunderschönen Blick über die Ab- und Anlegestelle, das Ende der Nord- und den Anfang der Südküste. Wir sahen ein Stück vom neuen Hafen und aufs offene Meer hinaus, das an dieser Stelle nicht durch das Korallenriff begrenzt wurde wie sonst entlang der ostafrikanischen

Küste. Das Übersetzen mit der Fähre war für meine drei Samburu ihr bisher größtes Erlebnis. Ungläubiges Staunen überkam sie, dass die Fähre trotz der vielen Leute und Fahrzeuge nicht versank.

Da der Transport kostenlos war, ließen wir uns einige Male hin- und herschippern, betraten zwischendurch die Südküste, tranken dort Tee und Limonade und fuhren wieder zurück zur Nordküste, was nur Minuten dauerte. Wilson und Laitani fühlten sich immer sicherer, spielten aber auch noch mit dem Gedanken, was dann wäre, wenn die Fähre einfach im Wasser versinken würde. Erst als die Sonne ziemlich tief stand, entschlossen wir uns, die Fähre zu verlassen.

Durch die Jungen und Lpetati sah ich vieles auf unseren Ausflügen mit ganz anderen Augen, denn manches, das für mich selbstverständlich gewesen war, wurde durch sie in Frage gestellt, zumindest animierten Dinge mich dazu, sich mit ihnen neu auseinander zu setzen. Daheim auf der Terrasse ließen wir den erlebnisreichen Tag mit Mangosaft, Soda und Tee ausklingen – beim Licht einer Kerze, die viele Insekten umflatterten.

Gerade wollten wir ins Haus gehen, als drei Gestalten am vergitterten Tor auftauchten. Lpetati und ich wurden mit Namen gerufen. Beim Nähertreten erkannte ich frühere Weggenossen Lpetatis, Krieger aus seiner Generation, die einen ziemlichen Alkoholdunst verbreiteten. »Wir haben uns so lange nicht gesehen und erfahren, dass ihr wieder da seid. Das freut uns. Wir wollen euch gern begrüßen, nur kurz, auf ein Bierchen«, hieß es. Lpetati war überrascht und wurde laut und fröhlich beim Wiedererkennen, denn mit ihnen hatte er, wie mit dem Großteil der Samburu-Krieger seiner Generation, viel Zeit an der Küste verbracht, getanzt und Souvenirs verkauft. Meine Wiedersehensfreude war nur vorgetäuscht. Diese Art Männer hatte ich nicht mehr gern um mich, wenn sie auch freundlich und charmant auftraten. Die an der Küste gebliebenen Samburu hatten eine andere Lebensart angenommen, die mit dem, was ich unter »Samburu« verstand, nicht mehr vereinbar war. Manche waren käuflich geworden, manche auf die schiefe

Bahn geraten, viele verkörperten nicht mehr den Stolz und das von Traditionen geprägte Leben ihres Stammes. Manche lebten in recht bescheidenen Unterkünften, wenn sie nicht gerade eine Weiße als Sponsorin hatten, die sie in einem ansehnlichen Haus oder Appartement wohnen ließ, und verbrachten ihre Tage mit oft nicht ganz legalen Geschäften. Sie litten unter notorischem Geldmangel, und das war der Punkt, warum ich ihnen aus dem Weg ging, soweit es möglich war, und sah es daher auch nicht gern, dass Lpetati sich ihnen anschloss.

Als die Männer weiter auf Einlass drängten, sagte ich ihnen, dass wir sehr müde seien vom vielen Herumlaufen und kein Bier im Hause hätten. Dann sagte ich ihnen, dass wir in wenigen Tagen schon wieder zurückfahren würden.

Den Schlüssel zum Öffnen des Tores verwahrte ich fest in meiner Hand und kam mir deshalb Lpetati gegenüber ein wenig gouvernantenhaft vor. Dann überwand ich mich und legte den Schlüssel gut sichtbar auf den Tisch. Lpetati sollte selbst entscheiden, ob er mit seinen ehemaligen »Brüdern« noch zusammen sein wollte oder nicht.

Ich hatte ein wenig Mitleid mit diesen an der Küste gebliebenen und in die Jahre gekommenen Kriegern, deren Wünsche für ein besseres Leben immer mehr in weite Ferne rückten, und viele von ihnen kamen mir vor wie verlorene Schafe. Ein guter Hirte war nicht in Sicht, der sie eines Tages wieder aufnehmen und sie zu den Seinen führen könnte, in eine glücklichere Welt, wie ich meinte.

Trotz der beengten Behausungen und der armseligen Verhältnisse, hatten viele ihre Frauen bei sich und auch die kleineren Kinder.

Einige von den Frauen hatte ich, wenn ich in meinem Haus in Shanzu weilte, auf ihre Bitten hin aufgesucht, um ihnen zu helfen oder einfach Gesellschaft zu leisten. Manchmal kam ich auch mit Kuchen oder Chips zu ihnen, und wir verbrachten fröhliche Nachmittage miteinander, wenn ich die Armseligkeit ihres Daseins, die mich sehr bedrückte, für eine Weile vergaß. Traurig war, dass sie, trotz eifrigen Bemühens, nie die Möglichkeit haben würden, nach Hause zurückzukehren, weil das Fahrgeld fehlte. Manche Frauen wünschten sich sehr, dem Leben an der Küste den Rücken zu kehren, schon ihrer Kinder wegen, andere hingegen hatten sich damit abgefunden, für immer zu bleiben. Weil die meisten ihrer Männer selten einer geregelten Arbeit nachgingen und sie daher eher von der Hand in den Mund lebten, unterstützten die Frauen die Familie. Sie verdienten den Lebensunterhalt mit dem Herstellen von Schmuck aus Leder und kleinen Kunststoffperlen, die ihre Männer manchmal am Strand an die Touristen verkauften oder die in wenigen kleinen Läden in Mtwapa angeboten wurden. Zum Arbeiten trafen sich diese Frauen, außerhalb der Regenzeit, regelmäßig auf einem Platz im Freien zwischen ihren kleinen, oft fensterlosen Behausungen. Sie saßen dabei im Staub und Dreck auf Pappen und alten Jutesäcken und hatten die Kleinkinder und Babys bei sich. Die größeren Kinder spielten an der gefährlichen Straße. Sie besuchten keine Schule, da sie nur die Stammessprache beherrschten und nicht das erforderliche Suaheli. Was sollte aus diesen Kindern werden, deren Väter tranken, deren Mütter auf der Straße zwischen Unrat saßen, die nicht genug Nahrung und keine Schulbildung bekamen?

Die Rückführung von Familien war für mich ein großes Anliegen, und eine Zeit lang hatte ich mich richtig dafür starkgemacht. Aber meist scheiterten meine Versuche an dem Unverständnis und der Uneinsichtigkeit der Väter. Um fortgehen zu können, brauchten die Frauen und Kinder die Erlaubnis der Männer. Trotzdem war es mir gelungen, mehrere Kinder in den Samburu-Distrikt zurückzubringen, weil diese selbst und deren Eltern nach gutem Zureden einverstanden gewesen waren. Natürlich musste ich ein wenig zu ihrem Unterhalt beisteuern, da zusätzliche Esser immer ein Problem darstellten. Schwierig war es, das Heimweh der Kinder nach ihren Eltern zu bekämpfen, besonders nach ihren Müttern. Oft brachte ich daher Briefe mit, die irgendein Schreibkundiger verfasst hatte, und auch ich wurde oft gebeten, einen Brief aufzusetzen und ihn dann mit an die Küste zu nehmen.

Wenn ich in Mtwapa von den Männern oder Frauen der Samburu um Geld gebeten wurde, ging es dabei nicht immer um die Heimreise, wie ich erfahren hatte, wenn diese auch oft als Grund vorgeschoben wurde.

Das letzte Mal, dass ich von einer jungen Frau gebeten worden war, ihr zu helfen, mit ihren zwei Kindern heimfahren zu können, hatte ich ein gutes Gefühl gehabt. Ich hatte mich mit ihr gefreut, das Geld für die Reise in den Norden bereitgestellt und ihr sogar eine meiner Reisetaschen gebracht. Eines Abends war dann eine Samburu zu mir gekommen und hatte mich gebeten, ihr zu folgen. Vor einer heruntergekommenen Bar war sie stehen geblieben und hatte mich gedrängt, durch eines der Fenster zu schauen. Nach einigem Zögern hatte ich das auch getan und dabei die junge Frau entdeckt, die mich um das Geld gebeten hatte. Um sie herum saßen viele andere Samburu, auf dem Tisch Bierflaschen und kleine Plastiktüten mit Wodka. »Das ist dein Geld!«, sagte die Frau neben mir, »die fährt nie nach Hause.«

Der Vorfall war noch gar nicht so lange her, und auf einmal erinnerte ich mich, auch zwei von unseren Besuchern am Tor bei dem Trinkgelage gesehen zu haben. Das schürte meine Abneigung gegen sie. Lpetati, der nichts von alledem wusste, palaverte fröhlich mit seinen früheren Kameraden. Aber ich zog es vor, mich von ihnen zu verabschieden.

Mit einem freundlichen *Lala salama* und einem unglaubwürdigen *Lessere naa, Ekuidua*, auf Wiedersehen, ging ich ins Haus. Lpetati blieb, und seine Stimme hörte ich noch lange, sein Lachen und das Öffnen und Schließen des Tores. Irgendwann ging auch Lpetati schlafen, wahrscheinlich deshalb, weil die Freunde wohl auf seine Kosten gern etwas getrunken hätten, Lpetati aber kaum noch eigenes Geld besaß.

Begegnung mit dem Indischen Ozean

Ein lang ersehnter Höhepunkt unseres Aufenthaltes rückte näher. Wir wollten einen ganzen Tag am Strand verbringen, und ich hoffte, dass die Gezeiten mitspielten und wir nicht überwiegend bei Ebbe im Sand sitzen würden. Wir suchten den Giriama Beach auf, den einzigen öffentlichen Strand, an dem die Einwohner Mombasas und der Vororte unter sich blieben und ungestört von neugierigen oder überheblichen Weißen und von Vorschriften der Hotelmanager baden konnten. Die Strände vor den Hotels blieben durchweg den Urlaubern vorbehalten, worin ich eine große Ungerechtigkeit sah. Nur an wenigen Stellen war daran gedacht worden, dass die Kenianer als Anwohner auch einen Zugang zum Meer brauchten und dieser ihnen eher zustand als den Touristen.

Das war die Kehrseite eines schönen, für den Tourismus geöffneten Landes.

Der Ozean zeigte sich uns in Türkis-, Grün- und Blautönen, und die weiße Gischt vor dem Korallenriff leuchtete in der Morgensonne. Die Jungen standen staunend da und begeisterten sich an der Aussicht über die weite Wasserfläche. Das erste Mal in ihrem Leben befanden sie sich nun am Sandstrand des Meeres, das ihr Heimatland im Osten begrenzte. Lpetati kannte zwar die Strände, aber nur von den Spaziergängen durch den Sand an den Hotelfronten entlang, wo er, wie viele seiner Kriegergeneration versucht hatte, Souvenirs an Urlauber zu verkaufen.

Wir legten unsere große Decke im Sand aus, beschwerten sie mit einigen Steinen, saßen ein wenig darauf, um uns erst einmal umzusehen.

Später probierten wir das neue Federballspiel aus, aber es ließ sich in dem heißen Sand schlecht laufen und zudem war im höheren Uferbereich viel Tang angeschwemmt worden.

Die letzte Flut war sehr hoch gewesen, und Kenias Küste befand sich kurz vor der Zeit, in welcher der *kaskazi*, der Nordost-Monsun, der von Oktober bis März wehte, sich mit dem *kuzi* aus Südost abwechselte, der die große Regenzeit brachte. Wenn man sich ständig am Strand aufhielt oder auf einem Boot, konnte man die wechselnden Strömungen sehr gut wahrnehmen, denn die Wellen trafen exakt einmal aus dem Süden und dann für einige Monate aus dem Norden kommend, auf die Küste.

Es war ein wunderbarer Tag, ein wenig wolkig, doch warm und trocken, und die Flut drückte langsam und glucksend, aber beständig in die breite Bucht. Die Jungen staunten. Schon eroberte das Wasser unseren Liegeplatz, so verlegten wir ihn weiter an die höhere Böschung. Außer nach frischem Salzwasser roch es nach Chips und Fisch, geröstetem Mais und Maniok. In kleinen Kiosken konnte man, neben allerlei Süßigkeiten, afrikanische Köstlichkeiten genießen. Die größte Attraktion für die Jungen war seltsamerweise Speiseeis. Sie hatten es noch nie gegessen und waren so davon entzückt, dass sie dreimal um Nachschlag baten.

Ein bisschen Mut brauchten sie, um ins Wasser zu gehen. Aber nach und nach wurden sie sicherer und duckten sich auch da, wo das Nass ihnen schon bis zu den Hüften reichte, um dann unter Gelächter wieder zur Decke zurückzulaufen. Besonders wenn ich Fotos von ihnen machte, gaben sie sich in tieferem Wasser sehr mutig. Als dann die Wellen stärker wurden, freuten sie sich, hielten sich aber nur noch ganz vorn im Wasser auf. Weder Wilson noch Laitani konnten schwimmen, auch schwimmende Leute hatten sie noch nie gesehen. So verfolgten sie neugierig die Badenden, wunderten sich darüber, dass selbst kleinere Kinder übermütig im Wasser planschten und auch schwammen. Lpetati tat, als könne er schwimmen, hatte aber wie die meisten Samburu, die nicht an einem See oder einem Flusslauf aufgewachsen waren, eine gewisse Abneigung gegen größere Gewässer. Zu ihm gehörte die Savanne – Wasser war einfach nicht sein Element.

Als ich weiter hinausschwamm, riefen Lpetati und die Jungen

aufgeregt hinter mir her. Als ich nach einer ganzen Weile wieder vor ihnen stand, schienen sie erleichtert, vor allem darüber, dass mich kein Fisch gefressen hatte.

Der Wasserball brachte uns allen ein großes Vergnügen, und schnell fanden sich einige Einheimische ein, die sich daran beteiligten. Zwei von ihnen, Schüler wie Wilson und Laitani, saßen später mit uns auf der Decke, und ich freute mich, als die Jungen ihre Adressen austauschten. Zusammen aßen wir geröstete Maniok-Wurzeln mit Chili und Limettensaft, und dann überredeten die neuen Bekannten Wilson und Laitani, mit ihnen ins Wasser zu kommen. Ihre neuen Freunde zeigten ihnen, was man tun musste, um an der Wasseroberfläche zu bleiben und halfen unseren beiden bei ersten Schwimmbewegungen.

Lpetati und ich lagen auf der Decke, sahen den Jungen zu und erinnerten uns an kleine Episoden von früher. In Nähe des Wassers hatte er mir den ersten von mehreren Heiratsanträgen gemacht. Es war so viele Jahre her, dass wir, so wahnsinnig verliebt ineinander, hier entlanggegangen waren. Damals hatten wir viele Wünsche und Zukunftspläne gehabt, aber noch keine konkrete Vorstellung, wie diese zu realisieren sein würden. »Ich hatte wirklich Angst, du kommst nicht wieder nach Kenia und zu mir«, sagte Lpetati und lachte. »Alle Freunde haben mir Angst gemacht, aber ich glaube, sie waren nur eifersüchtig.«

»Und du warst sehr mutig, dich im Hotel als mein Ehemann auszugeben. Wenn man dir nun nicht geglaubt hätte?«

»Dann hätte ich etwas anderes gemacht«, lachte Lpetati, »ich hätte immer gewonnen.«

Die Zärtlichkeit vergangener Tage erfasste mich wieder, ich fühlte mich so wohl neben ihm. Es war eine schöne Zeit gewesen, und sie war zunehmend aufregender geworden, weil so viel Unbekanntes auf mich eingestürmt war. Dazu die Farben der Küste, das besondere Licht, die weiche Luft, der Geruch des Wassers, das Flair von Mombasas Vororten, die völlig anderen Menschen.

Wir schwiegen, und unsere Hände lagen ineinander. Dann zog

Lpetati seine Hand zurück, streckte sich, schrieb mit dem Zeigefinger *Nakupenda* und *koacham* »ich liebe dich«, in den Sand, lachte, beobachtete meine Reaktion, stand auf und schrieb dasselbe noch einmal mit dem großen Zeh seines rechten Fußes.

Ich wusste, würden wir an der Küste leben, wäre unser Zusammensein anders und intensiver, da wir die Tage nicht mit der Familie, den Freunden und den Tieren teilen mussten. Aber Lpetati wäre nicht glücklicher, weil gerade das ihm fehlen würde. Und aus genau dem Grund wäre er auch in Europa nicht glücklich.

Ich freute mich darüber, Lpetati und auch den Jungen so vieles nahebringen zu können und dachte dabei manchmal an meine eigenen Söhne, die das Glück hatten, in privilegierteren Verhältnissen aufwachsen zu können, denen es an nichts gemangelt hatte, die sich mit Dingen beschäftigten und all das lernen konnten, wozu sie Lust hatten und die schon früh weite Reisen hatten machen dürfen. Sie hatten mir und ihrem Vater nur Freude gemacht und waren zu geraden, aufrichtigen Menschen herangereift, die unbeirrt ihrer Wege gingen. Ich brauchte mir keine Sorgen um sie zu machen. Die Dankbarkeit über so viel Glück wollte ich gern weitergeben und deshalb hier in Afrika Kindern helfen, die kein intaktes Elternhaus und keine sorglose Jugend erlebt hatten. Meine Hilfe bewegte sich zwar nur innerhalb eines bescheidenen Rahmens, dafür engagierte ich mich aber gern. Sollte nur eines der Kinder, die ich betreute, später in der Lage sein, aus seinem Leben etwas zu machen und auf eigenen Beinen zu stehen, war schon viel gewonnen.

Am Fort Jesus

Am nächsten Tag schlenderten wir vom quirligen Zentrum Mombasas durch die Nkruma Road, vorbei an den großen Banken, in Richtung Altstadt, um später das Fort Jesus zu erkunden. Aus dem Namen ging hervor, dass die Gründung der gewaltigen Festung nicht arabischen Ursprungs, sondern christlicher Prägung war; sie wurde den Portugiesen zugeschrieben. Bereits vor dem Bau des Forts im sechzehnten Jahrhundert, hatte die wechselvolle Geschichte der Hafenstadt, die älter als alle anderen kenianischen Städte war, Bedeutung erlangt. Dagegen war Nairobi, die Hauptstadt, eine geplante Neuschaffung aus jüngerer Zeit, aus einem von Briten gegründeten Eisenbahnstützpunkt entstanden und allmählich zu einem größeren Ort und schließlich zu einer Stadt geworden. Mombasa hingegen existierte vorher schon und war längst eine blühende Hafenstadt, als noch niemand an Nairobi gedacht hatte.

Lange war Mombasa ein Fischerdorf gewesen, durch seine günstige Lage aber bald zu einem Handelszentrum herangewachsen, und das schon zu vorchristlicher Zeit. Begünstigt durch die Monsunwinde aus den in stetem Rhythmus wechselnden Nord- und Südrichtungen, konnten Kaufleute mit ihren mit Schätzen beladenen Daus aus Indien und dem Orient den damals noch kleinen, aber günstig gelegenen Hafen erreichen, Handel betreiben und dann, nach einer Wartezeit von mehreren Wochen, mit dem Wind im Rücken und mit Erzeugnissen aus Afrika, wieder die Heimfahrt antreten.

Es gab viel zu erzählen von wechselnden Machthabern verschiedener Nationen und Religionen, von Sultanen und Mombasas Anfängen als Stadt, und ich versuchte, so gut ich es vermochte, meinen drei Kenianern ihre eigene Geschichte nahezubringen. Wir sahen an den dicken Mauern empor, die vom Fort übrig geblieben waren, und betraten die breiten ausgetretenen Steinstufen. An der Kasse gab es in verschiedenen Sprachen ausreichend Literatur über die Entstehung des Forts und Mombasas. Wir deckten uns damit ein, besonders im Hinblick auf Wilsons bevorstehende Examensarbeit.

Unser gut geschulter Führer, ein sympathischer rundlicher Mann in mittleren Jahren, ließ keine unserer Fragen unbeantwortet und besaß zudem viel Humor. Es war eine Freude, mit ihm durch die Festungsanlage zu ziehen, denn er ließ uns Zeit, die Eindrücke auf uns wirken zu lassen. Wir stiegen Treppen empor und wieder hinab, blickten durch Schießscharten und Maueröffnungen in kleinen Türmchen auf das Meer hinaus, gruselten uns vor dem ehemaligen Verlies, bestaunten die Kanonen und die hervorragend ausgeklügelte Anlage des Forts im Allgemeinen. Das war wirklich ein sehenswerter Teil der alten Hafenstadt. Den Abschluss der Führung bildete der Besuch des Museums. Während die Jungen und ich interessiert die Schaukästen und Exponate, die von Mombasas Vergangenheit und Geschichte Zeugnis gaben, betrachteten und die Erklärungen dazu aufmerksam lasen, langweilte sich Lpetati. Er lebte erst wieder auf, als wir draußen auf dem Gelände noch innerhalb des Forts, herumstöberten, dieses und jenes entdeckten und auf uns wirken ließen. Lpetati und die Jungen kletterten auf den Kanonen herum, und immer wieder bestaunten wir die dicken Mauern. Es lag eine ganz besondere Stimmung über dem Fort, über dem nun die Mittagshitze gleißte, während die Brandung gegen die Mauern anrannte und die singende Stimme eines Muezzin zum Gebet rief.

Am Nachmittag spazierten wir durch das arabische Viertel der Altstadt, schauten in die engen, sonnenlosen Gassen und bewunderten holzgeschnitzte Balkone und prächtige Haustüren im Stil der Insel Lamu.

Später aßen wir in einem einheimischen Lokal mit blinden Fensterscheiben, Häkeldeckchen an den Wänden und Knoblauchschwaden um uns herum. Wir hätten gern arabisch gegessen, aber dann erfuhren wir, dass neben arabischer Küche auch Pastagerichte serviert wurden. Begeistert ließen wir uns gemischte Nudelsorten auf einer riesigen Platte bringen mit diversen kleinen Näpfen für die roten, gelben und dunklen Soßen. Schnell war auch unser Tisch bekleckert wie viele andere und der Fußboden, dennoch: Nie wieder habe ich so köstliche italienische Pasta gegessen und ließ das den Ober wissen. »Danke, Lady«, sagte der, »das freut uns. Unser Chef kommt aus Eritrea, da war nicht alles schlecht, was die Italiener seinerzeit dort angestellt haben!«

Ostern

Am Vorabend des Osterfestes ließ ich mir von einer Marktfrau mehrere Eier kochen, die ich später, wenn Lpetati und die Jungen schliefen, bemalen wollte, damit es für mein Empfinden ein bisschen österlich wurde. Ich hatte mir vorgenommen, den schönen Brauch des Ostereiersuchens auch in Kenia aufrechtzuerhalten und meinen drei Männern, denen jegliche Osterbräuche fremd waren, eine kleine Freude zu machen. Außerdem hatte ich auch ein paar Süßigkeiten, auf die sie geradezu versessen waren, mitgebracht.

So hockte ich spät in der Nacht beim Anmalen der Eier auf dem Boden, schweißgebadet, während draußen ein gewaltiger Tropenschauer niederging und mich Mücken belästigten, die trotz der Moskitonetze an den Fenstern Einschlupf gefunden hatten.

Die Jungen schliefen fest, obwohl die dicken Regentropfen ein höllisches Stakkato auf das Dach hämmerten. Lpetati schlief, wie üblich, mit halboffenen Lidern. Anfangs hatte ich immer geglaubt, er simuliere und hatte mich von ihm beobachtet gefühlt. Doch inzwischen wusste ich es besser.

Noch in der Morgendämmerung suchte ich passende Verstecke für die Eier und die Süßigkeiten, was nicht ganz einfach war. Viele Möglichkeiten gab es nicht innerhalb des Hauses, da es nur spärlich möbliert war. Am liebsten hätte ich den Garten mit einbezogen, aber das erübrigte sich zum einen durch den Regen, zum anderen durch herumstreunende Katzen und wegen der vielen Krähen, der ungiftigen Grasschlangen, großen Geckos und anderer Tierchen, die vielleicht Eier, Schokolade und Bonbons nicht verschmähten.

Den Frühstückstisch deckte ich besonders hübsch auf der überdachten Terrasse, sammelte abgefallene Blüten auf und verteilte diese und bunte Bänder, die ich manchmal auch als Haarschmuck verwendete, sowie österlich bedruckte Servietten auf der Tischplatte. Die heimlich in aller Frühe gekauften *maandazi* dufteten im Verbund mit feuchtigkeitsgesättigter Erde, heliotropartigen Sträuchern, und die zur Feier des Tages bereitgestellte *masala*, eine Gewürzmischung für den Tee.

Der Regen hatte nachgelassen, aber dunkle Wolken zogen vom Ozean her wieder auf, begleitet von einem seltsam warmen Wind. Und dann wurde es laut um uns herum: Gesang und Keyboardklänge, verstärkt durch Mikrophone, Trommeln, lautes Beten, alle fünf christlichen Gemeinden um uns herum, unter ihnen die große katholische ganz in unserer Nähe, begannen mit den ersten Ostergottesdiensten. Lpetati und die Jungen, katholisch getauft und eifrige Kirchgänger, hatten schon vor ein paar Tagen wissen lassen, dass sie unbedingt die Ostermesse besuchen wollten. Es berührte mich, dass so viele Einheimische die zahlreichen Gottesdienste mit großer Selbstverständlichkeit, kindlichem Vertrauen und voller Hingabe und Fröhlichkeit wahrnahmen. Bei der allgemein herrschenden Armut besitzt ein allmächtiger Gott große Anziehungskraft. Sich ihm anzuvertrauen, bedeutet Hilfe, Erbarmen und den rettenden Anker, der aus dem Elend heraushilft. Alles, was Besserung verspricht, wenn auch nicht sofort und vielleicht erst eines fernen Tages, fällt auf fruchtbaren Boden. Afrikaner besitzen eine tiefe, kindliche Glaubensfähigkeit und Aufgehobensein unter vielen Gleichgesinnten gibt zusätzlich Kraft.

Das Teewasser sprudelte, die Dusche rauschte, es duftete intensiv nach Ylang Ylang von der neugekauften Seife, von der Lpetati und die Jungen viel zu viel benutzten.

Als wir am Tisch saßen, erzählte ich ihnen von deutschen Osterbräuchen, von den Osterrädern und dem Osterwasserholen und dem Bemalen und Färben von Hühnereiern, die als Schmuck im Haus aufgehängt oder auch versteckt wurden. »Sucht mal!«, forderte ich sie auf, und es gab einen großen Spaß, als sie fündig wurden. Um zu verhindern, dass einer mehr als die anderen bekam, hatte ich Zettelchen mit ihren Namen in die kleinen Nester aus

Gras und Blättern gelegt. Lpetati war am übermütigsten, er nahm mich in den Arm, schwenkte mich herum und bedankte sich für die »deutschen Ostern«.

Schon unterwegs hörten wir, dass der nächste Gottesdienst längst begonnen hatte. So fanden wir in der überfüllten Kirche nur noch einen Stehplatz am hinteren Portal. Trotz geöffneter Seitentüren und sich emsig und geräuschvoll drehender Ventilatoren lastete schwüle Luft in dem großen Raum.

Viele Gemeinden in Deutschland können von so einer Fülle von Besuchern nur träumen. Die fröhlich gestimmte Menge klatschte zu den Liedern in die Hände, bewegte sich rhythmisch hin und her und quittierte besonders willkommene Worte des Pastors mit Fußtrampeln. Ich war immer hingerissen von so viel Begeisterung und Inbrunst. Alle trugen ihr bestes Kleidungsstück, das eigens dem Sonntag und dem Besuch der Kirche vorbehalten blieb. Der Gottesdienst galt als eine große Sache, glich einer festlichen und stellenweise übermütigen und doch respektvollen Veranstaltung.

Als es wieder zu regnen begann, schützte uns der kurze Gebäudevorsprung am Eingang nur wenig und bald waren wir durchnässt. Zu meiner Verwunderung wollten aber weder die Jungen noch Lpetati deshalb vorzeitig gehen. Sie sangen die Lieder mit, die sie kannten, als müssten sie das Rauschen des Regens übertönen. Wir blieben bis zum Ostersegen am Schluss. Erst als wir den Besuchern vor, neben und hinter uns per Hand »Friede sei mit dir« gewünscht hatten, wie es üblich war, verließen wir die Kirche und machten uns im strömenden Regen auf den Heimweg.

Eigentlich hatte ich vorgehabt, mit Lpetati und den Kindern Mombasas besonderen Stadtteil »Freetown« zu besuchen, eine ursprünglich für freigelassene Sklaven gegründete Siedlung, die eine der ältesten Kirchen Ostafrikas besaß. Aber der restliche Ostertag blieb verhangen, und es regnete stark. Erst gegen Abend wurde der Himmel klar, so dass wir uns endlich rauswagen und essen gehen konnten. Zwischendurch mussten die bemalten Eier und die Süßigkeiten herhalten, denn damit, dass es den ganzen Tag so heftig regnen würde, und dass wir nichts unternehmen konnten, hatte ich nicht gerechnet und daher auch außer zwei Avocados, einer Papaya und vier Bananen nichts Essbares mehr im Haus.

Trotzdem war es ein schönes Osterfest gewesen. Wir hatten uns gut unterhalten, uns mit Spielen die Zeit vertrieben. Ich hatte es genossen, mit Lpetati und den Jungen zusammen sein zu können, denn in Maralal musste Laitani bis zu den nächsten Ferien wieder in die Schule, Wilson würde mit seiner Examensarbeit und der Suche nach einem geeigneten College für angehende Lehrer beschäftigt sein.

Schade war für mich, dass »unsere« Mädchen nicht hatten mitreisen können, denn auch sie kannten Kenias schöne Küste nur vom Hörensagen.

Abreise

Und dann war Wehmut angesagt. Der Abend des zweiten Ostertages war für die Rückfahrt vorgesehen. Die Reisetaschen standen gepackt, das Appartement war mit Hilfe der Jungen gereinigt, und Lpetati verabschiedete sich noch von seinen »Brüdern« aus vergangenen Tagen, unter anderem auch von denen, die uns hier aufgesucht hatten, um ihm Briefe für daheim mitzugeben.

Ich fuhr derweil mit den beiden Jungen zur Bamburi-Post, um nachzuschauen, ob eine Nachricht für mich da sei, und fand gleich mehrere Briefe in der Box. Nach kurzer Durchsicht und Blick auf die Absender, steckte ich sie erst einmal ungelesen in die Tasche.

Die Zeit reichte noch aus, am Bamburi-Hotel vorbei zum nahen Strand zu gehen, um einen letzten Blick auf das Meer zu werfen. Durch einige leichte Wolken zeigte das sonst eher einheitliche Blau der Wasseroberfläche viele verschiedene Nuancen. Es war ein traumhaft schönes Bild von heiterem Himmel und dem bis zum Horizont ausgedehnten Meer, unterbrochen von dem Streifen weißer Gischt an den Korallenbänken. Wir bedauerten ehrlich, die üppige und bunte Küste verlassen zu müssen.

Gern hätte ich ein Treffen mit Eddie und seiner Familie arrangiert. Die Jungen wären sicher hellauf begeistert gewesen von Eddies Familie und der Art, wie sie lebte, von ihrem weißem Haus am Meer, den Musikinstrumenten und der technischen Anlage.

Bevor wir in unser Appartement zurückgingen, holten wir in dem Schreibwaren- und Buchladen in Mtwapa die bestellten Schulbücher für Laitani und die Mädchen ab und deckten uns mit Heften, Schreibblöcken, Kugelschreibern, Linealen, Dreiecken, einem Winkelmesser und etlichen Utensilien für die Schule ein. Für Wilsons Bewerbungen kaufte ich noch Briefpapier und Umschläge und einen Block Briefmarken.

Der Abend war schwül und regnerisch, als wir an der »Kenol«-Tankstelle in Mtwapa den hohen, altersschwachen Bus erklommen. Auch er war mit bekannten, erstaunlich originalgetreuen Fußballemblemen farbenfroh aufpoliert worden. Diesmal prangten die Vereinszeichen von Real Madrid, dem Hamburger SV und dem FC Barcelona auf dem Heck und den Seiten und täuschten so darüber hinweg, dass die besten Zeiten des Busses lange hinter ihm lagen.

Einerseits freute ich mich auf daheim, andererseits wäre ich gern noch ein wenig geblieben. Für mich war die Küste ja nicht nur ein Urlaubsziel. Ich hatte Freunde und Bekannte hier und ein Häuschen mit Garten sowie meine Arbeit, und oft traf ich mich hier auch mit Mitgliedern meiner Familie und Freunden aus Deutschland, denen ich die abenteuerliche lange Fahrt in den Norden zu mir nicht zumuten wollte. Ich fühlte mich in Mombasa und seinen Vororten ebenso zu Hause wie im Samburu Distrikt. Besondere Bedeutung hatte der Landstrich am Indischen Ozean aber für mich, weil dort vor etlichen Jahren mein Leben eine Wendung erfahren hatte. Viele Erinnerungen ließ ich zurück und viele begleiteten und bereicherten mich.

Erst im letzten Drittel der Reise, wenn die Landschaft sich derart veränderte, dass man vieles als typisches Busch- und Savannenland Nordkenias einordnen konnte und ich unwillkürlich spürte, recht bald daheim zu sein, wuchs die Aufregung und Vorfreude in mir, nach Hause zu kommen.

Wieder daheim

Die Sonne stand schon tief, und die Berge warfen lange Schatten auf das Hochtal. »Ich sehe Maralal«, rief Laitani aufgeregt, »ich sehe meine Schule.«

»Eine schöne Reise, wirklich schön, danke, Chui«, sagte Lpetati, reckte sich und stöhnte ein wenig, nachdem er ausgestiegen war. Er und Wilson hatten Mühe gehabt, ihre langen Beine in dem Sammeltaxi einigermaßen bequem gestreckt halten zu können.

Obwohl wir übermüdet waren und es bereits später Nachmittag war, übernachteten wir nicht, wie wir es ursprünglich vorgehabt hatten, in der Stadt. Aber wir tranken einen Tee, der um vieles besser schmeckte als alle in Mombasa. Wilson sagte: »Die Restaurants an der Küste waren erste Klasse, es ist schon ganz anders hier, aber *chai* trinken, das tut gut – hier bei uns.«

Nach einem landestypischen Gericht kümmerten wir uns zunächst um ein Fahrzeug, auf dem unser Gepäck Platz fand, ließen den Fahrer vor einigen Geschäften halten und kauften von dem nach der Reise verbliebenen Geld Essbares für die nächsten Tage und Mineralwasser. Für die große Familie reichte es nur für Tee und Zucker sowie Bonbons für die Kinder. Aber für Cousin Langis hatten wir die versprochene Sonnenbrille und eine Taschenlampe dabei.

Der Pick-up rollte und rumpelte über das letzte Stück der Grasnarbe bis vor unsere neue Einzäunung. Zu meiner Freude stellte ich fest, dass Langis gute Arbeit leistete: das Tor war verschlossen, wie ich es um diese Zeit haben wollte. Es ärgerte mich, dass ich beim Anblick des Zaunes und des Tores auf einmal wieder ein schlechtes Gewissen bekam.

Zuerst liefen die Kinder herbei, dann Verwandte und Freunde. Die Begrüßung fiel sehr herzlich aus und man betrat mit uns die Veranda und das Haus. Wegen der bevorstehenden, immer sehr plötzlich eintretenden Dunkelheit machten mich die vielen Besucher ein wenig nervös, denn es hieß jetzt erst einmal, alle Lichtquellen bereitzustellen und ihre Gebrauchstüchtigkeit zu kontrollieren.

Danach war es an der Zeit, die Herden zu inspizieren, und so hatten wir einen guten Grund, die Haustür wieder zu verschließen. Lpetati rannte geradezu und folgte seinem Vater, der mit ihm zu sprechen wünschte. Unsere Hunde kamen angesprungen, jaulend und schwanzwedelnd, holten sich ihre Streicheleinheiten, und sogar die beiden Katzen ließen sich blicken. Unseren Ziegen, besonders Willi und Walli ging es wie den Schafen prächtig, obwohl es noch nicht wieder geregnet hatte und das Gras langsam welkte. Die Kühe und der kleine Stier waren wohlauf. Gerührt nahm ich wahr, wie Lpetati Namene und Nderre umhalste und ihnen etwas ins Ohr flüsterte, und dann begrüßte er Mamouri, Suara, Mzuri, Hekima und Rangi-rangi, als seien es Freunde. Als er sich reckte, seinen Blick über die Tiere und die Hütten schweifen ließ und mich mit einem so versonnenen Lächeln ansah, wusste ich, dass in diesem Moment unsere an der Küste verbrachte Zeit vollkommen aus seinem Gedächtnis entschwunden war.

Glücklich waren wir über zwei Lämmer, die gesund und übermütig kleine, eckige und noch ein wenig ungelenke Sprünge vollführten. Ich konnte mich gar nicht sattsehen an ihrem Liebreiz. Es lag so viel Lebensfreude in ihren Bewegungen, und ich nahm mir vor, mich ganz besonders um sie und das Muttertier zu kümmern.

Als die Dunkelheit einsetzte, zogen wir uns zurück, obwohl uns von Marissa und Ngarachuna *chai* angeboten wurde. Aber ich wollte nicht, dass das Wenige, das wir hatten mitbringen können, nun gleich wieder für uns hergegeben wurde. Immerhin waren wir mit den beiden Jungen vier Personen, und sowohl Wilson als auch

Laitani hätte ich wohl ermahnen müssen, mit dem Zucker maßvoll umzugehen, denn sie liebten süßen Tee über alles. Mit der Ausrede, sehr müde von der Reise zu sein, gelang es uns dann auch, unbehelligt zu unserem Blockhaus hinaufzugehen. Es war ein so schöner, ruhiger Weg, zwischen Sträuchern hindurch bis vor unser neues breites Tor, das von hellen Quarzen markiert wurde.

Zu Hause saßen wir noch ein wenig auf der Veranda. Eine Petroleumlampe gab trübes, flackerndes Licht. Ich bereitete Tee zu, und dann schauten wir nacheinander durch das Fernglas, das die Jungen so liebten, und betrachteten ehrfürchtig die Sterne. Dieser Himmel über uns war der schönste, der weiteste und der lebendigste. Nirgendwo hatte ich einen vergleichbaren gesehen.

Unter Erzählen richtete ich die Betten, legte Waschzeug und Schlafanzüge zurecht und nach einem gemeinsamen Gebet fielen Lpetati und die Jungen in einen tiefen Schlaf. Ich blieb noch einen Moment wach und ließ einige Stationen unseres Ausflugs an die Küste Revue passieren. Dann las ich noch einmal die Briefe, die ich von der Bamburi-Postbox geholt hatte, vor allem die von daheim aus Deutschland, denn ich hatte sie während der Fahrt im Bus und im *matatu* nur überflogen. Meine Gedanken wanderten vom Äquator zu meinen Lieben auf die nördliche Halbkugel, ich hielt mich ein wenig dort auf, sah meine Söhne und die Familie vor mir. Wie groß die Welt war und wie klein, und wie wunderbar, dass es sie gab und ich sie so vielfältig erfahren durfte.

Leise packte ich meine Reisetasche aus, und irgendwie war mir, als wäre der Duft des Ozeans in meinen Sachen konserviert. Besonders intensiv rochen die gesammelten Muscheln und Korallenstücke. Wenn man die Augen schloss und die Muscheln vor die Nase hielt, spürte man das Meer vor sich und die weiten Strände. Als etwas Sand auf den Fußboden rieselte, nahm ich ihn vorsichtig auf, schüttete ihn in ein breites Glas und schraubte den Deckel zu. »Mombasa, 2003«, schrieb ich mit einem Filzstift darauf.

Von unserer Reise hatten Wilson, Laitani, Lpetati und natürlich auch ich profitiert, und ich war glücklich, dass ich sie hatte ermöglichen können. So schnell würde sich nicht wieder eine Gelegenheit dafür bieten.

Schon der erste Abend daheim zeigte uns deutlich den Kontrast zwischen den verschiedenen Gegenden Kenias. Wie anders, wie beschaulich war das Leben wieder bei uns zu Hause, keine Straßen, keine Autos, kein Lärm, keine Beleuchtung von außerhalb, keine Läden, kein Restaurant, kein fließendes Wasser, kein elektrischer Strom und die Dinge, die davon abhängig gemacht und dadurch ermöglicht wurden. Dafür Stille, Familie, wilde Tiere und der ewige leichte Wind über dem Hochland, die trockene Luft aus den nördlichen Geröllwüsten, gesättigt von dem Geruch nach Erde, Blüten, Gras und würzigem Laub.

Am nächsten Morgen brachte der Missionar unsere Mädchen in Begleitung ihrer Freundinnen zurück. Mutoni und Wahira fiel der Abschied von ihren Freundinnen schwer und so bat ich darum, dass Vater und Töchter noch den Tag über bei uns blieben. Der Missionar war sehr angetan von unserem Domizil und äußerte sich wohlwollend über das, was er sah, und lobte »unsere« Kinder, denen man, wie er sich ausdrückte, »meine Handschrift« anmerken könne. »Sie haben viel geleistet als Ersatzmutter«, meinte er.

Als er ein neues Projekt vorstellte, nämlich einige Kinder, zum Teil Waisen, in christlichen Familien unterzubringen, musste ich ihm leider absagen. In der Familie gab es genug Kinder, die alle in irgendeiner Form der Hilfe bedurften. Als ich ihm erzählte, womit ich mein Geld verdiente, dass ich einige Wochen an der Küste verbringen müsste, verstand er meine Absage, bedauerte sie aber trotzdem.

Die Tage und besonders die Abende, die uns und unseren Pflegekindern noch gemeinsam verblieben, bevor sie sich wieder ihrem Schulalltag widmen mussten, verbrachten wir in der näheren Umgebung, am Blaublumenhang, mit Spielen und Erzählen auf der Veranda und natürlich vor dem heimeligen Feuer des Kamins – undenkbar in der Hitze Mombasas. Begeistert tauschten wir unsere Erlebnisse aus. Ich fühlte mich wohl in der Patchworkfamilie, vermittelte sie doch so viel Freude, Zusammengehörigkeitsgefühl und Geborgenheit. Am liebsten hätte ich die Jungen und die Mädchen immer um mich gehabt, wenn es auch Arbeit, Organisation und Umsicht erforderte. Die vielen Anregungen, das Lachen, die Unbekümmertheit und Fröhlichkeit, die kleinen, liebenswerten Dinge, die den Alltag erhellten, machten mich glücklich.

Gedanken zur Schule

Zwei Tage vor dem Schulbeginn der neuen Klassen hatte ich einen Transport organisiert, um die vier Kinder, Lpetati und mich nach Maralal zu bringen; immer noch schmerzte es, dass Nganat nicht mehr dabei war. Es gab allerhand zu erledigen. So inspizierten wir die Unterkünfte, schauten nach, ob etwas fehlte, ergänzten die Schulsachen. Vor allem aber standen Gespräche mit den Lehrkräften an, wie es immer geschah, wenn eine Klasse gewechselt wurde. Natürlich suchte ich auch ohne besonderen Grund die Pädagogen der Pflegekinder auf, schon allein deshalb, um einen guten Kontakt zwischen ihnen, den Kindern und mir, auch mit Lpetati aufrechtzuerhalten. Zu den Gesprächen wünschte ich, dass Lpetati mitging. Er war zwar nicht sonderlich daran interessiert, aber für sein Selbstbewusstsein fand ich es wichtig, dass er mich begleitete.

Lpetati konnte sich nicht mit dem schulischen Alltag mit seinen Anforderungen und Hausaufgaben der Kinder beschäftigen, weil ihm die Kenntnisse dazu fehlten. Aber immerhin war es ja auch sein Verdienst, dass sich die Kinder bei uns zu Hause wohlgefühlt hatten und immer noch wohlfühlten, wenn auch inzwischen diese Zeit des Miteinanders auf die Ferien beschränkt blieb.

Lpetati konnte gut mit Kindern umgehen, auf eine lockere Art, und er besaß genau das rechte Maß an Autorität und Toleranz und konnte beides, nicht geplant und erarbeitet, sozusagen aus dem Bauch heraus, erfolgreich einsetzen. Selbst für viele Albernheiten war er sich nicht zu schade, ohne sich zum Clown zu machen. Immer führte das zu einer harmonischen Stimmung, ob wir nun zusammen beim Essen saßen oder vor dem Kamin, ob wir Spiele spielten oder etwas unternahmen. Und die Kinder liebten Lpetati. Er war für sie kompetent und ein Mittler zwischen der Moderne, wie der Schule, und dem Althergebrachten, dem die Kinder durch die besonderen Umstände nicht mehr so verbunden waren. Durch ihn aber hatten sie Zugang zu den einzelnen Zeremonien, und ich bestand darauf, dass er sie, soweit nicht anders möglich, mit den Traditionen vertraut machte. Sie sollten stolz auf ihr kulturelles Erbe sein, auch wenn manches abgeschafft werden musste, wie die Beschneidung der Mädchen oder die Zwangsheirat.

Die Schule fand in in vielen Familien noch nicht die Anerkennung, die sie nach den Wünschen der Regierung haben sollte. Immerhin bemühten sich viele Kommunen im Samburu-Distrikt um den Bau von Schulen und Kindergärten. Die Eltern aus unserem *boma* hatten so gut wie keinen Kontakt zu Lehrern, die meisten hatten die Schulen, die ihre Kinder besuchten, noch nie von innen gesehen. Auch Lpetati hatte darunter zu leiden gehabt, dass der Schulbesuch ihm nicht zur Pflicht gemacht worden war und dass das Geld nicht für die gesamte Grundschulzeit gereicht hatte, denn er war gern zur Schule gegangen, und das Lernen war ihm leichtgefallen. Inzwischen hatte er sich damit abgefunden, dass seine Bildung lückenhaft war. Er gab es nicht gern zu und überspielte es, war aber sehr empfindlich, wenn sein mangelndes Wissen zutage trat. Ich bestärkte ihn darin, dass er vieles durch Erfahrung wettmachte. Er war immerhin stolz darauf, einigermaßen lesen und schreiben zu können, allerdings nur Suaheli. Vor Schuldirektoren und Klassenlehrern hegte Lpetati eine gewisse Scheu. Dennoch gab er meinem Wunsch nach und begleitete mich zu den wichtigen Gesprächen in den Schulen und zeigte seine Achtung dadurch, dass er sich vorher ausgiebig wusch, eincremte, ein Deo benutzte, sich kämmte und eine lange Hose und ein helles Hemd trug sowie »richtige« Schuhe und Socken.

Unsere Pflegekinder konnten in aller Freiheit zur Schule gehen und auch ungestört Pläne für die Zukunft machen. Das war nicht überall so. Zwar wurde zumeist die Grundschule inzwischen von den meisten anderen Eltern gutgeheißen, aber die weiterführenden Schulen fanden nicht ungeteilte Zustimmung. Sie kosteten Geld. Wurde einem begabten Kind durch persönliche Opfer oder gar Stipendien die Möglichkeit geboten, weiter zur Schule zu gehen oder gar zu studieren, wurde eine Gegenleistung erwartet: Eines Tages sollte dieses Kind die Familie nach Kräften unterstützen. Und damit wurde jedem Kind oder Jugendlichen eine enorme Last auf die Schultern gelegt. Solcher Zwang sorgte für Spannungen und Unfrieden, Ratlosigkeit und Unselbständigkeit. Die Erwartung, die Familie und darüber hinaus die Sippe zu unterstützen, hier und da sogar mit massiven Androhungen untermauert, konnte zum Alptraum werden. In unserer nächsten Umgebung hatte ich ein gutes Beispiel dafür, wie unglücklich uneinsichtige Familien Söhne und Töchter mit guter Ausbildung machen konnten. Ein mit uns befreundeter Lehrer versuchte seit fast zwei oder drei Jahren vergeblich, in allen Ehren traditionell und auch zivil zu heiraten und einen eigenen Hausstand zu gründen, weil er eine liebe Frau gefunden hatte und es schon ein Kind gab. Das Geld reichte einfach nicht, weil ihn die Verwandtschaft mit vielen finanziellen Problemen behelligte und er nicht wagte, sie abzuweisen. Der junge Mann war angesichts der Umstände einfach nicht in der Lage, ohne die Zugriffe auf seinen Verdienst durch die sich im Recht wähnende Verwandtschaft den Brauteltern die vorgeschriebenen Geschenke zu machen, ein Hochzeitsessen auszurichten, geschweige denn, ein eigenes Heim zu beziehen, obwohl er es sich in bescheidenem Rahmen hätte leisten können. Selbst in der Schule war er abgepasst worden, um für irgendwelche Dinge zu zahlen. Ich hatte ihm verschiedentlich, was aber niemand bei uns wissen durfte, mit kleineren Beträgen ausgeholfen, weil ich es nicht mit ansehen konnte, dass ihm sämtliche Familienmitglieder mit Geldforderungen zusetzten. Wie lange sollte das so weitergehen?

Der junge Mann erwog inzwischen, aus der Gegend wegzuziehen, um endlich seinen Frieden zu haben und seiner kleinen Familie ein Heim bieten zu können. Er hatte bereits eine Zusage von einer anderen Schule außerhalb unseres Distrikts erhalten. Schon in wenigen Monaten konnte er dort seine Arbeit als Pädagoge aufnehmen. Das war allerdings ein Geheimnis zwischen ihm, der Frau und mir, und nie würde ich ihn verraten. Dieses Beispiel zeigte, dass sich bei uns im im Hinblick auf eine Art privater Unabhängigkeit wohl noch viel würde ändern müssen. Zugleich wusste ich: Die Seele eines Afrikaners, einer Afrikanerin war genügsam und nicht darauf ausgerichtet, berufliche Hürdensprünge zu machen und sich ein Leben mit hohen Leistungswünschen oder gar Luxus einzurichten. Fast alle Afrikaner waren Lebenskünstler, und wenn es zu essen gab und zu trinken, dazu eine kleine Hütte und vielleicht eine kleine eigene Familie existierte, war es »das Leben« und reichte. Von irgendeiner unbekannten Zukunft träumte man nicht und plante auch nicht in diese Richtung, da ja, wie schon erwähnt, nur das Heute zählte und war wichtig als etwas Abgeschlossenes, Ganzes. Und es musste Zeit übrig bleiben für die Angehörigen und die Freunde – ohne Uhrzeit, ohne Hektik, Zeit, um das Leben zu leben, um es zu lieben. So hatte auch ich gelernt, wie wenig man braucht, um glücklich zu sein und wie viel Überflüssiges dieses Glück behinderte.

In Europa gilt der Grundsatz: Immer mehr, immer schneller, immer effektiver. Dies kann für Afrika nicht gelten. Eher bin ich der Meinung, dass viele ureigene Dinge, die es auf diesem besonderen Kontinent gibt, nicht abgeschafft werden dürfen, sondern gehegt, gefördert und erhalten werden sollten, ohne Einmischung von außen, denn die Kraft steckt in Afrika selbst. Ob dies für Afrika vorbildlich ist, daran hege ich Zweifel, und ich bin der Meinung, dass viele Dinge, die es auf diesem Kontinent gab, nicht pauschal abgeschafft werden durften, sondern dass so manches gehegt, gefördert und erhalten werden sollte.

Das Sandalenwerfen

Baba erschien eines Abends und saß lange mit Lpetati am Hang. Ich beobachtete die beiden, die angeregt miteinander sprachen, störte sie aber nicht und wartete mit dem Abendessen. Es war längst dunkel, im Kamin prasselte das Feuer, und Kerzen und Petroleumlampen gaben ein warmes Licht. Irgendwann hörte ich Babas und Lpetatis Stimmen auf der Veranda und etwas später traten sie ein. Ich wärmte noch einmal den Gemüseeintopf auf und füllte die Teller. »Das ist gut, Kind«, sagte Baba, »sehr gut.«

»Baba hat Sorgen«, begann Lpetati nach einer ganzen Weile, »er hat sich immer gut verstanden mit zwei *wazee* aus der Gegend hinter Kisima, aber er hat sie weggeschickt, weil sie Geld von ihm wollten, in der Zeit, als wir nicht da waren. Sie dachten, Baba habe Geld von dir. Und dann wollten sie die Injektionsspritze, die du für unsere Kühe gekauft hast, und die Vitaminpräparate, weil einige Kühe der *wazee* schlecht fraßen. Baba hat ihnen die Spritze gegeben, die Vitamine nicht. Irgendjemand hetzt jetzt die *wazee* gegen uns auf. Es wird behauptet, dass die Spritze die Kühe krank gemacht hat und wir schuld daran sind. Sie glauben dieser Person und sind sehr aufgebracht. Das ist nicht gut. Wir müssen etwas dagegen tun.«

»Aber was ist das für ein Blödsinn!«, ereiferte ich mich. »Das ist doch wirklich dummes Gerede. Wenn Kühe krank geworden sind, hat man vielleicht falsche oder unsaubere Präparate injiziert oder sie nicht richtig dosiert. Viele, die so etwas verwenden, können ja meist nicht lesen, was auf den Packungen der Medikamente steht. Und eigentlich sollte die Spritze nicht weggeben werden, das habe ich ausdrücklich angeordnet, denn sie muss immer wirklich sauber sein, eben steril, falls du weißt, was das heißt.«

Ich war sehr aufgebracht und ärgerte mich sehr darüber, dass ich vergessen hatte, die Injektionsspritze im Haus aufzubewahren, damit niemand Unbefugtes darankam. Nicht nur, dass sie sehr teuer und schwer zu bekommen gewesen war: Das mangelnde Verständnis von Hygiene und was angerichtet werden konnte, wenn die Spritze irgendwo bei den Hütten herumlag, waren Grund genug, achtsam zu sein. Mit dem Wort »steril« konnte niemand etwas anfangen, und es hatte keine Bedeutung. Natürlich ärgerte ich mich über Baba, der sich über meine Anordnung hinweggesetzt hatte. Aber das konnte ich ihm nicht sagen. Es stand mir nicht zu, ihn für irgendetwas, das er tat, zu kritisieren. Und dass er sich kooperativ gezeigt hatte, war ja nicht verkehrt. Wenn er hätte ahnen können, was das Aushändigen der Injektionsspritze nach sich zieht, hätte er sowieso anders gehandelt.

Baba äußerte sich nicht weiter, sah mich nicht an und widmete sich scheinbar ganz dem Essen, aber ich bemerkte, dass seine Füße unruhig auf dem Boden hin- und herschurrten.

»Ja, und nun?«, fragte ich nach einiger Zeit.

»Baba und ich werden morgen einen *mzee* holen. Der findet ganz schnell heraus, was mit den Kühen los ist, wer solche Lügen verbreitet und die Alten gegen uns aufstachelt.«

»Wer ist denn dieser *mzee*, den ihr holen wollt, und warum soll er etwas wissen oder sagen können?« fragte ich Lpetati, als Baba gegangen war.

»Du wirst staunen«, meinte Lpetati, »der *mzee* hat besondere Schuhe, so ähnlich, wie deine Sandalen aus Deutschland, die beantworten alle Fragen, aber nur er darf die Schuhe werfen, und nur er kann die Antwort lesen, die die Schuhe anzeigen. Baba hat das auch schon einmal versucht, aber er kann es nicht so, wie der *mzee*, der sich damit auskennt.«

Ich nickte, um ihn nicht zu verunsichern und zu enttäuschen, machte mir aber meine eigenen Gedanken und stufte die ganze Geschichte als Hokuspokus ein, allerdings mit dem ganz kleinen Hintertürchen, dass es eben Dinge zwischen Himmel und Erde gibt, die niemand versteht.

Als Baba und Lpertati mit dem *mzee* kamen, war ich gespannt, wie dieser vorgehen würde, um herauszufinden, wer Baba und uns die schweren Vorwürfe machte. Einen Tag musste ich mich noch gedulden, denn der Alte war viel mit Baba und Onkel Mousse unterwegs, und die drei hockten ständig beieinander. Dann kam der *mzee*, ein drahtiger alter Mann, in Begleitung von Baba, Lpetati, Onkel Mousse, Marissa, Tante Kakomai und der alten Susanah. Der »Sandalenwerfer« trug einen abgetragen wirkenden, viel zu engen Safarianzug, darüber eine breit drapierte blau-rote *shuka*. Er sah sich ausgiebig bei uns um und nahm dazu kaum einmal die eckige Sonnenbrille ab, die gar nicht zu dem alten Herrn passte. Wir tranken auf der Veranda Tee, und wir aßen dazu von mir geschmierte Weißbrotscheiben mit »Blue-band«-Margarine und Honig und entwickelten erstaunlich guten Appetit. Ich verbrauchte unseren ganzen Vorrat. Nach dem Tee forderte der *mzee* Lpetati und mich auf, das Zimmer auszuräumen. Dann setzte er sich auf den Fußboden und bat uns alle, sich im Kreis um ihn herum niederzulassen und die Schuhe auszuziehen. In der Mitte neben dem Alten lagen zwei flache, handgefertigte Ledersandalen ohne Absatz, verziert mit bunten Perlen an schmalen, schwarzen Lederbändern.

»Die Oberseite symbolisiert die Frau«, erläuterte der *mzee*, »die Unterseite den Mann. Wenn die Schuhe nebeneinanderliegen und in dieselbe Richtung deuten, heißt das Ja. Deuten sie aber in verschiedene Richtungen, bedeutet es Nein. Und sonst zeigen sie den Ort an, wo jemand wohnt, der nicht gut gesonnen ist und ob es sich dabei um eine Frau oder einen Mann handelt. Alles können meine Schuhe beantworten. Sie lügen nicht. Sie werden auch eure Fragen beantworten, wenn ich will. Über eure Füße nehmen sie Kontakt zu euch auf.«

Es war still im Raum. Dann beteten die Männer. Der Alte murmelte etwas vor sich hin, und plötzlich warf er nach der Frage: »Gibt es eine Person, die Unfrieden stiftet?« die leichten Ledersandalen hoch. Sie klatschten nebeneinander mit den Spitzen in dieselbe Richtung auf den Linoleumbelag. »Ja«, erläuterte der Alte. Er ließ sich Zeit. »Ist diese Person ein Mann?«

Wieder landeten die Sandalen mit klatschendem Geräusch auf dem Fußboden, diesmal lag eine der Sandalen umgekehrt auf der anderen. »Eine Frau«, interpretierte der *mzee.*

»Wo ist diese Frau zu Hause?« Er warf die Sandalen wieder gleichzeitig in die Höhe. Die Spitzen zeigten in Richtung südwestlich von uns, vielleicht Kisima, vielleicht Ikiloroti. Die bigotte Aglaii drängte sich plötzlich in meine Gedanken.

Ich fand die Sache zusehends spannender, wenn ich auch nicht an die Möglichkeit glaubte, dass, selbst wenn es »besondere Sandalen« betraf, diese über irgendeine Sache oder Personen Auskunft geben konnten.

Und dann musste ich lächeln, denn ein »Warum« würde anhand der verschiedenen »Landungsmöglichkeiten« der Sandalen sicher nicht beantwortet werden können.

Der Alte strafte mich mit einem mahnenden Blick, als hätte er mein Lächeln richtig gedeutet, und wies mich an, die Beine, die ich der Bequemlichkeit halber ein wenig angewinkelt hatte, wieder auszustrecken. Ich kam mir recht deplaziert vor und fühlte mich nicht wohl in dem Kreis um den Alten.

»Lebt die Person, die Übles tut, hier bei uns?« fragte der *mzee* weiter. Die Sandalen »sagten« Nein, und die Himmelsrichtung, in die sie zeigten, wurde wieder mit Ikiloriti und auch mit Kisima interpretiert.

Die ernsten Gesichter der Anwesenden irritierten mich. Nahm ich die Anschuldigungen zu leicht? War der Sandalenwerfer wirklich erforderlich, um etwas aufzuklären? Und sollte sich tatsächlich etwas ergeben, sollten wir dann etwas unternehmen – und wie sollte das aussehen? Wie wollte Baba dagegen vorgehen? Oder suchte er nur eine Bestätigung für seine Mutmaßungen?

Für mich lag die Sache eigentlich klar. Waren wirklich Kühe nach Verabreichung eines Mittels krank geworden, ließ sich das doch durch einen Tierarzt klären. Dafür wollte ich gern aufkommen, falls das Geld dafür von anderer Seite nicht ausreichen sollte. Hauptsache, es herrschte wieder Frieden.

Eher beunruhigt war ich allerdings, dass man Baba um Geld angebettelt hatte. Und zwar Leute, die nicht zu unserer Familie und unserem Clan gehörten. Es war allgemein bekannt, dass es uns gut ging. Wirklich »gut« ging es jedoch weder uns noch sonst jemandem hier, auch mit meiner bescheidenen Hilfe nicht. Aber das Leben war in vieler Hinsicht erträglicher. Da schien mir der Neid eine weitaus größere Gefahr zu sein, als irgendwelche Beschuldigungen.

Gerade die Familien, auf die Baba angespielt hatte, besaßen mehr Vieh als wir alle zusammen.

Nur entfernt drangen die weiteren Fragen des Sandalenwerfers an mein Ohr. Der »Wissende« war mit Eifer bei der Sache, unterstützt von Baba und Lpetati. Und inzwischen wurden auch die beiden Frauen lauter. Aber ich wollte nichts Näheres wissen. Auch auf die Gefahr hin, dass sich der Sandalenwerfer beleidigt fühlte, beteiligte ich mich nicht an der Befragung.

Mein Plan, einen Tierarzt einzuschalten, der genaue Auskunft über den Zustand der angeblich erkrankten Kühe geben oder etwas zu einer vielleicht nicht ordnungsgemäß gehandhabten Injektionsspritze und eventuell falsch dosierten oder überlagerten Medikamenten sagen konnte, wurde dagegen immer dringlicher. Es schien mir momentan die einfachste Lösung zu sein, um irgendwelchen Anschuldigungen zu begegnen.

Als es zusehends dunkler wurde, entzündeten Lpetati und ich Kerzen und Petroleumlampen, nachdem wir den Sandalenwerfer um Erlaubnis dazu gefragt hatten. Im Dunkeln hätte ich auch schlecht noch einmal Tee zubereiten können. In der Teepause, die an der Erde sitzend stattfand, wartete ich noch ein wenig und kam dann vorsichtig auf das Einschalten eines Tierarztes zu sprechen. Es war mir ein wichtiges Anliegen, und ich wollte es, angesichts der ganzen Situation, nicht hinter dem Rücken des Sandalenwerfers und unseren Gästen mit Baba und Lpetati allein erörtern und schon gar nicht selbständig handeln. »Vielleicht können beide, der weise *mzee*«, damit nickte ich dem Sandalenwerfer zu, »und der Veterinär gemeinsam etwas bewirken«, sagte ich diplomatisch. Meine Stimme hallte in dem leeren Raum wider. Keiner der Anwesenden äußerte sich sofort, aber dann palaverten sie lebhaft miteinander.

»Wir werden in Kürze wissen, wer uns verleumdet«, meinte Lpetati. »Warte nur ab, der *mzee* kann böse Zungen beschwichtigen.« Baba stimmte dem zu. »Einen Tierarzt brauchen wir nicht, und er ist teuer.«

Als kurz vor Mitternacht die »Befragungsstunde« aufgehoben wurde und der Sandalenwerfer seine kostbaren Utensilien dreimal kurz bespuckte, was als Segen zu werten war, und sie in einer Tasche seines Safarianzuges verstaute, kam man auf meinen Vorschlag zurück.

»Natürlich kann ein Tierarzt kommen und sich die kranken Kühe ansehen, denn das ist nicht meine Sache«, sagte der Sandalenwerfer. »Ich bin kein Heilkundiger, aber ein Menschenkenner und löse Konflikte, und mir werden durch meine Helfer«, dabei sah er auf die Sandalen in seiner Tasche, »viele Geheimnisse offenbart.«

Die Äußerung gefiel mir, und ich reichte dem *mzee* die Hand. Der schien aber etwas zu vermissen. Lpetati und Tante Kakomai gaben mir mit ihren Fingern, die sie aneinanderrieben, zu verstehen, dass ich den Sandalenwerfer zu entlohnen habe.

»Er hat uns einen großen Dienst erwiesen, eine Ehre. Er hat uns seine Zeit und seine Kraft geschenkt und sein Wissen wird uns weiterhelfen.« Davon war Onkel Mousse überzeugt.

Als ich dem Sandalenwerfer zum zweiten Mal die Hand reichte und er das Papiergeld darin fühlte, erhob er sich. Kurz warf er einen Blick auf die Scheine, war wohl zufrieden und versprach noch einmal, dass sich alles zum Guten wenden würde.

Mit Baba und Onkel Mousse verließ er uns. Wir begleiteten die Alten und die Frauen mit einer Petroleumlampe bis zur verschlossenen Pforte.

Lpetati und ich holten die Möbel von der Veranda und stellten sie wieder in das Kaminzimmer.

Da wir Hyänen hörten, begaben wir uns nach draußen, leuchteten mit der Taschenlampe den Hang hinunter, stellten dann aber fest, dass unsere Gäste bereits ihre Hütten erreicht hatten und die Rufe der Raubtiere aus einer anderen Richtung kamen. Hätte Gefahr bestanden, wären die Männer und Frauen sicher zu uns zurückgekommen.

Lpetati und ich unterhielten uns noch einige Zeit über die Funktion des Sandalenwerfers. Wie immer, glaubte Lpetati fest an alle Dinge, die ein Ausersehener seines Stammes bewirken konnte. Er ließ nicht den geringsten Zweifel daran, dass die Sandalen die Wahrheit »gesagt« hatten. Ich ließ ihm ein wenig Zeit, bis er zu Bett ging.

»Angenommen, es spinnt wirklich jemand Intrigen gegen Baba und gegen uns, sollten wir dann etwas unternehmen oder die Sache auf sich beruhen lassen?«, fragte ich, als ich nach dem gemeinsamen Abendgebet noch bei Lpetati auf der Bettkante saß.

»Dinge müssen geklärt werden«, sagte er mit Bestimmtheit, »sie können nicht zwischen Menschen stehen bleiben. Vielleicht vergisst man sie, vielleicht werden sie schlimmer. Und halbe Dinge sind noch gefährlicher.«

»Du hast recht, *Simba lai*. Aber lass mich auch den Tierarzt einschalten.«

»Natürlich kann er sich die Tiere anschauen – das ist sein Beruf, aber er wird nicht wissen, was der Sandalenwerfer weiß. Bleib noch sitzen, *ol tau*«, bat er, als ich aufstehen wollte.

Hilfe für andere

Bereits zwei Tage später machte ich mich nach Maralal auf, um den Veterinär zu sprechen und seine Meinung zu erfahren. Als studierter Mann würde er wohl seine eigenen Vorstellungen zu Babas

Befürchtungen haben. Doch mir persönlich ging es darum, herauszufinden, ob und woran die Kühe im Bezirk Kisima erkrankt waren.

Da der Tierarzt unterwegs war und niemand wusste, wann er wieder in der Praxis auftauchen würde, musste ich in Maralal übernachten. Das bedauerte ich sehr, denn ich wollte nicht gern, dass sich die unliebsame Angelegenheit immer weiter hinausschob.

Die Wartezeit nutzte ich für einen Besuch bei meinen Freunden aus Nairobi und für eine Besprechung mit Wilsons Schuldirektor, der einige Anschriften von Institutionen besaß, die Lehrer ausbildeten. Natürlich interessierten mich neben einem guten Ruf der jeweiligen Einrichtungen und dem Standort auch die Kosten.

Bei meinen Freunden lernte ich zwei körperlich behinderte Kinder kennen, einen Jungen und ein Mädchen, die wegen einer Verkrümmung der Hände und einer Fehlstellung an jeweils einem Fuß keine Schule besuchten. Sie konnten weite Wege nicht bewältigen und waren nicht in der Lage, ein Buch oder einen Stift in der Hand zu halten. »Es sieht aus wie Kinderlähmung, aber dann auch wieder nicht«, sagte meine Freundin, »es soll sich sogar operieren lassen, haben wir gehört. Die Kinder sind Neffe und Nichte unseres Hausmädchens, und neuerdings bringt es sie mit zu uns, wenn sich niemand um die Kinder kümmern kann. Sie sind, abgesehen von ihren Handicaps, sehr aufgeweckt und verstehen sich gut mit unseren Zwillingen. Sie singen gern, schauen mit Vorliebe in die Schulbücher der Zwillinge, können aber nur mit Mühe die Seiten umblättern oder gar nicht. Das geht einem durch und durch. Schade, dass man nicht so helfen kann, wie man möchte.« Meine Freundin hatte Tränen in den Augen. »Was haben wir für Glück mit unseren eigenen Kindern! Nicht nur, dass sie gesund sind, sie machen uns jeden Tag Freude.«

Die Geschichte der beiden behinderten Kinder beschäftigte mich. Diese Art von Verkrüppelung hatte ich in Deutschland noch nie gesehen, aber sehr oft hier in Afrika. Doch nun war es das erste Mal, dass ich direkt damit konfrontiert wurde. Der Junge, Daniel, war fast dreizehn Jahre alt und erinnerte mich sehr an Laitani. Er hatte ein waches, schmales Gesicht. Durch sein Handicap war er allerdings ein wenig zurückhaltend, doch nach und nach beteiligte er sich an der Unterhaltung und beantwortete, wenn auch mit leiser Stimme, meine Fragen. Ich erfuhr, wofür Daniel sich interessierte und was ihn beschäftigte. Lehrer würde er gern werden, verriet er, Fahrrad fahren lernen, Fußball spielen und »um die Welt reisen, mit einem Fotoapparat sogar«. Beim Sprechen hielt er den Kopf immer leicht nach links geneigt, weil er rechts besser hören konnte, wie er mir gestand. Vielleicht sollte das auch eine Untersuchung klären, dachte ich.

Meinen besonderen Respekt verdiente der Junge, weil er sich selbst und auch mit Hilfe der Zwillinge Lesen beigebracht hatte. Die Zwillinge waren sehr hübsche, neun Jahre alte Mädchen. Meist trugen sie die enggezwirbelten typisch afrikanischen Zöpfchenfrisuren, mit darin eingearbeiteten bunten Haargummis und Plastikperlen, was allerliebst aussah. Sie waren gute Schülerinnen, sprachen kaum Samburu, dafür Englisch und Suaheli perfekt. Die Mädchen mochten mich sehr, und wenn ich zu Besuch kam, rannten sie mir schon von Weitem entgegen und wichen mir dann selten von der Seite. Es war leicht, sie lieb zu haben. Sie waren aufgeweckt und wissbegierig und hatten mich einmal vollkommen sprachlos gemacht, als sie aus dem Stegreif einen kleinen Sketch für mich aufgeführt hatten. Am liebsten aber sangen sie mit mir zur Gitarre oder hörten zu, wenn ich ihnen von Deutschland erzählte oder von der Küste. Aus dem Grund hatte ich ihnen öfter aus Mombasa Ansichtskarten geschickt.

Das Mädchen mit dem stark deformierten Fuß war elf Jahre alt, sehr schüchtern und hieß Maria. Sie war nicht hübsch im landläufigen Sinn, besaß aber große, klare Augen und eine niedliche, gerade Nase. Wenn sie lachte, sah sie bezaubernd aus.

Besonders für ein Mädchen war es bitter, seine Hände nicht gebrauchen und den einen Fuß nur schleppend fortbewegen zu können. Es würde niemals einen Mann finden und auch nicht für sich selbst sorgen können, denn die einfachsten Arbeiten im Haus ließen sich nur mit Mühe oder gar nicht bewältigen. Wenn Maria nicht geholfen werden konnte, würde sie immer vom Wohlwollen anderer Menschen abhängig sein.

Ich gab mir besondere Mühe mit den Kindern, denn sie sollten ihre Scheu vor mir verlieren. Aber sie sahen offenbar in mir eine Frau wie jede andere, die es wohl gut mit ihnen meinte. Sie tauten recht bald auf und begegneten mir mit Offenheit. Sie wollten wissen, woher ich kam, ob das weit sei, ob ich einen Mann hätte und Kinder und was ich in Kenia mache. Wir lachten auch zusammen, und mein Wunsch, etwas für die beiden zu tun, wurde sehr heftig.

Als die Kinder außer Reichweite waren, ließ ich dies meine Freundin und ihren Mann wissen.

»Kennt Ihr hier einen Arzt, mit dem man mal über die Kinder sprechen könnte? Wenn sich etwas für sie machen ließe, vielleicht eine Operation, wäre es eine Schande, es nicht zu versuchen. Ich möchte gern herausfinden, ob es eine Behandlungsmöglichkeit gibt und was das wohl kostet. Habt ihr schon einmal mit den Eltern über sie gesprochen?«

»Nein, darüber wird wohl auch keiner reden. Du weißt ja, wie die meisten Afrikaner darüber denken. Wir sind aufgeklärte Christen und halten natürlich nichts von dem Aberglauben, dass Krankheiten eine Strafe für irgendetwas sind.« Der Mann meiner Freundin lachte. »Dann müssten ja fast alle Menschen krank sein!«

»Wir kennen den Vater«, fuhr meine Freundin fort, »er ist ein redlicher, bescheidener Mann. Die Familie stammt ursprünglich wohl aus Marsabit, lebte auch länger in Baragoi. Es gibt noch neun weitere Geschwister, die aber alle gesund sind, wie unser Hausmädchen sagt. Der Vater verdient sein Geld durch einen kleinen Werkzeughandel. Er stellt vieles selbst her. Wir haben ihm auch schon einige Dinge abgekauft, um sie hier im Geschäft zu einem besseren Preis zu veräußern. Aber jetzt hat er länger nichts gebracht. Es heißt, dass das Material so teuer sei.«

Maria und ihr Bruder Daniel beschäftigten mich immer mehr.

Jetzt, wo ich die Kinder näher kennen gelernt hatte, ließ mich ihr Schicksal nicht mehr los.

Sollte eine Behandlung der beiden möglich sein, würde ich, so hatte ich ganz spontan beschlossen, das Sonderkonto belasten. Auf diesem Konto ruhten noch Spendengelder, die ich in Deutschland während meiner Lesungen und Vortragsreihen über Afrika erhalten hatte, »für einen guten Zweck«. Und wenn das kein guter Zweck war! Was gab es Schöneres, als Kinder glücklich zu machen und ihnen wieder zu einem normalen Leben zu verhelfen.

Der Veterinär, für den ich eigens nach Maralal gekommen war, rückte ein wenig in den Hintergrund. Natürlich war ein Gespräch mit ihm sehr wichtig, um die angespannte Lage daheim zu entschärfen. Vom Besuch des Tierarztes, von der Untersuchung der erkrankten Kühe würde viel für uns abhängen, vielleicht mehr als mir das im Moment bewusst war.

Es wäre schön, sagte ich mir, wenn ich in beiden Fällen erfolgreich sein könnte. Den Tierarzt müsste ich von der Notwendigkeit überzeugen, vor Ort mit Baba und den *wazee*, den Alten, die Baba so zugesetzt hatten, ein paar klärende Worte zu wechseln und sich die Kühe, um die es ging, anzusehen. Sicher besaß der Tierarzt noch seinen Wagen, denn in seinem Beruf musste er mobil sein. Dann brauchte ich eventuell nur für die Benzinkosten aufzukommen und eine angemessene Entschädigung für den Zeitaufwand entrichten.

Noch lange saßen wir am Abend in dem kleinen grüngestrichenen Wohnzimmer meiner Freunde mit den vielen, in mühevoller Handarbeit gefertigten Spitzendeckchen auf Sofa, Tisch und Sessel ausgebreitet, wie es Afrikaner lieben, und den vielen Bildern und Fotos religiösen Inhalts, sowie Bibelsprüchen an den Wänden und auf dem Schrank. Afrikaner mögen es eher »plüschig« und so gar nicht wie Europäer sich das »schicke Afrika« vorstellen. So ist es nur in Hotels und touristischen Einrichtungen.

Nach dem morgendlichen *chai* nannte mir meine Freundin einen Arzt, einen Chirurgen, und beschrieb mir den Weg zu dessen Praxis.

»Sag, dass du von uns kommst, er kennt uns gut«, riet sie mir.

In einer kleinen, engen, recht dürftig bestückten Privatklinik wurde ich fündig. Der Chirurg hörte mir interessiert zu, nickte ab und zu freundlich und erläuterte mir, dass solche Verknorpelungen und Fehlstellungen meist die Folge von wiederholt erlittenen Gelenkentzündungen seien, die nach nicht ausgeheilten, verschleppten Infekten, wie etwa einer schweren Angina, auftreten konnten. »Ignoranz seitens der Eltern«, meinte der Mediziner, »es wird nicht gleich ein Arzt eingeschaltet, weil man denkt, dass es sich schon wieder gibt, und verschließt dann die Augen, oder man befürchtet, dass das teuer ist. Dabei nimmt jeder Heiler auch seine Zahlung. Ja, es ist traurig, in den meisten Fällen ist es Ignoranz. Oft sind auch falsch verabreichte Spritzen gegen Malaria schuld und Entzündungen, die durch Nichtbehandeln die Knochen angreifen.« Er seufzte. »Und«, vergewisserte er sich dann noch einmal, »Sie möchten die Kinder gern behandeln lassen?«

Wir kamen überein, dass ich ihm Maria und Daniel vorstellen würde, damit er sich ein Bild vom Ausmaß ihrer Krankheit machen konnte. Danach wollte er dann die weitere Vorgehensweise mit mir besprechen. Wahrscheinlich würde ich mit rund dreihundert Euro rechnen müssen, meinte er.

Ich war erleichtert. Das konnte ich mit Hilfe der restlichen Spendengelder aufbringen. Dann bliebe sogar noch etwas über, vielleicht, um die Kinder mit Schulkleidung und Schulmaterial einzudecken zu können und mit Schuhen, wahrscheinlich den ersten ihres Lebens.

Die Freude darüber, Maria und Daniel helfen zu können, beflügelte mich, und ich hatte mich lange nicht so gut gefühlt.

In Hochstimmung kehrte ich zu meiner Freundin und ihrem Mann zurück. »Nun, was hast du erreicht?«, wollten beide wissen, und ich berichtete ihnen vom Gespräch mit dem Arzt.

Ich erzählte ihnen, worum es sich bei den Verformungen der Gließmaßen handelte. Meine Freunde hörten interessiert zu. »Wenn man das wüsste, würde man nicht so lange Zeit verstreichen lassen«, meinte der Mann meiner Freundin, »man lernt immer noch dazu.

»Hat der Doktor eine Vorstellung, was es kosten könnte?«

»Wenn es keine Komplikationen gibt, ist es bezahlbar. Ich kann das sogar übernehmen. Gute Nachrichten, findet ihr nicht? Der Arzt möchte Maria und Daniel sehen und auch etwas mehr über den Verlauf ihrer Erkrankung erfahren.«

»Wir werden die Kinder im Auto hinbringen«, sagte meine Freundin, »ich möchte gern mitkommen, denn das interessiert mich auch.«

Ich liebte die Unternehmungslust meiner Freundin. Wie sehr stach sie doch von den Frauen bei uns im *boma* ab! Sie war sprachlich versiert, konnte Auto fahren, arbeitete im Baugeschäft mit, orderte die Bestellungen, sorgte sich um die vier Kinder, von denen der älteste Sohn bereits ein Internat besuchte, und managte den Haushalt. Zwar ging ihr dort die Tante von Maria und Daniel zur Hand, aber die Entscheidungen, was erledigt werden musste und wann was anzuschaffen war und was gekocht werden sollte, traf meine Freundin selbst. Und sie kaufte auch selber ein. Nebenbei beaufsichtigte sie Schulaufgaben und sang noch in einem Kirchenchor. Ebenso tüchtig war ihr Mann. Er tätigte die Einkäufe, führte Bestellungen aus, vermietete Kraftwagen, brachte geordertes Baumaterial in weitem Umkreis an Ort und Stelle und erledigte die Buchhaltung. Darüber hinaus war er ein liebevoller, gewissenhafter Vater, und die Kinder überschütteten ihn geradezu mit Liebe, wenn er heimkam. Gemeinsam bewirtschaftete das Elternpaar die neue Lodge.

Zwei Tage später brachten wir Maria und Daniel im Auto zum Arzt, nachdem wir uns zuvor redlich bemüht hatten, ihnen die Angst vor dem Besuch zu nehmen. Aber die Kinder waren viel aufgeschlossener, als wir gedacht hatten, und auch neugierig darauf, was mit ihnen passieren würde – denn am Ende stand ja die Hoffnung, geheilt zu werden.

Der Mediziner untersuchte beide Kinder eingehend und machte sich dann Notizen. »Herzlichen Glückwunsch, ihr zwei, da lässt sich doch etwas machen!«, sagte er freundlich und erläuterte uns die Vorgehensweise. »Wir arbeiten zunächst mit Gips, der angelegt wird, die Gliedmaßen können nach etwa zehn Tagen schon ein wenig in die richtige Stellung gebracht werden, dann ein neuer Gips, wieder eine leichte Drehung und so weiter, bis operiert werden kann. Während der Operation werden Sehnen verkürzt. Alles in allem eine sich über mehrere Wochen, vielleicht wenige Monate hinziehende Behandlung, die viel Geduld erfordert.« Dann fragte der Arzt uns: »Wo können die Kinder während der Zeit bleiben? Sie wohnen ja nicht im Ort. Ich hätte sie aber gern unter Aufsicht. Sie können sich zwar humpelnd bewegen, doch sie können nicht sich selbst überlassen bleiben.«

»Nicht ungeduldig werden«, sagte er lachend zu den Kindern. »Es hat seine Zeit gebraucht, bis es so geworden ist, wie ihr es seht, und es braucht seine Zeit, bis es wieder richtig werden kann.«

Mir gefiel der Arzt. Wahrscheinlich war er selbst Vater.

Er war so höflich, nicht noch einmal an die Kosten zu erinnern, so leistete ich von mir aus schon einmal eine Anzahlung.

»Die Bestellung für den Gips geht noch heute raus«, versicherte er.

»Schon in dieser Woche geht es los«, wandte sich der Arzt an die Kinder, »da bekommt ihr hier bei uns weiße Arme und beide ein weißes Bein. Das könnt ihr auch bemalen lassen«, lachte er und zwinkerte den Kindern zu, »und dann müsst ihr tüchtig mithelfen und vorsichtig sein.«

Ich erwog, mich an der Betreuung der Kinder für eine Zeitlang zu beteiligen. Vielleicht könnte ich sie ja, wenn sie selbst es wollten und ihre Verwandte und der Arzt zustimmten, für ein oder zwei Wochen mit zu uns nach Hause nehmen. Da hätte ich viele Möglichkeiten, ihnen die Zeit zu verkürzen.

Doch darüber wollte ich noch in Ruhe nachdenken und mit Lpetati sprechen, den ich zwar nicht um Erlaubnis zu bitten brauchte, doch er sollte zumindest informiert sein. Würde er meine Idee gutheißen, umso besser.

Als wir den Arzt verließen, machten wir einer jammernden Frau Platz, die, auf einen halbwüchsigen Jungen gestützt, die Praxis betrat. Die Frau war noch jung und hatte mich mit klaren Augen, aber einem schmerzverzerrten Gesicht angesehen und sich sogar ein kleines gequältes Lächeln abgerungen.

Ich weiß nicht, was mit mir passierte, aber mich interessierte die Frau; mir war sogar, als hätte ich sie schon irgendwo gesehen, sie sogar gesprochen. Kurz entschlossen wartete ich mit Maria und Daniel im Flur, ohne zu wissen, warum. Irgendetwas zwang mich dazu.

Ich versuchte, mich zu konzentrieren, und sah vom Wartezimmer hinaus auf einen weiten Rasenplatz, den einige Leute überquerten. Am anderen Ende der Wiese lag ein flaches Gebäude, an dem zwei türkisblau gestrichene Brettertüren mit »WC« und zwei mit »Bathroom« beschriftet waren. Nebenan wurde offenbar gegrillt. Rauchschwaden und ein Geruch nach Zwiebeln, Knoblauch und Gebratenem erfüllten den kleinen Flur.

Nach einiger Zeit öffnete sich die Tür, die nicht fest geschlossen gewesen war. So hatte ich ungewollt einen Teil des Gespräches zwischen der Frau und dem Arzt mitgehört, aber nicht alles verstanden.

Die Frau und der Junge betraten wieder das kleine Wartezimmer. Beim Vorbeigehen berührte mich die Frau, die jetzt zusätzlich einen Krückstock benutzte, kurz am Arm. War das Absicht oder ein Versehen gewesen oder gar eine stumme Bitte? Sie sah recht bekümmert aus. Einen Moment verharrte ich auf dem Flur, dann handelte ich ganz spontan, fasste mir ein Herz, klopfte an die Tür des Behandlungsraumes und trat nach Aufforderung noch einmal ein. »Wartet bitte einen Moment«, sagte ich zu Maria und Daniel. »Ich komme gleich.«

Der Arzt schrieb etwas in einen Block und trug einer Schwester auf, Medikamente zusammenzustellen und die verletzte Frau sowie deren Kinder zu der Mittagstafel zu bringen, welche barmherzige einheimische Schwestern in Maralals Zentrum unterhielten.

»Entschuldigung«, wandte ich mich dann wieder an den Arzt, »es betrifft die Frau, die eben bei Ihnen war. Ich möchte nicht neugierig sein, aber ich glaube, ich kenne sie.« Ich verriet nicht, dass ich etwas von einer nötigen Operation mitbekommen hatte. »Wenn eine Behandlung an fehlendem Geld scheitert, kann ich vielleicht ein wenig beisteuern.« Ich hörte mich etwas sagen, das ich mir gar nicht recht überlegt hatte.

Ich wusste wirklich nicht, was über mich gekommen war.

Der Arzt sah mich forschend an. Er hielt das Gebot der Schweigepflicht für Minuten aufrecht. Er schien abzuwägen. »Sie hat zwei gebrochene Rippen und muss dringend operiert werden«, sagte er dann. »Ich habe einen kleinen Fond zur Verfügung, aber die Frau müsste nach Nairobi in eine Spezialklinik gebracht werden, und dafür reicht es leider nicht. Es ist ein Jammer.« Dann erfuhr ich die Hintergründe, die zu der Verletzung der Frau geführt hatten. »Sie ernährt ihre Kinder mit dem Herstellen von Holzkohle, die sie an einige Restaurants und Privathaushalte verkauft, wenig genug und eine schwere Arbeit. Beim Holzsammeln im Wald ist ihr ein dicker Ast so unglücklich auf den Rücken gefallen, dass sie Rippenbrüche davongetragen hat. Vier Kinder hat sie zu versorgen, der Mann hat sich vor längerer Zeit abgesetzt. Sie war damals wohl mit ihm an der Küste. Die Schmerzen verdammen die Frau zu Bewegungsunfähigkeit, aber die Kinder brauchen sie. Und wenn sie nicht arbeiten kann, gibt es nichts zu essen. So einfach ist das. Ein Jammer, ein Jammer.«

»Ich würde gern helfen«, wiederholte ich. »Ich werde morgen noch einmal kommen, wenn Sie bis dahin in etwa wissen, mit welchem Betrag man rechnen muss, um der Frau die Operation zu ermöglichen.«

Wieder sah mich der Arzt aufmerksam an. »Ich werde mich darum kümmern.«

Ich war mir immer sicherer, die Frau zu kennen, im Zusammenhang mit einer unliebsamen Geschichte. Der Arzt hatte von der Küste gesprochen. Es würde mir sicher einfallen, wo ich der

Frau schon einmal begegnet war. Aber warum fesselte sie mich so?

Mit Maria und Daniel kam ich nur langsam vorwärts. Wir wurden neugierig und manchmal recht ungeniert begafft: eine Weiße und zwei Krüppel. Doch dann kam uns auf halbem Weg der Mann meiner Freundin mit dem Auto entgegen, um uns abzuholen.

Da ich mich am nächsten Tag wieder um die Kinder kümmern und noch einmal mit dem Arzt sprechen wollte, übernachtete ich in Maralal. Lange lag ich wach. Die Kinder gingen mir durch den Kopf, und immer wieder beschäftigte mich die Frau, die ich beim Arzt gesehen hatte. Es bedrückte mich auch, dass ich den Tierarzt noch nicht hatte aufsuchen können. Bei einem erneuten Versuch, ihn zu sprechen, war er wieder nicht in seiner Praxis gewesen. Es gab zwar einen Assistenten vor Ort, der sehr zuvorkommend war und einen versierten Eindruck machte. Aber er war noch sehr jung und neu in der Stadt, da schien mir der Tierarzt aufgrund seines Alters, seines Bekanntheitsgrades und seiner längeren Erfahrung geeigneter, um mit den Ältesten bei uns zu sprechen und die Situation zu klären.

Eine schnelle Entscheidung

Nur kurz dachte ich an Lpetati, doch der ahnte bestimmt, warum ich noch nicht zurückgekehrt war. Es kam ja manchmal vor, dass man Dinge nicht in der geplanten Zeit bewältigen konnte. Was ich mit Daniel und Maria vorhatte, würde ihn nicht begeistern, das wusste ich schon jetzt. Er war der Meinung, ich solle mich lieber um die engere Familie kümmern. Deshalb war es wohl besser, dass ich ihn und auch die Familie im Unklaren über meine neuen finanziellen Pläne ließ. Es hatte bereits in der Vergangenheit schon einige Situationen gegeben, in denen ich ihm nicht anvertraut hatte, wie viel Geld ich für irgendwelche Dinge für das Haus oder für Hilfsaktionen gebraucht hatte. Meist rechnete Lpetati nämlich das Geld, das ich in etwas in seinen Augen Unnötiges investierte, in Kühe um oder er beschäftigte sich damit, was man bekommen konnte, wenn man dieses oder jenes Angeschaffte wieder veräußerte.

Unstimmigkeiten mit Lpetati wegen Geld wollte ich in jedem Fall vermeiden. Mit diesem Gedanken schlief ich ein und fühlte mich am Morgen nach einer unruhigen Nacht wie gerädert.

Der Arzt empfing mich überaus zuvorkommend und ließ mich nicht erst auf dem Flur warten, nachdem er mich durch den Türspalt zum Sprechzimmer erblickt hatte. Er erläuterte mir noch einmal einige Einzelheiten und nannte den Termin für die erste Behandlung von Maria und Daniel, um die er sich persönlich kümmern wollte. Dann ließ er mich wissen, dass etwa sieben- bis achthundert Euro für die Operation der Frau veranschlagt werden müssten, weil für die Behandlung in einer Spezialklinik in Nairobi auch ein Sondertransport notwendig sei. Die Frau könne in ihrem Zustand kein öffentliches Verkehrsmittel benutzen. Zudem sollte für einen angemessenen Betrag in der Zwischenzeit für ihre Kinder gesorgt werden, die nicht sich selbst überlassen bleiben konnten. »Der Bruder und die Schwester der Frau haben beide Alkoholprobleme«, verriet mir der Arzt. »Die werden sich mit Sicherheit nicht um die vier Kinder so kümmern können.«

Ich ließ den mir immer sympathischer erscheinenden Mediziner wissen, dass ich von Haus aus nicht begütert sei und wie ich in Kenia mein Geld verdiente. Das schien ihm über die Maßen zu gefallen. »Musik«, sagte er, »wie gern würde ich das auch tun – in meiner Freizeit, die ich nicht habe. Klavier spielen wäre so etwas.« Er machte eine lange Pause. »Und?«, erkundigte er sich dann.

»Wenn Sie mir vertrauen, möchte ich mich an den Kosten für die Operation der Frau beteiligen. Eine feste Summe kann ich noch nicht zusagen. Das hängt von vielen Faktoren ab, aber mein Versprechen, finanziell etwas beizutragen, gilt. Für den Betrag muss ich mindestens vier bis sechs Wochen arbeiten, aber so lange kann die arme Frau wohl nicht wegen ihrer Schmerzen warten.«

»Natürlich lassen wir die Frau nicht warten, sie wird behandelt werden. Aber absichern muss ich mich ja auch. Jede Hilfe ist natürlich willkommen, das macht vieles einfacher. Wenn Sie sich also beteiligen wollen oder können, das kann auch später sein. Keine Schwierigkeit«, sagte der Arzt, »das geht in Ordnung. Ich leite alles in die Wege. Ihnen viel Erfolg und großen Dank. Es wird Ihnen sicher irgendwie vergolten, davon bin ich überzeugt.«

Ein wenig war ich von mir selbst überrumpelt. Aber nun hatte ich mich entschlossen und fühlte mich gut dabei. Zu dem Zeitpunkt ahnte ich noch nicht, welche Reaktion mein Engagement nach sich ziehen würde.

Dann bemühte ich mich erneut um einen Termin beim Tierarzt, traf ihn aber, ein glücklicher Umstand, in der neuen Lodge meiner Freunde beim Mittagessen. Ich kannte ihn seit etlichen Jahren. Damals hatten wir seine Hilfe benötigt, als die Tsetsefliege, Überträgerin der Naganaseuche, bei uns vermehrt aufgetreten war und den Viehbestand gefährdet hatte.

Nach kurzer Erklärung kam der Veterinär später an meinen Tisch. Wir tranken Tee, und ich erläuterte ihm, worum es ging. Er war gar nicht überrascht, nur ärgerlich über das Handhaben von ungereinigten Spritzen und das Verabreichen von ungeeigneten Medikamenten oder Zusätzen zum Futter. »Immer wieder dasselbe, kaum einer kann lesen, und jeder hält sich für kompetent. Immer nach dem Motto ›viel hilft viel‹. Erst wenn gravierende Schäden auftreten, schickt man nach mir.«

Zu dem »Sandalenwerfer« äußerte er sich nicht. Er versprach aber, zu uns zu kommen, sich die angeblich durch die Spritze erkrankten Tiere anzusehen und mit deren Besitzern zu sprechen. »Allerdings geht das nicht heute und morgen. Aber ich werde kommen.«

Das tat mir sehr gut, denn egal, was bei der Sache mit den Kühen herauskam, musste ich mich absichern und somit auch Baba, Lpetati und mir selbst helfen.

Und dann konnte es immer noch sein, dass die Geschichte von

den erkrankten Kühen nur erfunden war und als Vorwand für irgendeine Erpressung oder einen Streit benutzt wurde.

»Die Rechnung für Ihre Bemühungen können Sie für mich auch hier hinterlegen, falls ich nicht vor Ort sein sollte. Es geht auf jeden Fall klar. Ich muß noch einmal für ein paar Wochen nach Mombasa.«

Wieder daheim, kündigte ich den Besuch des Veterinärs an und brachte am Abend vor dem Kamin die Rede darauf, dass ich nur noch wenig Geld auf dem Konto hätte, ohne Lpetati zu verraten, wozu ich demnächst eine größere Summe brauchte. Er wusste zwar von den Kosten für den Tierarzt und verstand auch, dass unsere Reise an die Küste, der Besuch seiner Mutter und unser Ferientag in Nakuru ins Geld gegangen waren und der Sandalenwerfer entlohnt worden war. Nach ein paar, wie mir schien, argwöhnischen Fragen gab er sich damit zufrieden, dass ich wieder nach Mombasa fahren müsste. »Es ist auch nicht für lange, *Simba lai*. Höchstens fünf Wochen.«

»Bringst du mir dann neue Schuhe mit?«, fragte er plötzlich interessiert. »Solche, wie wir sie bei Bata Bata in Mombasa gesehen haben, diese hellen Stiefel, die die *wazungu* tragen, wenn sie auf Safari gehen. Dann werden die Leute hier staunen.«

Nach meinem Bejahen war der Fall für ihn erledigt. »*Ahsante Chui ai, Safari njema, nketok, usisahau kurudi punde sana*! Danke, meine Chui, gute Reise, vergiss nicht, ganz schnell wiederzukommen!«

Er versprach mir, sich während meiner Abwesenheit um die Tiere, den Garten und das Feld zu kümmern. »Dein Löwe leistet gute Arbeit. Du wirst es sehen. Und du, mach schöne Musik – mit deinem Freund!«

»Was soll das denn? Freund. Warum betonst du das so? Vielleicht trete ich ja auch allein auf.«

»War nur ein Scherz, *Chui ai*, vergiss es! Aber Mombasa, Mombasa – das ist manchmal zu viel!«

Ich horchte auf. »Sprich weiter, *Simba*. Was gibt es, *lpayan*?«

»Es gibt nichts. Außer, dass Mombasa nicht um die Ecke liegt. Aber dafür kannst du ja nichts.« Er lachte breit, dann lachten wir beide. Er stand auf. »Gib deine Gitarre. Das ist dein Freund, unser Freund, der beste Freund!« Ich war erleichtert und brachte ihm das Instrument, das ich immer in einer festen Hülle hinter dem Kopfteil meines Bettes aufbewahrte. Er stellte es neben sich und nahm mich kurz in seine Arme. Dann drückte er mich in einen Sessel und setzte sich. Er zupfte einige Saiten, hämmerte auf dem Gitarrenkorpus einen komplizierten Rhythmus und forderte mich auf »Fivehundred Miles« zu singen und »Shauri yako«, Lieder, die er besonders liebte, und erfand ganz spontan ein eigenes Lied: »Mombasa liegt nicht um die Ecke. Es liegt am Ozean, und der ist weit, weit weg von hier.« Bis lange nach Mitternacht hatten wir unseren Spaß am Dichten von Texten und Erfinden von Melodien.

Es fiel mir angesichts von so viel Harmonie und Freude schwer, meine Reisetasche zu packen und alles wieder hinter mir zu lassen.

Zustände in Shanzu

Gerade in Shanzu eingetroffen, geriet ich in große Gefahr, als auf der Straße, die ich soeben überquert hatte, mit ohrenbetäubendem Knall der Reifen eines schwerbeladenen Lastzugs platzte. Das Fahrzeug schlingerte und rutschte neben mir die Böschung hinab. Teile des zerfetzten Reifens waren nur Zentimeter an mir vorbeigeflogen. Durch einen starken Luftzug wurde ich regelrecht zur Seite geschleudert. Zunächst konnte ich mich kaum rühren, rappelte mich dann aber benommen auf und rannte wie in Trance den engen, immer mehr verbauten Weg zu meinem Häuschen hinunter. Auf der Treppe zur Terrasse ließ ich mich erschöpft nieder und weinte auf einmal hemmungslos. Es dauerte lange, bis ich mich etwas beruhigte, und eine Zeit lang dachte ich gar nichts, sah nur in den Limonenbaum.

Den Volksauflauf und das Palavern und laute Diskutieren der Anwohner, die zur Straße gerannt waren und immer noch rannten, nahm ich nur am Rande wahr. Ich hörte auch nicht das Geschrei der erschreckten und verletzten Insassen. Zwei dicht aufeinanderfolgende und drei entgegenkommende Sammeltaxis waren durch das scharfe Bremsen zusammengestoßen. Zwei Fahrgäste waren getötet worden. Erst später erfuhr ich davon.

Ich schloss mein Haus auf und legte mich aufs Bett. Die Nachtfahrt von Nairobi war anstrengend genug gewesen, und ich wollte einfach nichts mehr hören und sehen.

Erst Tage später fühlte ich mich wieder gut und nahm Kontakt zu Eddie auf, um herauszufinden, ob wir gemeinsam in einigen Hotels zum Musizieren auftreten konnten. Schließlich war das Arbeitfinden diesmal wieder der Hauptgrund meiner Reise. Hätte ich Maria und Daniel nicht kennen gelernt und nicht die Frau, die sich die Rippen gebrochen hatte, und hätten wir nicht den Tierarzt einschalten müssen – ich würde jetzt sicher daheim mit Lpetati vor dem Blockhaus sitzen. Wir würden dort auch musizieren, wenn auch anders und sicher außer übliche Sorgen viel Freude haben.

Der verunglückte Laster befand sich immer noch an der Straßenböschung, Arbeiter reparierten die Rücklichter und montierten den hinteren Reifen. Ich hielt mich nicht lange auf, aber ich musste dort vorbeigehen, weil eines der Telefone nicht funktionierte, es Stromausfall gab und ich mein Handy nicht aufladen konnte.

Dicht vor meinem Garten war ein dunkelroter Container aufgestellt worden, der mir die Sicht zum Weg versperrte und in dem ein Gemüseladen untergebracht werden sollte, wie mir Nachbar Otto erklärte. Und dann überraschte er mich mit der Eröffnung: »Ich habe hier die längste Zeit gewohnt. Ich ziehe hier weg. Guck mal, mein Garten, da hat jemand Gerümpel abgeworfen und alles zertrampelt. Wenn ich bloß wüsste, wer. Und dann sind hier Hunde vergiftet worden von irgendwelchen Arabern, und das soll meinem nicht passieren. Und so viel – na ja, will mal sagen, eigenartige Neuzugänge. Irgendwann wird das hier ein Pulverfass.«

Otto besaß einen bildhübschen dunklen Schäferhund, Astor, den ich manchmal beaufsichtigt und zu mir geholt hatte, wenn Otto für Besorgungen nach Mombasa fahren musste und seinen vierbeinigen Freund nicht mitnehmen konnte. Ich liebte seinen Hund, er erinnerte mich so sehr an Deutschland, wo auch wir ein solch schönes Tier besessen und fast fünfzehn Jahre lang unsere Freude daran gehabt hatten.

Bei einer Einladung von Otto zum Kaffee – »kenianischer Kaffee, aus Deutschland mitgebracht, erstklassig!« – diskutierten wir über die mangels Bauvorschriften unkontrollierte Bebauung des einstmals so beschaulichen Ortes, der dadurch fast hässlich und laut geworden war. Es fehlten immer mehr grüne Plätze und ruhige Winkel, alte Bäume oder kleine lauschige Wege. Alles schien ineinanderzuwachsen. Und überall türmte sich mehr Unrat, zunehmend bunter Plastikmüll.

Sonst hatte mich noch mein Garten mit viel Freiraum ringsherum umgeben und vor und hinter dem Haus einige baumbestandene, verschlungene Wege sowie kleine Gärten. Jetzt gab es kaum noch etwas Grünes über eine zusammenhängende Strecke, Bäume waren gefällt worden, und nur noch an wenigen Orten in Shanzu, die idyllisch und afrikanisch waren, mochte man sich gern aufhalten.

Als ich Nachbar Otto nach dem *mzee* fragte, erzählte er mir, dass der alte Herr gestorben sei. Ich war völlig überrascht, erschrocken und sehr traurig. Irgendwie hatte der Alte zu mir und hierher gehört. Es fiel mir schwer, mir Shanzu ohne ihn vorzustellen.

»Ich mochte ihn auch, obwohl ich ihn zuerst für kauzig gehalten und ihm damit Unrecht getan habe«, sagte Otto. Dann holte er Papayawein. »Der Alte hat es gut gehabt«, fuhr er fort, »nicht in dem Sinn, dass er etwas Materielles besaß. Aber er war reich von innen her. Sein Freund aus Utange hat sich sehr um ihn gekümmert, und er hat ihn auch bei sich begraben, vor der Hütte. Ich war einmal da. Ist ja seltsam genug diese Art von Beerdigen.«

Ich nickte. »Und – die Hunde?«

»Sind in guten Händen. Ich hab es ihm sogar versprechen müssen, für sie zu sorgen. Sie haben ein neues Zuhause in Bombolulu, Weiße, mit einem großen Garten mit viel Auslauf. Komm, trink einen Schluck, stoßen wir auf den *mzee* an.«

Otto war auf seine Art liebenswert und selbstlos, eigentlich viel zu gut für diese Welt, und er besaß einen praktischen Sinn für das Richtige im richtigen Augenblick. Es war sehr schade, nun auch Otto als guten Nachbarn zu verlieren, wenn er fortzog.

Von seinen menschlichen Qualitäten abgesehen, würden mir wohl auch seine handwerklichen Fertigkeiten fehlen. Als ich das letzte Mal eine Glühbirne an der sehr hohen Decke im Wohnzimmer auswechseln wollte und einen Stuhl auf den Tisch gestellt hatte, um an die Fassung zu kommen, hatte ich Ottos Stimme von draußen gehört. »Mädchen, Mädchen, nicht verzagen, einfach Nachbar Otto fragen!« Dann war er mit einer Leiter gekommen und hatte im Nu die Birne ausgewechselt. Und anschließend hatte er meine Außenbeleuchtung repariert, ohne dass ich etwas gesagt hatte, nur weil er festgestellt hatte, dass sie nicht zuverlässig funktionierte.

Ende einer Idylle

Am Abend stellte ich selbst fest, wie groß der Geräuschpegel durch die enge Bebauung war. Aus den immer näher gerückten Behausungen drangen Stimmen, Kindergeschrei, Radiogedudel und immer wieder dieselben Lieder von einer Kassette. Als ob das nicht schon genug wäre, verursachte eine neu aufgestellte Maismühle, höchstens dreißig Meter entfernt, erheblichen Lärm, ständiges Geratter und Quietschen. Sie war selbst noch am späten Abend in Betrieb. Und in einem Haus in der Nachbarschaft wurde unablässig laut und hysterisch gebetet. Wie sollte ich da den Feierabend genießen oder gar üben können für meine Musikauftritte?

Langsam reifte auch in mir der Plan, das Häuschen zu veräußern und mir ein ruhigeres Plätzchen zu suchen, wenn es mir auch leidtat, besonders um den Garten, den ich gehegt und gepflegt hatte. Den Limonenbaum würde ich vermissen, seine Blüten, seine Früchte, seinen Duft, seinen Schatten, das ganze Flair, das von dem alten, verwunschen wirkenden Baum ausging. Für mich hatte er, wie alle Bäume, besonders die alten, etwas von einem menschlichen Wesen an sich. Immer wieder musste ich daran denken, was so ein Baum im Wandel der Zeiten schon alles gesehen hatte. Für mich lebten alle Pflanzen, aber anders als sie im botanischen Sinn lebten. Für mich besaßen sie eine Art Seele, wenn das auch nur ein Gefühl war. Schon als Kind hatte ich eine ganz besondere Liebe zu Bäumen und Blumen entwickelt. Und seit ich im Norden Kenias einige Dürrezeiten miterlebt hatte, sah ich selbst im unscheinbarsten Kräutchen und im spärlichsten Grashalm ein Wunder. Nie würde ich einfach irgendetwas ausreißen und gedankenlos wegwerfen können.

Von dem pinkfarbenen Oleander konnte ich, wie auch von den anderen Büschen und Blumen, besonders dem wilden tiefblauen Salbei, Stecklinge und Samen mitnehmen, auch einige Schoten der gefiederten Akazie, die mich mit ihren Blüten so sehr an die Mimosen erinnerte, die man im Winter in Europa in den Blumengeschäften kaufen konnte. Und natürlich würde ich Limonen pflücken und mein Glück versuchen, aus ihren Kernen ein neues Bäumchen zu ziehen. Die Idee gefiel mir und versöhnte mich.

An einem Nachmittag fuhr ich mit Otto nach Mtwapa, um mir mit ihm einige Häuser anzusehen, die ein bisschen abseits lagen. Otto war leidenschaftlicher Hobbygärtner. Er hatte bereits in Shanzu erfolgreich Tomaten, Paprika, Zucchini, Bohnen, Möhren, Erbsen, Kartoffeln und Zwiebeln angebaut. Schon bald war Otto fündig geworden und hatte ein Haus entdeckt, das ihm zusagte und das auch für seinen Hund ideal schien. Ich überlegte noch, denn eigentlich brauchte ich ja nur eine vorübergehende Bleibe, wenn ich an der Küste war. Diese sollte allerdings im Grünen liegen, vielleicht zwischen Mangobäumen oder Palmen, mit

Hecken von Bougainvillea, wie es sie so häufig in Mtwapa gab, nicht an einer befahrenen Straße. Zudem brauchte ich eine gute Verkehrsanbindung.

Als Ottos Umzug bevorstand, half ich ihm beim Verstauen seiner Sachen. Jetzt, da es Ernst wurde, und ich meinen guten Nachbarn verlor, war mir recht wehmütig ums Herz. Wir versprachen einander, uns öfter zu besuchen.

In das leere Haus, das Otto zuvor bewohnt hatte, zog nur wenig später eine Familie ein, bei der bald die Polizei aus- und einging. Es hieß, das erst sechzehnjährige Dienstmädchen würde misshandelt und auch die Tochter der Familie. Normalerweise würde kaum jemand davon Notiz nehmen, aber der Onkel des Dienstmädchens war Polizeibeamter. Nun musste ich mir öfter das Gezeter und Beschimpfen anhören, bis der Beschuldigte abgeholt wurde. Statt seiner hatten nun zwei ältere Frauen in dem Haus das Sagen. Ruhiger allerdings ging es dort auch jetzt nicht zu, und immer saß irgendjemand vor der Haustür und spähte zu mir hinüber.

Ich konzentrierte mich auf meine Beschäftigung, wegen der ich ja eigens an die Küste gekommen war, und hatte mehrere Aufträge erhalten, teils durch eigenes Bemühen, teils durch Eddie und einen weiteren Kollegen vermittelte und stand so nun fast jeden Abend auf der Bühne. Inzwischen hatte es sich auch herumgesprochen, dass ich zu besonderen Anlässen der europäischen Gäste, wie runde Geburtstage und Silberhochzeiten, die in die Urlaubszeit fielen, zu günstigen Konditionen spielte und dabei auf die speziellen musikalischen Wünsche der Auftraggeber einging.

Das Musizieren in privatem Kreis war eine sehr erbauliche Arbeit, eigentlich verdiente sie die Bezeichnung »Arbeit« gar nicht, da sie eine besondere Freude für mich war. Was mir, vom Musizieren einmal abgesehen, besonders gut daran gefiel, war die Möglichkeit, mich mit Landsleuten oder anderen Europäern zu unterhalten. Zu dem ausgehandelten Stundenlohn gab es sehr oft noch Extrascheine dazu, wenn mein Spielen und Singen den Gästen besonders gut gefallen oder ich mich bereit erklärt hatte, noch eine Stunde dranzuhängen.

So verdiente ich ganz gut und konnte schon bald wieder an die Rückfahrt ins Hochland denken. Doch vorher wollte ich unbedingt die Sache mit dem Haus in Shanzu überdenken.

Ich sprach auch mit Eddie lange darüber. Er kam mir spontan entgegen und sagte schlicht: »Unser Haus ist auch dein Haus. Ein Wort von dir genügt. Ein Zimmer ist immer frei. Du kannst jederzeit dort einziehen.«

Mit diesem Angebot fühlte ich mich sehr erleichtert. Allerdings lag das besagte Haus ein wenig abseits. So würde es etwas beschwerlich und vielleicht auch – je nach Tageszeit – gefährlich sein, den streckenweise einsamen Weg zu gehen, bis ich ein *matatu* oder einen Bus fand, mit dem ich in die Hotels, zum Einkaufen, nach Mombasa oder zu Freunden kommen konnte. Aber überlegen wollte ich es mir.

Und dann, eines Morgens, hatte ich mich entschieden. Ich schrieb auf kleine Pappen, dass wegen Umzugs einige Möbelstücke und diverse Haushaltsdinge günstig oder auch unentgeltlich abzugeben seien, wartete ein wenig, las noch einmal das Geschriebene, gab mir einen Ruck und befestigte schließlich die Schilder am Gartenzaun.

Die Möbel und privaten Dinge, die mir wichtig waren, würde ich irgendwo unterbringen, vielleicht in einem für eine Zeit gemieteten Appartement oder bei Eddie. Missmutig begann ich, Schränke und Regale auszuräumen, legte meine persönlichen Sachen erst einmal auf die Seite und auch in eine Tasche, besonders Fotos, Briefe, Unterlagen, Quittungen, Geschenke, Noten, Musikkassetten, meine elegante Garderobe für die Auftritte. Mein Mikrophon, die Verlängerungskabel, Besteck, Gläser und einiges an gutem Geschirr, den elektrischen Wasserkocher, mein kleines Radio und etwas Bettwäsche brachte ich in einem Koffer unter, den Verstärker und meine Gitarre in einem größeren Karton. Koffer und Karton würde ich Eddie anvertrauen, denn bei ihm wusste ich beides in guten Händen. Die Gitarre würde ich aber wohl mitnehmen. Es war zwar ein wenig unbequem, sie hin- und herzuschleppen, je nachdem, wo ich sie brauchte, doch sie war mir jeden Aufwand wert.

Ein bisschen verschämt, aber neugierig stand ich hinter der mit leichtem Store verhüllten Glastür und beobachtete, ob jemand stehen bleiben und das Geschriebene lesen würde.

Was dann folgte, hatte ich nicht zu denken gewagt. Das Häuschen wurde regelrecht gestürmt. Alles schien bei den Interessenten aus der Nachbarschaft noch Verwendung finden zu können. Selbst Gegenstände, die ich für den Müll zusammengestellt hatte, wurden unbesehen mitgenommen.

Etwas wehmütig dachte ich an die Zeit in meinem Haus zurück, als es hier in der Gegend noch still und idyllisch gewesen war. Mir wurde bewusst, wie sehr mir der *mzee* fehlte. Wäre er noch am Leben, hätte ich das Haus nicht aufgegeben. Ihn allein zurückzulassen, hätte ich wohl nicht fertiggebracht, denn außer einem guten Freund hatte er niemanden, dem er vertrauen, und auch niemanden, der mit ihm umgehen konnte.

Ich war traurig darüber, dass ich mich nicht von ihm hatte verabschieden können, aber auch erleichtert, dass ich nun ohne Sorgen um ihn weggehen konnte.

Die Hunde des *mzee*

Gerade hatte ich noch Fotos sortiert, auf dem auch der *mzee* und seine beiden Welpen abgebildet waren. Beim Betrachten der Aufnahmen wurde ich durch Hundegebell gestört. Zunächst nahm ich keine Notiz davon, aber es hörte einfach nicht auf. Als ich aus dem Fenster schaute, gewahrte ich zwei Hunde vor meiner Gartenpforte. Sie gebärdeten sich, als wollten sie hineingelassen werden. Erst bei genauerem Hinsehen erkannte ich die beiden Hunde des *mzee*, die inzwischen fast ausgewachsen waren. Wie kamen sie bloß hierher?

Suchten sie ihr Herrchen? Waren sie schon länger in Shanzu? Woher wussten sie, dass ich hier war und dass sie willkommen waren? Das war ja geradezu unheimlich! Ich rief sie beim Namen und öffnete ihnen die Tür. Sie wedelten, jaulten, umsprangen mich, warfen mich fast um und hechelten. Als sie sich etwas beruhigt hatten, stellte ich ihnen frisches Wasser hin und setzte mich zu ihnen auf die Stufen unterhalb der Terrasse, streichelte sie und sprach mit ihnen. Sie waren ziemlich abgemagert, und in ihrem Fell sprangen Flöhe, wie bei ihrem kurzen Haarkleid leicht zu erkennen war. Mit einem alten Kamm, den ich schon ausrangiert hatte, kämmte ich einige der Quälgeister aus und warf sie in die Toilette. Einer der Hunde legte seinen Kopf auf mein angewinkeltes Bein, blinzelte mir zu und seufzte. Der andere drückte sich gegen mich. Was sollte ich jetzt tun? Einige Tage konnten sie noch bleiben, aber dann musste ich etwas für sie finden. Mitnehmen konnte ich sie nicht auf die weite Reise. Dann fiel mir ein, dass es kurz vor Mombasa ein Tierheim unter Schweizer Leitung gab. Sollte es möglich sein, die Tiere dort unterzubringen, wäre es geradezu ideal. Sie hätten dann Zuwendung, Auslaufmöglichkeiten, gute tierärztliche Betreuung, und ich konnte die beiden jedes Mal, wenn ich an der Küste war, besuchen.

Im Tierheim erlebte ich eine Überraschung. Eine aufgeregte weiße Frau, apart gekleidet, mit rotgetönten Haaren, sprach mit einer blonden Pflegerin und zwei Angestellten und zeigte ihnen ein Foto von zwei Hunden. Offenbar war sie die neue Besitzerin. Ich erkannte die beiden Hunde auf dem Foto sofort.

»Die Hunde kenne ich«, rief ich aufgeregt, »sogar von klein auf, und genau deshalb bin ich hier. Sie sind heute Morgen bei mir in Shanzu aufgekreuzt. Sie haben einem alten Herrn in der Nachbarschaft gehört.«

»Aus Shanzu. Ja, natürlich, von dort her kommen sie, von einem Freund des alten Herrn haben wir sie übernommen. Papiere gab es natürlich keine«, sagte die weiße Frau.

Und dann erfuhr ich, dass sie ihren Gärtner angezeigt und bereits entlassen hatte, weil dieser die Hunde einfach davongejagt hatte. Augenzeugen hatten es gesehen. »Hunde und Moslems – das klappt selten«, schloss sie.

Im Moment kam ich mir vor, als befände ich mich auf einer deutschen Polizeiwache. Außer den beiden Pflegern gab es nur Weiße um mich herum, weil noch mehr Europäer hinzugekommen waren.

»Dann hat es sich ja aufgeklärt«, sagte die blonde Pflegerin, die ein Praktikum in Kenia absolvierte. »Das trifft sich gut. Vielleicht arrangieren Sie beide sich, dann brauchen wir kein eigenes Fahrzeug bereitzustellen, um die Hunde wieder zurückzubringen«, meinte sie.

Im Landrover der rothaarigen Frau, die Clarissa hieß, fuhren wir zusammen nach Shanzu. Unterwegs führten wir ein angeregtes Gespräch. Clarissa war weltgewandt, hatte keine finanziellen Sorgen, wie es schien, und so ganz verstand ich nicht, was sie hier an der Küste hielt, denn sie mokierte sich über vieles. Mir kam es vor, als residiere sie hier nur, ohne wirklich hier zu leben. Solche Europäer kannte ich auch, aber sie waren keine Bereicherung und sicher kein Segen für die Bevölkerung, außer, dass sie Geld ins Land brachten. Aber sonst wollten sie, bitte schön, ihre Ruhe haben und nur von dem profitieren, was ihnen gefiel. Meist waren das Sonne und Meer, preiswerte Häuser und billige Arbeitskräfte und vielleicht irgendwelche exotischen Amouren.

In Shanzu hatten wir erhebliche Schwierigkeiten, in der Nähe meines Hauses parken zu können. »Hier wohnen Sie also.« Es klang wie ein Tadel.

»Ich ziehe gerade aus«, beeilte ich mich zu versichern und ärgerte mich, weil ich mich rechtfertigen und die Zustände um mein Haus herum entschuldigen wollte. Was ging es die elegante Clarissa überhaupt an, wo ich wohnte? Und wenn sie erst gewusst hätte, aus welcher erbärmlichen Wellblechhütte die Hunde stammten, die ja gleich gegenüberlag!

An der Reaktion der beiden Hunde merkte ich, dass sie ihre

neue Herrin akzeptierten. »Wie seht ihr denn aus«, jammerte Clarissa mit seltsam hoher Stimme, »Wie sehen denn meine armen Lieblinge aus! Jetzt geht es aber marsch zurück zu Frauchen, und ab in die Wanne, und dann gibt es erst mal ein gutes Fresschen!«

Sie lockte die Hunde, die mich umwedelten, mit etlichen Tricks und Geschnalze in ihren Wagen. Aber dann stoben sie plötzlich wieder hinaus und zwar auf die verfallene Hütte zu, in der der *mzee* gewohnt hatte. Ich lief hinterher und beschwichtigte sie. Bereitwillig kamen sie mit zurück. »Die mögen Sie aber auch«, stellte Clarissa fest. »Übrigens, ein ganz dickes Dankeschön, Sie haben mir viel Ärger erspart. Besuchen Sie mich mal in Bombolulu«, sagte Clarissa noch.

»So, nun aber fix zu Frauchen ins Auto! Und auf geht's!« Clarissa klatschte in die Hände.

Ich war sehr enttäuscht, als sie mit den Hunden des *mzee* davonfuhr, die schon als Welpen oft bei mir gespielt hatten. Ich wurde rührselig und schluckte.

Auf einmal hasste ich Shanzu und war froh, es bald zu verlassen.

Musik und Glanz der Sterne

Um auf andere Gedanken zu kommen, telefonierte ich lange mit Eddie und seiner Frau. Dann besuchte ich Otto in seinem neuen Domizil, um ihm die Geschichte mit den Hunden zu erzählen.

Er brühte einen wunderbaren Kaffee auf, machte aber einen müden Eindruck auf mich. »Kann ich etwas für dich tun?«, fragte ich deshalb. »Danke, aber im Moment nicht. Übrigens habe ich eine sehr nette Nachbarin – aus der Schweiz. Sie kümmert sich sehr. Sie wohnt hier mit ihrem kenianischen Mann. Naja.« Ich wusste nicht, wie ich das »Naja« deuten sollte, es lag so viel Skepsis darin.

Bei einem Rundgang durch den schönen Garten kam ich auf

andere Gedanken. Astor begleitete uns. Sein dunkles Fell glänzte in der tiefstehenden Sonne. Ich bot Otto an, ihm beim Umtopfen einiger Blumen und dem Auspflanzen seiner selbstgezogenen Tomaten zu helfen. »Ende der Woche. Versprochen. Und danke für den besten Kaffee in Kenia! Du solltest ein Café aufmachen. Alle Europäer lägen dir zu Füßen!« Damit verließ ich ihn, um rechtzeitig zu meinem Auftritt im Dolphin Hotel zu sein. Ich musste mich ja noch umziehen, die Noten, die Gitarre und das Mikrophon mitsamt den Kabeln aus Shanzu holen.

Es wurde ein gelungener, besonderer Abend, mit einem Fest am Pool, »African Night« betitelt, mit afrikanischem Essen und hübschen Dekorationen. Eddie und ich hatten unser Bestes gegeben, waren zeitweilig sogar noch von einem früheren Kollegen, einem Gitaristen, und einer der einheimischen Sängerinnen, mit denen Eddie in meiner Abwesenheit musizierte, unterstützt worden. Die Tanzfläche war überfüllt. »Eine richtige Session!«, schwärmten zwei Ober aus der Bar hinter uns. Und es hätte wirklich nicht schöner sein können, Musik im Glanz der Sterne, unter rauschenden Palmwedeln und mit dem intensiven Geruch des nur wenige Meter entfernten Ozeans.

In der Nacht lag ich lange wach. Die leeren Räume meines Hauses belasteten mich. Ich betrachtete durch die vergitterten Scheiben den Limonenbaum, hörte das leise Kratzen der Zweige an der Hauswand im Nachtwind. Als der Mond durch das Laub schimmerte, setzte ich mich, obwohl es schon fast auf den Morgen zuging, aber noch dunkel war, draußen auf die Treppe. Die laue Luft half mir ein wenig, ruhiger zu werden. In gut zwei Wochen würde ich die Küste wieder verlassen. Manchmal kam es mir vor, als hätte ich mehrere Leben, alle verschieden, alle einzigartig, alle mit ihrer eigenen Freude, ihren eigenen Anforderungen und Entscheidungen.

Mariam

Nach etlichen Überlegungen hatte ich beschlossen, außer dem Ausräumen noch nichts weiter mit dem Haus zu unternehmen. Sollte ich wieder an die Küste kommen, wollte ich mich um ein Appartement in Mtwapa bemühen.

Dann gab es eine glückliche Fügung: Mariam, eine liebe Bekannte, Frau eines Musikers, die erst kürzlich wieder mit Mann und jüngster Tochter von Likoni nach Shanzu gezogen war, wollte sich um den Garten kümmern und dafür die Früchte ernten. Ich stimmte erfreut zu, denn ich mochte Mariam. Für eine Muslima vertrat sie ziemlich moderne Ansichten. Ihre Ehe machte einen harmonischen Eindruck. »Es ist ganz einfach«, hatte sie mir erklärt, »ich bin der Chef im Haus, und Mireddine ist es draußen, beide Positionen sind wichtig und keiner macht sie dem anderen streitig und redet hinein. Alles besonders Wichtige stimmen wir immer ab.«

Gemeinsam fuhren wir beiden Frauen nach Mombasa, da ich für Lpetati die gewünschten Schuhe und passende Socken kaufen und Mariam für ihren Mann in einem der vielen kleinen Läden in der Altstadt einen maßgeschneiderten Anzug abholen wollte. »Es fällt auf die Frau zurück, wie der Mann herumläuft«, meinte Mariam, »und ich bin stolz darauf, wenn es heißt, schau dir den Mann von Mariam an. Sieht er nicht gut aus?«

Nach unseren Besorgungen hatten Mariam und ich uns in einem arabischen Restaurant verabredet. Bei einem *chai masala* kam es zu einem eigenartigen Gespräch: »Wenn Mireddine sich für dich entscheidet, bin ich sehr zufrieden und einverstanden«, überraschte mich Mariam. »Ich mag dich, das weißt du, und es ist mir lieber, ich weiß, bei wem mein Mann ist, wenn er nicht nach Hause kommt – außer er ist bei seiner Arbeit.«

»Aber – ich bin doch vergeben, Mariam. Ich habe keinen Bedarf«, lachte ich. »Wie kommst du bloß auf so etwas?«

»Mein Mann hat sich in dich verliebt. Ich weiß es schon lange. Und ich bin mit seiner Wahl zufrieden.«

Ich war überrascht. »Das kann doch nicht sein, dein Mann und ich haben kaum Zeit miteinander verbracht. Gesprochen haben wir nur bei den Konzerten, wo ich für die Sängerin eingesprungen bin.«

»Ich weiß, im Intercontinental, in Watamu, und im Hemingways. Wir haben darüber gesprochen. Er hat gesagt ›Mariam, ich liebe dich, aber es gibt noch eine Frau.‹ Und diese Frau bist du.«

Für Mariam als Muslima war es nicht ungewöhnlich, dass ein Mann zwei Frauen hatte. Sie ging ganz entspannt mit diesem Thema um. Nach einer Pause rückte sie ein wenig näher an mich heran und murmelte fast: »Du weißt, dass ich eine Unterleibsoperation hatte – oder nicht? Deshalb war ich auch so lange mit der jüngsten Tochter bei Mireddines Mutter. Ich konnte lange gar nicht richtig laufen. Es hat sich körperlich einiges verändert. Was soll so ein armer Mann mit mir?«

Sie sprach wieder normal weiter. »Mireddine liebt mich, weil ich seine Frau bin; ich bin ihm eine gute Frau und die Mutter seiner Kinder. Aber ein Mann braucht nun einmal eine Frau – auch für andere Dinge. Er liebt dich, er liebt uns beide. Und das ist gut so. Ehe er sonst irgendwo hingeht, wäre es mir recht, er geht manchmal zu dir.«

»Aber zwischen uns ist nichts, Mariam. Ich bin wirklich überrascht über das, was du mir da sagst. An so etwas habe ich nie gedacht. Ich mag euch beide, ihr seid meine Freunde. Warum sollte dein Mann zu mir kommen? Ich bin meinem Mann treu.« Mir fiel die Gewitternacht im Hemingsway ein, einem Fünf-Sterne-Hotel, wie ich es an der Küste noch nie gesehen hatte. Mireddine und ich hatten mit zwei anderen Kollegen am Meer gestanden, kurz vor unserem Auftritt, hatten die Gischt sich grell gegen den fast schwarzen Himmel abheben sehen, hatten den Wind gespürt, der schnell zu einem Sturm wurde, der die Tische und Stühle auf der Aussichtsterrasse durcheinandergewirbelt hatte – alles höchst eindrucksvoll, und mittendrin Mireddine und ich, vom Regen und einer besonders hohen, in Ufernähe sich überschlagenden Welle durchnässt. Wir hatten uns danach wieder für die Bühne hergerichtet, Haare und Kleidung mittels Föhn getrocknet und in Form gebracht. Für Augenblicke hatten uns Emotionen überwältigt, die Realität holte uns jedoch schnell wieder ein.

Ich dachte noch daran, als ein *matatu* Mariam und mich nach Shanzu zurückbrachte.

»Bald fahre ich wieder in den Norden«, ließ ich Mariam wissen. »Ich freue mich, dass du wieder hier bist und auch nach dem Garten schaust. Grüße Mireddine und eure Töchter von mir, besonders eure Kleine, und eure Katzen.« Dann händigte ich Mariam den Schlüssel für das Gartentor aus.

Traurigkeit

Am Wochenende vor meiner Abfahrt löste ich mein Versprechen ein und fuhr nach Mtwapa, um Otto im Garten zu helfen. Ich freute mich schon auf seinen vorzüglichen Kaffee, den es sicher geben würde. Aber Otto schien nicht zu Hause zu sein. Auch Astor meldete sich nicht. Dabei war er besonders wachsam. Noch einmal versuchte ich mein Glück und läutete an der Tür. »*Hi, Lady*«, sprach mich ein junger Mann arabischen Einschlags auf Englisch an. »*In case you're looking for Otto. He is not around. They brought him to hospital in town, yesterday evening.*«

Ich traute meinen Ohren nicht. »Was ist denn passiert?«, fragte ich besorgt.

»Malaria und noch etwas«, hieß es, Otto sei plötzlich draußen vor seiner Eingangstür zusammengebrochen. Man habe ihn mit hohem Fieber in ein Krankenhaus eingeliefert.

»Und in welches Krankenhaus ist er gebracht worden?« Der

junge Mann wusste es nicht. Ich war in heller Aufregung und völlig durcheinander. »Weiß denn jemand mehr darüber?«, erkundigte ich mich. Der junge Mann zuckte die Schultern. »Ich nicht. Ich wohne da drüben. Vielleicht die Nachbarin. Aber sie ist in der Stadt. Vielleicht bei Otto. Wenn sie wiederkommt, weiß sie sicher mehr.«

Ich wartete noch eine Weile, erblickte aber niemanden, den ich hätte fragen können, und die Nachbarin kam nicht nach Hause. Ich hielt Ausschau nach Ottos schönem Schäferhund, konnte ihn aber nirgendwo entdecken.

Schweren Herzens entschloss ich mich, nach Shanzu zurückzufahren, um später, oder sollte es bereits dunkel sein, am nächsten Tag noch einmal wiederzukommen.

Schon früh am nächsten Morgen war ich wieder vor Ort. Vielleicht brauchte Otto Hilfe, vielleicht konnte ich ihn besuchen und etwas für ihn und seinen Hund tun.

Doch dann der Schock: Otto war in der Nacht gestorben. Ich konnte es einfach nicht glauben, ertappte mich dabei, dass ich nach Otto Ausschau hielt. Und ich rief nach Astor, schmeichelte, bettelte – der schöne Schäferhund kam nicht. Dann eine weitere schmerzliche Entdeckung: Astor war von Arabern vergiftet worden. Ich verstand es einfach nicht. Die Europäer, die sich Hunde hielten, stießen immer wieder auf den Unwillen moslemisch geprägter Kenianer, denn sie sorgten, da Hunde als unrein gelten, für reichlich Konfliktstoff. So konnte ich nur noch beten und ihn in guter, dankbarer Erinnerung behalten.

Für die Nachbarin schrieb ich eine kurze Notiz, dass ich noch einmal wiederkäme, um Näheres zu erfahren, und auch dafür zu sorgen, dass Otto ordentlich begraben würde. Das hatte er verdient. Und ich musste mich auch darum kümmern, wer Ottos Frau und Tochter benachrichtigen sollte.

Heilung

Mit meinen Kindern in Deutschland tauschte ich einige E-mails und SMS aus und saß ein paar Tage später im Nachtbus nach Nairobi, duftende Limonen, Limonengras und Papayas in der Tasche. Ich dachte unentwegt an Shanzu und Mtwapa, an Otto, an den *mzee*, an die vielen Gespräche, oft zwischen Tür und Angel geführt und dennoch nicht oberflächlich. So viel Schönes, so viel Vergängliches.

Ich lehnte an der Scheibe, die zusehends abkühlte, weil wir mehr und mehr an Höhe gewannen. Eine Zeit lang begleiteten uns die Lichter der schmalspurigen Eisenbahn, die zwischen der Hauptstadt und der Hafenstadt einmal pro Tag verkehrte, da sie gut zwölf bis dreizehn Stunden für die Strecke benötigte. Dann folgten über Kilometer nur Büsche, und riesige Baobabbäume streckten ihre mächtigen Stämme und bizarren Äste dem Mondlicht entgegen. »Afri-ka, Afri-ka, Afri-ka«, ratterte der Bus in seltsamer Monotonie. »Boobab-Kenya.«

Kurz vor Nairobi erhellten die Lichter des Flughafens den Himmel, der sich mehr und mehr eintrübte. In der Stadt regnete es, wie so oft, am frühen Morgen.

Ich freute mich auf zu Hause.

Bevor ich heimfuhr, übernachtete ich in der Sunbird Lodge, um mit meinen Freunden zu reden, Maria und Daniel in Augenschein zu nehmen und mit dem Arzt zu sprechen.

Ich war auch neugierig darauf, was der Tierarzt inzwischen herausgefunden hatte. Dann fiel mir ein, dass ich durch die Aufregung mit Otto ganz vergessen hatte, noch einmal zur Bamburi-Post zu gehen. Sicher hatte mir Lpetati geschrieben, wie er es immer tat, wenn ich mich an der Küste aufhielt. Ich hatte nie lange auf eine Nachricht warten müssen, manchmal kam es mir fast so vor, als hätte er, noch bevor ich in Shanzu eingetroffen war, bereits einen Brief aufgegeben. Nie war ich bis jetzt vergebens zur Bamburi-Post gegangen. Die Verbindung zwischen Lpetati und mir lebte, auch wenn ich nicht bei ihm war.

Maria und Daniel waren wohlauf. Die noch immer eingegipsten Gliedmaßen schienen sie nicht allzu sehr zu verunsichern. Sie hielten mir jeweils den Arm in Gips hin, zeigten auf ihre Beine und sahen mich erwartungsvoll und mit schelmischem Blick an. Die Beine waren bereits in eine fast gerade Stellung gebracht worden, die verkrüppelten Hände wirkten ebenfalls gestreckter und gerader. Aufgeregt nickten die beiden, und dann lachten sie ausgelassen. Am liebsten hätte ich die Kinder herumgeschwenkt. Ich war so glücklich, als wäre mir selbst geholfen und eine große Last von mir genommen worden.

Da es Sonntag war, fuhren meine Freunde, ihre eigenen Kinder, Maria und Daniel und ich zum Gottesdienst. »Da muss man doch danken«, sagte meine Freundin, »und das werden wir tun.«

Beim Essen machte ich den Vorschlag, die Zwillinge und Maria und Daniel für ein oder zwei Wochen zu uns nach Hause zu holen. Die Kinder waren begeistert, vor allem die Zwillinge, denn sie kannten das Blockhaus und liebten die vielen Spielmöglichkeiten, die es im Haus und darum herum gab. Das war doch ungleich schöner, als an der staubigen Straße in Maralal zu spielen, in der sie noch wohnten, bis das neue Haus fertig war. Aber ich wollte zunächst allein fahren, alles vorbereiten und dann auch mit dem Arzt die Termine absprechen, weil ja für die kleinen Patienten zwecks Weiterbehandlung ein Fahrzeug zur Verfügung stehen musste.

Im *boma* traf ich erst gegen Abend ein. Ich fand Lpetati am Blaublumenhang, neben sich zwei *mzee* aus der Nachbarschaft und Baba. Sie schienen irgendetwas zu diskutieren und erhoben sich erst, als der Wagen meiner Freunde sich unserem Tor näherte und sie mich erkannten. Den angebotenen Tee lehnten meine Freunde dankend ab, um die Kinder nicht zu lange mit dem Hausmädchen allein zu lassen. »Aber«, sagte der Mann meiner Freundin, »es ist immer wieder schön hierherzukommen. Der schönste Platz weit und breit.«

Nachricht von Saito

Die Alten warfen noch einen neugierigen Blick auf meine Reisetasche und die Kartons mit Nahrungsmitteln für die nächsten Tage und verabschiedeten sich bald. Baba und Lpetati blieben. Lpetati umarmte mich und Baba umarmte mich, aber es war nicht so herzlich, wie es nach meiner längeren Abwesenheit hätte sein können. Ich setzte mich zu ihnen. Marissa kam mit einer kleinen weißbunten Emaillekanne voll *chai*. Ihre Begrüßung fiel um ein Beträchtliches herzlicher aus. Immer wieder küsste sie mich. Zusammen saßen wir auf der Veranda.

»Saito ist krank«, sagte da Lpetati unvermittelt, »ich habe es dir ja geschrieben, damit du schnell zurückkommst. Ich werde nach Naivasha gehen. Wir sollten nach Naivasha gehen. Baba passt auf alles auf, Marissa auch und Langis und mein Bruder.«

Ich gab mir Mühe, nicht zu überrascht zu wirken. Dass Saito krank war, erschreckte mich. Ich sagte Lpetati nicht, dass ich gar nicht zur Post gegangen war. Dennoch ärgerte ich mich. Ich hätte vielleicht ganz anders handeln können, wenn ich vorher Bescheid gewusst hätte.

»Danke für den Brief, Simba, und deine Mühe und gute Absicht. Aber ich habe den Brief nicht. Leider, Simba. Weißt du etwas Näheres darüber, was mit Saito ist? Und seit wann weißt du es?«

»Noch nicht so lange. Aber Saito geht es schon länger nicht gut. Nun, sie ist alt, ihre Kräfte lassen nach. Aber das ist es wohl nicht. Sie hat Fieber, das immer wiederkommt. Sie will mich sehen. Sie hat mit mir zu reden. Ich habe nur auf dich gewartet.«

»Das mit Saito geht mir sehr nahe. Wir werden überlegen, wie wir schnell etwas für sie tun können. Es freut mich, dass du zu ihr willst. Das möchte ich eigentlich auch. Aber – es kommt Besuch hierher, Simba. Die Kinder meiner Freunde aus Maralal und zwei Kinder, die sich hier ein wenig von einer Krankheit erholen sollen.«

Baba und Lpetati tauschten einen Blick.

»Für die du Geld aus Mombasa geholt hast«, sagte Lpetati heftig.

»Ja, auch.« Ich betrachtete ihn aufmerksam. Er sah an mir vorbei, und Baba lehnte sich zurück. Aber Marissa drückte lächelnd meine Hand unter dem Tisch.

»Wir sprechen später darüber«, sagte ich, da es mir unangenehm war, im Beisein von Baba und Marissa mit Lpetati zu diskutieren. Ich nahm mich sehr zusammen. »Mit Saito, das werden wir regeln. Ich kümmere mich darum, gleich morgen. Was hat denn der Tierarzt festgestellt?«, versuchte ich abzulenken. »Er war doch hier?«

»Die Kühe der *wazee* waren nicht von der Spritze krank«, erklärte Lpetati. »Es war eine Wurminfektion, und daran leiden jetzt noch mehrere Kühe. Eingegangen sind auch einige. Aber nicht bei uns. Wir werden auch die Kühe nicht in die Gegend treiben.«

Baba nickte beifällig.

»Auch nicht da hin, wo die Ziegen weiden«, wandte ich ein.

»Ich weiß, Chui. Dein Simba hat sich alles gemerkt!«

Ziegen waren vor Jahren die Verursacher der Wurmerkrankung gewesen; sie schieden Würmer aus, die nicht ihnen selbst, wohl aber den Kühen gefährlich werden konnten.

So froh ich war, wieder zu Hause zu sein, so sehr litt ich unter der gedrückten Stimmung. Saitos Krankheit und die Bemerkung, dass ich Geld für die Kinder geholt hätte, beschäftigten mich.

Als der *chai* ausgetrunken war, spülte ich die Emaillekanne aus und machte für Marissa ein kleines Paket mit Zucker, Reis und Teeblättern fertig und brachte sie dann zum Tor. Baba folgte uns. »Ich schau nach den Ziegen«, sagte er. »Wir sehen uns morgen.« Ich dachte, er würde noch etwas sagen. Aber er blieb schweigsam. »Gute Nacht, Baba, *tutaonana kesho*.« Er drückte mich kurz gegen seine *shuka*, die immer den gleichen Geruch verströmte, und legte mir die Hand auf den Kopf. »Danke für den Tierarzt, Chui. *Lala salama, entito.*«

Marissa war um vieles fröhlicher. »Schön, dass du wieder da bist. Ich freue mich. Alles, was du machst, ist gut.«

Einen Moment war mir, als wäre diese Bemerkung wichtig, aber ehe ich noch wirklich darüber nachdenken konnte, kam Lpetati auf mich zu. Seinen Blick auf die Reisetasche deutete ich richtig. »Die Schuhe?« Er lachte breit, setzte sich auf den Fußboden und wartete.

»Die schönsten Schuhe habe ich immer von meiner Chui bekommen.«

Mit dem Gesichtsausdruck eines kleinen Jungen, der seine Überraschung auspackt, öffnete er vorsichtig den Schuhkarton und spähte hinein. Dann nickte und lachte er und konnte die Schuhe gar nicht schnell genug anprobieren. Er ging ein paar Schritte, bewegte die Zehenspitzen unter der leicht gewölbten abgerundeten Schuhspitze, zog an den Socken herum und stand hinter mir. »*Hache, hache oleng.*« Ich spürte, wie er meine Haarspitzen knetete. Irgendetwas schien ihn zu beschäftigen, vielleicht war es Saitos Krankheit, vielleicht auch etwas anderes. Aber er sagte nur: »Ich schaue nach den Kühen. Es ist gleich dunkel.«

»Ich komme mit, ich habe sie doch länger nicht gesehen. Und wir können Zucker und Tee für deine Schwestern und die anderen mitnehmen, wenn du mir tragen hilfst.«

»*Twende, auwene, ni karibu giza.* Und *hache, hache oleng* für die wunderschönen Schuhe. Du kennst meinen Geschmack.«

Unterwegs war er kurz in heiterer Stimmung und wurde wieder ernst, als er an seine Mutter dachte. »Saito wird warten. Vielleicht geht es ihr auch schon besser, vielleicht auch nicht. Aber ich werde sie ja noch in dieser Woche sehen.« Er schwieg einen Moment, stupste mich an, zeigte auf die neuen Schuhe. »Damit kann ich gut eine Reise machen, eine Safari.« Kurz vor dem Pferch sagte er: »Unsere Kühe gedeihen prächtig, du wirst es gleich sehen. Unsere

Ziegen und Schafe auch. Wir haben viel Glück mit unseren Tieren in diesem Jahr. *Hache Ngai.*« Ich spürte seine kühle Hand, die sich fest um meine schlang. Eine Zuckertüte fiel dabei zu Boden und zerplatzte. »*Oh, Chui, nisamehe.*« Betreten sah er mich an.

»Da freuen sich die Ameisen, vielleicht auch andere. Ein paar Hände voll können wir retten, oder wir schicken die Kinder her«, sagte ich.

»Na, gut.« Lpetati lachte breit.

Die Familie begrüßte mich herzlich, wie immer, nahm dankbar Zucker und Tee entgegen, und Marissa und Ngarachuna forderten uns auf, zum Essen zu bleiben. Zwischen den Frauen, Kindern und einigen Kriegern fühlte ich mich sehr wohl, und als Baba später hinzukam, lächelte er mich zwar an, wirkte aber angespannt.

Es war schön, wieder daheim zu sein, wenn mich auch einiges beschäftigte, worüber ich mit niemandem sprechen konnte.

Als wir später vor unserem Kamin saßen und zum dritten Mal *chai* tranken, diesmal mit *masala* gewürzt, war eine friedliche, zärtliche Stimmung zwischen uns, so, wie ich es mir gewünscht hatte. »*Nketok ai, Chui.*«

»Ja. *Chui yako, Simba lai.* Das mit Saito tut mir leid. Sollte ein Arzt nach ihr sehen? Wir könnten vielleicht in Naivasha einen ausfindig machen, der zu Saito mitkäme. Du könntest auch mit ihm zusammen fahren. Ich möchte zwar gern mit, habe aber jetzt schon den Kindern versprochen, dass sie einige Zeit herkommen können. Ich begleite dich nach Maralal, vielleicht auch bis Naivasha, möchte dann aber wieder zurück. Ich konnte ja nicht ahnen, dass Saito krank ist, weil ich deinen Brief – nicht zur Hand hatte.«

»Was sind das für Kinder? Warum diese Kinder? Woher kennst du sie, und ich nicht? Die sind doch nicht von hier. Die Kinder aus Maralal, von deinen Freunden, das ist okay. Aber warum so viel Geld für diese anderen?«

»Wieso so viel Geld? Was weißt du denn?«

»Die Alten wissen etwas.«

»Ja, und? Es ist doch nicht ihr Geld.«

»Aber Geld, das wir hier brauchen, für die Familie, für Saito.«

»Wenn ich jemandem versprochen habe zu helfen, geht das niemanden etwas an. Oder fehlt hier etwas? Fehlt dir etwas? Meinst du, es ist schön, immer so hin- und herzufahren, um Geld zu verdienen, und das nicht nur für uns – wie oft teilen wir mit anderen! Wie oft müssen wir zurückstehen, weil es in der Familie, bei Nachbarn oder Freunden ein Problem gibt. Wenn ich nun keine Arbeit hätte?«

»Ich habe auch gearbeitet, sehr viel, weil du nicht da warst.«

»Ich weiß, und du weißt auch, wofür. Wir wollen es doch gut haben zusammen. Und wir haben es gut. Wie oft hast du mir das schon gesagt, und wie oft habe ich das gedacht. Es ist doch so. Und es wird so bleiben. Für uns ändert sich nichts, Simba. Es hat nichts damit zu tun, wenn ich jemandem helfe, den du, den ihr nicht kennt. Wenn das zwischen uns steht, dann stimmt etwas nicht. Denk mal darüber nach.«

Ich sprach nicht weiter, war verletzt und auch zu müde, mich mit unliebsamen Dingen auseinanderzusetzen. Lpetati gab sich zufrieden. »Ich brauche nicht darüber nachzudenken.«

Unsere Hunde stürmten auf die Veranda und enthoben mich weiterer Äußerungen.

Am nächsten Morgen sprachen wir wieder über Saito.

Normalerweise wäre Lpetati schon früher zu seiner Mutter gefahren. Aber er hatte auf mich gewartet, denn ihm fehlte offenbar das Geld. So sagte er: »Mit leeren Händen kann ich nicht dort ankommen. Und dann die *tiketi*.«

Wenn Saito krank war, dann war doch in erster Linie Saito wichtig und das, womit man ihr helfen oder ihr persönlich eine kleine Freude machen konnte. Die Erwartungshaltung des dortigen Zweiges unserer Familie nahm mir die Lust am Mitreisen. Das war, außer dem bevorstehenden Besuch der Kinder, der Grund, warum ich lieber hierbleiben wollte. Wir konnten den Verwandten Zucker und Tee mitbringen, aber vielleicht erwarteten sie mehr. Ich hätte Saito gern wiedergesehen, sehr gern sogar, und Lpetati wusste das. Mir war auch nicht wohl dabei, ihn mit seiner Sorge um seine Mutter allein reisen zu lassen. Ich weiß nicht, wie sehr er sich wunderte, dass ich ihn nur bis zum Bus begleiten wollte. Es war einfach bedauerlich, dass ich den Brief nicht abgeholt hatte, denn dann hätte ich ganz anders planen können und hätte auch die Kinder nicht eingeladen.

Natürlich wusste Lpetati nicht, was mich bedrückte, wusste nicht, was ich erlebt hatte, er wusste nicht, weshalb ich Ruhe brauchte, wofür ich außer der Reihe aufkommen wollte und musste, weil ich es versprochen hatte.

Zwei Tage später marschierten wir früh nach Maralal. Lange hatten wir das nicht mehr gemeinsam gemacht, denn das Gehen über eine so weite Distanz strengte Lpetati immer noch ziemlich an. Aber wir ließen uns Zeit, hatten zu trinken mitgenommen, Honigbonbons und Traubenzucker dabei. Hätte ein Mobiltelefon funktioniert, hätte ich meine Freunde bitten können, uns mit dem Wagen abzuholen.

Unterwegs kam alles Mögliche zur Sprache, einiges war wichtig, einiges nur so dahererzählt. Ich liebte es, mit Lpetati dahinzuwandern, es war so schön, wenn es außer uns und der Natur nichts gab. Man konnte sich dabei so großartig und zugleich klein und demütig fühlen. Wie schade, dass Saitos Krankheit der Grund unserer Wanderung war.

Bevor wir uns in Maralal nach einer Fahrmöglichkeit nach Naivasha umsahen, tranken wir *chai* und aßen ausgiebig und erstanden noch eine hübsche, leichte Decke für Saito. Lpetati war glücklich.

Der kleine bunte Bus wartete schon auf einer der staubigen, unebenen Seitenstraßen unweit des Marktplatzes. Die Fenster waren alle geöffnet, Köpfe drängten sich beim Hinausschauen aneinander, viele Passagiere standen und palaverten, und auf dem Dach türmten sich alle möglichen Gepäckstücke, darunter bunte Plastikkanister, aufgereiht an Schnüren, Matratzen, Bettgestelle.

Wenn ich das sah, war mir nicht wohl, denn ich hatte es einmal erlebt, dass so ein Bus auf der unebenen Piste auf dem Weg nach Rumuruti umgestürzt war.

Am liebsten wäre mir gewesen, Lpetati hätte mit einem *matatu* fahren können, aber so spät am Nachmittag fuhr keines mehr in die gewünschte Richtung.

Ich verabschiedete Lpetati mit dem Versprechen, sofort zu kommen, wenn Saito mich brauchte. Notfalls sollte er jemanden schicken, um mir Bescheid zu geben. Dafür gab ich gesondert Fahrgeld mit. Ich versorgte ihn auch sonst mit allem, was er benötigte, und bat ihn, in Naivasha Maismehl, Zucker und Tee und, wenn möglich, Obst für Saito, allenfalls für seinen Bruder und Familie zu kaufen. Und er sollte auf alle Fälle auf einem Arzt bestehen, wenn er das Gefühl hätte, dass Saito medizinisch versorgt werden müsste. Sollte das Geld nicht reichen, könnten wir eine Banküberweisung auf das Konto eines Arztes oder eines Krankenhauses tätigen.

Obwohl Lpetati schon des Öfteren allein zu seiner Mutter gefahren war, ohne mich um meine Begleitung zu bitten, hatte ich diesmal das Gefühl, einen Fehler zu machen.

Lpetati winkte mir aus dem kleinen Bus zu, dessen Motor unruhig rattend lief und bald den ganzen Platz in blaugraue Nebelwolken tauchte. Es roch fürchterlich nach verbranntem Gummi und Öl. Lpetatis Blick irritierte mich, obwohl er lachte. Aber irgendwie schien er unruhig. Im letzten Moment warf ich alle meine Vorsätze über den Haufen und beschloss, doch mitzufahren, aber der überfüllte Bus setzte sich bereits in Bewegung. Niemand achtete auf mein Winken zum Anhalten. Der Bus mit Lpetati fuhr ohne mich davon.

Hilfe für eine fragwürdige Frau

»*Hei, siangiki*«, rief jemand hinter mir. »Da warst du nicht schnell genug!« Ich drehte mich um, der ungepflegte Mann kam mir bekannt vor. Er hatte uns während der Osterferien in Mtwapa in unserem Appartement aufgesucht und zu der Runde gehört, die damals das Geld vertrunken hatte, mit dem ich einer Samburufrau hatte helfen wollen, mit ihren Kindern von Mtwapa aus wieder zurück in die Heimat bei Maralal zu fahren. Ich wandte mich ab. »Meiner Schwester geht's gut in Nairobi«, sagte der Mann, der neben mir herlief. »Da hast du dich wirklich großzügig gezeigt. Ist natürlich auch einfach, wenn man Geld hat.«

Es arbeitete in mir, und dann begriff ich. Mir wurde siedend heiß, und ich fühlte, wie ich rot wurde. Die Frau mit den Rippenbrüchen, für deren Operation ich einen Teil meines Verdienstes zur Verfügung stellen wollte, war offenbar die Schwester dieses Mannes. Das war ein Schlag ins Gesicht. Ich fühlte mich elend.

»Jetzt mach ich den Job meiner Schwester«, fuhr der Mann fort, »wenigstens ab und zu. Scheißarbeit. Geht nicht jeden Tag. Wäre besser mit einem Gummireifen, damit die Karre leichter läuft. Das Holzrad ist viel zu schwer. Da könntest du dich noch mal nützlich erweisen, wirklich, das würde meiner Schwester gefallen.« Der Mann zeigte auf die Schubkarre, die er neben sich abgestellt hatte und auf der sich lose Holzkohle befand, gebrauchte Plastiktüten und eine kleine Schaufel. Ehe ich mich versah, war der Mann in einem kleinen offenen Laden verschwunden und hielt mir einen Gummireifen hin. »So ein Ding wäre besser. Nur fünfhundert Schillinge, *mzungu*, geht das in Ordnung?« Als der Mann so nah vor mir stand, roch er fürchterlich nach Alkohol aus dem Mund. Er widerte mich an. Um keinen Ärger zu bekommen, ging ich in das Lädchen. »Damit alles klar ist, Sir, ich kenne den Mann da draußen nicht, der eben einen Gummireifen aus Ihrem Laden mitgenommen hat. Ich kaufe nichts für ihn. Kümmern Sie sich um den Reifen.«

Dann ging ich weg.

»Fünfhundert Schillinge, mehr nicht«, hörte ich den Mann rufen. »Nicht mehr als ein paar Biere.«

Unter anderen Umständen hätte ich mich gern bereit erklärt zu helfen. Aber der Mann und seine aufdringliche Art stießen mich einfach ab.

Daheim mit den Kindern

Mit schnellen Schritten steuerte ich das Haus meiner Freunde an.

Unterwegs wurmte es mich, dass ich ausgerechnet der Frau geholfen hatte, von der ich in Mtwapa so gedemütigt worden war. Ob sie mich auch belogen hatte, wusste ich nicht. Vielleicht hatte ihr ja auch jemand das Geld abgenommen. Vielleicht war dieser Jemand nicht ihr damaliger Mann, sondern ihr Bruder gewesen.

Ich versuchte, nicht mehr daran zu denken, und beschäftigte mich mit Lpetati auf seiner Reise, bis ich vor dem Laden meiner Freunde stand. Der Besitzer kam mir mit ausgestreckter Hand entgegen, begrüßte mich sehr freundlich, winkte mich an ihm vorbei in den hinteren Teil des Geschäftes, durch das man in die Wohnung gelangen konnte.

Da hörte ich schon die Kinder, Maria und Daniel, die Zwillinge, den kleinen Jungen. Sie riefen erfreut meinen Namen und nach ihrer Mutter.

»Du kommst gerade richtig zum Tee und zum Abendessen«, sagte diese und umarmte mich herzlich. »Schön, dich zu sehen!«

Am nächsten Morgen schickte meine Freundin einen ihrer Fahrer mit mir zum Einkaufen, und dann brachte sie mich, die Zwillinge, Maria und Daniel zu uns nach Hause ins *boma*. Die

Kinder waren von der Gegend und dem Blockhaus begeistert. Sie sahen sich immer wieder um und ließen sich auf der Veranda nieder. »Am liebsten bliebe ich auch hier«, sagte meine Freundin. »Es ist immer wieder schön. Wenn wir das Geschäft und die Lodge nicht hätten und die Kinder nicht zur Schule müssten, würde ich auch gern so außerhalb wohnen. Für Kinder ist es hier ein wahres Paradies.«

Auf den eingegipsten Fußsohlen von Maria und Daniel waren schmale Streifen von Autoreifengummi befestigt worden, so dass die Kinder sich mit meiner Hilfe fortbewegen konnten, ohne auszurutschen. Allerdings erwies sich das Gelände rund ums Haus als viel zu uneben, steil und daher gefährlich. Dabei hätte es dort so wunderbare Spielmöglichkeiten gegeben. So verbrachten wir die meiste Zeit auf der Veranda. Dort konnte ich den Kindern Fotos zeigen und erläutern, Geschichten erzählen, sie etwas raten lassen. Die Spiele mit Karten und dem Würfel ließen sich ebenfalls nur bedingt ausführen, weil Maria und Daniel das Greifen noch schwerfiel. Aber sie konnten mit den bereits ein wenig gerichteten Händen und der sich stetig darin aufbauenden Kraft Spielklötze, Karten und Würfel schieben. Das war schon ein kleines Erfolgserlebnis. Am liebsten schauten die Kinder durch das Fernglas und sangen mit mir zur Gitarre. Die Zwillinge dagegen rannten immer wieder ausgelassen den Hang hinauf und hinunter, so als wären sie das erste Mal wirklich frei.

Einige Kinder aus der Familie standen öfter am Tor. Wenn es nicht zu viele waren, ließ ich sie eintreten. Ich erklärte ihnen kurz, warum Maria und Daniel die Hände und je einen Fuß in Gips hatten, damit nicht ständig die beiden Patienten mit Neugier betrachtet wurden. Schwierig wurde es bei den Mahlzeiten. Mit nur zwei Petroleumkochern konnte ich unmöglich so viele Kinder bekochen, außerdem musste ich Maria und Daniel beim Essen helfen. Aber das übernahmen auch gern die Zwillinge. Mit Bonbons und Keksen kaufte ich mich immer wieder von der Einladung der übrigen Kinder zum Essen frei.

So anstrengend es für mich war, die Zwillinge, Maria und Daniel im Auge zu behalten, mit ihnen zu spielen und sie zu beköstigen, so viel Freude brachte es auch. Nicht einen Moment bereute ich den Entschluss, meine Hilfe angeboten zu haben.

Ab und zu ließen die Kinder und ich uns auch bei den Familienhütten sehen, vor allem, wenn ich zum Melken ging. Da besonders die Zwillinge ohne eigene Haustiere aufgewachsen waren, hatten sie ihre Freude daran, die Kühe, Schafe und Ziegen zu beobachten, reagierten aber auch ein wenig ängstlich, wenn ihnen die Tiere zu nahe kamen. Nachdem wir Hühnereier gesucht hatten, waren die Kinder auch voller Bewunderung für das Federvieh, und natürlich mochten sie unsere beiden Hunde und Katzen. Am liebsten aber saßen sie, gut geschützt, hinter dem Blockhaus, um dem lebhaften Treiben an der Vogeltränke zuzuschauen.

Inzwischen hatte es sich herumgesprochen – woher die Information kam, weiß ich bis heute nicht – dass ich die Behandlung der zwei Kinder und einer Frau übernommen hatte. Manche aus der Familie lobten meinen Einsatz sogar, nannten mich eine »gute Frau«, aber bei einigen hörte ich heraus, dass es ihnen missfiel. Dabei konnte sich niemand zurückgesetzt fühlen, beglich ich doch seit Jahren fast alle Arztrechnungen bei uns im *boma*.

Ich hoffte nun darauf, dass sich in der Familie mit der Zeit die Verwunderung und auch Mißbilligung über mein Verhalten legen würde, doch es blieb das ungute Gefühl, mich vor der Familie rechtfertigen zu müssen, da ich ihr ausgeliefert war.

Verunsicherung

Von Cousin Langis erfuhr ich es zuerst.

»Ich habe gehört…«, begann er und stockte.

»Was hast du gehört?«

»Dein Haus, bist du geschützt? *Simba* ist ja nicht da.«

»Was hast du gehört?«, fragte ich verwundert.

Langis wand sich. »Wir werden dich beschützen, einige Krieger und ich gehen nachts um dein Haus herum.«

»Aber warum, Langis, die Kinder sind doch auch da. Ich bin ja nicht allein. Und nun noch einmal, was hast du gehört?«

Wieder antwortete er nicht. Er wusste etwas und deckte jemanden. Das verstand ich nicht. Wollte er mich warnen?

Nicht ganz ernsthaft sagte ich: »Ich denke darüber nach. Wenn du meinst, dass ich Schutz brauche. Sollte etwas sein, rufe ich, so laut ich kann, oder ich benutze die Trillerpfeife. Nein, ich weiß etwas Besseres: Ich schlage von innen gegen das Wellblech. Das ist sehr laut.«

»Ich werde es hören.«

»Langis?« – »*Eeh.*« – »*Hache.*«

Das Gespräch mit Lpetatis Cousin beunruhigte mich. Ich konnte mir keinen Reim darauf machen, aber es arbeitete in mir. Ich war zwar vorsichtig, hatte aber nie wirklich Angst gehabt. Schließlich war ich doch schon oft allein im Haus gewesen, das letzte Mal als Lpetati so lange in der Klinik hatte bleiben müssen. Ging es um mich? Um einen geplanten Einbruch? Aber weshalb? Und was glaubte man zu finden? Es gab ja keine »Schätze« bei uns zu holen. Andererseits konnten »Schätze« auch Kleinigkeiten und ganz alltägliche Dinge sein. Wenn man nichts besaß, waren selbst eine Teekanne, ein Kilo Zucker, eine Matratze oder ein Fernglas ein »Schatz«.

Ich suchte Ablenkung, indem ich mich besonders um die Kinder kümmerte, mir neue Spiele ausdachte. Aber immer wieder musste ich an die Worte von Langis denken und begriff sie inzwischen als Warnung.

Etwas später suchte mich einer der Ältesten auf. Der *mzee* war nur in eine rote Decke gehüllt, unter der er nichts trug, und er war barfuß. Er hatte das schönste Gesicht, das ich je bei einem alten Menschen gesehen hatte. Man nannte ihn »Abraami«, aber das war nicht sein richtiger Name. *Mzee* Abraami suchte mich gelegentlich auf, obwohl ihm der Weg zu uns hinauf schwerfiel. Über seine Besuche freute ich mich immer besonders. Er liebte es, bei uns auf der Veranda zu sitzen, und ließ sich gern von mir Kräutertee mit Honig zubereiten, von dessen heilsamer Wirkung er überzeugt war. Nach anfänglicher höflicher Zurückhaltung vertraute er mir auch seine Sorgen an. Meist konnte ich ihm helfen. Und ähnlich wie Baba Lpino brachte er mir stets ein kleines Geschenk mit, einen frischen Maiskolben, braune Bohnen, etwas Geschnitztes, einen einfachen, selbst bearbeiteten Ledergürtel.

Diesmal kam *mzee* Abraami gleich zur Sache: »Du musst auf der Hut sein, Chui.«

Ich dachte an das Gespräch mit Cousin Langis, sagte aber nichts. Doch die Unruhe wuchs in mir. Warum bot man mir Schutz an? War es übertriebene Fürsorge? Wollte sich *mzee* Abraami gar für etwas bei mir bedanken?

»Du bist unsere Seele, *Chui*. Leute reden, Leute tun etwas, das sie nicht tun sollten. Ich werde meinen Sohn schicken, er wird in der Nacht vor deinem Haus sein.«

»Du machst dir Sorgen um mein Wohlergehen?«

»Meine Ohren sind nicht mehr gut, aber sie hören, was sie hören müssen.«

Die Augen des Alten wurden feucht, und ich war gerührt, nahm seine Hand und bedankte mich. »Du bist nicht allein«, sagte *mzee* Abraami, »auch wenn *Simba* nicht da ist.«

Ich sah ihn lange an und spürte seine Zuneigung.

Noch einmal drückte er meine Hand. »Ich komme wieder. Und mein Sohn kommt. Danke für den guten Tee.«

Ich begleitete den hochgewachsenen *mzee* bis zum Tor und sah, dass Baba uns beobachtete.Kurz darauf erschien Tante Kakomai, um sich Zucker und etwas Seife zu holen.

Hinter dem Haus hörte ich die Kinder nach mir rufen, die dort in Sesseln saßen und Postkarten betrachteten.

Als die Kinder im Bett waren, ertappte ich mich dabei, dass ich einige Male aufstand, horchte, die Fensterläden und Türen und meine »Waffen« kontrollierte, die immer auf einem Stuhl neben dem Bett lagen.

In der Nacht wurde ich wach von einem unangenehmen Kratzen an der Eingangstür. Ich setzte mich aufrecht, um besser hören zu können. Da war es wieder. Mit Herzklopfen stieg ich vorsichtig über die Matratzen der schlafenden Kinder und näherte mich der Tür. Ich hatte die Taschenlampe in ein Tuch gewickelt, um das Licht zu dämpfen. Da war es wieder, ein feines metallenes Reiben. Das war kein Tier. Ich atmete flach, schlich wieder zu meinem Bett, wo neben dem Buschmesser auch zwei mit Eisenmuttern beschwerte bunte *rungu*, Schlagstöcke, und das Pfefferspray lagen. Als ich das Geräusch wieder hörte, stieg ich, obwohl ich kaum sehen konnte, vorsichtig auf einen Stuhl, überlegte noch einmal, ob ich nicht doch noch abwarten sollte, holte tief Luft und hieb dann mit dem Schlagstock, wie ich es mit Langis abgesprochen hatte, voller Heftigkeit gegen das Wellblech des von innen unverkleideten Daches. Das so erzeugte laute Scheppern glich fast einem Donner und hallte sogar ein wenig nach.

Draußen hörte ich Stimmen und das Getrappel von sich entfernenden laufenden Schritten.

Maria und die Zwillinge waren wach geworden, und ich beruhigte sie. Sie glaubten an ein Gewitter, und ich beließ es dabei. »Ich bin ja da«, sagte ich, »ich habe eine Kerze abgezündet und lasse die Tür offen, dann seht und hört ihr mich.« Bald schliefen sie aber wieder, die bunten Wolldecken über die Köpfe gezogen.

Dann meldeten sich Langis, Lkmalien, der Sohn von *mzee* Abraami und zwei weitere Krieger aus der Nachbarschaft. Ich öffnete vorsichtig die Tür. Es regnete und gewitterte tatsächlich! Ich bat die Männer herein, schürte das Feuer im Kamin und setzte Teewasser auf. Es war erst drei Uhr.

Die jungen Leute legten die *shukas* ab und hockten in ihren malerisch geschlungenen roten, gelben und türkisfarbenen Tüchern vor dem Kamin, in dem einige frische Holzstücke knackten. Wir schwiegen eine Zeit lang.

»Wir mögen dich alle sehr, *Chui*, es wird dir hier bei uns nichts passieren«, sagte Langis, und einer seiner Freunde drückte wie zur Bekräftigung meine Hand. »Nicht, solange wir in deiner Nähe sind.«

Ich schaute sie an, sah das Flackern des Feuerscheins auf ihren Gesichtern und in ihren Augen. Ich hätte gern so viel gefragt, tat es aber nicht. Eine Erklärung hätte ich auch wohl nicht bekommen.

Nach etlichen *chai* mit *masala* verließen die Krieger mich. Der Gewitterschauer hatte aufgehört, und mit Genugtuung verfolgte ich das leichte Rauschen und Plätschern in den Rohren, die in unsere Tanks mündeten.

Zwischen losen Wolkenfetzen sah der Mond hindurch. Ich hörte Löwen in der Nähe und wusste mich gerettet, doch, wovor?

So hatte ich mich noch nie gefühlt, und ich wünschte mir, Lpetati wäre bei mir.

Am nächsten Morgen waren hellgraue und dunkel drohende Wolken am Himmel, aber gegen Mittag wurde es wieder klar und sehr warm. Mit den Kindern verbrachte ich einen fast ausgelassenen Tag auf der Veranda mit Singen, kleinen Spielen, Pfannkuchenbacken und viel Kakao. Ich meinte, sie für die Nacht entschädigen zu müssen, obwohl eher ich eine Entschädigung nötig gehabt hätte.

Vor der neuen Nacht graute mir ein wenig. Lange lag ich wach, versuchte mich durch Lesen und Rätsellösen zu entspannen. Aber immer wieder ertappte ich mich dabei, dass ich beim kleinsten Geräusch zusammenzuckte. Wer hatte sich nur an meiner Tür zu schaffen gemacht? Und warum? War ein Einbruch geplant? Oder dachte jemand, es sei niemand zu Hause, weil Saito krank war und Lpetati nach Naivasha gefahren war? Wer wusste etwas davon? Warum hatten die Krieger Wache gehalten? Galt der Einbruch mir?

Ich kam lange nicht zur Ruhe und quälte mich mit vielen Fragen. Die Nacht war fast vorbei, aber dann wurde ich doch noch gegen Morgen durch merkwürdige Geräusche wach.

Die langen Jahre bei uns in der Wildnis hatten mein Gehör geschult. Inzwischen konnte ich gut unterscheiden, welche Kratzlaute, welches Scharren, Schnüffeln, Trappeln und welches Tapsen von Tieren herrührten und welche nicht. Somit bedeuteten außergewöhnliche Geräusche Gefahr. Einigermaßen lautlos näherten sich allenfalls die Schlangen.

Wie in der Nacht zuvor hämmerte mein Herz zum Zerspringen. Waren die Krieger in der Nähe? War der Sohn von *mzee* Abraami da? Sollte ich wieder gegen das Dach klopfen? Ich vernahm ein Sirren an der Rückseite des Hauses. Dort befand sich die Küchentür. Es machte sich wirklich jemand dort zu schaffen. Und dann fiel irgendetwas in den Kamin. Ich zuckte zusammen. Der Kamin! Auch der Kamin bedeutete eine Gefahrenquelle. Um die auszuschalten, beeilte ich mich, goß fast eine ganze Flasche Petroleum auf kleine Späne und zündete sie an. Sofort züngelten hohe Flammen und schossen in den Schornstein hinein. Ich hörte eine Stimme, wie ein Fluchen. Dann kehrte ich zurück zur Küchentür, horchte, wartete und sprühte Pfefferspray durch eine schmale Ritze. Plötzlich fühlte ich mich stark. Wie eine Löwin würde ich kämpfen, nicht ängstlich sein, die Kinder beschützen und Hab und Gut verteidigen.

Da bekam ich Hilfe aus einer anderen Richtung: Unsere Hunde schlugen an, ihr Bellen kam näher, und ich hörte sie knurren. Wenn sie knurrten, hatten sie etwas im Visier, das sie bedrohte. »Sungura«, rief ich, »Simba-ya-Simba – pass auf, fass! Fass!« Das hatte ich lange mit ihnen geübt, aber noch nie im Ernstfall angewandt. Ich hörte, wie draußen Eimer umkippten, wie etwas gegen das Geländer der Veranda flog, wie das Gebell der Hunde anschwoll, sich entfernte, ohne dass es aussetzte.

Und dann war plötzlich Ruhe, wohltuende Ruhe. Jetzt erst registrierte ich die Vogelstimmen ringsherum. Ersehntes, erstes zaghaftes Tageslicht drängte durch die schmalen Ritzen zweier Fensterläden. Da betete ich und heulte, und dann ging es mir besser.

Ich betrachtete die Kinder. Daniel reckte sich und blinzelte. »Guten Morgen«, sagte er verschlafen. Ich bemühte mich zu lächeln und gelassen zu bleiben. Bald darauf waren auch die drei Mädchen wach. Maria musste ich hochhelfen, da sie sich, ähnlich wie ihr Bruder, weder abstützen noch das eine Bein belasten konnte. Die Zwillinge halfen mir, die Matratzen zum Lüften auf die hintere Ecke der Veranda zu schleppen und die Decken und Kissen über die Wäscheleine hinter dem Haus zu hängen. Unauffällig suchte ich dabei nach Fußspuren, fand die umgestürzten Eimer und frische Sägespäne an der Tür und sah auch, dass ein Brett an der Küchentür angesägt worden war und fand einen dicken Stein im Kamin. Er hatte den engmaschigen Draht, den ich darin zum Schutz vor Mäusen angebracht hatte, beschädigt. Am Aufgang zur Veranda entdeckte ich ein kleines Stückchen Stoff, das offenbar einer unserer Hunde aus einer *shuka* gerissen hatte. Das könnte ein Anhaltspunkt sein. Ich würde mir demnächst sehr genau ansehen, wer eine rot-blau gemusterte *shuka* trug, an der ein Stückchen Stoff fehlte.

Und dann war es wie immer: Sonne lag über dem Hochtal, Kühe muhten, erste Stimmen drangen zu mir herauf, der typische Geruch nach verbranntem Holz, dünne Rauschwaden kräuselten sich zwischen den Hütten und bald schon wurden die Herden zu den Weiden getrieben und Schulkinder bildeten in ihrer Schuluniform kleine blau-gelbe Gruppen.

Beim Frühstück auf der Veranda atmete ich auf, aber es arbeitete fieberhaft in mir. Es lag nun auf der Hand, dass es zweimal einen Einbruchsversuch gegeben hatte. Vor den Kindern konnte ich das nicht erörtern. Aber ich wollte Baba einweihen und auch mit Langis und den Kriegern sprechen. Immer noch konnte ich mir keinen Reim auf alles machen. Wären die Kinder nicht bei mir gewesen, hätte ich alle Krieger der Familie mobilisiert und wäre für die Zeit nach Naivasha oder nach Maralal gegangen.

Irgendwie fühlte ich eine Zerrissenheit in mir, Liebe und Enttäuschung.

Mitten in einem beliebten Ratespiel hörte ich zu meiner Überraschung Simbas Stimme. »*Chui!*«, rief er vom Tor aus. »Dein Löwe ist zurück. Mach auf. Er hat Hunger!«

Ich rannte, ich flog ihm entgegen, die Treppen hinunter, dass sich fast mein langer Baumwollrock verfangen hätte und ich gestürzt wäre.

»*Unaharaka kabisa*«, lachte Lpetati. »Saito geht es wieder gut. Ein Arzt war da, wie du es gewollt hast. Aber alles bezahlt habe ich noch nicht.« Mit seinem gekonnten Augenaufschlag wusste er mich freundlich zu stimmen. »Der Arzt hat Saito helfen können, *nketok*. Jetzt will Saito dich auch sehen«, sprudelte er hervor, während ich versuchte, die lange Kette, die das Schloss zusätzlich über Nacht sicherte, zu ordnen. Siedend heiß stieg es in mir hoch. Nein, das Schloß und das Tor waren nicht beschädigt. Lpetati bemerkte nichts von meiner inneren Aufregung. Er umarmte mich und umfasste meine Hand.

»Schön bin ich in den Schuhen gelaufen!« Seine Fröhlichkeit übertrug sich auf mich, und der nächtliche Spuk rückte weit fort.

Die Kinder begrüßten ihn artig und zuvorkommend, und dann rührte es mich, als alle bei den Vorbereitungen zum Essen helfen wollten, selbst Maria und Daniel, nachdem sie mitbekommen hatten, dass Lpetati hungrig war. Kinderhände schabten Möhren, Maria humpelte und schob mit dem eingegipsten Fuß den Wassereimer zum Kartoffelwaschen heran, Daniel klemmte sich unter Anstrengung einen Teller um den anderen unter den Arm, um sie auf die Veranda zu bringen. »Du hast ja fleißige Helfer«, lachte Lpetati und beteiligte sich ebenfalls an den Vorbereitungen. Ich freute mich, dass er so positiv reagierte. Er schien sogar gerührt.

Bevor wir essen konnten, kramte er ein besonders schönes Armband aus Kunstperlen mit meinem Namen als Einlegearbeit aus der Gürteltasche, auf die er so stolz war, und legte es mir um. »Saito sagt, *hache*, ganz oft *hache*!«

Es folgte ein wunderbarer Abend. Nach dem herzhaften Eintopf aus Bohnen, Möhren, Kartoffeln und Kochbananen, süßen Pfannkuchen, *chai* und Keksen sangen wir noch lange und beteten zusammen, als die Matratzen und bunten Decken für die Nacht schon am Boden lagen.

Da Lpetati müde von der Reise war, schlief er früh ein. Ich hatte noch mit mir gekämpft, ob ich ihn in die Vorkommnisse der vergangenen zwei Nächte einweihen sollte, unterließ es dann aber. Ich hatte das Gefühl, dass wir ungestört bleiben würden.

Am nächsten Morgen hörte ich den Wagen meiner Freundin kommen. Lpetati war gerade hinunter zum Pferch gegangen, um seine Lieblinge und die Familie zu begrüßen und ihr von Saito und der Reise nach Naivasha zu berichten.

Wir nahmen den *chai* auf der Veranda ein, und meine Freundin war beeindruckt von der Redseligkeit aller Kinder und ihrer Fröhlichkeit. »Es war so schön, Mama«, meinten die Zwillinge. »Dürfen wir bald wiederkommen?« Ihre Mutter zuckte die Schultern, aber ich nickte. »Natürlich dürft ihr das. Wir hatten es doch wunderschön zusammen, und Maria und Daniel kommen selbstverständlich auch wieder, das heißt, wenn ihr wollt.« Die beiden Geschwister lachten. »Hier möchte ich wohnen«, meinte Daniel. Und Maria schwärmte von den Tieren, besonders von den »kleinen Vögeln, die hinter dem Haus baden«.

Der Abschied fiel mir schwer. Ich versprach, bald nach Maralal zu kommen und mich weiter um Maria und Daniel zu kümmern. »Du hast liebe Kinder«, sagte ich meiner Freundin, »grüß deinen Jüngsten und deinen Mann. Es hat mir viel Freude gemacht. Wenn du den Arzt siehst, kannst du ihm sagen, dass ich mich beteiligen kann – für die Frau. Er weiß dann Bescheid.«

Als Lpetati zurückkam, schien er ein wenig verstört, sagte aber nichts. Dann sah ich Langis am Tor. Er hatte offensichtlich Lpetati bis zu uns begleitet und wohl auch mit ihm gesprochen. Mit Sicherheit war aber in der Familie mein Einsatz für Maria, Daniel und »die fremde Frau« erörtert worden, denn das waren ja Dinge, von denen Lpetati nichts gewusst hatte.

Lpetati lächelte nur wenig. »Baba hat noch mit dir zu reden«, kündigte er an, »es geht um meinen Bruder. Es gibt Probleme.«

»Erzähl es mir.«

»Weißt du, dass die Frau von meinem Bruder und der kleine Sohn weg sind?«

Ich war ehrlich überrascht. Nichts, aber auch gar nichts hatte ich mitbekommen. »Wie, weg, seit wann?«

»Abgeholt, zurückgeholt. Gestern. Zurückgeholt, weil noch drei Kühe ausstehen – von der Hochzeit damals.«

»Drei Kühe! Aber das kommt doch öfter vor, dass man nicht gleich den ganzen Brautpreis zahlen kann. Wie lange haben wir auf versprochene Geschenke warten müssen. Das ist doch üblich. Hauptsache, man löst das Versprechen irgendwann ein.«

»Die Familie hat aber einen Termin gesetzt. Keine restlichen drei Kühe, keine Frau und kein Kind!«

»Du liebe Zeit! So etwas habe ich ja noch nie gehört. Das ist doch in den ganzen zwanzig Jahren nie vorgekommen!«

»Aber jetzt.«

»Es tut mir sehr leid. Und nun, Simba?«

»Der Familienrat wird tagen. Und du solltest helfen, Chui. Drei Kühe.«

»Aber dein Bruder hat das doch lange genug gewusst. Warum hat er nicht längst eine weitere Kuh abgegeben? Wir haben doch auch eine Kuh beigesteuert.«

»Wer gibt schon gerne eine Kuh ab!«

»Niemand. Aber das ist ja ein ganz außergewöhnlicher Fall. Wir hätten doch Zeit genug gehabt, ein paar Kälber zu kaufen und großzuziehen! Die sind nicht so teuer. Hat denn niemand daran gedacht?«

Lpetati lachte. »Wir hätten dich fragen sollen.«

»Ja, das hättet ihr.«

Ich war wirklich unangenehm überrascht und wusste schon, was auf mich zukommen würde. Aber das Geld für drei Kühe hatte ich nicht. Das würde etwa bei dreihundertfünfzig bis fünfhundert Euro umgerechnet liegen.

Als Baba kam, hockten wir zusammen auf der Veranda beim chai. Lpetatis »Bruder«, Lkmalien, eigentlich eher ein Cousin, denn Saito war nicht seine Mutter und der Vater ein Bruder von Baba, machte einen mürrischen Eindruck.

Ich wartete. Es dauerte sehr lange, bis Baba begann.

»Wir brauchen drei Kühe – oder dieser junge Mann sieht seine Frau und seinen Sohn nicht wieder. Und das bringt Schande über die Familie, und unser guter Name ist dahin.«

Ich nickte nur und wusste nicht recht, wie ich mich äußern sollte. Natürlich bedrückte es mich, die Familie so in Not zu sehen. Sie waren in besonderen Fällen immer zu mir gekommen, aber ich fand es nicht richtig, dass ich alle Last tragen sollte.

»Drei Kühe«, sagte Baba wieder. »Keiner von uns kann im Moment drei Kühe entbehren. Wir müssen sie kaufen.«

Ich fühlte mich in die Enge getrieben. Aber es hatte keinen Sinn, ich musste bei der Wahrheit bleiben. Ich hatte das Geld nicht, und die Reserve rührte ich grundsätzlich nicht an. »Es fällt mir schwer, da muss ich ehrlich sein. Eine Kuh, Baba, zwei Ziegen, das ist mein Angebot. Mehr geht nicht. Wenigstens nicht jetzt, nicht sofort.«

Lkmalien sah mich an. »Kein Problem«, sagte er höflich. »Wir haben nur gefragt. Danke für eine versprochene Kuh, Chui, danke für zwei Ziegen.«

»Es tut mir leid«, sagte ich.

Baba blickte betreten zu Boden. Es fiel mir nicht leicht, ihm eine Bitte abzuschlagen. »Vielleicht eine Kuh und ein Kalb statt der zwei Ziegen«, sagte ich, doch ich erhielt keine Antwort.

»Was war hier in der Nacht los?«, erkundigte sich Baba unvermittelt.

»Genau weiß ich es nicht. Jemand hat versucht, einzubrechen.« Ich überlegte einen Moment, aber dann gab ich zu: »Sogar zweimal.«

»Ssssst«, ließ Lpetati verlauten, »wenn ich erfahre, wer das war, kein Knochen wird heil bleiben.«

Baba warf ihm einen mißbilligenden Blick zu. »Der Familienrat tagt«, sagte er dann, »danach kommen wir noch einmal, um zu sprechen. Es ist nicht alles in Ordnung, Chui. Du hast fremde Leute hier. Du bezahlst für sie viele Dinge, viel Geld. Es ist nicht Familie, deine aus Deutschland nicht und nicht deine von hier. Wir sind eine Familie.«

Ich fühlte mich getadelt und merkte, dass ich rot wurde. Was ich hätte entgegnen können, behielt ich für mich.

»Simba war unterwegs«, fuhr Baba fort, »er hat nichts von deinen Plänen gewusst.«

Lpetati verstand meinen hilfesuchenden Blick. »Chui hat für Saito gesorgt«, warf er ein, »wir haben einen Arzt und Medikamente gehabt. Und ich die Reise.«

Baba nickte.

Lkmalien sagte nichts. Endlich erhob sich Baba. Mir war schon die ganze Zeit, als bekäme ich nur schwer Luft.

»Danke für den *chai*«, Baba lächelte ein ganz klein wenig, und seine Augen ruhten einen Moment auf mir. »*Entito*«, sagte er dann, »danke für die Hilfe für Saito. Und über den Einbruch reden wir noch. Die Krieger wissen etwas und der *mzee* von drüben, Abraami.«

Einen Augenblick standen die drei Männer noch wie unschlüssig am Tor. Aber dann entfernten sie sich. »Ich komme gleich wieder«, rief Lpetati.

Ich sah ihnen nach und fühlte mich immer mehr in die Enge getrieben. In ihren Augen musste es so aussehen, dass ich der Familie nicht helfen konnte, weil ich mich lieber für »Fremde« engagierte. Unruhe erfasste mich, und ich wünschte mir, dass ich ganz offen hätte reden können. Doch dazu war es zu spät.

Familienrat

Vor der Familie ängstigte ich mich nicht. Wir saßen alle im Pferch versammelt. Marissa, Ngarachuna und Benita reichten Tee, spülten immer wieder die wenigen Emaillebecher im braunen Wasser aus, füllten sie neu und verteilten sie.

Es dauerte lange, bis überhaupt einmal jemand etwas über mich sagte. Die Frauen hielten sich zurück, und es waren nur einige Onkel, die meinten, etwas sagen zu müssen. Aber als ich auch anführte, dass ich der Meinung sei, dass Ngai unsere Schritte lenkte, und wir vielleicht nicht immer sofort seinen Ruf verstanden, verstummten die Stimmen. Was wollte man mir vorwerfen? Ich hatte niemanden verletzt, hatte lediglich nicht um Erlaubnis gefragt, wem und mit wie viel ich helfen sollte und hatte fremde Kinder hierhergebracht, um sie ein wenig zu bemuttern und aufzumuntern. Dennoch fühlte ich mich nicht wohl. Lpetati ergriff ab und zu meine Partei, und auch Baba schien wohlwollend über mich zu denken.

Was mich belastete, war die Sache mit Lkmalien und seiner zurückgeholten Frau, obwohl eine meiner Schwägerinnen mir zugeflüstert hatte, dass es eine neue Frau gäbe, viel jünger und schöner und Lkmalien mit deren Eltern besser klarkäme. Wenn das stimmte, wären die drei überfälligen Kühe des Brautpreises ja nicht mehr erforderlich und es ergab sich ein ganz anderes Bild.

Aber dann wurde darüber beraten, als wäre ich gar nicht anwesend, dass ich für fremde Leute viel Geld ausgegeben hätte, dass man damit viel Gutes innerhalb des eigenen Stammes hätte bewirken und vor allem die »Schande«, die Heirat von Lkmalien hätte abwenden können. Was mich wunderte, war, dass fast die genaue Summe bekannt war, die ich in Marias und Daniels Behandlung und die Operation der Frau investiert hatte. Wie war das möglich?

Am Pranger

Am nächsten Tag hörte ich seltsames Gemurmel in Blockhausnähe, und als ich aus dem Fenster sah, traute ich meinen Augen nicht. Eine Prozession von Alten zog den Hang hinauf, Lpetati öffnete umständlich das große Tor, und die Alten nahmen im lichten Schatten einer breiten, niedrigen Akazie Platz. Mir wurde ganz heiß. Was hatten diese Alten hier zu suchen?

Etwas später kamen Baba und Lpetati. »Die Ältesten haben eine Versammlung einberufen. Sie warten noch auf den Chief und auf dich.«

»Aber was soll das? Wozu denn? Was wollen die hier, und warum bei uns?

»Wir haben zu reden«, erklärte Baba.

»Ich verstehe nicht, was es mit all den Alten zu reden gibt. Ihr müsst denen klarmachen, dass es nichts zu bereden gibt«, sagte ich noch einmal zu Baba und Lpetati, die beide schützend neben mir standen.

Ich ließ meinen Blick über die Alten schweifen, die sich unter dem Baum gelagert hatten; immer mehr kamen dazu. Dabei waren es schon so viele. Manche kannte ich sehr gut, andere mehr vom Sehen, wusste aber von allen, wohin sie gehörten. Als der Chief kam, hochgewachsen, mit ewig lächelndem Gesicht, als einziger in ein Jackett gezwängt, schwiegen die Alten eine Weile. Dann sagte ein ferner Verwandter, ich hätte jeden Besuch von Fremden bei uns anzumelden, und es stehe mir nicht zu, mich in Dinge zu mischen, die nicht den Familien und dem Clan zugutekämen. Es wurde über die Frau gesprochen, der ich geholfen hatte. Sie gehöre zu einer Familie, die man hier nicht sehen wolle. Sie zu unterstützen sei ein böses Omen. Und dann mit so viel Geld, wovon man bequem alle Familien im Umkreis hätte glücklich machen können, den Viehbestand vergrößern, die Nurser unterstützen, die Schule, die der Chief sich in unserer näheren Umgebung schon so lange wünschte und für eine kleine Krankenstation. Auch die Hilfe für die Kinder, um die ich mich gekümmert hatte, wurde nicht akzeptiert, allerdings verzieh man mir das, weil Kinder ein Geschenk Gottes waren, und Ngai das sicher anders sehen würde.

Ich war verwirrt. Die Argumente, die ich vorbringen wollte, blieben mir im Hals stecken, als Lpetati und Baba auf einmal nicht mehr neben mir waren, sondern sich zu den »Anklägern« gesellt hatten.

Einen Moment lang überkam mich ein Gefühl der Verlorenheit. Ich verzichtete darauf, mich zu rechtfertigen, denn meine Ansichten würden sie nicht überzeugen. Aber sie schienen auf etwas zu warten. »Ihr steht auf der falschen Seite«, sagte ich zu Baba und Lpetati und dann auch zu denen, die zur Familie gehörten und zu denen, die mich mochten. Sie schauten mich an, äußerten sich aber nicht dazu. »Es ist die falsche Seite«, sagte ich noch einmal.

Dass ich einer Frau geholfen hatte, auf deren Familie ein böser Fluch lag und die sich angeblich in schwarzer Magie auskannte, war ein starkes Argument meiner Gegner. Andererseits müsste eine gute Tat etwas Böses besiegen und vertreiben können, dachte ich, und ich dachte so viel, und ich wusste so viel, nur nicht, wie ich mich befreien sollte von all diesen Vorwürfen. Ich spürte, dass es besser wäre, nicht aufzubegehren. Aber kämpfen wollte ich.

Immer wieder redeten einige Ältere, immer wieder wurde betont, dass ich doch eine von ihnen und man deshalb enttäuscht sei. Hellhörig wurde ich, als sie eine Wiedergutmachung verlangten, in Form derselben Summe, die ich für »fremde Leute« bezahlt hätte. Der Betrag sei beim Chief zu hinterlegen.

Das war schlicht unverschämt und gut ausgeklügelt. Ich hatte so viel Geld gar nicht und würde, wie schon erwähnt, auf keinen Fall meine Rücklagen angreifen.

Es kam mir wie eine Ewigkeit vor, als ich so allein der Menge der rotgewandeten Alten gegenüberstand.

Plötzlich kam mir Großvater in den Sinn. Ich würde Großvaters Grab aufsuchen und dort vielleicht Ruhe und Trost finden, und hoffentlich einen Rat.

In meine Gedanken hinein hörte ich die Frage, ob ich mit dem Vorschlag, die erwähnte Summe zu zahlen, einverstanden sei. Nein, ich sah keine Veranlassung dazu, mich »freizukaufen«.

Baba kam. »*Maradjina*«, sagte er freundlich, »für die *wazee*«, und lächelte sogar. Ich ärgerte mich maßlos. Sollte ich all die Alten mit Honigbier beköstigen? Sie beschwichtigen?

»Gut«, sagte ich dann entgegen meiner Überzeugung. Einige »jüngere Ältere« erhoben und entfernten sich.

Ich verschwand im Haus und stieß leise deutsche Flüche aus. Dann kramte ich wenige Hundertschillingscheine zusammen und händigte sie Baba aus. Aber ich ging nicht wieder mit nach draußen.

Bald darauf erschien Lpetati. »Du stehst auf der falschen Seite«, sagte ich wieder.

»Das verstehst du nicht. Es ist die richtige Seite, die Seite für uns. Ich muss da stehen. Es ist auch für dich.«

»Lass mich jetzt bitte allein.«

»Das geht nicht. Du wirst draußen erwartet. Es gehört sich so, dass du dabei bist, sonst bringt das Trinken keinen Genuss und Unglück. Es ist eine Geste des Respektes gegenüber den Alten. Chui, das musst du verstehen. Du kannst nicht die, die wegen dir gekommen sind, um etwas zu klären, stehen lassen. Wir trinken zusammen, und alles wird gut sein.«

Für wen?, dachte ich, sagte aber nichts.

Widerwillig folgte ich ihm, setzte aber draußen mein schönstes Lächeln auf.

Die jüngeren Älteren kamen mit unansehnlichen Gefäßen, schmutzigen Flaschen und Eimern voll von goldgelbem *maradjina* zurück. Einige Frauen mussten schon vor Tagen den Auftrag erhalten haben, für den heutigen Zweck Honigbier zu brauen, denn woher sonst sollten so schnell so große Mengen zusammenkommen?

Die Gesichter der Alten hellten sich auf, als das Getränk die Runde machte. Ich holte mir aus der Küche ein Glas, ließ es aber nur zu einem Viertel vollgießen. Seltsamerweise fühlte ich mich nach dem Genuss des Honigbieres um einiges wohler. Ich konnte besser durchatmen und gelassener mit der Situation umgehen. Lpetati kam zu mir. »So ist es in Ordnung, Chui«, sagte er. Was er damit meinte, wusste ich nicht genau, aber er schien erleichtert.

Einige der Alten, vor allem Baba, Onkel Mousse, Baba Lpino und *mzee* Abraami suchten jetzt meine Nähe. Doch ich verstand nicht, warum mich die Familie und eben diese Alten, die mich so gut kannten, nicht vorher auf meiner Seite geblieben waren. Welche Macht besaßen die Ältesten eines Clans?

Am Tor drängten sich einige Frauen und Kinder zusammen, beobachteten uns, wagten aber nicht, näher zu kommen.

Endlich fand ich Gelegenheit, mich zurückzuziehen. Ich ging hinter das Haus, setzte mich auf einen der großen Granitblöcke, beobachtete Nektarvögel in einer nahen Aloestaude, sah einer wunderschönen Blauracke sowie Glanzstaren und gelben Webervögeln zu, die an der Vogeltränke ihr Gefieder spreizten und sich aufplusterten, hörte das »Wuwuu« der Wiedehopfe und wusste, dass es trotz all der Unstimmigkeiten doch ein Paradies gab – nur hatte es eben zwei Seiten. Wo Licht ist, ist auch Schatten. Und wo viel Licht ist, erscheint der Schatten dunkler.

Langsam zogen sich die Alten zurück und Kuhglocken verkündeten, dass sich die Rinder von den entfernten Weiden auf dem Weg in unser *boma* und zu anderen benachbarten Ansiedlungen befanden. Ein Bild des Friedens im weichen Licht des späten Nachmittags.

Fast hätte ich mir noch ein bisschen mehr *maradjina* gewünscht, weil meine Stimmung so heiter wurde. Aber dann bereitete ich mir doch lieber einen mit Ingwer, schwarzem Pfeffer, Nelken und Kardamom gewürzten Tee zu, der eine ebenfalls befreiende Wirkung auf mich ausübte. Aus einem Gefühl heraus verschloss ich die Haustür, griff zur Gitarre und sang meine Lieblingslieder. Zwischendurch hörte ich die Stimmen von Lpetati, Baba, Langis und *mzee* Abraami. Aber für den Rest des Tages wollte ich für niemanden zu Hause sein.

Als ich sicher war, dass sich keiner mehr am Tor aufhielt, schlich ich mich zu Großvaters Grabstelle. Ich hatte ein wenig Kautabak dabei und »Snuff«, Schnupftabak aus Deutschland, den ich eigentlich für Lpetati aufgehoben hatte. Sorgfältig verstreute ich die Tabakkrümel, die Babu so geliebt hatte, auf dem immer flacher werdenden Grabhügel. »Deinen Rat hätte ich heute gebraucht, Großvater«, sagte ich laut, da ich mich unbeobachtet fühlte.

Ich hockte mich und wartete – aber worauf? –, zupfte ein paar trockene Zweige aus dem Gras und entfernte hergewehtes Laub. Auf einmal wusste ich, dass ich auf ein Zeichen wartete, auf irgendetwas, in welcher Form auch immer. Und da war etwas, wenn ich genau hinhorchte.

»Geh eine Weile fort, geh eine Weile fort«, schien der Wind zu sagen. »Eine Weile, nur eine Weile. Dann ist es gut, dann ist es gut.«

Vielleicht war es doch nur die Wirkung des Honigbieres? Aber der Wind schien immer das Gleiche zu sagen, und ich bildete mir ein, dass es Großvater war, der mit dem Wind zu mir sprach. Ich wollte es abschütteln, klammerte mich aber dann doch nach längerem Zögern daran.

Wenn ich den Geldforderungen nachkommen sollte, müsste ich sowieso »eine Weile fortgehen«, nämlich an die Küste, um dort zu musizieren. Und dann, jetzt wurde mir ganz heiß, stand ja auch der alljährliche Deutschlandbesuch bevor. Ja, ich würde »eine Weile fortgehen« und dann wäre, wie ich es mir einbildete, im leichten Rauschen des Windes gehört zu haben, »alles gut«.

Ich schaute um mich, hörte aber nur das Palavern aus den Hütten und am Pferch, hörte die Frauen, welche mit ihrem Singsang die Kühe beruhigten, während gemolken wurde.

»Bleib bei mir, Babu«, sagte ich. Dann pflückte ich ein besonders schönes Blatt von einem über die Grabstelle hängenden Lokimeki und steckte es in meine Rocktasche. »Ich gehe jetzt und bin bald wieder da. In einer Weile …«

Der »Seher« der Samburu

Die Tage nach der Versammlung hatte sich Lpetati rar gemacht. Er kam zwar öfter zwischendurch zurück, war auch umgänglich, liebenswürdig und gesprächig, blieb aber nicht lange und ging immer wieder unter irgendeinem Vorwand zu den Familienhütten. Auch mit den Tieren war er viel unterwegs, obwohl es genug junge Krieger gab, deren Aufgabe das Begleiten der Rinder war.

Bis jetzt hatten wir noch nicht eingehend über die Angelegenheit, die ich für mich »die zwei Seiten« nannte, gesprochen. Lpetati befand sich offensichtlich in einer Zwickmühle.

Wie nebenbei erfuhr ich, dass der »große Seher« in wenigen Tagen zu uns kommen würde.

»Ist es wegen mir? Oder gibt es noch einen Grund?«

Lpetati lächelte nur vielsagend, machte sich an seiner *shuka* zu schaffen, die auf der Wäscheleine hing und drehte sich langsam zu mir um. »Es gibt immer einen Grund. Wegen Lkmalien, wegen dir, wegen uns. Wir unterziehen uns einer besonderen Zeremonie.«

Etwas in seinem Blick irritierte mich.

»Gut, mit Lkmalien, das verstehe ich. Aber wegen mir?«

Lpetati schüttelte energisch den Kopf. »Die Alten sind eine starke Gemeinschaft, Chui. Sie tragen unsere Sippe.« Er machte eine Pause. »Es ist vieles gut, was du tust, aber manches ist nicht richtig aus der Sicht der Alten. Aber man liebt dich, Chui. Sonst würde man sagen, dass du bei uns nicht gern gesehen bist, dass ich mich nach einer anderen Frau umsehen soll.«

Ich horchte auf. »Aber mit uns ist doch alles in Ordnung? Oder sagt jemand, dass ich keine gute Frau für dich bin? Denkst du so etwas?«

«Nie denke ich so etwas. Aber manches hörst du nicht. Du musst die Familie achten, Chui. Sie ist deine Familie. Du darfst sie nicht verraten.«

»Simba! Die Familie ist mir wichtig. Du weißt es, alle wissen es.«

»Du bist eine von uns, ja.«

»Auf welcher Seite stehst du denn?«

Er ignorierte meine Frage. »Du bist meine Frau.«

Unser Gespräch wurde ihm offenbar unangenehm, weil er wohl fühlte, dass ich gern mehr hören wollte.

Ich wechselte das Thema. »Was Lkmalien und das andere anbetrifft …«

»Du hörst vieles nicht. Und schon gar nicht, wenn du nicht willst.«

»Dann sag du es mir.«

»Die Familie will, dass wir zusammenbleiben, und ich will das.«

»Das ist doch gar keine Frage. Warum sollten wir nicht zusammenbleiben? Aber mich wundert dein Verhalten, Simba. Wo war die Familie? Wo warst du? In meinen Augen war es falsch, dass du mich hast allein stehen lassen, und ihr alle zusammen auf der anderen Seite wie eine Front gegen mich gestanden habt.«

Lpetati überging meinen Einwand. »So viele Jahre schon – gute Jahre«, fuhr er fort.

»Bis auf drei«, sagte ich, »aber was redest du eigentlich, Simba, ich habe nicht vor wegzugehen. Aber es bleibt mir nichts anderes übrig. Es ist ungerecht, dass man so viel Geld von mir verlangt. Warum? Dafür muss ich wieder an die Küste. Und ich muss länger bleiben. Natürlich gefällt mir das, was gesagt worden ist, nicht. Ich versuche es aber zu verstehen. Dass die Alten wegen mir eine Versammlung abgehalten haben, gefällt mir zehnmal nicht. Es hätte doch genügt, wenn du oder Baba mit mir gesprochen hättet. Die ganze Sache ist in meinen Augen sowieso …« Zum Glück sprach ich nicht aus, was ich dachte.

»Natürlich gefällt dir einiges nicht. Aber das betrifft nicht uns beide so, wie Mann und Frau. Es betrifft uns wohl, aber anders. Doch mit uns ist nichts, Chui. Aber die Versammlung hat es wegen dir gegeben, und das ist für mich nicht gut. Warum kümmerst du dich um Sachen, um andere Leute, um diese Frau, vor der manche Furcht haben, weil sie besondere Kräfte besitzt. Der Seher wird uns helfen. Er hat auch besondere Fähigkeiten, die kann er anwenden und damit alles auslöschen, was nicht gut ist für uns.«

»Dass du auf der anderen Seite gestanden hast, das ist nicht gut für uns, dass du nicht an meiner Seite warst, das war nicht richtig, Simba. Du hast mich enttäuscht.«

Lpetati überhörte meine Anschuldigung. »*Chui yangu*, für immer.«

»Ja, natürlich – was denn sonst – wenn alles zwischen uns stimmt.«

»Ich bin immer noch glücklich darüber, dass ich dich getroffen habe. Bis jetzt war es so. Und das soll so bleiben. Nun, der Seher kommt. Du sollst dich nicht von der Familie entfernen, nicht von mir. Nicht Dinge tun, ohne sie abzusprechen mit mir, mit uns. Das musst du verstehen, Chui. Der Mann handelt, nicht die Frau.«

Irgendwie fand ich unser Gespräch absurd, war aber nicht in Stimmung, mehr auf Lpetati einzugehen.

Baba, Lkmalien und Lpetati zogen in aller Herrgottsfrühe los, um den großen Seher zu uns zu begleiten. Wir hatten nicht mehr viel miteinander geredet, aber Baba schien überzeugt davon zu sein, dass nur der Seher uns zu einem Leben ohne Gefahr und Anfeindung verhelfen konnte. Sein Einfluss sei groß genug, um auch bei missgünstigen Bewohnern unseres Hochtales für Ruhe sorgen zu können. Und – um meinen Familiensinn zu stärken.

Ich selbst wusste nicht, was ich von all dem halten sollte. Aber irgendwie spürte ich auch, dass sich etwas in unserem Zusammenleben geändert hatte. Es war belastend für mich, suggeriert zu bekommen, etwas falsch gemacht zu haben, und doch zu wissen, dass es nicht falsch war. Ich würde es immer wieder tun. Wie konnte mir nur mein finanzieller Einsatz für Menschen, die nicht zur Familie gehörten, angekreidet werden!

Nun, ich war offen für das, was der Seher bewirken würde. Seit vor Jahren »Mama Anna« Lpetati und mir eine Entwicklung angedeutet hatte, die auch eingetroffen war, stand ich den Menschen, denen eine magische Kraft nachgesagt wurde, positiv gegenüber, besonders hier in Afrika.

Der angekündigte »Seher« wirkte zunächst wie ein gewöhnlicher Landarbeiter, in einer hellgrünen Wetterjacke, einer ausgebeulten Baumwollhose und mit derben Schuhen. Seine Körpergröße jedoch war beachtlich. Und sein Blick schien alles zu durchdringen. Sehr weltlich waren sein Appetit und der Wunsch, sein Fahrrad auf unserer Veranda flicken und abstellen zu dürfen. Ich erfuhr, dass der Seher beabsichtigte, drei Tage bei uns zu bleiben. Baba und Lpetati begegneten dem Mann mit unterwürfigem Respekt. Nach Ablegen der Zivilkleidung und der Vorbereitung auf seine eigentliche Aufgabe, nämlich uns vor einem bösen Zauber zu bewahren, erschien mir der »Seher« als ein wahrhaft charismatischer Mann. Er verbreitete wirklich eine Aura um sich herum, und ich, die immer darauf bedacht war, mich nicht von undurchsichtigen Machenschaften einwickeln zu lassen, war machtlos.

Am Nachmittag war ich allein und froh darüber, denn es ging mir so vieles durch den Kopf, und immer wieder sah ich Parallelen zu den mit »Zauberei« bezeichneten vergangenen Unstimmigkeiten zwischen Lpetati und mir vor vielen Jahren. Damals war Naraya dafür verantwortlich gemacht worden, und seltsamerweise hatte der böse Spuk mit ihrem Tod ein Ende gefunden. Bis heute wusste ich nicht, was wirklich in der Zeit zwischen uns gestanden hatte. Natürlich gab es konkrete Anhaltspunkte, aber nichts Greifbares, bis auf Lpetatis Veränderung und Abkapselung und Hörigkeit anderen Menschen gegenüber. Ich hatte keinen Einfluss mehr auf ihn gehabt, sondern war allein gewesen inmitten der Familie, eine Einzelkämpferin gegen Ungerechtigkeit.

Sollte sich das noch einmal wiederholen?

Baba hatte sich mit dem Seher zurückgezogen. Ich sah die beiden Männer lange oberhalb des Hangs stehen, dann gingen sie langsam hinunter zur Talsohle. Lpetati hatte von dem Seher den Auftrag, von den Sträuchern des Lokimeki dünne Triebe zu schneiden und deren Rinde abzuziehen, so dass lange Streifen entstanden. Diese sollten dann in der Sonne trocknen und danach zu längeren Schnüren verknüpft werden. Dem Seher traute ich vieles zu und glaubte auch, dass er besondere Kräfte besaß. Es war eine Unruhe in mir und zugleich auch große Ruhe.

Der besondere Abend näherte sich und für die Zeremonie am höchsten Punkt des Blaublumenhangs war alles gerichtet.

Mich erfasste der Zauber einer Tropennacht, der seltsam leicht im Mondlicht über dem Hochtal schwebte. Die fahlen Kreise aus Pottasche leuchteten in diesem Licht, das so hell war, dass wir stark konturierte Schatten warfen. Wir standen erwartungsvoll vor dem Seher, inzwischen einzeln umwickelt und als Paar, verbunden durch die verknüpften Schnüre aus bitter duftenden Rinden. Der Seher gab uns ein besonderes Salz zu schmecken, nach dessen Herkunft wir uns nicht erkundigen durften, und er bat uns, von der roten, auf einem großen Blatt gereichten und gesiebten Erde zu essen. Er hantierte mit kleinen Steinen, murmelte etwas, befragte eine imaginäre Person, die in den dichten Büschen zu stehen schien. Die gemurmelten Gebete betrafen uns. Mit einem großen *panga*, Buschmesser, zerschnitt der Seher vorsichtig die Schnüre, die uns um Hals, Oberarm, Handgelenke und Taille gebunden worden waren, nachdem er unsere Stirnen, Nacken und Kehlen mit einem rötlichen Brei eingerieben hatte. Erst nach weiteren eindringlichen Worten befreite er uns auch von den Rindenschnüren um unsere Fußknöchel.

»Kommt aus dem Kreis«, sagte der Seher, »Schritt für Schritt, geht auf den Hügel zu und bleibt stehen.« Wir gehorchten, und ich fühlte Lpetatis kalte Hände. »Wendet euch einander zu«, forderte uns der Seher auf.

Mich durchrieselte eine wohlige Wärme, ich fühlte mich leicht und seltsam beruhigt und zufrieden.

Im Licht des Vollmonds standen wir voreinander. Dann schweifte mein Blick an Lpetati vorbei auf das nächtliche Hochtal, ich sah unser Blockhaus eingehüllt in sanftes, silbriges Licht. Unsere Hunde waren gekommen und schnüffelten an dem Kreis aus heller Asche, es raschelte in den trockenen Blütenständen der Aloen, und ein Nachtvogel sang.

Lpetatis Hand war wieder da, kalt und fest. Der Seher trat zu uns, reichte uns noch einmal spezielle Erde, die wir essen sollten, gab uns die Hände und ging dann auf den Hang hinter unserem Haus zu. Dort ließ er sich nieder.

Im Gegensatz zu mir wurde Lpetati aufgetragen, ein Bad im Freien und im Licht des Vollmonds zu nehmen und danach mit dem gebrauchten Wasser die Pottasche fortzuspülen. Ich wartete, bis der fröstelnde Lpetati aus der vom Seher bereitgestellten kleinen Wanne gestiegen, die Pottasche beseitigt hatte und rieb ihm mit den Händen den Rücken warm, denn ein Handtuch sollte nicht benutzt werden.

Lpetati wickelte sich nach einiger Zeit in seine *shuka*. Langsam stiegen wir hinab, betraten mit unseren Hunden die Veranda und setzten uns dort in die bereitstehenden Sessel. Alles kam mir unwirklich vor.

Der Seher blieb schweigsam. Er wollte bei uns übernachten, das erfüllte mich mit gewissem Unbehagen, weil ich nicht wusste, wie ich diesem Mann begegnen sollte, und ich fühlte mich auch von ihm beobachtet. Dennoch vermittelte er große Gelassenheit und Ruhe und gab mir auch das Gefühl von Stärke und Sicherheit.

Was die besondere Zeremonie eigentlich bewirken sollte, erschloss sich mir nicht, oder noch nicht. Würde sie mir in brenzligen Situationen helfen? War sie eher dazu angelegt, das Verhältnis zwischen Lpetati und mir zu bestärken oder es vor Belastungen schützen? Zu irgendetwas würde sie gut sein, darauf wollte ich hoffen. Sie löste immerhin ein beruhigendes Gefühl in mir aus, so als würde mir etwas in die Hand gegeben, mit dem ich mich verteidigen konnte. Aber wogegen? Diese Frage blieb offen.

»Entwicklungshilfe«

Durch einen ausländischen Verein gab es neuerdings Sponsoren, die sich um einige Kinder bei uns kümmerten, von denen irgendjemand Fotos gemacht und in Europa um Hilfe gebeten hatte. Gesammelte Gelder sollten einmal im Jahr von einer Vertrauensperson nach Kenia gebracht und jenen Familien ausgehändigt werden, die das Glück hatten, Sponsoren gefunden zu haben. Diese hohen Beträge würden, da war ich sicher, nur selten für das zu fördernde Kind gebraucht werden. Die Väter würden bestimmen, was damit zu tun sei, und in erster Linie würden sie sich selbst dabei bedenken.

Das war keine gute Hilfe. Sie würde unweigerlich Neid heraufbeschwören, und ich ärgerte mich, wie dilettantisch hier vorgegangen wurde. Es wäre besser gewesen, die ganze Region mit einzubeziehen und keine einzelnen Kinder (weil sie vielleicht hübscher waren als andere auf den Fotos), und nur bestimmte Familien zu berücksichtigen, während viele andere leer ausgingen. Das musste zu Missgunst und Ärger führen.

Aber im Moment war ich zu sehr mit mir und meiner Situation beschäftigt, um mich mit diesem neuen Problem zu befassen. Eher war ich bemüht, dass Lpetati und mein Zusammenleben wieder in normale Bahnen geriet. Dadurch, dass mein Mann zur Gruppe der Älteren gehörte, würde es künftig sehr wohl einige Änderungen geben. Doch diese hatten weniger mit uns als Paar zu tun, vielmehr mit dem täglichen Ablauf im Umgang mit Gleichgesinnten und Altersgenossen, denen Lpetati zugeordnet war und dessen *laiboni*, »Führer« er unterstand. Es kam nun auf den Einfluss an, den diese neue Gruppe auf Lpetatis Verhalten und vielleicht auf seine Denkweise auszuüben imstande wäre.

Irgendwann hatte ich mich durchgerungen, an die Küste zu gehen. Ich war der Meinung, dass ein wenig Abstand, räumlicher Abstand nicht schaden würde. Doch ich war nicht froh bei den Reisevorbereitungen. Der Zeitpunkt schien mir ungünstig zu sein, weil alles zu Hause – trotz der Dinge, welche mir einige Alte und Ältesten und die Familie vorgeworfen hatten – wieder harmonisch war. Zumindest hatte ich diesen Eindruck.

Als Cousin Langis nach Maralal ging, gab ich ihm eine kurze Nachricht für meine Freunde mit, damit sie mich mit meiner Reisetasche abholen konnten. Stundenlang mit viel Gepäck bergauf und bergab zu laufen, war dann doch zu anstrengend. Außerdem wäre es gut, ein wenig zusammenzusitzen und zu reden, anders als ich es zu Hause konnte, bevor ich an die Küste und dann für einige Zeit auch nach Deutschland fuhr. Vor allem wollte ich noch einmal den Arzt aufsuchen, über Maria und Daniel sprechen, auch über die Frau, und mich verabschieden.

Abstand finden

Es war ein seltsames Gefühl, mit dem ich diesmal unser *boma* und das Blockhaus verließ. Ich dachte an die Tiere, denen ich nichts erklären konnte, immer wieder an Lpetati und das Gespräch und Empfinden über die »zwei Seiten«. Es war, als ginge ich fort, ohne die Haustür zu verschließen. In der Hand fühlte ich die Akazienschoten, die ich aus einem Impuls heraus mitgenommen hatte, ebenso wie das Lokimekiblatt von Babus Grab.

Ich würde an die Küste gehen, weit fortgehen, aber die Tür zum Blockhaus im Samburu Distrikt bliebe offen. Sie erwartete meine Rückkehr. Eigentlich hätte ich diese Reise mit Lpetati machen sollen, dachte ich. So wäre er dem Einfluss, den die Alten und Ältesten immer mehr geltend machten, für eine Zeit entkommen und wir hätten mehr Gelegenheit, die »Angelegenheit der zwei Seiten« in Ruhe zu erörtern und womöglich zu bereinigen.

Ich gab mir Mühe, nicht in Selbstmitleid zu versinken. Jahrelang hatte ich mein Bestes für die Familie gegeben. Es war schwer zu verstehen, dass ich mit meinem eigenen Verdienst nicht tun und lassen konnte, was ich für richtig hielt.

Unterwegs dachte ich viel über die Zeremonie mit dem Seher nach und auf einmal wusste ich, dass auch sie darauf zielte, dass ich zurückkehrte. Irgendwie bestärkte sie mich in dem Wunsch, bald wieder daheim sein zu können.

Ich verließ ein »Paradies mit zwei Seiten« für eine Weile. Was würde sein, wenn ich wiederkäme? Hätten sich dann die Wogen geglättet, und was würde mit dem Geld geschehen, das die Ältesten und der Chief als »Buße« für meinen »Fehltritt« erwarteten?

Diesmal kam mir die Fahrt ungewöhnlich lang vor. Und es freute mich gar nicht, als der Containerhafen von Mombasa im grellen Licht signalisierte, dass ich in weniger als einer Stunde in Shanzu sein würde. Sonst hatte ich immer gern die weiche Luft der Küste um mich gehabt, das besondere Flair genossen.

In Shanzu fand ich alles wie gewohnt. Der Limonenbaum begrüßte mich, wie mir schien, der Oleander, die Akazien, selbst die vergitterten Fenster. In meinem Garten hing Wäsche, und kurz darauf erblickte ich Mariam, in ein Gespräch mit einer Nachbarin vertieft. So sehr ich Mariam mochte, zog ich mich doch zunächst einmal zurück, denn ich wollte nicht wieder von ihr mit Mireddine »verkuppelt« werden. Das war das Letzte, was ich in meiner jetzigen Situation brauchen konnte.

Ich beschloss, mir ein Appartement in Mtwapa zu suchen, von dem niemand wusste. Und schneller als ich gedacht hatte, fand ich eine wunderschöne Anlage, geschützt durch Mauern und Bougainvillea, versehen mit einem breiten Tor, im Schatten mächtiger Mangobäume. Der Preis schien ein wenig hoch, aber inzwischen waren wohl alle Mietobjekte, die ein bisschen mehr Komfort zu bieten hatten, teuer. Mit der Vermieterin wurde ich schnell einig und verbrachte noch dieselbe Nacht in dem neuen Heim – provisorisch auf einer Matratze.

Küstenflair! So allmählich genoss ich es nun doch, weil es einfach leicht und beschwingt und bunt zuging, ein ganz anderes Gefühl vermittelte als der kühlere Norden. Dennoch dachte ich viel an daheim.

Kaum drei Tage später standen eines Abends vier Samburu vor dem Tor, Clanangehörige, zu denen ich aber bisher keinen weiteren Kontakt gehabt hatte. Obwohl wir Mieter – es gab drei Appartements – einen Schlüssel für das Gartentor zur Straße hin besaßen, behauptete ich, keinen Schlüssel zu haben, als die Samburu eingelassen werden wollten, da sie mit mir zu reden hätten. Woher wussten sie, dass ich hier soeben eingezogen war? Wie konnte das sein? Ich fühlte mich bespitzelt. Die Samburu wollten am nächsten Tag wiederkommen. »Wir können einen *chai* woanders trinken und dabei reden, wenn es sein muss, vielleicht im Little Chief«, schlug ich vor, damit ich erst einmal meine Ruhe hatte. Sie gingen darauf ein und entfernten sich.

Etwas später verließ ich das Appartement und ging in das kleine, hübsche Restaurant, das sehr auf europäischen Geschmack zugeschnitten war und in welchem auch viele Weiße gern verkehrten. Zwei von den Samburu waren da, gaben aber an, nur wenig Zeit zu haben. »Auf eine Cola.« Das war mir recht. So richtig kam gar nichts zur Sprache. Sie fragten nach ihrem fernen Zuhause, wollten wissen, ob das Gras lang genug sei und erkundigten sich nach einigen Personen, zu denen ich aber keine näheren Angaben machen konnte. Zu meiner Erleichterung verabschiedeten sie sich bald, ohne dass wir viel geredet hätten. Seltsam.

In der Nacht auf meiner kahlen Matratze, nur mit einem Handtuch darüber, träumte ich wirres Zeug, sah mich verfolgt von wallenden roten *shukas* und Tüchern und hörte ganz deutlich Lpetatis Stimme: »Du stehst weit von uns, es ist die falsche Seite, *Chui*. Komm her, komm, *Auwene*.« Schweißgebadet erwachte ich, stand auf, schaute in den mondhellen Garten der Anlage, zupfte den Mückenschutz am Fenster zurecht, goss mir ein Glas Mineralwasser ein, ging in die kleine offene, nur durch einen gemauerten Tresen vom Wohnraum abgeteilte Küche – und wusste nichts mehr.

Als ich zu mir kam, war ich vollkommen durcheinander. Ich lag verkrümmt an der Erde, hatte das Trinkglas zerbrochen, die Wasserflasche war ausgelaufen und mein Haar seltsam verklebt. Beim Anfassen bemerkte ich, dass es blutverkrustet war. Ich erschrak fürchterlich. Es war, dem Sonnenstand nach zu urteilen, später Nachmittag. Dann hatte ich also die Nacht und den Vormittag hier am Boden gelegen – oder noch länger. Angst schnürte mir die Kehle zu. Unter Mühen erhob ich mich. Nichts, aber auch gar nichts fiel mir ein, dafür schmerzte mein Kopf unerträglich.

War ich krank? Wieso war ich zusammengebrochen? Mir war warm, und mir war kalt. Ich hatte Fieber. Ich schleppte mich zu meiner Matratze, legte ein weiteres großes Handtuch darüber, trank etwas Wasser aus der Leitung und hatte nur noch den Wunsch zu schlafen.

Beim Erwachen fühlte ich mich besser. Und dann duschte ich ausgiebig, säuberte meine verklebten Haare, erschrak beim rotgefärbten Wasser, das daraus lief, wand mir ein Handtuch um den Kopf, frottierte die Haare ganz vorsichtig, weil mein Kopf, besonders zum Nacken hin, immer noch schmerzte, klebte auf die Platzwunde ein Pflaster, machte mich ein wenig zurecht, massierte mein Gesicht mit einer Pflegecreme, zog mein schönstes afrikanisches Kleid an und fuhr – weil ich hungrig und durstig und gierig auf frische Seeluft war, in mein Lieblingsrestaurant am Meer.

So wundervoll waren mir Strand und Meer lange nicht vorgekommen. Ich versank in dem türkisblauen Farbenrausch, sog begierig die stark nach Seetang riechende Luft ein, trank dreimal Tee und aß, als hätte ich tagelang nichts zu essen bekommen. Wie ein neuer Mensch fühlte ich mich, wie einer, der durch ein dunkles, dumpfes Tal auf eine gleißende Lichtung hinaustrat, purer Fröhlichkeit preisgegeben.

Ich wollte nicht mehr nachdenken, schrieb nur einen kurzen

Vermerk in mein Notizbuch, kreuzte das Datum des Tages an, der so mysteriös für mich begonnen und geendet hatte.

Und dann schob ich alles ganz weit weg von mir, empfand nur noch die Sonne auf meiner Haut und wusste, das alles war Kenia. Und alles blieb offen.

Bevor ich nach Mtwapa zurückfuhr, schaute ich bei der Bamburi-Post vorbei. Mein Gefühl hatte mich nicht getrogen: Ein Brief von Lpetati war da. »Simba an Chui« stand schräg neben der Anschrift.

Eine kleine gepresste Blüte des *orkelager orger* fiel als erstes aus dem Umschlag.

Lpetati schrieb, fast fröhlich über das Zuhause, über unsere Tiere, berührte aber nicht den wunden Punkt, der es mir so schwer gemacht hatte zu bleiben. »*Kaacham nanu iye oleng*, ich liebe dich sehr«, ließ er mich wissen, aber ich hatte auch nicht angenommen, dass er es nicht mehr tat. Dazu hatte es keinen Anlass gegeben, wenn auch die Situation zwischen uns angespannt war durch die von außen an uns herangetragenen Erwartungen und Forderungen. Dafür würde ich ihn nicht »bestrafen« oder gar verlassen. Aber ich musste Abstand gewinnen, um wieder klar denken und handeln zu können.

Lpetatis Brief half mir dabei, mich besser zu fühlen. Dennoch wollte ich für eine Weile Distanz zu ihm wahren. Ich musste mich selbst finden, und Lpetati Gelegenheit geben, über uns nachzudenken. Ich war sicher, dass ich ihm fehlte und er selbst über die momentane Lage nicht glücklich war, ihm aber doch die Kraft und Einsicht fehlte, von sich aus die Situaiton zu entspannen.

Winzi

Es war noch dunkel, und im Halbschlaf vernahm ich immer wieder Laute wie von einem schreienden Baby. Aber ein Baby gab es nicht in meiner Nachbarschaft. Als es mir zu viel wurde, stand ich auf, spähte erst durch das Fliegengitter am Fenster, und als ich nichts Auffälliges entdeckte, öffnete ich vorsichtig die Tür.

Da lag ein kleines Etwas, auf das Krähen einhieben. Wütend verscheuchte ich sie. Das kleine Etwas war ein Kätzchen, zart, am Bauch noch nackt und rosa. Behutsam trug ich es in den hellen, gekachelten Wohnraum. Das Babygeschrei verstummte, das Kätzchen richtete sich auf und machte ein Bächlein auf einer am Boden liegenden Zeitung, hüpfte dann wie ein Lämmchen über die glatten Fliesen, rutschte und kauerte sich neben mich. Eine Handvoll Leben, das Schutz suchte. Mit abgekochtem Wasser betupfte ich die Bisswunden von den Krähen, setzte das Kätzchen in einen leeren Karton, den ich mit eilig zerrissenen Zeitungsschnipseln gepolstert hatte. Das Tierchen plusterte sich ein wenig auf, war aber auch dann nicht größer als meine Hand, und kuschelte sich zusammen. Ziemlich hilflos hockte ich mich daneben, bis es hell wurde.

Ich suchte einen in der Nähe praktizierenden Tierarzt auf und berichtete von dem Vorfall. Der kenianische Arzt, ein gut aussehender Mann mittleren Alters, der in Deutschland studiert hatte, versprach mir, sich das Katzenbaby in der Mittagspause anzusehen. Zwischendurch möge ich doch einmal Ausschau halten nach einer Katze, die das Muttertier sein könnte und eventuell sein Junges suchte, riet er mir.

»Höchstens drei Wochen alt«, befand der Veterinär, der zur vereinbarten Zeit bei mir erschien. Er untersuchte das Tier kurz. »Ich werde es impfen, aber erst einmal nur gegen Katzenschnupfen und entwurmen, aber ein wenig müssen wir damit noch warten, es ist zu zart.«

»Und, was mache ich mit dem Tierchen? Ich habe keine Ahnung, was so ein Katzenbaby – außer Muttermilch – in diesem Alter fressen kann.«

»Sie wird aus dem Wurf einer herumstreunenden Katze sein«, meinte der Tierarzt. »Wenn dem so ist, wird sie robust genug sein, mit etwas abgekochter Milch und mit abgekochtem Wasser zu überleben. Vielleicht tunken Sie auch Weißbrot ein. Ich kann die Katze nicht nehmen«, erklärte er auf meinen hilfesuchenden Blick, »ich habe bereits vier Katzen zu vermitteln, vor allem ist niemand jetzt am Wochenende in der Praxis, da wäre sie ganz allein. Versuchen Sie es, Sie sehen mir so aus, als wenn Sie es schaffen. Ich sehe wieder am Montag nach ihr – es ist ein Katzenmädchen«, fügte er hinzu und straffte sich. »Ihr Europäer mit eurer Tierliebe«, sagte er beim Hinausgehen, lachte aber vielsagend dabei.

Das Katzenbaby verlieh mir gute Gefühle. Gern besorgte ich Milch, Mineralwasser und Vitamintabletten in einer Apotheke, eine Babytrinkflasche und Weißbrot vom Vortag. Ein gewisser Ehrgeiz war in mir erwacht. Ich würde das Tierchen schon aufpäppeln!

Das Kätzchen trank, benutzte einen weiteren Karton, den ich mit Sand gefüllt hatte, für seine »Geschäfte« und wich mir gar nicht mehr von der Seite. Nachts schlief es vor meinem Bett.

Eddie, mit dem ich wieder musizierte, hatte ich eingeweiht. Er hatte gelacht, aber auch Verständnis gezeigt, dass ich gleich nach unseren Auftritten in mein Appartment wollte, damit die kleine Katze nicht zu lange allein war. Er brachte mich sogar eigenhändig zurück. Er und seine Familie waren sehr tierlieb, besonders die beiden Söhne, die ebenfalls eine Katze besaßen.

Irgendwann wurde mir bewusst, warum ich wieder an der Küste war, und ich ertappte mich dabei, dass ich missmutig mein bisher verdientes Geld nachzählte. Dann entwickelte sich in mir Trotz, obwohl ich mir Mühe gab, das Vorgehen der Alten zu respektieren. Ich konnte mich von der Verpflichtung, die ich gegenüber Lpetati und der Familie besaß, nicht freimachen.

Aber ich hatte noch eine Verpflichtung, meiner deutschen Familie gegenüber.

Ja, ich würde nach Deutschland fliegen und das Kätzchen mitnehmen. Ich konnte es ja schlecht unversorgt zurücklassen. So kümmerte ich mich um die erforderlichen Formalitäten, bei denen mir der Tierarzt behilflich war.

»Name?«, erkundigte er sich. »Winzig«, sagte ich. »Winzi?«, fragte der Tierarzt, und ich nickte. So hieß die kleine Katze Winzi und ich wurde als ihre Besitzerin eingetragen, und mir ging es auf einmal sehr gut. Ich war voller Freude und Tatendrang. Auch die Musik, das Meer und der Farbenrausch der Küste halfen mir, mich wieder wohlzufühlen.

Überwältigende Freude aber erhielt ich durch eine SMS – denn hier an der Küste funktionierte mein Handy wieder im Gegensatz zum Norden Kenias. »Du bekommst einen Enkelsohn«, hieß es in der Nachricht.

In der Bamburi-Postbox fand ich einen Brief von Lpetati. Noch auf der Straße riss ich aufgeregt den Umschlag auf. Lpetati erzählte von zu Hause, schwärmte von unseren Kühen, von Nachwuchs bei Nderre. Er bedankte sich sogar noch einmal für Nakuru, wo es so paradiesisch gewesen sei – an meiner Seite. »Was machst Du an der Küste? Hast Du viele Musikaufträge? Ich weiß, dass Du nicht in Deinem Haus in Shanzu bist. Wo bist Du, Chui? Komm bald, die Familie erwartet Dich. Ich erwarte Dich.« Ein etwas konfuser Brief. Auf unser Problem mit den »zwei Seiten« ging er nicht ein.

Es dauerte eine ganze Zeit, bevor ich die Tragweite von »Ich weiß, dass Du nicht in deinem Haus in Shanzu bist« verstand. Woher wusste er das? Wurde ich tatsächlich bespitzelt?

Ich wollte mich nicht mit Fragen belasten, auf die es keine Antwort gab. Alles würde sich fügen, würde zusammenpassen, wenn man nicht aufgeregt und vorschnell handelte und den Dingen, die es Wert waren, Zeit ließe, sich zu entwickeln.

Aus einem Impuls heraus bat ich den Taxifahrer, der mich und die kleine Katze zum Flughafen fuhr, kurz bei der Bamburi-Post anzuhalten. In der Box fand ich einen weiteren Brief von Lpetati und steckte ihn erst einmal ein. Auf dem Umschlag war angekürzt »*nkpw sana*, ich liebe dich sehr«, vermerkt, und es machte mich glücklich und beruhigte mich. Mehr brauchte ich im Moment auch nicht.

Reise nach Deutschland

»Nun geht die Fahrt los«, sagte ich zu meiner kleinen Begleiterin, die aufgrund ihrer geringen Körpergröße in einem kleinen Transportkorb mit an Bord durfte.

Wolken brauten sich über Mombasa zusammen, wurden lichter. Ich sah den Kilimanjaro, auf Nairobi herab und erblickte den geliebten Mount Kenya. Tief unten verschwamm mein Paradies zwischen Kratern, Berghängen und dunkelblauen Flecken von Wäldern. Dann leuchtete intensiv türkisblau der Turkana-See, die Grenze Kenias war bereits überflogen. Der Tana-See lag schon in Äthiopien, und der Sudan prägte länger mit seinen beigegelben Flächen die Landschaft, der Weiße und der Blaue Nil vereinigten sich bei Khartoum. Sandstürme färbten bis in fast dreizehntausend Meter Höhe die Luftschichten gelblich rosa, Libyen lag unter uns und dann – ganz deutlich, grenzte sich der afrikanische Kontinent deutlich gegen das Mittelmeer ab. Die ersten griechischen Inseln wurden bald darauf sichtbar. »Europa« sagte ich zu meiner kleinen Begleiterin, »willkommen in Europa, Katzenkind.«

Dann dachte ich an die Nachricht auf dem Handy: Du bekommst einen Enkelsohn! Was für ein neuer Impuls!

Immer wieder hielt das Leben besondere Augenblicke für mich bereit – in Europa, in Afrika.

Und während unter mir strahlend gelb die Rapsfelder meiner deutschen Heimat leuchteten, zartes Grün einen neuen Frühling und Wiedersehensfreude versprach, kehrten meine Gedanken zurück nach Kenia. Ich tauschte das leuchtende Gold der Rapsblüten in das leuchtende Blau der kleinen *orkelager orger*. Die Farben verschwammen in meiner Erinnerung und bildeten einen bunten Teppich.

Irgendwann würde ich demnächst Feldwege entlanggehen,

durch das Gelb hindurch den betörenden Duft einatmen, und der Wennigser Waldrand würde noch ein wenig nach Bärlauch riechen.

Irgendwann würde ich auch wieder am Hang zwischen blauen Blüten sitzen, Schleierwolken würden über mich hinwegziehen und bizarre Schatten auf das Hochland zaubern, wie mutwillig hingestreut.

Mächtige Wolken würden Gewitter ankündigen und weiter blauer Himmel vielleicht auch wieder eine gnadenlose Dürre prophezeien. Das Paradies der zwei Seiten, äußerlich sichtbar, im Innern spürbar, ein Paradies, das in mir ist.

Ich schob das Körbchen mit der kleinen Katze ein wenig zur Seite und zog Lpetatis Brief aus der Umhängetasche, aus dessen ein wenig verknitterten Seiten die getrockneten Blüten des bräunlich verfärbten Lokimeki und der blau gebliebenen *orkelager orge* fielen. »So viele vermissen dich – die Tiere und die Kinder. Und dann bin ich es, der dich vermisst. Das Vermissen endet nicht irgendwie und irgendwann. Komm zurück, *Chui*, komm bald zurück. Da gibt es doch nichts anderes – wie immer: *Simba* und *Chui*.«

Mit gemischten Gefühlen dachte ich an die Zeremonie in der Vollmondnacht am Blaublumenhang, spürte noch deutlich die äußere Verbundenheit durch die bastartigen Schnüre der Rinden, die der Seher uns angelegt hatte. Und auch die innere Verbundenheit wurde spürbar. Wie immer würde auch diesmal die Zeit nicht gegen uns, sondern für uns arbeiten.

Simba und *Chui* – natürlich, da gab es nichts anderes.